（典藏版）

百部国学传世经典

中华国学经典盛宴／获取先贤核心智慧

鬼谷子

【战国】王　诩／著
史靖妍／主编

漓江出版社

图书在版编目（CIP）数据

鬼谷子 /（战国）王诩著；史靖妍主编. --桂林：
漓江出版社，2017.7
（百部国学传世经典）
ISBN 978-7-5407-8177-4
Ⅰ. ①鬼… Ⅱ. ①王… ②史… Ⅲ. ①纵横家 Ⅳ.
①B228.01
中国版本图书馆 CIP 数据核字(2017)第 173925 号

鬼谷子

作　　者 【战国】王诩　著
主　　编 史靖妍

策划统筹 陈植武　林晓鸿
责任编辑 林晓鸿
助理编辑 秦　灵

出 版 人 刘迪才
出版发行 漓江出版社
社　　址 广西桂林市南环路 22 号
邮　　编 541002
电子信箱 http://www.lijiangbook.com
印　　制 北京飞达印刷有限责任公司
开　　本 710 mm×1000 mm　1/16
印　　张 30
字　　数 506 千字
版　　次 2017 年 8 月第 1 版
印　　次 2019 年 8 月第 4 次印刷
书　　号 ISBN 978-7-5407-8177-4
定　　价 45.00 元

前言

中华民族有着数千年的文明历史，创造了光辉灿烂的古代文化，其中中国传统国学是我国辉煌灿烂的文化典籍的核心部分，它博大精深、源远流长，显示出中华文化的深厚根基，给人类留下了丰富的精神财富。它是我们炎黄子孙的文化精髓，它塑造了我们中华民族的民族精神，是培育民族精神的重要资源。它开启心智，滋润生命，陶冶人格，塑造灵魂。

开卷有益，忙碌的人们闲暇之时，应该用传统国学来陶冶自己的情操，开阔自己的心胸，提高自己的人文修养，用先人的哲思来涤荡自己忙碌的心灵。我们应该坚持阅读的爱好，在潮流文化的强大攻势下，让传统文化永驻我们的心田。“复兴国学，从根本上讲，是复兴中华民族的自尊心、自信心。”我们要甄选传世经典著作中最经典的部分来读，要以开放的胸襟和燃烧的激情去承接古人的经典大论与哲思华章，以自豪而不狂妄、执着而不僵化的精神风貌来直面当今社会的竞争与挑战。

为了弘扬中国传统文化，帮助读者深刻了解我们的历史与文化，用经典历史文学知识陶冶情操、提高文化修养，同时使国学得到承传，得以弘扬光大，我们精心编排了本书。为了便于读者理解和领会古代先贤的思想与精神，我们在文章中选取了与正文相契合的插画，将插画与正文有机地结合在一起，可大大增加读者的阅读趣味。

本书选取了国学经典著作中很多优秀的作品及资料，博采各类经典作品的长处，并有所创新，以使得本书风格迥异、卓然超群，相信会给读者带来全新感受。

由于时间仓促，书中难免有不尽之处，恳请读者朋友们提出宝贵意见，在此深表谢意。

目录

第一章　捭阖篇

【题　解】

捭阖的本义是开合。捭就是拨动，阖就是闭藏。一开一合是事物发展变化的普遍规律，是掌握事物的关键。纵横家以开合之道作为权变的根据，并且运用在其游说时拨动对方，即捭之，是为了让对方实力和计谋全部暴露出来，以便正确地估量和判断对方，了解实情，据以说而服之；有时要适当闭藏，即阖之，这是为进一步说服对方而施展的手段。

一开一合的反复，就像一个圆环，开合环绕其上，开到了极点，又复归于合，合到了极点又复归于开，反复无穷地运用，没有什么不可以成功的。

与阴阳不同事物配合运作，说服别人，这时捭为阳，阖为阴，捭阖之道即阴阳法则，捭阖术即“阴阳捭阖术”。

运用捭阖阴阳术，要注意以下几点：

1. 要从实际出发，根据实际情况决定用捭还是用阖，用阴还是用阳，以及如何交叉运用捭阖阴阳。

2. 要分清哪是阴，哪是阳，即哪些人物属于阴类，哪些人物属于阳类，哪些事物属于阴类，哪些事物属于阳类，这是运用捭阖术的一个很重要的前提条件。

捭阖[①]第一

原文

粤若稽古[②]，圣人之在天地间也，为众生之先[③]。观阴阳[④]之开阖以命物[⑤]，知存亡之门户；筹策[⑥]万类[⑦]之终始，达人心之理；见变化之朕[⑧]焉，而守司[⑨]其门户。故圣人之在天下也，自古至今，其道一也。变化无穷，各有所归。或阴或阳，或柔或刚，或开或闭，或弛或张。是故圣人一守司其门户，审察其所先后，度权量能，校其伎巧短长。

注解

①捭阖：捭，分开、撕裂。《礼记·礼运》："其燔黍捭豚。"阖，本意为门扇，古注曰："用木曰阖，用竹苇曰扇。"引申为关闭，《周易·系辞》："一阖一闭谓之变。"捭阖，在这里指纵横驰骋，大开大合。是鬼谷学说中一种基本的方法。

②粤若稽古：粤，语首助词；若，顺；稽，考。粤若稽古，在这里指顺考古道。

③众生之先：众生，众多有生者；先，先知。众生先，在这里指广大众生的老师。

④阴阳：阴，本意为山的背阴面；阳，本意为山的朝阳面。被引申来概括对立统一的两类事物或现象。

⑤命物：辨别事物。

⑥筹策：就是计算、谋划。

⑦万类：就是万物。
⑧朕：指征兆，迹象。
⑨守司：看守和管理。

译文

纵观古今历史，可知圣人生活在世界上，就是要成为众人的先导。通过观察阴阳两类现象的变化来对事物作出判断，并进一步了解事物生存和死亡的途径。计算和预测事物的发展过程，通晓人们思想变化的规律，揭示事物变化的征兆，从而把握事物发展变化的关键。所以，圣人在世界上的作用始终是一样的。事物的变化是无穷无尽的，然而都各有自己的归宿：或者属阴，或者归阳；或者柔弱，或者刚强；或者开放，或者封闭；或者松弛，或者紧张。所以，圣人要始终把握事物发展变化的关键，度量对方的智谋，测量对方的能力，再比较技巧方面的长处和短处。

原文

夫贤不肖、智愚、勇怯、仁义有差[①]。乃可捭，乃可阖；乃可进，乃可退；乃可贱，乃可贵；无为以牧[②]之。审定有无，与其实[③]虚，随其嗜欲[④]，以见其志意，微排其所言，而捭反之，以求其实。实得其指[⑤]，阖而捭之[⑥]，以求其利[⑦]。或开而示之，或阖而闭之。开而示之者，同其情也；阖而闭之者，异其诚也。可与不可，审明其计谋，以原其同异。离合有守，先从其志。

注解

①有差：指各有不同，有差别。

②以牧：用来掌握。

③实：指实情。

④嗜欲：喜欢，特殊的爱好。

⑤指：意同宗旨。

⑥阖而捭之：先封闭，然后再打开。

⑦求其利：检讨对方的善恶利害。

译文

至于贤良和不肖，智慧和愚蠢，勇敢和怯懦以及仁义诸方面都是有区别的。所有这些，可以开放，也可以封闭；可以晋升，也可以辞退；可以轻视，也可以敬重，要靠无为来掌握这些。考察他们的有无与虚实，通过对他们嗜好和欲望的分析来揭示他们的志向和意愿。适当贬抑对方所说的话，当他们开放以后再反复考察，以便探察实情，切实把握对方言行的宗旨，让对方先封闭而后开放，以便抓住有利时机。或者开放，使之显现；或者封闭，使之隐藏。开放使其显现，是因为情趣相同；封闭使之隐藏，是因为诚意不一样。要区分什么可行，什么不可行，就要把那些计谋研究明白，计谋有与自己不相同的和相同的，必须有主见，并区别对待，也要注意跟踪对方的思想活动。

原文

即欲捭之贵周[①]，即欲阖之贵密。周密之贵微，而与道相追[②]。捭之者，料其情[③]也；阖之者，结其诚[④]也。皆见其权衡轻重[⑤]，乃为之度数[⑥]，圣人因而为之虑。其不中权衡度数，圣人因而自为之虑。故捭者，或捭而出之，或捭而内之[⑦]；阖者，或阖而取之，或阖而去之。捭阖者，天地之道。捭阖者，以变动阴阳，四时开闭，以化万物[⑧]。纵横、反出、反复、反忤，必由此矣。

注解

①欲捭之贵周：周，不遗漏。当要采取行动时，必须作周详的考虑。

②与道相追：道，道理、规律。这里指与规律相近的道理。

③料其情：就是检查实情。

④结其诚：使其诚心坚定。

⑤权衡轻重：指权衡、比较谁轻谁重。

⑥为之度数：测量重量与长度的数值。

⑦或捭而出之，或捭而内之：出之，指出去。内之，收容、接纳。意思是或开放，让自己出去；或开放，使别人进来。

⑧四时开闭，以化万物：就像春夏秋冬的开始与结束一样，来促使万物发展变化。

译文

如果要开放，最重要的是考虑周详；如果要封闭，最重要的是严守机密。由此可见周全与保密的重要，应当谨慎地遵循这些规律。让对方开放，是为了侦察他的真情；让对方封闭，是为了坚定他的诚心。所有这些都是为了使对方的实力和计谋全部暴露出来，以便探测出对方的各方面的程度和数量。圣人会因此而用心思索，假如不能探测出对方的程度和数量，圣人会为此而自责。因此，所谓开放，或者是要自己出去，或者是让别人进来。所谓封闭，或者是通过封闭来自我约束，或者是通过封闭使别人被迫离开。开放和封闭是世界上各种事物发展变化的规律。开放和封闭都是为了使事物内部对立的各方面发生变化，通过一年四季的开始和结束使万物发展变化。不论是纵横，还是离开、归复、反抗，都必须通过开放或封闭来实现。

原文

捭阖者，道之大化，说之变也；[1]必豫审其变化，吉凶，大命系焉。口者，心之门户也，心者，神之主也。志意、喜欲、思虑、智谋，此皆由门户出入，故关之以捭阖，制之以出入。捭之者，开也、言也、阳也；阖之者，闭也、默也、阴也。阴阳其和，终始其义[2]。故言长生、安乐、富贵、尊荣、显名、爱好、财利、得意、喜欲为阳，曰“始”。故言死亡、忧患、贫贱、苦辱、弃损、亡利、失意、有害、刑戮、诛罚为阴，曰“终”。诸言[3]法阳之类者，皆曰“始”，言善以始其事；诸言法阴之类者，皆曰“终”，言恶以终其谋。

注解

①道之大化，说之变：道的变化规律，说的变化形态。

②终始其义：指始终保持的义理，即善始善终。

③诸言：各种言论。

译文

开放和封闭是万物运行规律的一种体现，是游说活动的一种形态。人们必须首先慎重地考察这些变化，事情的吉凶，人们的命运都系于此。口是心灵的门面和窗户，心灵是精神的主宰。意志、情欲、思想和智谋都要由这个门窗出入。因此，用开放和封闭来把守这个关口，以控制出入。所谓“捭之”，就是开放、发言、公开；所谓“阖之”，就是封闭、缄默、隐匿。阴阳两方相谐调，开放与封闭才能有节度，才能善始善终。所以说长生、安乐、富贵、尊荣、显名、嗜好、财货、得意、情欲等，属于“阳”的一类事物，叫作“开始”。而死亡、忧患、贫贱、羞辱、毁弃、损伤、失意、灾害、刑戮、诛罚等，属于“阴”的一类事物，叫作“终止”。凡是那些遵循“阳道”的一派，都可以称为“新生派”，他们以谈论“善”来开始游说；凡是那些遵循“阴道”的一派，都可以称为“没落派”，他们以谈论“恶”来终止施展计谋。

原文

捭阖之道，以阴阳试之，①故与阳言者依崇高，与阴言者依卑小。以下求小，以高求大。由此言之，无所不出，无所不入，无所不可。②可以说人，可以说家，可以说国，可以说天下。③为小无内，为大无外。④益损、去就、倍反⑤，皆以阴阳御其事。阳动而行，阴止而藏；阳动而出，阴随而入。阳还终阴，阴极反阳。⑥以阳动者，德相生也；以阴静者，形相成也。以阳求阴，苞以德也；以阴结阳，施以力也；阴阳相求，由捭阖也。此天地阴阳之道，而说人之法也，为万事之先，是谓“圆方”之门户。

注解

①捭阖之道，以阴阳试之：或开启或闭藏，都以阴阳之道试行。

②无所不入，无所不可：入，进入，与“出”相对。可，可以。这里指没有不可以的地方，没有不成功的事情。

③可以说天下：可以说服天下。

④为小无内，为大无外：做小事不尽其小，做大事无限其大。

⑤倍反：背叛或复归。

⑥阳还终阴，阴极反阳：阴阳相生，它们之间是可以相互转化的。

译文

关于开放和封闭的规律都要从阴阳两方面来试验。因此，给从阳的方面来游说的人以崇高的待遇，而给从阴的方面来游说的人以卑下的待遇。用卑下来求索微小，以崇高来求索博大。由此看来，没有什么不能出去，没有什么不能进来，没有什么办不成的。用这个道理，可以说服人，可以说服家，可以说服国，可以说服天下。要做小事的时候没有“内”的界限，要做大事的时候没有“外”的疆界。所有的损害和补益，离去和接近，背叛和归附等行为，都是运用阴阳的变化来实行的。阳的方面，运动前进；阴的方面，静止隐藏。阳的方面，活动显出；阴的方面，随行潜入。阳的方面，环行于终点和开端；阴的方面，到了极点就反归为阳。凡是凭阳气行动的人，道德就与之相生；凡是凭阴气而静止的人，开拓之势就与之相成。用阳气来追求阴气，要靠道德来包容；用阴气结纳阳气，要用外力来约束。阴阳之气相互追求，是依据并启和关闭的原则，这是天地阴阳之道理，又是说服人的方法，是各种事物的先异，是天地的门户。

智慧应用

程婴救孤

春秋时期，晋国司寇屠岸贾率兵攻杀执政的赵氏，杀掉了赵朔、赵同、赵括、赵婴齐等，并且将赵氏全族夷灭，只有赵朔的妻子是晋景公的姑母，不好杀掉。赵朔夫人逃到宫中，屠岸贾也不好前去追杀。但是，当屠岸贾听说赵夫人生下一男婴时，就下决心一定要杀此男婴，否则他长大后，定会报仇。

这时，赵氏手下有一门客叫公孙杵臼，也得到了赵氏有了孤儿的消息，便去找赵朔的朋友程婴商议，决定救这孤儿，议定由公孙杵臼用偷梁换柱术瞒过屠岸贾，由程婴抚养这孤儿。于是，公孙杵臼假扮医者入宫看病，用药箱把孤儿从宫中偷运出来，交给程婴。程婴把男婴抱走，藏到家中。

屠岸贾得知宫中孤儿已被偷出，大怒，派人四处搜查，并悬赏千金，让人举报。程婴便报告屠岸贾，说他原与公孙杵臼合谋保这孤儿，但为千金所动，愿带路去抓这孤儿。屠岸贾大喜，亲自带兵至深山中。公孙杵臼一见程婴便大骂，骂他不仁不义，出卖朋友。屠岸贾把公孙杵臼和其身边一假冒之婴儿一并杀死。程婴把孤儿抚养成人。

这年，晋景公大病，大臣韩厥说是赵家冤死，在阴曹地府中索命所致。晋景公便想立赵氏后人为君主，但苦于找不到。程婴便把赵氏孤儿献出来，并与韩厥一起谋划，夷灭屠岸贾全族，为赵氏报了仇。程婴见大任已卸，便自杀，到地府中寻老友公孙杵臼去了。

程婴告密，是阳手段，暗中保护孤儿是阴手段；公孙杵臼大骂程婴，是阳手段，引屠岸贾上当，是阴手段。使用阴阳捭阖之术时，阳手段往往是佯手段,是假的，阴手段才是目的所在。阳手段是为了转移对手的注意力，故需要捭，需要公开，需要咋咋呼呼，以吸引敌手的注意力；阴手段是真实目的所在，故需要阖，需要暗中进行，需要保密。阴阳相辅相成，捭阖配合而行，故能达到目的。

司马熹的连环捭阖术

历史上还有许多使用连环套式阴阳捭阖术的例子。

战国时期，中山国王同时宠爱着两个妃子阴姬和江姬。两人都想争作王后，故明里暗里使用手段，经常争斗。

纵横策士司马熹见有利可图，便暗中派人游说阴姬："做王后的事可要重视。争到手，一人之下，万人之上；争不到手，性命不保，还会祸延九族，早晚被对方收拾掉。要想胜利，最好找司马熹出主意。"阴姬闻言，便请司马熹献策，并许以重金谢礼。司马熹答应下来，便施展出连环阴阳捭阖术。

他先找中山王，说要外出到邻国走走，刺探对方消息，再回来谋划强国之策。中山王自然高兴，给他备上礼物，让他先去赵国。司马熹见过赵王，闲谈中说："原听说贵国出产美人，可我转了几天，没见过一位超过我国那位阴姬的。"赵王一听，来了兴趣，忙问长得怎样，司马熹绘声绘色地描述道："眉清目秀，明眸皓齿，眼似秋波戏潭水，腰如杨柳舞轻风。真乃倾国倾城之貌！"赵王一听，恨不得马上弄到手里，忙问司马熹："可不可以把她弄到这里来？"司马熹故意顿了一下，悄声说："她是我们大王的宠妃，我怎敢添言？请千万别声张出去是我讲了这些，否则，我的脑袋就保不住了！"赵王冷笑一声，咬了咬牙，下定了非弄到手不可的决心。

司马熹一见目的达到，忙离开赵国跑回中山国，向国王报告："赵王昏庸至极，又残暴无比，只知道杀杀、攻攻，道德极差，沉于酒色，迷于音乐，只知道玩女人。我已得到可靠消息，说赵王看中了阴姬，正想方设法把她搞去！""岂有此理！"中山王一听，勃然大怒，骂道，"竟敢到我碗里抢食！"司马熹故作焦急地说："冷静，大王！目前赵国比我们强大，我们能打得过他们吗？赵王硬来索取，不给吧，我国就亡国，给吧，大王您就会被天下人耻笑，连自己的妃子都保护不了——""快说怎么办吧！”中山王何尝不明白形势，也是又气又急，便急不可耐地打断司马熹的话头，向他求教。司马熹故意顿了一下，凑近前说：“我看有一个办法可以打消赵王的这个念头。大王立刻把阴姬册封为王后，让赵王死了心。当今，还没有哪个人敢索要别人的王后做妻子的。若有此举动，必引起列国公愤，别国也会出兵帮助我们。”“好！就这么办。”中山王如释重负地笑了笑，马上传令封阴姬为王后。赵王听后，果然也死了心。阴姬对司马熹千恩万谢，自然给了他不少好处。

这一阴阳捭阖计谋中，司马熹连用了四个连环成套的阴阳手段。司马熹放风给阴姬，帮她谋王后之位，是阳，在他和阴姬的范围内是公开的；但其真正目的是通过阴姬取得好处，自己谋利，这是阴，是最隐秘的。这是第一套。紧接着使出了第二套，他告诉中山王，去邻国考察以谋兴国之策，是阳，在他与中山王、阴姬，甚至某些大臣的范围内是公开的但其暗中目的却是为阴姬获王后位子寻求外在压力，是阴。这第二套之后，见赵王，是第三套。他说阴姬美、漂亮是阳，是公开的；其暗中目的却是逗引赵王意图霸占阴姬以造成对中山王的威胁，这是阴。第四套是见中山王，把赵王谋夺阴姬的消息报告给中山王，是阳，是公开的；其暗中目的却是逼迫中山王立即册封阴姬为王后，这是阴。通过这四套阴阳手段，使用捭阖之法，大开大合，搅动大浪，凭空制造国外压力，终究达到自己真正目的，最阴暗、最秘密的目的——通过阴姬，捞取好处。

贺若弼渡江灭陈

隋文帝时，贺若弼预备从京口（今江苏镇江）渡江伐陈以统一中国。

贺若弼先派人用军中退役的马匹从老百姓手中换来大批船只，然后严密隐藏起来，在江边只摆下五十余只破船。陈国密探前来查看，见只有这五十多只破船，便估计近期内隋人不会进攻。贺若弼又下令给部下，凡军事调防，先全部集中广陵（今江苏扬州），然后再分赴各防线。届时，陈兵见江北大兵云集，吓得赶忙进入战备状态。等知道是在调防，便松了一口气。

经过这样几次，凡隋兵结集，陈人再也不惊慌了。于是，贺若弼传令，结集后渡江进军。在陈军毫无防备的情况下，一举渡过长江天险，然后长驱直入，很快将陈国灭掉。

贺若弼暗中派人换来大批渡船藏了起来，是阴，是准备大举渡江，明里摆下几十条破船，是阳，是告诉敌人渡江条件还不成熟；他让人在广陵结集换防，大张旗鼓，是捭；麻痹敌人后暗中结集进军，是阖；经过这一番阴阳捭阖，终于取得了成功。

诸葛亮智激孙权

捭阖的游说技巧方面，东汉末年诸葛亮在运用上堪称炉火纯青，令人叹为观止。《三国志·诸葛亮传》与《三国演义》两书中都提及了下面这个故事。

公元208年，曹操统一北方，追击刘备，使其退守夏口。曹军占据江陵要地，试图乘胜消灭刘备，并陈兵八十万欲打击孙权。刘军实力已经大减，没有能力与曹军对抗，而孙权的兵力基本未受损失，正处于观望之中。如果孙刘不联手拒曹，结局可能都会大败，都会失去与曹操抗衡的资本。孙权因为自己实力较强，结盟的紧迫性与积极性不高。诸葛亮征得刘备同意后出使东吴，意在促成孙刘联盟，共同抗曹。

诸葛亮到达孙权所在地柴桑后首先了解到了东吴现在情形：东吴绝大部分谋士都主张投降，主战派很少；而孙权犹豫不决，认为与刘备合作没有多

大价值。在鲁肃陪同下，诸葛亮与孙权得以会晤。诸葛亮偷眼看孙权，看到相貌非常，分析认为孙权只可以用激将的手段而不能只是简单的说服。献茶客套完毕，孙权向诸葛亮咨询曹军的虚实，诸葛亮夸张地回答："马军、步军、水军加起来有一百多万。"孙权对这个数字表示怀疑，诸葛亮说："曹操在兖州已有青州军二十万，平了袁绍后又得到五六十万，中原新招之兵三四十万，最近又得到荆州部队二三十万，这样算下来，总数不下一百五十万。我只说一百万还是怕吓坏你们东吴！"孙权又问曹操部下战将有多少，诸葛亮说："足智多谋的谋士和能征惯战的将军，何止一两千人！"

孙权又向诸葛亮请教曹军下一步可能的动向，诸葛亮反问道："现在曹军沿江扎营，准备战船，不想打江东，还能打哪啊？"孙权说："假如他有吞并我东吴的想法的话，战与不战，请您为我出谋划策。"诸葛亮说："先前天下大乱，所以将军您在江东起兵，刘备则占据荆州，与曹操共争天下。现在曹操已经平定北方，近又新得荆州，威震海内。在这种情况下就算是真的有英雄，他也无用武之地，所以刘备才会逃到这里。希望将军量力而为。如果你觉得东吴大军能和曹军抗衡，最好是早点决战；如果不能抗衡，何不听从众谋士的意见，按兵束甲，向曹操投降？"孙权还未来得及回答，诸葛亮又补充道："将军在外面背着投降服从的名声，在心里又怀着反抗的心思，事情紧急却又犹豫不决，用不了几天就会有大祸降临东吴！"

孙权开始生气，问道："你说得那么有道理，为什么你的主公刘备却不投降曹操？"诸葛亮再进一步激将："以前的田横只不过是齐国的一普通壮士，尚且能够守义不辱。更何况刘备是汉王室的后代，英才盖世，众士仰慕。大事没有成只能怪天意，又怎么能屈从于曹操奸臣！”

孙权听了诸葛亮的话，不觉勃然变色，拂衣而起，退入后堂。鲁肃责备诸葛亮：“先生怎么这么说话？幸亏我们主人宽宏大度，没有当你面训斥你，你的话也太小看他了！”诸葛亮仰面笑道：“孙权怎么这么心眼小啊！我有破曹之计，他没有问我，我才不说的。我看曹操百万之众，只不过像一群蚂蚁罢了！只要我一举手，就都变成一堆粉尘！”鲁肃听后就进入后堂对孙权说了诸葛亮的意思。于是孙权请诸葛亮喝酒，数巡之后，孙权表态说自己主意已定，要和刘备联合起来抗曹，但又怀疑联军的战斗力。

到这时为止，孙权已经被诸葛亮的游说劝服，同意建立孙刘联盟。诸葛亮的激将术如其所料，对孙权起了作用：孙权决意抗曹，但对联军的实力信心不足。诸葛亮就开始给对方分析曹军的弱点和联军的优势，以进一步打消孙权犹豫之心。

诸葛亮说：“刘备虽然刚打败仗，但是关云长还率精兵万人；刘琦带领的江夏战士，也不少于万人。曹操的人马，远道而来，早已疲惫不堪；最近为了追刘备，轻骑一日夜行三百里，这正是所说的强弩之末，势不能穿鲁缟者也。况且曹军大部分都是北方人，不习惯水战。荆州老百姓归降曹操只是迫于形势而已，并非他们本意。现在将军如能与刘备同心协力，战胜曹军是必然的。曹军一旦失败一定会逃回北方，那么荆吴两地势力肯定会增强，则鼎足而立三分天下的形势就会形成。成败之机，就在于今日。只差将军你下决心了。”孙权高兴地说：“先生的话，让我顿开茅塞。我已经下定决心。即日商议起兵，共灭曹操！”

至此，诸葛亮游说的目的全部达到：打消对方疑虑，孙刘结成盟军，同意出兵，共同抗曹。之后不久的赤壁之战，孙刘联军大胜而归，曹军经此一役元气大伤，没有能力再进攻孙权与刘备。刘备借此得到喘息机会，在随后取得西蜀后建立蜀汉政权，东吴的强国地位也得以增强。三国政治格局形成。

诸葛亮在说服孙权的过程中，充分运用了捭阖的谈判技巧，首先采取捭的谈判技巧，使孙权阖之，夸大曹军的实力，假劝孙权投降，又对其进行激将，说壮士田横和刘备的守义，意指如果孙权投降的话就不是守义之人；然后又用阖的技巧，使孙权捭之，孙权被激怒后开启言谈，同意抗曹。诸葛亮通过上述方法摸清了对方的诚意，了解了对方的真实想法，再次利用了捭的技巧，分析曹军的弱点和联军所具有的优势，打消了孙权信心不足的念头。在这次游说中，诸葛亮用捭阖的游说技巧使谈判取得了很大的成功。

诸葛亮精心择官

诸葛亮以其隆中策预见天下三分，显示其大才；以其鞠躬尽瘁尽忠蜀汉，显示其大德。其人如此，其择官也以德才兼备为准则。

诸葛亮第一次北伐向刘禅上疏，即《前出师表》，疏中说："亲贤臣，远小人，此先汉所以兴隆也；亲小人，远贤臣，此后汉所以倾颓也。先帝在时，每与臣论此事，未尝不叹息痛恨于桓、灵也。"

桓帝、灵帝是东汉末年的皇帝，二人都信任宦官，大兴

党锢之祸，杀戮贤臣，以致社会动荡不安。诸葛亮上《前出师表》时，刘备已去世，由他执政辅佐刘禅，故在出征前总结了先汉与后汉兴亡的经验教训，谆谆告诫刘禅，不要学桓、灵二帝“亲小人，远贤臣”，要学先汉“亲贤臣，远小人”，才能使蜀国兴隆，以复兴汉室。

诸葛亮在《十六策》里指出：“治国之道，务在举贤。若大国危不治，民不安居，此失贤之过也。夫失贤而不危。得贤而不安，未之有也。”因此，诸葛亮在治理蜀国时特别重视选拔德才兼备之士。

他推荐董允为侍中，领虎贲中郎将，统宿卫重兵，负责宫中之事。刘禅欲增加后宫嫔妃，董允认为古时天子后妃之数不超过 12 人，今已足数，不应增加。刘禅宠爱宦官黄皓，黄皓为人奸佞，想干预政事，董允上则正色匡主，下则责黄皓，他在时，黄皓不敢胡作非为。

蒋琬、姜维都是诸葛亮精心选拔的接班人。

蒋琬入蜀，开始时任于都县长。刘备前去巡视，正看见蒋琬饮酒醉倒，不理政事，非常生气，要杀掉他。诸葛亮深知其人，为之说情：

“蒋琬，社稷之器，非百里之才也。其为政以安民为本，不以修饰为先，愿主公重加察之。”

刘备敬重诸葛亮，听到他所言，没有惩罚蒋琬。后来诸葛亮提拔蒋琬为丞相府长史，每次出征，他都足食足兵以相供给。诸葛亮经常赞蒋琬为人“忠雅”，可与他一起辅佐蜀汉大业。诸葛亮死前，秘密上表给刘禅：

“臣若不幸，后事宜以付琬。”

诸葛亮死后，蒋琬执政，其人大公无私，胸怀广阔，能团结人。同时他能明知时势，做到国治民安。

姜维继诸葛亮复兴汉室之志，屡次北伐，虽无大胜，但魏兵也不能侵入。等到司马昭派大军伐蜀，刘禅昏庸，不听姜维派兵扼守阴平的主意，终于使邓艾得以偷渡而直捣成都。

刘禅献城投降，并命令姜维也投降。姜维想假借投降的机会，杀掉钟会，复兴蜀汉，最后没有实现。其夙愿虽未实现，足见其忠烈。

刘备死后，有诸葛亮及其后继者蒋琬、姜维等辅佐，刘禅昏庸之主才能坐帝位达40年之久。而曹操死后，其子曹丕篡汉，魏立国虽有45年。但早在17年前司马懿就发动政变夺取曹爽的军权，魏政权已归司马氏，魏已名存实亡，魏政权存在实际只有28年。孙权死后，孙亮立为吴帝，内部不和，国势日弱，遂被晋灭，孙权后人掌权只有27年。三国相比，蜀汉政权比较稳固，没有内部互相倾轧、争权夺利的事情，这正是有德才兼备的人才辅佐的缘故。

利而诱之用人才

春秋时期，子产担任郑国的宰相。他不但精通政治大事和治国之道，而且能够根据别人的优点和缺点，扬其长，避其短，挖掘别人最大的潜能。

伯石是个很有才华的人，但唯一的缺点就是重利益和爱面子，可子产仍然很重用他。一次，他派遣伯石独自外出到别的国家办事。临行前，子产还没有交代任务，就问他：

“这次出去你任重而道远，要是完成得出色，我会重重赏赐你。你想要什么奖赏呢？”

伯石毕恭毕敬地回答说：“为大王做事是我应尽的义务，我愿意为您效忠，还谈什么赏赐呢？”

子产和蔼地笑着说：“有功即可受禄。事成之后，你就搬到西城街上的那幢富丽堂皇的房子里去住吧！”

伯石已经心有所动，但表面上仍然露出一丝难色，答道：“这样不太好吧，一来我还不知道能否完成任务，现在领赏别人会在背后议论；二来我现在的住处和那里相隔甚远，马上就要走了，一时也不能搬过去……”

子产打断他的话说：“这些都是无关紧要的事，你放心去办事，这些事情我会安排

妥当的。”

伯石高高兴兴地走了，一旁的门生不解地问子产：“他身为大臣，为国家办事效劳是应该的，而且本身就拿了俸禄，您为何还要另外给他赏赐？更何况其他大臣从来没有这样的待遇，难道他有什么值得特别嘉奖的吗？”

子产回答说：“每个人的性格都是不一样的，我明白伯石这个人，他很看重利益。虽然表面上说得很好听，其实那都是虚伪之辞。每个人都有私欲，更何况是他！如果我给他一点利益，他就肯定会尽心尽力地办事，而且我相信他有这个能力！”

“但是你不满足他的私欲也不会有什么坏结果，毕竟那是他分内的事情！”门生还是不解。

“你这样想就错了！”子产回答说，“那样他只是因为畏惧大王的威严去办事，就算完成了，他也会心怀嫉恨。时间长了，说不定会做出什么坏事来。对于这种人就是要利而诱之，才能引发他的能力，为己所用。”

伯石回来后，就住进了那座大房子里。子产又和郑王商量赐给他一座城邑，伯石乐不可支，但是又作势交回封地，子产也就故意收回。过了几天，又重新发布命令赏赐给他。如此这般三次，伯石才接受。

门生又好奇地问：“第一次不要就算了，要么就一次赏给他，为何还要这样推来推去？”

“我是故意这样的。他这个人虚伪，这样既显得他谦虚礼让，又满足了他的私欲，一举两得。”

子产知人善任，不仅没有因为别人的欲望和虚伪弃而不用，还利用别人的缺点，做到了人尽其用。由于子产对伯石的优点和缺点了如指掌，在他掌权时，伯石的地位始终没有超过他。

装疯卖傻保性命

关汉卿的戏剧《窦娥冤》一上演，就受到了人们的普遍欢迎。由于戏剧无情地揭露了官吏的昏庸无道和贫穷民众的艰辛困苦，因此老百姓争相传诵。但是当朝者却认为关汉卿蓄意诋毁朝廷，有所图谋，就下令通缉他，并四处张贴他的头像，要把他捉拿归案。

关汉卿得知这个消息后，立即决定离开这个危险的地方，暂时避一避。这天晚上，关汉卿正急着赶路，对面走过来几个巡夜的捕快。他想若是转身逃走，不仅会招来嫌疑，而且还可能会落入他们的手中。便冷静下来，站在那里和对方斡旋。那几个人看他书生模样，行色匆匆，立即拦住他。

“这么黑的天到哪里去？干什么的？”一个班头模样的人厉声问道。

关汉卿看着眼前的情景，像在自言自语，说：“三五步走遍天下，七八人统领千军。”

班头一听答非所问，还有几分文气，而且口气不小。他本人特别喜欢戏剧，多少还懂一些，不甘示弱地说：“你以为我听不出吗？你是不是唱戏的？快说！别磨蹭。”

关汉卿不为所动，继续胡说一通：“或为君子小人，或为才子佳人，登台便见；有时欢天喜地，有时惊天动地，转眼即成空。”

其他的捕快有如听闻天书一般，直嚷嚷：“抓起来！抓起来！”

班头是个戏迷，平日也喜欢看关汉卿编演的戏，听到这些话语，顿生疑虑。他把灯火靠近关汉卿的脸一照，失声喊道：“我看你像……”

关汉卿急了，赶紧抢过话茬儿，笑嘻嘻地说：“你看我非我，我看我，我亦非我；我装谁像谁，谁装谁，谁就像谁。”

前后几番话都说到班头的心坎

里了，人生不过就是一场戏。现在他已经确信面前的人就是关汉卿，但内心非常矛盾："拿下吧，自己不忍心。关汉卿确实是戏剧大家，不仅自己喜欢，百姓对其也敬重有加，说不定因为捉拿了他，自己要臭名远扬；放过去吧，500 两的赏银可是一个不小的诱惑，说不定还要担当失职的罪名。"

在一旁胡言乱语的关汉卿很快就看穿了班头的心思，随口又吟出一句道："台上莫逞强，纵使厚禄高官，得意无非俄顷事；眼下何足算，到头来抛盔卸甲，下场还是一般人。"

班头细想品嚼，悟出了其中的弦外之音。现在贪图一时之利，到头来功名利禄也是一场空，说不定没有好的下场，自己又何必呢？于是接着自己刚才的话，训斥道："我看你神经有问题！"说完，一招手，对手下的人说："我们走！不要在这个迂腐的书呆子身上浪费时间了。"一行人趾高气扬地走了，关汉卿算是躲过了一劫。

从本篇的捭阖之术来看，关汉卿便成功运地用了其中的方圆之道，在不利的形势下装聋作哑，痴痴呆呆，而内心却特别清醒。以此达到麻痹对方的目的，从而使其放松对自己的警觉，而暗地里随机应变，等待时机寻找脱身之计。这种方法的关键是表演逼真，不露破绽，否则被对手识破就非常危险。

装疯卖傻，保命归国

在社会中，难免会碰到不利于自己的情形，此时如果硬取的话往往容易碰得头破血流，相反，如果能采取阖的策略，在表面上给人一种疯傻、痴呆的印象，而只要内心保持足够的清醒就可以做到圆融处世。因为，疯傻、痴呆的人，别人是不会与他计较的，而且也容易放松对他的警觉。这无疑就给自己赢得了一个喘息或脱身的时机。

只是，装疯卖傻有时却并非都能达到自己预期的目的，毕竟“装”也是一门不大不小的学问，需要每个人好好地去琢磨和把握。但有一点是可以肯定的，只要能把握住精髓，表演得逼真，又不露什么破绽，就必然能生存得高枕无忧。

慕容翰是东晋初鲜卑族首领慕容廆的庶生儿子，他作战勇猛，又善于安抚民众，在当时有很高的声望，被任命为建威将军，和同母生的弟弟征虏将军慕容仁、慕容昭并为名将。而慕容皝因是嫡生子，被立为世子。

东晋成帝咸和八年（公元 333 年），慕容廆病逝，慕容皝继位，后自称燕王，建立燕国。他继位之初，用法严峻，功臣将领心里都很不安。

慕容翰知道自己兄弟三人威名太盛，难容于嗣君，便对家人说：“我受先父委任，不敢不尽自己的全力。幸而仰仗先父的神威，每战都能立功，这是上天眷佑我国家，并非人力所能做到的，而别人却认为是我的功劳太大，又认为我心雄才高难以制伏，我不能在家坐等大祸临头。”于是，慕容翰便和儿子出逃到段辽处。段辽一向仰慕他的将才，对他很是重用。

第二年，段辽派弟弟段兰和慕容翰一起攻打燕国，慕容皝派慕容汗和司马封弈率兵抵挡，结果大败而逃。

段兰要乘胜追击，一举全歼，慕容翰怕因此一战便灭了燕国，便劝阻段兰，说前面一定有埋伏，慕容汗等败逃乃是诈败，是用来诱引对方进入埋伏圈的。

段兰也是名将，自然看得出诈败与真败的区别，也隐约猜到了慕容翰的心意，便不听劝阻，执意要进军。慕容翰索性率自己的人马调头而回，段兰孤掌难鸣，也只好怏怏返回。

段辽知道后，自然猜疑慕容翰是“身在曹营心在汉”，假如是徐庶还不要紧，如果是慕容翰这样的大将，身处自己心腹肘腋之间，危险可就大了，便加意防范，更不予以重用。

慕容翰也知道自己犯了脚踏两只船的大忌，便整日酣饮，酒后便露出种种狂笑，后来干脆变得疯了，有时竟躺卧在自己的便溺上，在路上遇到行人，便跪下叩头伸手去要食物。

段辽先是怕他用诈，派人密查，一段时间后觉得不是装出来的，便不拿他当回事了。慕容翰便每天在外乞食，行遍了段辽的国土，把山川形势都牢牢记在心里，各处守关的士兵根本不去注意这个疯子。

燕王慕容皝很感激慕容翰在关键时刻放了自己一马，又认为他只是怕自己不容他而出奔，并非叛乱，便有心招引他回国，便派商人王车到段辽国做买卖来试探一下慕容翰的心迹。

慕容翰见到王车，苦于无法说话，便用手摸着胸口，点头示意。

慕容皝知道后，高兴地说：“慕容翰想要回来了。”慕容翰用的是三石多的硬弓，所用的箭又长又大，慕容皝便为他制造了顺手的弓箭，埋在地里，上面画上记号，派人偷偷告诉慕容翰。

慕容翰知道后，趁人不备偷了几匹名马，带着两个儿子，取出埋于地下的弓箭，逃回燕国。

段辽派骁勇的骑兵多人追赶，慕容翰说：“我在你们

国家客居很久了。如今想回归故国，现在既然上了马，就没有回头的道理，我以前的疯都是装出来骗你们的，我的武艺还和以前一样，你们不要逼我，自取死道。”

追兵们都很轻视他，根本不听，直前而上，慕容翰弯弓搭箭说：“我一度在你们国家存身，不愿意杀死你们，你们去我百步开外立一把刀，我用箭射刀环，如果一箭射中你们就回去，如果不中你们就上来抓我。”

追兵们不相信他有这本事，便在百步外立一把刀，慕容翰一箭正中刀环，追兵们吓得四散奔逃，唯恐被他的神箭射中。

慕容翰回到燕国后，慕容皝如获至宝，待他比慕容廆生时更为优厚。

一般地说，采用阖的计策来达到最终保身的目的，也是很不容易的事情。因为，装疯卖傻大都是在受到怀疑，即将有大祸临头时所用的最后一招，既属不得已，也是没办法时的办法。方法倒是简单，但要装得比真的还像也是很困难的事，既要演技上乘，又要有一股狠劲。而慕容翰无疑是深得阖术之要义的，他不但能“疯”，而且还“疯”到躺卧在自己的便溺中，这就让人不得不相信了。所以，慕容翰能够最终保全性命，回归到自己的国家，也是很自然的了。

韬光养晦，静观其变

韬光养晦，是一种隐藏才智，不露真心，暂收锋芒，静观其变，然后再待时而动的谋略。实际上也就是一种纵横捭阖的策略。在生活中，学会运用这种策略，对于为人处世是大有好处的。古人就有善于运用这种谋略的。

春秋时期的楚庄王“三年不鸣，一鸣惊人”，可以说是一个善用韬光养晦、阴阳捭阖之术的高手。

在楚庄王即位之前，楚国的内政可谓经历了长期的混乱。楚庄王的爷爷楚成王意图争霸中原，被晋国在城濮之战中打败，不久又祸起萧墙。起初，原定商臣为太子，但后来楚成王居然发现商臣眼如黄蜂，声如豺狼，认为这样的人生性残忍，想改立公子职为太子。商臣是个十分有心计的人，他听说了这个风声，就积极行动起来，为了把事情弄清楚，他故意设宴招待姑母，在宴上轻侮姑母。商臣的姑母果然愤怒地说：“怪不得你父亲要杀了你另立太子！”因为楚成王遇事总与妹妹商量，所以，商臣认为姑母的话证实了传言。商臣连忙向老师潘崇问计，潘崇问：“你愿意奉事公子职吗？”商臣说：“不愿。”又问：“你能逃出楚国吗？”回答说：“不能！”潘崇最后问道：“你能成大事吗？”商臣坚定地说：“能！”

楚考烈王五十三年（公元前 262 年），商臣率领宫廷卫队冲进成王的宫殿，要杀掉他的父亲。成王喜吃熊掌，这时红烧的熊掌尚未烧熟，成王请求等吃了熊掌再杀他，商臣说：“熊掌难熟。”他怕夜长梦多，外援到来，就催促成王上吊自杀。商臣随之即位，是为楚穆王。

穆王在位 12 年，死后由其子侣即位，是为楚庄王。

楚庄王即位时很年轻，即位之始，他并未像其他新君上任那样雷厉风行地干一些事情，而是不问国政，只顾纵情享乐。他有时带着卫士姬妾去云梦等大泽游猎，有时在宫中饮酒观舞，浑浑噩噩，无日无夜地沉浸在声色犬马之中。每逢大臣们进宫汇报国事，他总是不耐烦地回绝，任凭大夫们自己办

理。他根本不像个国君，朝野上下也都拿他当昏君看待。

看到这种情况，朝中一些正直的大臣都感到十分着急，许多人都进宫劝谏，可楚庄王不仅不听劝告，反觉得妨碍了他的兴趣，对这些不着边际的劝告十分反感。后来干脆发了一道命令：谁再来进谏，杀无赦。

三年过去了，朝中的政事乱成一团，但楚庄王仍无悔改之意。在这期间，他的两位老师斗克和公子燮攫取了很大的权力，斗克因为在秦楚结盟中有功，楚庄王没给他足够的报偿，就心怀怨愤，公子燮要当令尹未能实现，也心怀怨愤，二人因此串通作乱。他俩派子孔、潘崇二人去征讨舒人，又把二人的家财分掉，并派人刺杀二人。刺杀未成功，潘崇和子孔就回师讨伐，斗克和公子燮竟挟持庄王逃跑。在到庐地时，当地守将戢黎杀掉了他们，庄王才得以回郢都亲政。就是经历了这样的混乱，楚庄王仍不见有什么起色。

大夫伍参忧心如焚，再也忍不下去了，冒死去觐见庄王。来到宫殿一看，只见纸醉金迷，钟鼓齐鸣，庄王左手抱着郑国的姬妾，右手搂着越国的美女，案前陈列美酒珍馐，面前是轻歌曼舞。庄王看到伍参进来，当头问道："你难道不知道我的命令吗？是不是来找死呢？"

伍参抑制住慌张，连忙赔笑说："我哪敢来进谏，只是有一个谜语，猜了许久也猜不出，知道大王天生聪慧，想请大王猜一猜，也好给大王助兴。"楚庄王这才放下脸，说道："那你就说说看。"伍参说："高山上有只奇怪的鸟，身披鲜艳的五彩，美丽而又荣耀，只是一停三年，三年不飞也不叫，人人猜不透，实在不知是只什么鸟！"当时的人喜欢说各种各样的谜语，称作"隐语"，这些隐语往往有一定的寓意，不像今天的谜语这样单纯，因此，人们多用这些隐语来讽谏或劝谏。楚庄王听完了这段话，思考了一会说："三年不飞，一飞冲天；三年不鸣，一鸣惊人。此非凡鸟，凡人莫知。"

伍参听后，知道庄王心中有数，非常高兴，就又趁机进言道："还是大王的见识高，一猜就中，只是此鸟不飞不鸣，恐怕猎人会射暗箭呀！"楚庄王听后身子一震，随即就叫他下去了。

伍参回去后就跟大夫苏从商量，认为庄王不久即可觉悟，没想到几个月过去后，楚庄王仍一如既往，不仅没有改过，还越发不成体统了。苏从见状不能忍耐，就闯进宫去对庄王说：“大王身为楚国国君，即位三年，不问朝政，如此下去，恐怕会像桀、纣一样招致亡国灭身之祸啊！”庄王一听，立刻竖起浓眉，露出一副暴君的模样，抽出长剑指着苏从的心窝说：“你难道没听到我的命令，竟敢辱骂我，是不是想死？”苏从沉着从容地说：“我死了还能落个忠臣的美名，大王却落个暴君之名。如果我的死能使大王振作起来，能使楚国强盛，我甘愿就死！”说完，面不改色，请求庄王处死他。

楚庄王等待多年，竟无一个冒死诤谏之臣，他的心都快凉了。这时，他凝视了苏从几分钟，突然扔下长剑，抱住苏从激动地说：“好哇，苏大夫，你正是我多年寻找的社稷栋梁之臣！”说完，立刻斥退那些惊恐莫名的舞姬妃子，拉着苏从的手谈起来。两人竟是越谈越投机，竟至废寝忘食。

苏从惊异地发现，庄王虽三年不理朝政，但对国内外事情事无巨细都非常关心，对朝中大事及诸侯国的情势都了如指掌，对于各种情况也都想好了对策。这一发现使苏从不禁激动万分。

原来，这是庄王的韬光养晦之策。他即位时十分年轻，不明世事，朝中诸事尚不明白，也不知如何处置，况且人心复杂，尤其是若敖氏专权，不明所以，他更不敢轻举妄动。无奈之中，想出了这么一个自污以掩人耳目的方法，静观其变。在这三年中，他默默地考察了群臣的忠奸贤愚，也测试了人心。他颁布劝谏者死的命令，也是为了鉴别哪些是甘冒杀身之险而正直敢言的耿介之士，哪些是只会阿谀奉承只图升官发财的小人。如今，三年过去，他年龄已长，经历已丰，才干已成，人心已明，也就露出庐山真面目了。

第二天，他就召集百官开会，任命了苏从、伍参等一大批德才兼备的大臣，公布了一系列的法令，还采取了削弱若敖氏势力的措施，并杀掉了一批罪大恶极的犯人以安定人心。从此，这只“三年不鸣”的“大鸟”开始励精图治，争霸中原。

应当说，楚庄王确实是一个深谙阴阳捭阖之术的人。这只“大鸟”真的“一鸣惊人”了。在登基之初，形势危急之时，他先采用阖的策略，隐忍不发，甚至采取了自污以掩人耳目的做法，通过数年的暗中观察摸索，弄清了朝中大臣的真实心理和才干，也锻炼了自己，增长了才干，然后便又毫不犹豫地采用捭的策略，稳定了局势，也为以后成就霸业奠定了良好的基础。

第二章 反应篇

【题 解】

反应术是《鬼谷子》关于获取对方情报的一种方法。这里的反应，与我们现在常说的反应有区别，它专指经过刺探使对方发生的变化。

要求通过反复的观察，对认知的客体实情加以探询。

为了获取实情，还可以采取各种手段，或者说出某种言辞引诱对方开口，或者采取缄默诱导对方吐露实情，或者从对方言谈举止中见其喜怒哀乐之情，或者反反复复集中探求某一不清楚之处，这就犹如撒开一张大网，等待对方落入或直接将对方罩住。

有了此法，如探囊取物般可靠，如后羿射箭般准确。

反应术，也就是反观、复验的方法技巧，在实际运用中，要注意以下几点：

1. 盯住目标，直奔目的。运用反应术目的只有一个，就是知彼知己，搞清实情，认识正确，以便进行正确决策，一切都要围绕这个中心来进行。

2. 采取多种多样的反观、复验的具体方法。反观的具体方法很多，诸如请教、追问、审问、逼供、指责、发难等方法；复验的方法也很多，诸如自我总结、自我反省、自我批评、前后对比、横向比较、征求意见、开座谈会。

3. 注意对反观对象的区别。复验的对象是主体，即谋略主体，游说者本身。反观的对象是客体，即谋略游说的目标。由于社会的复杂性，要控制、进攻的对象也很复杂，对象不同，态度和方法也应不同。

反应[1]第二

原文

古之大化者，[2]乃与无形俱生。反以观往，复以验来；[3]反以知古，复以知今；反以知彼，复以知己。动静[4]虚实[5]之理，不合于今[6]，反古而求之。事有反而得复[7]者，圣人之意也，不可不察。[8]

注解

①反应：反，通“返”；应，应和。反应，在这里指从对方返回的信息。

②古之大化者：化，教化，指导。大化者指圣人。

③反以观往，复以验来：反和复都是返回、重复的意思。追溯过去的事情、经验，再回首察验未来。

④动静：指移动与静止，“动”与“静”是相对而言的。

⑤虚实：真伪的意思。

⑥今：现在。

⑦反而得复：调查过去，反复研究现在与将来的对策，以便掌握其中的道理。

⑧圣人之意也，不可不察：察，仔细观察研究。此句是说对圣人的见解不可不悉心研究思考。

译文

古代教化众生的圣人，跟无形共同生存。折返以后观察既往，回来以后验证未来；折返以后知道古代，回来以后知道现在；折返以后知道他们，回来以后知道自己。动静虚实的道理，假如跟现在不合，那就要回到古代去寻求。事情有折返以后又能回来的，这是圣人的意思，不可不详细观察。

原文

人言者，动也；己默者，静也。因其言，听其辞[①]。言有不合[②]者，反而求之，其应[③]必出。言有象，事有比。其有象比[④]，以观其次。象者象其事，比者比其辞也。以无形求有声，其钓语[⑤]合事，得人实也。其张罝网[⑥]而取兽也，多张其会[⑦]而司之。道合其事，彼自出之，此钓人之网也。常持其网驱之，其言无比[⑧]，乃为之变，[⑨]以象动之，以报其心，见其情，随而牧之[⑩]。己反往，彼复来，言有象比，因而定基。重之袭之，反之复之，万事不失其辞，圣人所诱愚智[⑪]，事皆不疑。

注解

①辞：言词。

②言有不合：所说的话不合理。

③应：答应。

④象比：象，法象、仿效形象和原形。比：比较。指按照形象进行比较。

⑤钓语：像钓鱼投饵一样，在发言时给对方以诱饵，以便引出对方的话头。

⑥张罝网：罝是捕兔子等野兽的网。网是捕鱼等水产品的网。

⑦会：会合，聚会。

⑧比：可比的规范。

⑨乃为之变：于是就为此改变方向。

⑩牧之：在此与“察”同义。就是进行调查加以阐明。

⑪愚智：愚者和智者。

译文

人家所说的话是动态的，自己的保持缄默是静态的，所以要根据他的话来听他的辞令。假如语言有不合理的，那么就回来探求，对方的答应必然出现。语言有法象，事情有比例；既然有法象和比例，那就要观察下一步行动。所谓象就是模仿事情，所谓比就是比较辞令，然后用无形来寻求有声。引诱对方发言的语词，能合乎事情的发展，所以才能得到对方的实情。就像拉网捕捉野兽一般，要多拉几张网来才行。假如方法能合乎实情，对方必然自己出来，这就是钓人的网。常拿着网引诱敌人，敌人的话如果不能进行比较，敌人就会有所改变。用法象来使敌人受感动，进而核对敌人的思想观察实情，最后更进行调查加以阐明。自己又回去，敌人再度来，所说的话有法象和比较，因而奠定了基础。对敌人一再进攻，并且加以袭击，经过反复的攻势，一切事情都没有丧失说词。圣人诱惑愚者和智者，那么事情都没有怀疑的余地。

原文

古善反听者，乃变鬼神①以得其情。其变当也，而牧之审也。牧之不审，得情不明；得情不明，定基不审。变象比，必有反辞，以还听之。欲闻其声反默，欲张反敛②，欲高反下，欲取反与。欲开情③者，象而比之，以牧其辞，④同声相呼，实理同归。或因此，或因彼，⑤或以事上，或以牧下。⑥此听真伪、知同异，得其情诈⑦也。动作言默，与此出入，喜怒由此，以见其式⑧，皆以先定为之法则。以反求复，观其所托⑨。故用此者，己欲平静，以听其辞，察其事，论万物，别雄雌。虽非其事，见微知类⑩。若探⑪人而居其内，量其能射其意⑫也。符应⑬不失，如螣蛇⑭之所指，若羿之引矢。

注解

①鬼神：鬼，隐秘不测。鬼神是指死者的灵魂和山川的神明。

②敛：收敛。

③开情：情，感情、情绪。这里是说敞开心灵的大门。

④象而比之，以牧其辞：象，模仿。比，类比。用象比的方法把握对方的言辞。

⑤或因此，或因彼：因，原因。此，这里。彼，那里。或这个原因，或那个原因。

⑥或以事上，或以牧下：事，侍奉。牧，统治人民。全句的意思是说或用来侍奉君主，或用来观察民情。

⑦情诈：真情和虚伪。

⑧式：定式，模式。

⑨观其所托：托，寄托。观察其所寄托之处。

⑩见微知类：微，微小。类，种类。根据轻微征兆探索有关联的重大事物。

⑪探：侦察，打听。

⑫射其意：此处指如弓之发矢，准确猜中对方意图。

⑬符应：验合符契。

⑭螣蛇：意指飞龙。

译文

古代善于反过来听敌人言论的人，就改变鬼神来刺探实情。敌人的变化是适当的，要对此加以详细调查。假如调查不够详明，那所得的情报就不够明确；假如所得的情报不够明确，那所打的基础就不够详明。假如改变法象和比例，那就一定会有叛逆的言论，这时还要回来详细探听。想要听对方的声音反倒沉默，想要使对方张开反而收敛，想要使对方升高反而低下，想要使对方夺取反而施与。凡是想要打开心扉叙述观念的人，就要先按形象比对再进行活动，以便诱导对方发言。这时相同的声音就会彼此呼应，相同的道理就会有相同归宿。或者因为这种道理，或者因为那种道理；或者用来侍奉君主，或者用来教化人民。这就是听取真假，知道同异，以便刺探敌人的情诈之术。言谈举止都跟这有出入，喜怒哀乐都以此作为模式。都是用事先所决定的作为法则。用相反的来追求回复的，观察对方感情的寄托，所以就使用这种权术。自己想要平静，以便听取对方的辞令，目的是观察事情、讨论万物、辨别雄雌。虽然不是对方的事，可是却能根据轻微的预兆，探索有关联的重大事物。就像刺探敌情而深入敌境一般，要首先估计敌人的能力，其次再刺探敌人的意向，像合符节一般来响应，也就像螣蛇所指一般的神奇，更像后羿拉弓射箭一般的准确。

原文

故知之始己，自知而后知人也。①其相知也，若比目之鱼。②其伺言也，若声之与响；其见形也，若光之与影。其察言也不失，若磁石之取针，舌之取燔骨③。其与人也微，其见情也疾。如阴与阳，如阳与阴；如圆与方，如方与圆。未见形，圆以道之，既见形，方以事之。进退左右，以是司之。己不先定，牧人不正④。事用不巧，是谓“忘情失道”。己审先定，以牧人，策而无形容⑤，莫见其门，是谓“天神”。

注解

①知之始己，自知而后知人：想要知道他人，就必须先从了解自己开始，了解自己以后才能知人。

②比目之鱼：只有一只眼睛的鱼，经常是两鱼协同并游。

③燔骨：燃烧骨头上所带的肉。

④牧人不正：牧，统驭。统驭人，但不能整齐。

⑤形容：形态，形象，容貌。

译文

所以了解敌情要先从了解自己开始，只有了解自己然后才能了解敌人。他们彼此之间感情和睦，就像比目鱼一般的相亲相爱。他们的观察言论，就像声跟响的关系一般；当看到敌人的形象时，就像光跟影的关系一般。常观察敌人言论时，不可有所疏忽，就像磁石的吸铁针、舌头的吸焦骨。当他潜伏敌境时形迹隐秘，当他发现敌人时行动快速。就像阴气（臣道）和阳气（君道），也像阳气和阴气；就像圆形（天道）和方形（地道），也像方形和圆形。还没发现敌人的形势之前，就用天道（君道）来引导；在发现敌人形势之后，就用地道（臣道）来事奉。不论升进还是贬退，左迁还是右调，一切都要用上面的方法管理。假如自己用人时不先建立完整的奖惩升迁人事制度，那就不能把人才的进退管理得很好。假如对事情运用得技巧不够，这就叫作忘怀感情丧失正道。自己先审定好一种政治制度来统治人民，但是之后既无形式也无内容，根本看不见整个制度的重点所在，这就叫作“天意”。

智慧应用

苏秦张仪合纵连横显奇才

春秋战国时期，诸侯争雄，天下大乱。各国有为之君为图存、图强、争霸，竞相招贤聘能，求新变法。

这为智谋之士竞奇斗能、纵横捭阖提供了大舞台。这是人才辈出，大显身手的朝代，也是各种理论、思潮、流派精彩纷呈、空前繁荣的时代。

在各种流派和理论中，对各国分化离合、兼并统一进程起关键作用的，当推纵横家及其纵横术，即合纵、连横之说。纵横家的代表人物就是苏秦、张仪。

所谓“合纵”即“合众弱以攻一强”，就是许多弱国联合起来抵抗一个强国，以防止被强国兼并。

所谓“连横”即“事一强以攻众弱”，就是由强国拉拢一些弱国来进攻另外一些弱国，以达到各个击破，兼并众弱一统天下的目的。

到战国后期，秦国已脱颖而出，成了七雄中实力占压倒优势的唯一强国，对其他六国的生存构成严重威胁，自然成了合纵围攻的目标和连横出击的中心。联合抗秦和分别事秦最后各个被击破，成了合纵连横的主要内容。

苏秦和张仪依凭满腹智谋和三寸不烂之舌，纵横周旋于列国之间，放言雄辩于诸侯之前，演出了一幕幕波诡浪谲、翻云覆雨的活剧，对战国时期各国的兼并与反兼并，割据与统一的斗争进程，产生了重大影响。

一、苏秦出山

在分析天下大势后，看到秦国独强，作为纵横学祖师鬼谷子入室高足的苏秦，便毅然西行入秦，企图游说秦王采纳连横战略，横扫六合。秦惠文王听说苏秦是博学之士，连忙召见。

苏秦问："臣闻大王要求诸侯割地，想安坐朝廷而兼吞天下？"

"是的。"秦王答。

苏秦道："秦国南有巴蜀，北有胡貉，西有汉中，东有关河，沃野千里，雄兵百万。敌国攻之不可得，秦国守之不可破，诚乃天下之雄邦。以大王之贤、秦国之强，并诸侯，吞周室，称皇帝而君临天下易如反掌，岂有安坐得天下者？臣愿献愚计，以助大王成就四海统一大业。"

惠王因刚杀死商鞅，厌恶游说之士。他把苏秦也列入其类，因此未等苏

秦说完，便推辞说："寡人听说：羽毛未丰，不可高飞。先生所言，寡人内心感激，只是力不从心。关于军国大计，只能待秦国强盛之日再议。"

苏秦见秦王不乐意听，无奈何，只好告退。但他不死心，返回驿馆后，日以继夜地赶写奏章条陈。

他把平生所学的纵横之术和春秋以来诸侯称霸和夺取天下的经验教训、战略策略尽倾其中，向秦王提出削平群雄的连横战略，希望秦王采纳，并委其以重任。秦王对苏秦洋洋十余万言的条陈并未详读即放置一旁。

苏秦初次出山碰了一鼻子灰，颓然而返。当他风尘仆仆返回故里时，衣衫褴褛，十分狼狈。

面对父母辱骂，妻子冷眼，嫂子拒绝做饭的惨景，他不禁叹道："妻子不把我当夫，嫂子不把我当叔，父母不把我当子，全是我无能之过。"

从此，他更加发愤苦读。一日，他发现“太公阴符”，如获至宝，边读边揣摩，废寝忘食。疲倦时则用银锥刺股。

如此一年，天下大势及治理方略，尽在腹中。

第二年，苏秦再次出山，本想再去秦国，因为秦国力量最强，最有条件成帝业。但秦王有眼无珠并不看重苏秦，苏秦于是决心弃连横，改行合纵，说服众诸侯联合抗秦。

于是苏秦首途赵国。当时赵肃侯在位，其弟号奉阳君，为相国，执掌朝政。苏秦先向奉阳君游说，但奉阳君不愿听。

苏秦无奈，转赴燕国。因无人推荐他去见燕文公，在燕国住了一年多，所带盘费已经用尽，只好暂向旅馆借钱，赖以维生。一天燕文公出游，见了苏秦非常高兴地说：“先生曾以十万言进献秦王，寡人仰慕已久，恨不能读先生书。先生临敝国，燕之幸也。”

遂同车入朝，鞠躬请教。

苏秦纵谈天下大势和图存图强之道。他说：“燕国虽有土地两千里，精兵数十万，战车六百辆，战马六千匹，但和秦国相比，不及其半。燕国能够安乐无事，没有覆军、折将之忧，大王知道这是为什么吗？”

“不知道。”

“燕国所以未遭外敌侵略，是因为南面有赵国作屏障。秦国要攻打燕国，需长途跋涉几千里。即使秦军能够攻占燕国的城池，也不能镇守。很明显，秦国绝对不能侵略燕国。

“相反赵国要想攻打燕国，则易如反掌，大军出动不到十天，就可渡过滹沱水，跨入燕境，再过四五天就可逼近燕都蓟丘。

“秦国攻燕，要到千里之外去作战；赵国攻燕，是在百里之内作战。不忧百里之内的外患，反欲割地以媚千里之外的秦国，人所难解也。”

燕文公见他言之在理，连忙问：“先生何以教寡人？”

苏秦说：“臣愿大王与赵结盟，进而使天下诸侯结合纵之盟，协力抗秦，这才能使燕国长治久安。”

燕文公说：“先生以合纵之盟来安定燕国，这正是寡人的愿望，但恐其他国家不肯参加。”

苏秦说：“臣虽不才，愿面见赵侯，说服他参加合纵盟约。”

燕文公畏秦如虎，昼夜担心秦国进犯。现见苏秦决计合纵抗秦，喜不自胜，待苏秦如上宾，赠给金帛财宝和车马，并派人送他赴赵。苏秦对赵肃侯说：

“天下贤士无不钦佩大王之行义，都愿到大王面前献计献策，只因奉阳君嫉贤妒能，才皆裹足不前，缄口不语。如今奉阳君已逝世，臣才敢献愚忠。”

赵肃侯说：“愿先生不吝赐教，寡人洗耳恭听。”

苏秦见赵肃侯诚心相待，便尽倾肺腑之言。他说：“作为一国君主，首先考虑的是安民，让全国人民都能安居乐业，而安民之根本是睦邻安邦，和诸侯建立友好关系，不起战祸。

“当今山东诸国，只有赵国最强，秦国所嫉恨的就是赵国。秦国所以不敢举兵伐赵，主要担心韩、魏在背后动手。但韩、魏两国地处平原，无高山大河阻拦，一旦秦国出兵，稍蚕食之，两国降秦，大祸即降临赵国。

“纵观天下形势，诸侯之地倍于秦，诸侯之兵十倍于秦。假如六国能够团结一致，联合抗衡秦国，秦国必败。

“反之假如六国不联合起来，最后必然被秦国各个击败。或战败秦国，或被秦国吞并，是赵国面临的两种前途。要避免亡国之祸，只有结盟诸国，合力抗秦，舍此更无他途。”

这一席话说得赵肃侯心悦诚服，敬佩不已。赵肃侯离座垂首而言：“寡人年幼，即位不久，尚未闻听安邦大计。刚才听先生之教，如雷贯耳。先生至理之言，寡人不敢不从命，吾愿以国事相托，幸望勿辞。”

赵肃侯把苏秦视若救星，随即封他为相国，独领合纵列国事宜。他在游说韩、魏、齐、楚之前，先拟就合纵盟约条文，规定在秦国进攻任何一国之时，其他各国必须同时出兵合击秦国，并规定了各国之具体军事部署。

盟约指出：“六国缔结合纵之盟，协力抗秦，则秦国虽强，断不能出函谷关一步，侵害山东诸侯。”盟约规定：“若有背弃盟誓者，五国当出兵共同诛讨之。”

在这里苏秦说服燕文公、赵肃侯合纵，先谈国家形势，举出许多现象打动他们，然后迎合其心意，进言合纵之策——这正是反应术的实际运用（当然，苏秦首先痛快淋漓地运用的是捭阖阴阳术，一番大开大合之后，使燕文公、赵肃侯顺从己意）。

二、巧请张仪

正当苏秦准备上路之际，赵肃侯接到紧急军报：秦国出兵攻打魏国，魏国被迫割让河北十城以求和。秦军正乘胜东进，前锋直指赵国。赵肃侯急请苏秦商讨对策。苏秦震惊万分。如秦兵攻赵，赵势必难抵挡，必蹈魏之覆辙，割地求和，合纵盟约将胎死腹中。这不仅关系到个人事业之成败，更关系到赵等列国之安危。使秦退兵不攻赵国，是苏秦贯彻合纵战略之关键和前提。

为了稳定赵肃侯之心，苏秦故作镇定，从容对赵肃侯说："秦军远征疲惫，无力攻赵。万一秦兵来攻，臣自有退兵之策，主公勿虑。"

赵肃侯说："请先生暂留本国。若秦兵不来，再去列国不迟。"

苏秦回到相府，坐卧不安，冥思苦想，忽然想到同窗好友张仪，学富五车，通权达变，韬略辩才无人可及。

如让张仪赴秦，定能说服秦王将兵西撤。苏秦计议已定，写了一封信，将心腹毕成唤来，告之："你扮作商人，改名为贾舍人赴魏，找到张仪，将我致他的信面交，务必将他请到赵国见我。待他来赵后，你要照我的安排行事。"

张仪，魏国人，与苏秦同为鬼谷子得意门徒，是纵横学大师，名重一时。他学成回国后，有心报魏国，因出身寒微，无人引荐，不为所用，只得携带家眷远走楚国，暂作楚相国昭阳的门客。

昭阳在一次宴客席上，向宾客出示稀世珍宝和氏璧。不经意间，和氏璧竟于席间遗失。

昭阳震惊异常，着急万分，手下人更如热锅蚂蚁。有人密告说："张仪家贫，一定是他偷了。"昭阳亦心疑，便令人将他捉住毒打，要他招供。张仪矢口否认，结果被打得死去活来，奄奄一息。

昭阳见张仪昏死过去，才令人住手。旁有一人，可怜张仪，将他扶回家中，才留得一命。

其妻见他遍体鳞伤，垂泪道："今日遭此不幸，都是由于你游说所致，若在家老实务农，哪有今日之祸！"

张仪用手指口，问其妻曰："我的舌头还在吗？"其妻说："你这是什么意思？"张仪说："舌在，便是本钱，总有出头之日。"

张仪初次出山失利，带着满身伤痕回到魏国。张仪在家住了半年。听说苏秦说服赵肃侯，组织合纵盟约，正准备去投奔他。赵国商人贾舍人送来苏秦的亲笔信，贾舍人问："先生和相国是怎么认识的？"

张仪说："我们不但是朋友，还是最要好的同窗。"贾舍人一听十分高兴："先生若去见相国，一定会得到重用，我正要回本国去，何不跟我结伴同行？"

他们来到赵国首都邯郸城外，贾舍人同张仪握别说："我家住在城外，就此告别了。进城不远有客店，你先住下，我一定去拜访你。"张仪向贾舍人致谢后，独自进城。

第二天一早，张仪向店主借了一身衣服和鞋帽，兴致勃勃去见苏秦。来到相府门口，没人为他通报，只好返回。第三天一早再去，仍然没人为他通报。一连去了几天都是如此。

张仪不由纳闷：既然请我来，为何一再拒之门外？到了第五天，才有人向苏秦通报，得到的回答是："今日相国很忙，改日再见。"

这样又等了几天，张仪再去求见苏秦，才得到明天可予接见的传话。第二天，张仪来到相府，满以为苏秦要见他，未料大门紧闭，看门人让他从小门进入。进门后只见苏秦正和大臣谈话，根本不看张仪一眼。

张仪正等得难堪，忽然有人喊："张先生在哪里？相国叫你进来！"他连忙整冠进入大厅，满以为苏秦一定会出门迎接他，没想到苏秦坐在大堂上，一动未动，毫无表情。张仪忍气吞声向苏秦施礼，苏秦才欠身说："余子（张仪字）别来无恙？"

张仪见苏秦这样冷淡、傲慢，感到气愤。到了用餐时间，有人呼叫"传膳"。苏秦说："我为公事忙碌，累你久等，今日就在舍下用饭，饭后再谈。"

左右将张仪带出去，坐在堂下。张仪见自己桌前只有一肉一菜和粗糙米饭；举目向上望去，只见苏秦面前山珍海味摆一桌。他本想不吃，无奈饥肠辘辘，又不敢得罪苏秦，只得含羞举箸。

饭毕苏秦传话："请张仪上堂。"张仪走上去，他高坐不动，不理不睬。张仪到此忍无可忍，高声大骂："季子（苏秦字），我以为你不会忘记友情，特应邀来投。谁知你毫无故人之情，翻脸不认人，还百般羞辱于我，是何居心，你真是势利小人！"

苏秦不气不恼，微微笑道："以余子之才，应该先我而际遇，未料你竟穷困如此。我本想把你推荐给赵侯，使你得富贵，就怕你志衰才退，无所作为，反连累于我。"

张仪说："大丈夫自能取富贵，难道非由你推荐不成？"苏秦冷笑道："既然如此，即可自便。"让人给张仪十两金子。张仪将金子扔在地上，愤然而去，苏秦也不挽留。张仪回到客店，只见自己的铺盖，全都搬在外面。他问店主这是怎么回事。

店主说："先生见到相国，一定为你安排国家馆舍，怎能在这里住？"张仪满面羞愧，无言以对，只摇摇头说："可恨！可恨！"遂脱下衣帽归还主人，店主问："这是怎么回事？"

张仪将自己受辱过程说了一遍。店主说："相国给你金子，你为何不要？这里的房费、饭费尚未结账。"

张仪一听，这才想到出家门时，一心想托靠苏秦未带分文。现在欠下店家款项，如何偿还？

正在焦急万分之时，贾舍人来了，问："见到相国了吗？"张仪满脸怒气骂道："再勿提那个无情无义的小人。"店主替他说了一遍，贾舍人说："当初全是我多嘴，劝先生来赵。我愿为你还账并送你回去，不知先生意下如何？"

张仪说："我已无脸回魏，想到秦国去，只是身无分文。"贾舍人说："先生要到别国去，我不能奉陪，若到秦国去那太巧了，我正要到那里去。有现成的车马，咱们一路为伴，岂不很好？"

张仪非常感激地说："天下有你这样好心肠的人，真使苏秦害臊。"

二人西行，不日到达秦国。贾舍人拿出大量金钱疏通朝内官员，让秦惠文王亲自接见张仪。张仪出言不凡，高见远识，秦惠文王大喜，即拜张仪为客卿，共商军国大计。

这时贾舍人向他辞行，张仪垂泪道："在我最困难时，只有你是我的知己，全力资助我使我有今日。我正要报答你的恩情，为何匆匆离去？"贾舍人笑道："你的知己，不是我，而是苏相国。"张仪一时摸不着头脑，问："不是你资助我，怎么说是相国？"

贾舍人说："苏相国正倡导合纵之盟，唯担忧秦国攻打赵国，破坏他的计划。他想借重知己，执掌秦国大权，说服秦王不攻赵国，以成全他的计划，此人非君莫属。他就让我扮作商人，先请你到赵。又怕先生满足于一官半职，是以故意怠慢，激怒你。

然后让我送你到秦，并用金钱暗中买动秦王左右，使秦王召见你，重用你。现在先生已掌秦国大权，已遂苏相国之望，我是相国的门客，也已完成任务。我得回去向相国报告了。"

张仪这才如梦初醒。自己在苏秦的谋略中，却毫无觉察，和他相比，真是差得太远。自己还认为他是无情无义的小人，真是错怪他了。张仪想来想去，感到又惭愧，又感激。

他对贾舍人说："请你代我向苏相国道谢，并请转告：只要苏相国在世一日，我张仪绝不敢言'伐赵'二字，以此报答苏相国玉成大德。"

贾舍人回报苏秦，苏秦即禀报赵肃侯说："秦国不敢侵犯赵国，请赵侯放心。我还是按既定计划去约会列国诸侯。"

苏秦巧请张仪既用了忤合术，也用反应术——通过激将法以表象打动他、迎合他，因势利导，促其赴秦游说，达到自己的目的。

三、合纵约成

苏秦通过张仪阻止了秦国对赵国的进攻，赵肃侯十分欢喜，对苏秦倍加敬重。这就为苏秦游说各国建立合纵联盟奠定了基础。从此以后，苏秦逐一走访列国诸侯，说服他们缔结反秦盟约。

苏秦首先来到韩国，他针对韩宣惠公畏秦如虎、欲割地求和的心理，对宣惠公说："韩有地方九百余里，精兵数十万，天下之精锐武器大部由韩国出产。韩军勇猛无比，手执强弓，身佩利剑，在战场上可以以一抵百。凭韩国之强盛和大王之贤能，若拱手事奉秦国，不但侮辱祖先，而且为天下耻笑，何况秦国贪得无厌。大王事奉秦国，秦国必然要求割让宜阳、成皋。今年将这两地献秦，明年他又再要求割别的地方。如不允诺将前功尽弃而遭祸。韩国土地有限，秦国贪欲无穷。俗语说：'宁为鸡首，不为牛后。'以大王之贤能，又拥有强大的精兵，却蒙受'牛后'之名，臣为大王感到羞愧！今赵侯愿与韩国结盟，合力抗秦，这是贵国保江山和尊荣的唯一良策。望大王三思定夺。"

韩宣惠公听毕，高声喊道："寡人宁死，也绝对不事奉秦国！感谢先生把赵侯的意见转告寡人，寡人愿率全国臣民参加合纵盟约，誓与秦国决一死战。”

韩宣惠公厚赏苏秦，并答应与赵结盟，表示随时听从苏秦的决策。

苏秦说服韩宣惠公后，马不停蹄地直驰魏国。他对魏惠王说：“魏地沃野千里，物丰人稠。士民摩肩接踵，不绝于道。魏国之强大，不亚于楚。臣闻大王欲听群臣之言，去事虎狼之秦，假如臣事秦国，那必然要割让土地给秦，并要把王子送去作人质，所以还未用兵，国家即已衰败。劝大王事秦者，悉为奸臣也。他们欲以割君王之土地献媚秦国，破公家而成私门，外挟强秦之势，内劫其主，成为国家之祸胎。望大王三思。现赵、韩诸国决计联力抗秦，以免秦祸，并派敝人劝说大王加盟，唯此，方可保土卫民，保全强国之尊。”

言讫，献上合纵盟约。魏惠王久闻苏秦大名，已有仰慕之心。现听他一番宏论，句句在理。便欠身向苏秦道：“寡人才疏学浅，从未听过如此高明之见。先生之言，使我茅塞顿开，真天赐良师。非合纵无以拒暴，无以救国。吾决心已下，寡人愿意统率全国臣民参加合纵之盟，并愿为前驱。”

苏秦说通了赵、韩、魏三国，信心倍增，便东向抵齐。他对齐宣王说：“齐国南有泰山，东有琅琊山，西有清河（济水），北有渤海，有金城汤池之誉。且地方两千里，将士数十万，军粮堆积如山。战士勇猛，行军快如箭，作战猛如虎。凭大王的贤能和齐国的强盛，天下诸侯谁敢和齐国对抗！岂料如今齐国意欲西向事秦。韩、魏所以恐惧秦国，因与秦接壤。秦出兵，朝发夕至，不足十日，便可决定胜败存亡。故此韩、魏不敢轻易向秦国挑战。而齐国则不同，齐远离秦国，齐、秦之间隔着韩、魏，道路遥远，又有崇山峻岭相阻。长途跋涉，秦兵未至齐，则已疲惫，不堪一击。况秦又虑韩、魏狼顾，岂敢犯齐。大王臣下有人不明大势，经不起畏秦之虚声恫吓，而劝大王西向附秦，诚乃大错，赵国国力远弱于齐国，离秦又近，尚决心联合诸侯抗秦，韩、魏慨然签盟。面对强秦相迫，齐国意欲何为，请大王熟思之。”

苏秦这番话说得齐宣王面赤耳热，坐不安席。“寡人孤闻，未谙天下大势和交往之策，几为秦国所蒙蔽。先生明教，有如天启。寡人愿率全军追随赵侯抗秦。”

接着苏秦来到楚国。他对楚威王说：

“楚国是天下一等强国，大王是天下共仰之明主。楚地五千里，雄兵过百万，粮秣堆积成山，又有湖川之险，山岳之固。守可以保全社稷，进可以纵横天下。秦国最害怕的莫过于楚国。楚强则秦弱，秦强则楚弱，楚、秦两强不可并立。当今之世，天下纷扰，诸强逐鹿，不是合纵就是连横，别无选择。合纵成，则楚国霸业定。连横成，则秦国天下为一。是当号令天下之霸，还是为俯仰由人之亡国之臣，须由大王立断。现赵、韩、魏、燕、齐列国奋臂而起，誓死不事秦。为共存共强，列国已义结合纵之盟，同心抗秦。以楚国之强，如能列盟，当为盟首。如此，则天下诸侯都要割让土地侍奉楚国；若大王与秦连横，则楚国不仅要割让土地给秦国，而且要和天下诸侯为敌。孰是孰非，明如水火，望大王明察。”

楚威王说：

“楚国西与秦接，秦时刻都在窥视巴蜀和汉中。寡人曾想联合韩、魏共同抗秦，唯虑其畏秦如虎，不敢行大计，难与通好。今先生要团结诸侯，安定天下，列国诸侯闻风义附，通力抗秦，正是寡人日夜所思所欲者。寡人岂敢有异？寡人愿率楚国臣民参加合纵之盟，与狼贪之秦势不两立。”

至此，苏秦说服列国诸侯参加合纵盟约的使命圆满完成。

在这里，苏秦说服列国诸侯参加合纵盟约使用的是反应术（也有飞箝术，这里略去不提）。

请看，他说服的第一步，先是说国家形势的各种现象，然后，待诸侯王有所感动，马上迎合其心意，进言参加合纵盟约。正因为巧妙运用了反应术，才得以使游说进言成功。

四、洹水之约

苏秦游说列国成功之后，从楚国驱车北上，回报赵肃侯。列国诸侯纷纷派使臣相送。楚都一时衣冠群集，仪仗连天，极天下之盛。苏秦动身之时，楚威王亲自执手相送，文武大臣跟从。送行队伍浩浩荡荡连绵二十余里。

苏秦到达家乡洛阳时，周显王以黄土铺路，清水洒道，亲自迎送。苏秦的老母、二弟及妻嫂原来反对苏秦出游，如今恭恭敬敬肃立道旁，不敢仰视，苏秦见状，感慨良久。

苏秦在家居住数日，前往赵国，向赵肃侯禀报列国诸侯参加合纵的情况。赵肃侯大喜，封他为武安君，随即遣使臣邀请齐、楚、魏、韩、燕五国的国君到赵国的洹水相会，正式缔结盟约。

不久，燕、韩、魏、齐、楚五国的国君先后到达。苏秦先与各国大夫见面，商议座次。有人提出以建国先后定次序，有人提出以国家大小为次序。

苏秦认为时当群雄相争的战争年代，还是以国家大小定座次为宜。大家觉得有理，遂排定，楚国第一，齐国第二，魏国第三，赵国第四，燕国第五，韩国第六。鉴于楚、齐、魏已称王，赵、燕、韩尚称侯，不便行礼仪事，苏秦建议六国一概称国。

开会之日，各国君主登坛就座，主持会议的苏秦，历阶而上，郑重对六国君主说：“六国合纵抗秦的原则，我已经和诸王商妥。今日我们要对天盟誓，正式歃血缔约，结为兄弟，合力抗秦，安危与共，生死相依，皇天后土，同证此盟，永不相违。”

六国君王都拱手称：“遵命！”苏秦遂捧盘请六国君王歃血，并写下六份盟约，各执一份。

赵王最后说："六国缔交，可保万世安全。这全赖苏秦先生设计谋划，奔走促成。我提议公推苏先生为纵约长，统筹合纵大事。"

列国诸侯一致赞同，苏秦遂作为六国纵约长佩六国相印。政治家如此权倾天下，崇高尊严，苏秦可称历史第一人。

五、张仪初试锋芒

在苏秦实现合纵联盟，如日中天之时，也是张仪大踏步登上政治舞台，实行连横战略之日。

六国签订合纵盟约，秦王惶惶不可终日。六国的幅员、财富和兵力是秦的几倍。

如六国联合共同对秦，则秦国再强，也断难抵敌。秦王急召相国公孙衍和客卿张仪商议对策。

公孙衍也是著名的纵横家，和苏秦、张仪齐名。他向秦王献计道：

"合纵是赵国所倡。擒贼先擒王。大王可兴师伐赵，看谁出兵相救，然后再移兵攻谁。对赵及救赵者予以猛烈打击。如此列国都惧怕秦国攻击，不敢再出兵救援，纵约之盟立解。”

张仪向秦王进言说：

“六国新近签订盟约，不可能猝然拆散。若秦军伐赵，韩、楚、魏、齐、燕一定会出兵相助。那么，我国该移兵攻哪一国？我认为与其出兵攻赵而无益，不如拉拢几个国家，使之彼此生疑，从而使合纵联盟溃解。”

秦王请教张仪如何不用兵而能拆散合纵之盟。

张仪说：“魏国离秦国最近，燕国离秦国最远，可先从这两国入手。过去秦国曾占领魏国的襄陵等七城，现在全部无条件奉还，魏王一定感激大王，与秦讲和。同时大王可将女儿许配给燕太子为妻，两国缔结姻亲之好。只要魏、燕与秦结好，秦国自然就可打破孤立局面，以后再徐图进取。”

当即遣使赴魏、燕将上述情况通报两国国君，魏国和燕国国君贪图眼前利益，果然与秦国通好，使合纵之盟出现裂痕。

魏、燕决定与秦通好后，张仪迅即改变对魏方针，劝秦王不要将襄陵七城割给魏国。魏襄王坚持要将襄陵七城收回，并派使臣到秦国进行交谈。双方唇枪舌剑，互相攻讦。这为秦国攻打魏国提供了借口。由于秦、魏力量悬殊，一经交手，魏军即大败，秦军攻占了魏国重镇蒲阳，魏国举国上下人心惶惶。张仪认为此时灭魏时机未成熟，因此在攻占蒲阳后，建议立即停止进攻，并向魏转达秦愿和好之意。为使魏相信秦有和好诚意，张仪提出将蒲阳交还给魏国，并让公子繇到魏作人质，秦王赞成张仪之计，并派张仪赴魏议和。魏王不知这是秦国放长线钓大鱼之策，对秦愿归还蒲阳感激涕零。张仪趁机对魏王说：“秦王对魏国真是仁至义尽，得城不取，并将自己的儿子做人质。大王为使秦、魏两国永结和好，应礼尚往来，对秦王表示谢意。”

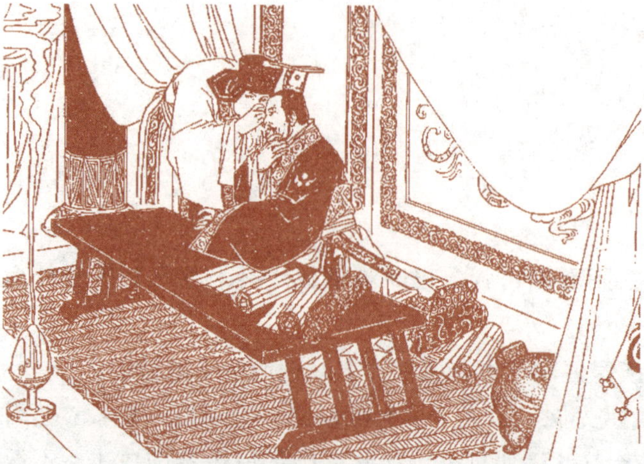

“怎么表示呢？”魏王问。

“最好声明，魏国退出反秦盟约和割地献秦。大王若做到这两点，秦、魏关系必将亲如手足。若两国合兵攻击诸侯，战无不胜，攻无不克，大王定会从别国得到十倍于献秦之地。”

魏王利令智昏，当即表示退出合纵联盟，并将少梁之地割给秦国，还表示不接受秦国公子作人质。张仪带着这个好消息回报秦王，秦王大摆筵席为张仪接风庆功。他称赞张仪说：“先生之才，天下罕匹。寡人得先生何虑苏秦！”遂封张仪为相国，总揽国政。

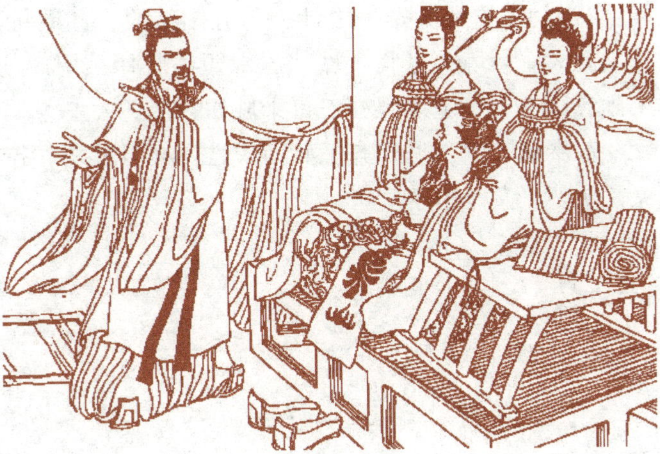

为了拆散合纵之盟，张仪也用了反应术——做出各种表象打动魏、燕国，顺其心意，最后与秦通好。然后，出尔反尔，攻打魏国，再运用反应术，使魏国退出反秦盟约并割地献秦。

六、苏秦败落

合纵运动从一开始就没有稳固的基础。

赵王得知魏、燕不顾盟约，各自和秦交好的消息后，非常失望和生气。他对苏秦说：“你倡导六国合纵，共同抗秦，可是不到一年时间，魏、燕两国都背信弃义，与秦通好，合纵之盟又有何用？若秦突然出兵攻赵，这两个国家能出兵相助吗？”苏秦也想不到魏、燕这么快就会变卦。为了挽救合纵盟约，苏秦决定前往魏、燕，说服二国国君回心转意。他对赵王说：“魏、燕同秦交好，是受秦国诱骗所致，并不是出于本心，我愿再到这两个国家去一趟，向二国晓以利害，说服他们守信守约，维护合纵盟约。”

苏秦到达燕国时，正遇上燕文公逝世，燕易王即位。齐宣王

趁燕国大丧，不宣而战，突然出兵攻占燕国十城。易王见苏秦到来，盛怒而问：“当初先君听从先生之计，与五国结盟，共同抗秦，未料先君尸骨未寒，齐国就大军入境，夺我十城。洹水盟约有什么用？”苏秦对易王说：“我为大王到齐国去，一定说服齐王将十城如数奉还大王。”

苏秦到齐国，见到齐王始而庆之，继而吊之。齐王感到奇怪，问：“为何又是庆贺，又是吊唁？”

苏秦说：“大王夺取燕国十城既是喜事又是祸事，故我先庆后吊。”齐王问：“先生此言何意？”苏秦对曰：“臣闻饥民所以不食附子（毒草），因为吃附子，虽能暂时解除饥饿，但结果与饿死无别。今燕国虽小，但燕王是秦王的女婿，秦王不会坐视燕国受欺。大王为了贪图十城而与燕国交恶，也与强秦为仇。得十城而怨二国，岂明智乎？设若由弱燕作先锋，强秦做后盾，合力伐齐，齐之处境与吞食附子何异？”齐王变色道：“事已至此，请先生明教。”

苏秦从容道：“聪明人处理事情能够转祸为福，转败为胜。大王归还十城，可结友好于燕秦，树信义于天下。”齐王当即将十城归还燕国，并赔偿燕国黄金一千两，同时遣使赴秦致歉。

苏秦回到燕国，向燕王复命。燕王听信群臣谗言，对苏秦并不信任，苏秦虽经反复辩白，重新取得燕王的好感和信任，但燕国君对他的忌意难消。苏秦因之抑郁烦闷，加之迭经挫折，因而无心再奔走列国，重筹合纵之盟。后来，燕王之母文夫人因慕苏秦之名，召其入宫私通。苏秦怕败露，决计离燕赴齐。齐宣王封其为客卿，又为齐国群臣所忌。有人招募亡命之士，刺杀苏秦。齐王震怒，命令军士捉拿凶手。苏秦忍痛向齐王献计道："臣死后，请大王斩我首，并宣布：苏秦是燕国派来的间谍，现被壮士刺杀。该壮士有功于国家，如有知其下落者，请速告官，赏以千金。如此刺客便可抓到。"说罢，血流满地而死。齐王按他说的办法，将他的头悬于市中心。刺客从其头下经过，见有赏，自夸于人："苏秦就是我刺杀的。"守卫人员即将其抓获报齐王，齐王遂将凶手和幕后主使人全部斩首。

一代纵横大家苏秦就这样壮志未酬，含恨而死。他所开创的合纵事业也将同他本人一样，不可避免地归于失败。

苏秦说服齐王归还燕国十城先晓以利害，使齐王做出反应，然后顺其心意进言游说。这运用的也是反应术。苏秦被刺后，为了捉拿凶手，在其奄奄一息之际，献计于齐王——以自己的尸身为诱饵，捉拿凶手，这是对反应术的妙用。

七、张仪相魏

秦国虽然通过拉拢魏国和燕国，使合纵联盟出现了裂痕，但合纵联盟依然存在。秦惠文王忧心忡忡，寝食难安。张仪知道了秦王的心思，也在苦思破合纵之法。他分析七国情势，感到破合纵只有连横，实行连横须从离秦最近的魏国开始。张仪考虑成熟后，觐见秦王，请求辞去相国，离开秦国，前往魏国。

张仪来到魏国，魏襄王一向钦佩张仪高才，见他到来，非常高兴，恳求他留在魏国，并委以相国之职。

张仪向魏王进言说："魏国南临楚，北接赵，东西与韩、齐为邻，地处平原，而又无山川之险。当今天下诸侯纷争，以强凌弱，魏国随时都会被四分五裂。秦国是强中之强，无国可敌。只有投靠秦国，才能国泰民安。"

魏王对这话自然反感，不予理睬。于是张仪暗中派人回秦，让秦王出兵攻魏，秦军大败魏军并攻占曲沃。

第二年，张仪再次劝魏王与秦通好，魏王仍不听。张仪再次暗中通知秦王出兵击魏。秦军又大胜，魏朝野上下震恐不已。

张仪趁机向魏襄王说：

“魏国地方不到一千里，士卒不到三十万，地处平原，道路四通八达，各诸侯从每条道路都可以直入魏地。魏国南与楚结盟，则齐攻其东方；不与楚结盟，则楚攻其南。这就是所谓四分五裂的道理。况且诸侯参加合纵之盟，都是为了增强本国势力。诸侯在洹水会上山盟海誓，结为兄弟，其实这都是欺人之谈，同一父母生的兄弟，尚争夺财产，而想仗恃反复无常的苏秦，以安天下，其可得乎？大王不事奉秦国，秦国就随时会出兵相犯。魏国自保犹恐不及，怎敢出兵南攻、北进？合纵不成，大王要使魏国没有危险是办不到的。秦、韩一旦结为一体，魏国离灭亡之日相去就不远了。此臣所以为大王日夜忧思也。”

张仪为了说服魏襄王归附秦国，除了威吓，还辅之以利诱，使魏转攻他国，损人肥己。他对魏王说：“为大王考虑，莫如事秦，事秦之后，楚、韩则不敢相犯，大王可高枕无忧，秦国主攻目标是楚国不是魏国。因为除秦而外，列国唯楚最强。楚怀王曾两次纠集六国军队进攻秦国，秦国对楚怀王恨在心里，不除不快。而最有办法对付楚国的就是魏。楚国徒有强盛之名，其实国内空虚。军队虽多，但战斗力很差。若魏军南征，必能取胜，这既能结好于秦，又可得财得土，这是转祸为福，定邦安国之妙计。否则，秦国会以为魏国决心合纵盟事，存心与秦对抗，到那时大王就是想事秦也办不到了。”

魏襄王联系前两次不听张仪之言，遭到秦国进攻，丢城失地的教训，决定屈膝事秦，退出合纵之盟。他对张仪说：“请转告秦王，寡人愿作秦国东方的属臣，为秦王兴建行宫，春、秋两季按时赴秦进贡，并将河外地区割让给秦国。”

张仪“相魏”的使命完成，奏凯而归。秦王称赞张仪一人可抵三军，重新任命他为相国。

在这里，张仪也运用了反应术再三游说，直至魏襄王表态，达到预期的效果。

八、张仪诳楚

楚国是仅次于秦国的强国，且是秦近邻。在苏秦离开赵国之后，楚凭其国力和声威成为合纵联盟之首，两次邀集列国攻击秦国。

张仪在完成“相魏”使命后，即与秦惠文王定计谋楚，他对秦王说：“齐、楚都是天下强国，是大王横扫天下之最大障碍。要破列国联盟，必先破齐、楚联盟。我有办法使楚和齐绝交。”

秦惠文王十分高兴，即让张仪赴楚。张仪到了楚国，先以重金贿赂楚王宠臣靳尚，然后觐见楚怀王。楚怀王知张仪是天下奇才，即请教治国之策。

“我这次来楚，是为了秦、楚交好。天下七雄，唯齐、楚和秦最强大，若秦与齐联合则齐比楚强；若秦与楚联合，则楚比齐强。若大王与齐绝交，秦王愿与楚联合。”

楚王说：“齐是楚之盟邦，楚与齐结盟，守望相助，他国不敢相犯，若楚与齐绝交，又有什么好处呢？”

张仪笑曰：“齐国贪心，世所共知。现在与楚结盟，是出于利，而非出于义。齐是借楚国威而求自安。如强国攻楚，齐退守自保犹恐不及，决不会为楚赴汤蹈火。齐、楚之盟徒有虚名，并无实益。楚不与齐绝盟，无益于楚，徒遭秦忌。如楚与齐绝交，则秦王不但愿意与楚永世通好，而且愿将商于之地六百里归还于楚，还将在秦宫挑选美女送来，服侍大王。”

楚怀王信以为真，对张仪道：“若秦肯归还楚领土，寡人一定和齐绝交。”

大臣都为楚王不动刀兵从秦得六百里而欢呼祝贺，独一人谏道：“不可！不可！此事可吊，不可贺！”怀王一看是客卿陈轸，问：“寡人不费一兵一卒，坐而得地六百里，为何不可贺？”

陈轸道：“秦所以重视楚国，主要怕楚、齐结盟，若楚与齐绝交，楚国就会孤立。秦国怎么会重视一个独立的国家，而割让土地六百里？这都是张仪的诡计。倘若与齐绝交，张仪不履行割地诺言，这样我们既失去齐国这一盟友，又会与秦发生正面冲突，势必陷入两面夹击的困境，此臣所说可吊者。为策万全，可遣使向齐打招呼，假装与齐绝交，然后派人随张仪到秦收地。地入楚而后绝齐未晚。如秦食言，则须继续奉行联齐政策。”

大夫屈原说：“陈轸所言极是。张仪反复小人，不可轻信。”

宠臣靳尚说：“不与齐绝交，秦怎能白白给地？”

楚怀王对靳尚的话表示赞赏，点头道：“张仪不会欺骗寡人。”陈轸还要说话，楚怀王挥手道：“陈轸住口，待寡人受地。”

于是重赏张仪，一边派使臣共赴齐，与齐国绝交，一边派逄侯丑随张仪入秦受地。

张仪一路与逄侯丑饮酒谈笑，亲如朋友。将到咸阳，装作酒醉从车上摔下，左右慌忙将他搀起，他佯装受伤，说：“我的腿受伤，赶快送我进城求医。”张仪回到咸阳，先向秦王报告，然后借口养病，闭门谢客。逄侯丑住进宾馆，一住三个月，求见张仪不得，只好上书秦王，述张仪答应割地之言，秦王复信称：“若张仪与楚有约，寡人必当照办。据悉，楚与齐尚未绝交，受地事，寡人恐受骗，一时不好定。待张仪病起再议。”

逄侯丑无奈，只好将秦王之言向楚王报告。楚王说：“难道秦怕我与齐不绝交吗?”遂派勇士到齐界辱骂齐宣王。齐宣王大怒，遂与楚绝交，并派使赴秦，愿与秦联合伐楚。

张仪得知齐国使臣到来，便称病愈上朝。在朝门外正好与逄侯丑相遇，以惊讶口气问：“你还没走吗?难道那六里土地还没接受吗?”逄侯丑一听，大吃一惊，问“怎么是六里，我要接受的是商於之地六百里?”张仪摇摇头道：“没有的事，可能是楚王听错了吧?”

逄侯丑知道受了骗，当即派人星夜回楚，向楚王报告。楚王一听，恼羞成怒，大骂道：“张仪果然是反复无常的小人，只要我拿住他，必生食其肉。”遂传令发兵攻秦。

陈轸闻讯匆匆来向楚王说：“臣今日可以开口吧!”楚王道：“悔不听先生之言，受狡贼欺骗。先生有何高见，请说!”

陈轸说：“大王已失齐助，再发兵攻秦，若齐、秦联合攻楚，楚必失败。不如割两城给秦，与秦联合攻齐，虽失地于秦，尚可取地于齐。”

楚王说："欺骗寡人的是秦，齐有何罪？与秦联合攻齐，人将耻笑。"遂拜屈匄为大将，逢侯丑为副将，率领十万大军攻打秦国。秦王拜魏章为大将，甘茂为副将，也发兵十万迎战楚军，同时紧急通报齐国出兵助战。齐王派大将匡章率领大军相助。楚军遭到秦、齐两军的夹击，连战败北，十万大军只剩两万，屈匄、逢侯丑等七十余名将领全部阵亡。楚国举国震动。韩国和魏国趁火打劫，也发兵侵略楚国边疆。楚怀王惊恐万状，急忙派大夫屈原到齐国谢罪，派客卿陈轸到秦国献两城求和。秦王告："寡人愿将商于之地与楚黔中之地交换，如楚王同意，即可罢兵。"楚怀王对张仪恨之入骨，托陈轸转告秦王："寡人不愿得地，若秦肯将张仪交楚，寡人愿献黔中之地为谢。"张仪向秦王说："臣愿往。"

秦王说："楚正盛怒以待，你去后必然送命，寡人怎能忍心！"

张仪说："秦强楚弱，只要大王在，楚王不一定敢杀我，而且臣与靳尚交厚，靳尚得幸于楚王宠姬郑袖，而楚王对郑袖言听计从，我想会得到他们的庇护。"秦王遂同意张仪赴楚。

张仪一进楚国，楚王便将他押进囚房。靳尚报告郑袖说："秦王非常器重张仪，将以六县之地及美女以赎张仪，秦女到来，大王将移爱于彼，你就会失宠。为你的地位着想，也要设法使楚王尽快释放张仪。"

于是郑袖便在枕旁流涕不止，向楚王说："若杀张仪，必然激怒秦王。为报杀张仪之仇，秦王一定要大举攻楚，到那时我们夫妇将不能自保。张仪是天下谋士，人臣各为其主，不足为怪。大王若厚待张仪，他也会为楚国谋事。"楚王见郑袖说得在理，便释放张仪，并厚礼相待。

张仪出狱后，得知苏秦被刺，笑道："今日乃吾吐舌之时也。"

苏秦是张仪的同窗好友，又是一手助他踏上仕途的大恩人。只要苏秦还在政坛，张仪就很难放手大行连横之策。他对楚王说：

"秦国土地占天下一半，兵力可抗天下诸侯。秦国大军东出，可席卷列国。诸侯合纵之军，如驱群羊而攻猛虎，自取其灭。大王不参加猛虎阵营反而和群羊为伍，岂不可叹？秦国如要攻楚，水陆并进，三个月之内，就可以直捣郢都；列国即使愿意援楚，半年之后才能到达，远水不救近火！楚国寄希望于弱国援救，而忘记强秦之祸，臣深为大王担忧。若大王能听臣之言，与秦结好，退出合纵之约，可保楚长存久安。如大王不信，臣可以说服秦王送秦太子到楚国作人质，将秦国的公主嫁给大王，大王也可将楚太子送到秦国做人质，两国永结兄弟之盟。臣奉秦王之命向大王陈肺腑之言，献秦、楚百世齐昌之策，请大王裁决。"

张仪一番巧言，说尽联秦之利，使楚不顾前车之鉴，再次轻信，断然决定弃合纵，取连横，事强秦。

屈原出使齐国归来，听说楚怀王听信连横之说，愿与秦通好，并将张仪放走，心忧如焚。他顾不得长途跋涉之累急忙觐见怀王说："以前大王曾受张仪欺骗，使楚丢城失地，蒙辱见笑于天下。此次将张仪囚禁，臣以为大王要烹食其肉，不意又将其放走，并信其邪说。望大王改弦更张，追回张仪，犹不为晚。"怀王急忙派兵去追。张仪早已料及楚王将反悔，快马加鞭，日夜兼程而去。

张仪诳楚，说辞用的是反应术。他洞悉楚王贪财好色的心理，欺蒙楚王，使楚王信以为真；佯装腿摔伤躲起来，运用的也是反应术，目的乃是为了让楚与齐断交；张仪再次到楚国，虽马上被囚禁起来，但朋友靳尚保他，用反应术说服郑袖，通过郑袖进言楚王，使楚王释放张仪，并厚礼相待。张仪运用反应术游说一番，花言巧语，打动了楚怀王的心，使楚怀王断然决定弃合纵，取连横，事强秦。

九、完成连横

张仪回秦报捷，秦惠文王大喜，令他总揽连横诸国事宜。

张仪首途韩国，对韩襄王说：

“韩国地处山区，方圆不到九百里，地瘠民困，兵力不超过三十万。而秦国沃野千里，积粮如山，精兵上百万，兵车上千。秦军勇猛，世无其匹。大王不事奉秦国，秦就要出兵攻占宜阳。并取成皋、荥阳，则鸿台之宫，桑林之苑，就不复为大王所有了。假如成皋被攻占，土地被隔绝，那大王的国家被拦腰斩断，亡国惨祸势难避免。韩国求安图存的唯一之路就是同秦结好。秦的主要敌人是楚国，只要韩同楚绝交，退出楚合纵联盟，就能讨秦王之欢心。这是韩国转祸为福的上策。秦王派我使韩，就是为了与大王订交。望大王明断。”

韩襄王见六国联军多次攻秦，都以失败告终，知列国非秦对手，遂决定与楚绝交，退出六国之盟，而一心事秦。

张仪回报秦王。秦王封张仪五邑，赐号武信君。之后，张仪又到齐国，他对齐王说：“齐国是天下强国，民富国强，中原罕有其匹。可惜为大王出谋划策的人，都只顾眼前利益，而不考虑长治久安，诱使大王行合纵之道。他们说，齐国北有强赵，南有韩、魏，东临大海，土地辽阔，人口众多，兵强马壮，虽有上百个秦国，对齐国也无可奈何。请大王想想，这话靠得住吗？

秦与赵交战四次，结果，赵国损失八十万大军，大片领土丢失，只剩下首都邯郸。这是为什么？因秦国强大而赵国弱小。如今列国因为畏秦强大，自觉无力与秦抗衡，为免遭败亡，纷纷献地，与秦通好。秦国和楚国通婚结为兄弟，韩国献宜阳，魏国献河外，赵国向秦国朝贡，并献土地。列国除齐外，俱皆依附秦国，求得了国家的安稳。假如大王不事秦国，秦国定会联合韩、魏攻齐国之南，联合赵国攻齐之北，到那时大王想事奉秦国，也不可得了。孰去孰从，望大王明断。”

齐王听罢，果然上当，认为合纵之盟已荡然无存，如再与秦对抗下去，必败无疑，遂当即决定亲附秦国。

张仪趁势北上赵国，对赵武灵王说：“大王曾率领诸侯抗秦国，致使秦兵十五年不敢东出函谷关，大王威震天下。秦国深感恐惧，秣马厉兵，苦练骑射，勤于耕种。经过多年的韬光养晦，如今秦国国势已盛，虽然地处偏远，但对大王合纵抗秦蓄愤已久，秦王即将挥师渡河攻占番吾（赵邑），并欲直逼邯郸城下，以期在甲子之日（周武王战胜殷纣之日）和赵军决战。现在楚国已和秦国结为兄弟之邦，韩、魏也称臣归附，齐国已献出鱼盐之地，这就等于切断了赵国的右臂。如今秦国派出三名大将各率一军，联合齐、韩、魏分三路向赵军发动进攻，决定将赵军击败后，共分赵国领土，赵国危在旦夕，臣不敢隐瞒这一重要军情，特来相告。

为大王考虑，挽救赵国社稷唯一良法是同秦结好。如大王愿到渑池和秦王相会；与秦联盟，则可以息秦兵，而受秦护。请大王速断。”

赵武灵王战战兢兢地对张仪说：“先王在位时，奉阳君为相，专横跋扈，独断朝政。寡人身居深宫，不能参与国事。寡人继位时，年龄尚小，亲政日子很短，但对合纵抗秦颇疑惑，感到弊多利少，愿改变方略，向秦国割让土地，补偿以前之过。寡人正准备亲自到秦国谢罪，恰逢先生明教，寡人敢不从命？”

张仪接着来到燕国。对燕王说：“大王最亲近的国家莫过于赵。从前赵襄王将其妹妹嫁给代王，目的是想吞并代（今山西省代县）。他与代王约定在勾注要塞（即雁门关要塞）会盟，赵王让工匠做一长柄金勺，当赵王和代王正在酣饮时，赵王暗中让厨师借上汤之机会，举长勺将代王打得脑浆涂地，当场死亡。他妹妹得知此事，将自己的头簪磨尖，自杀身亡，故至今有磨笄山。赵王对他亲妹妹都如此残酷，对待别人能亲善吗？赵王（指赵武灵王）像虎狼一样冷酷，这是大王知道的。怎么能说赵王可以亲近？以前赵国两次兴兵攻燕，两次围困燕都蓟丘。大王忍辱割十城给赵国，赵国才撤军。现在赵王已到秦国的渑池朝贡，并且把河间献给秦国。假如大王不臣事秦国，秦国就会驱使赵国再次攻打燕国，到那时易水和长城就不属于大王了。若大王臣事秦国，秦惠王一定十分高兴，赵国绝不敢轻举妄动。大王有强秦做后盾，无复有齐国和赵国之忧。愿大王深思。”

燕王随即表示归附秦国。

张仪以秦威做后盾，凭着巧言锐舌，运用反应术一一说服列国自断合纵盟约，亲附秦国，为秦国剿灭群雄，一统天下奠定了基础。

十、尾声

张仪完成连横游说，返回咸阳。这时秦惠文王病逝，太子荡即位，是为武王。武王生性粗直，厌恶张仪多诈，朝臣趁机向武王大进谗言，攻击张仪。张仪回到秦国，备遭冷遇，因此日夜惶恐不安。

齐宣王听信张仪所说，以为三晋（韩、魏、赵）都已向秦国称臣献地，自己不敢例外，也向秦国献地。后来得知真情，即大骂张仪是个骗子，当他听说秦惠文王逝世，武王即位，张仪失宠，当即派孟尝君致书列国，主张恢复合纵盟约。齐宣王自命为纵约长，并发布通缉令，申言得到张仪者，赏城十座。

秦武王对此深感不安。张仪认为从秦脱身良机已到，即觐见秦武王说：“听说齐宣王十分憎恨我，我在秦国，齐宣王必然联合诸侯兴兵讨伐。我愿离开秦国到魏国去，齐国必然伐魏，待齐、魏兵连不解，大王可趁机出动大军东伐。这正是削平列国统一天下之良机。”

武王听了连连称善，派了三十辆车，浩浩荡荡送张仪入魏。魏襄王听说张仪到来，喜出望外，亲自出城迎接，再次任其为相国。齐宣王得知张仪出任魏相勃然大怒，决定派军讨伐魏国。

魏襄王急召张仪商讨对策，张仪从容告道："大王不必担忧，臣可不费一兵一卒使齐退兵。"张仪派门客冯喜伪装楚国的使臣往见齐宣王说："听说大王非常憎恨张仪，是吗？"

"正是！"

"大王真要憎恨张仪，为什么要抬高张仪的身价？"

"寡人憎恨张仪，正悬赏捉拿。魏国收容他并任他为相，寡人兴兵讨伐，这怎么是抬高张仪的身价？"

冯喜说："我刚从咸阳回来，听说张仪离秦赴魏时，曾向秦王说：齐王憎恨我，我在秦国，齐国必然兴师讨伐。于是秦王大张声势将张仪送到魏国，其目的就是挑起齐、魏相斗。待齐、魏兵连不解，两败俱伤，秦国便趁机兴兵东伐，坐收渔利。大王要兴师伐魏，这正中了张仪的奸计。依臣之见，大王不如停止伐魏，使秦王失去对张仪的信任，这样张仪虽然在魏国任相，也就无所作为了。"齐宣王恍然大悟，遂下令撤兵。

魏国转危为安，魏襄王非常高兴，对张仪更加信任。

在这里，张仪用了许多计谋，在秦武王面前用了揣术、捭阖术，也用了反应术——说出各种现象、分析形势，打动秦武王，又顺其心意，使进言得到成功。张仪到了魏国，受到欢迎，当齐宣王因为他而要伐魏时，又献计于魏王，来对付齐宣王。通过门客伪装游说齐宣王，既用了揣术，又用了反应术——"反而求之"、"以象动之，以报其心"，反问他探求真意，再以各种现象打动他，顺其心意，让张仪虽在魏国任相，也无所作为，那你齐宣王从大局着想就撤兵吧。

文彦博处变不惊

宋仁宗时，文彦博任益州（今四川成都）知州。

一次，文彦博大会宾客，饮酒歌舞，兴致大发。但这时天降大雪，天气寒冷，外边的随从等到深夜，天寒地冻，再也按捺不住，便有一火爆脾气的随从带头嚷起来，大发牢骚，并拆了水井边的木亭栏杆，生火烤火。他这一带头，别的随从也都动起手来，到处拆木头烤火。一时火光四起，吵嚷喧闹，沸沸扬扬。一名军校看事不好，连忙进屋报告文彦博。在座的宾客一听，都大惊失色，生怕外边人闹起事来。文彦博听后，神情自若，慢条斯理地说："天也实在太冷了，就让他们烤火吧！"又劝大家继续饮酒。外边的人本来憋了一肚子气，要找碴儿闹事的。一看没了闹事的借口，也泄了气，慢慢平息下来。

第二天，文彦博细细访察，查出了最先带头闹事的人，打了一顿，把他遣发回乡了。

这就是圆方决策术：情况不明时，不要贸然动手，而是用软手段防止事态扩大。待情况明了后，再用硬手段，以公开措施处理。

殷云霁智断杀人案

明武宗正德年间，殷云霁任清江（今江西清江）知县。

某日，有人来报案，说县民朱铠被杀死在孔庙西侧小屋中，凶手下落不明。当场验尸调查，由于罪犯作案手段高明，也未查出线索。过了不久，殷知县忽然接到一封匿名信，信上写道："杀死朱铠者，必为×××。"这位"×××"是朱铠平日的仇人。大家一听，都说极有可能。唯有殷知县心有疑问，便查问县衙中谁与朱铠亲密。大家都说是小吏姚明。

第二天，殷县令传来所有吏员，告诉他们："我打算选一批人抄写文书，各位把名字写来让我看。"大家呈上字条。殷知县逐个翻看，见姚明的字体与匿名信一致，便冷不丁问他："你为何杀死朱铠？"姚明大吃一惊，也不知怎么露了底细，便交代：朱铠要去苏州贩货，身上带

了不少钱，为贪财而杀他。

处理问题用圆手段时，即在情况未明阶段，并非消极等待。待事体自明，就要运用积极手段搞明事情真相，促使事物向明转化，以尽快制定方的处理措施。

向敏中冷静除敌奸

宋真宗景德年间，北辽举兵犯边，直逼澶州（今河南濮阳南），宋真宗御驾亲征。

那时，西夏也欲反叛。为防西夏借机动手，宋真宗出征前，密诏鹿延路缘边安抚使向敏中可见机行事，独自处理抵御西夏事务。不久，腊月来临，将要举行大傩（古人在腊月中举行的一种旨在驱赶疫鬼的民间活动）。突然接到密报，驱鬼队伍中有西夏奸细，想借此混乱机会造反起事。向敏中不露声色，像往年一样积极准备这一活动，并召集众宾客幕僚及军队将领前来一同观看。等驱鬼队伍到来后，他像往常一样，先让他们在衙门前舞蹈驱驰，然后召他们到堂前。等驱鬼队伍来到堂前，向敏中一声令下，预先埋伏的甲兵一拥而上，把驱鬼队伍包围。一搜，果然搜出不少短刀匕首。由于向敏中不露声色，故使这“方”措施得以顺利执行。

在圆的阶段向方的阶段过渡时，亦即在圆阶段摸准了情况，有了处理措施，处理之前要不露声色，注意保密，让对手觉得你还在圆中，以便突发制人，使方措施实施起来更有利。

触龙说赵太后

历史上著名的触龙说赵太后充分体现了鬼谷子的钓语技巧。触龙就是用钓语让赵太后说出了她自己不愿说而且也禁止他人说的长安君为质的事情。据《战国策·触龙说赵太后》中记载：这个故事大约发生在赵孝成王元年（公元前265年）。公元前266年，赵国的国君惠文王去世，他的儿子孝成王继承了王位，因当时孝成王还小，所以由太后执政。赵国正处于新旧交替之际，赵太后刚刚执政，国内动荡不安。当时的赵国，虽然有廉颇、蔺相如、平原君等人在支撑门面，但国势已大不如前。秦国认为有机可乘，便发兵东

下，一举攻占了赵国的三座城池，赵国危在旦夕。

显然，靠自身的力量赵国绝不是秦国的对手。所以，太后不得不请求与赵国关系较密切的齐国增援。齐王虽然答应出兵，但按当时的惯例提出了一个条件：赵国必须派太后的幼子长安君到齐国去作人质。赵太后对幼子极为宠爱，生怕他到齐国发生什么危险，迟迟不作决定。大臣们为了国家的安危，极力劝说太后派长安君到齐国作人质。结果赵太后大为生气，对大臣们说：“以后谁再提起让长安君去作人质一事，我一定要当面唾他的脸。”

这天，德高望重的大臣触龙求见赵太后，太后以为他又是来劝说她派儿子去作人质的，气冲冲地等着他。谁知触龙见到太后只说：“我好久没有来问候太后，不知道太后最近身体怎么样，所以特别来朝见问候。”赵太后说：“最近我活动得不多，每天吃饭也少。”触龙说：“我近来的胃口也不好，却还是支撑着散散步，每天走上三四里路，稍微增加点食物。这样对健康有好处。”太后说：“我可做不到这些。”这时，在日常的相互问候中，赵太后的怒气渐渐消了些。这时触龙说：“我有个孩子叫舒祺，排行最小，可是不成材，我总是宠爱他。我已经老了，求您让他来王宫当一名侍卫吧，我就是为这事特地来向您禀告的。”太后说：“好吧，他多大了？”触龙说：“15岁。年纪虽小，但我希望在我死之前把他托付给太后。”太后说：“没想到男子汉也这样宠爱自己的小儿子。”触龙说：“男人宠爱自己的小儿子可能比女人还厉害。”太后这

时笑着说："不会吧，女人才格外宠爱自己的小儿子呢。"触龙见太后情绪好多了，进一步说："父母疼爱自己的子女，总是要替他们做长远打算的。"赵太后点了点头。触龙随即转换话题说："但是我觉得太后为自己的儿子打算得不够长远。"赵太后大为不解，问触龙为什么这么说。触龙说："从古到今，王子王孙能够世代继承王位的非常少，难道是他们没有能力吗？不是的。只是因为他们地位虽然很高，却没有为国家建立过什么功勋。等他们执政以后，并不能稳定地保持下去。如今太后抬高了长安君的地位，给他很大的封地和很多的财宝，却不让他及时为国家立功，一旦太后去世，长安君怎能在赵国站稳脚呢。所以我认为太后替长安君打算得不够长远。"

听完他的话，太后才知道触龙也是来劝说她派儿子去作人质的。但不知不觉中已经被说服了。于是赵国为长安君准备了车马随从，送他到齐国作人质，齐国答应在赵国受到侵略时出兵援助赵国。

触龙以谋国之忠，施展老谋深算，终于使不愿开口提人质事的赵太后应允了国家的决策。触龙深知要使自己的说辞得到采用，必先拉近与游说对象的关系，与之情投意合，一旦情投意合，就会变敌对、抵抗心态为接受、应允心态。所以他以老年人话家常的方式开头，既解除了戒备，又拉近了关系。

郑庄公计擒太叔

周朝末，武公娶申侯之女姜氏为妻，生两子，长子叫寤生，次子叫段。因寤生出生时难产，姜氏很讨厌他；次子段长得气宇轩昂，很得姜氏宠爱。

姜氏时常在丈夫面前说长子的坏话，赞扬次子能干，劝他改立段做继承人。

武公却说："长幼有序，不可紊乱，况寤生又无过失，依情依理，说不过去！"即立寤生为世子，只以一个小小的共城（今河南辉县）给次子为食邑。

及至武公去世，世子寤生即位，叫郑庄公，袭父职为周朝卿士。姜氏见到次子屈居在一个小城，毫无权威，心里十分不悦，便对庄公说：

"你今日继承了父业，拥有几百里土地，但同胞的弟弟却困守在一个偏僻的小城里，你于心何忍？"

庄公说："母亲的意思要怎样？"

"那还用说？"姜氏一副教训的口气说，"当然给他一个大城了，把制邑（即河南汜水县）封给他吧！"

庄公告诉她说："制邑是一个险要地方，父亲遗命是不能封给任何人的。除了这个地方之外，什么地方都可以！"

"那么把京城（即河南京县）封给他亦可！"姜氏说。

庄公听此一说，默不作声，沉思起来，不表示同意，也不反对。

姜氏生气了，袖子一拂，悻悻地说："你再不同意的话，那把老二赶出国去好了，落得干干净净！"

"不敢，不敢！"庄公连声告罪，"孩儿遵命——"

第二天，庄公上殿，宣布封段于京城。大夫祭足上前启奏："不可！天无二日，民无二主。京城是一个险要之区，地广人多，其政治军事价值不下于皇城。何况段是夫人爱子，若以大邑封给他，无形中有了两个国君，一旦他恃宠生娇，后果真不堪设想！"

庄公无可奈何地说："不要说了，这是母命！"遂封段于京城。

段在走马上任前，入宫向母亲辞行。姜氏屏退左右，暗地告诉段："这次封邑是很勉强的，将来一定会变卦，你应及早打算，到京城之后，要聚兵积粮，时刻准备着，一旦有机可乘，我会给你做内应，只有推倒了寤生，才慰我平生之愿。"

段领命出城，趾高气扬地赴任去，即位视事之日，附近的西鄙和北鄙的首脑都来庆贺。太叔段对二人说："你两人管辖的，属于我的封地，此后，所有收税进贡，要到我处交纳，军马要听我指挥，不得违误！"

两人已知道太叔段是国母的爱子，有做国君的希望，又见他气宇轩昂，人才出众，自然不敢违抗，乐于听命。

从此，太叔段积极训练军队，扩充编制，借故侵袭鄢邑及廪延两地。属

地一天天地扩大，实力一天天地增强。

情报人员把此事奏报庄公，庄公笑而不答。班中有一位官员高声大叫："可速诛太叔段！"

庄公抬头一看，原来是上卿公子吕，便问："卿家有何高论？"

公子吕说："从来被封子不能过问军事，有拥兵自重的必杀无赦。今太叔段内挟母后之宠，外恃京城之固，日夜谈兵练武，不是想篡位是什么？请授权给我，率兵征讨，以除后患！"

"但段未见有反叛行动呀！"庄公答。

公子吕愤愤地说："今两鄙被收，廪延被取，这不是叛变行动？国家土地，岂可以被蚕食下去！"

庄公笑起来，说："段是母后爱子，是我的弟弟，宁可失地，不可伤兄弟之情，拂母后之意！"

公子吕复进一步说："我不是怕失地，实怕失国。今人心已惶惶惴惴。见太叔段势力日强，都存观望态度，若再容忍下去，怕一发不可收拾。主公今日容得太叔段，将来太叔段未必容得主公！"

"不得乱说！"不等公子吕说完，庄公愤然制止他，说，"我会设法感化他！"立即起身退廷。公子吕出外，对祭足说："主公念及宫闱私情，忽略了国家大计，我很为此担心。"

祭足告诉他："主公是一个足智多谋的人，断不会忽略这点，不过在大庭广众下，不便泄露，你是他的亲戚，不妨私自去见见他，一定会有真心话说出来的。"

公子吕听了他的指示，乃入宫去见庄公，庄公问他有什么事，公子吕便说："我就是为了刚才在朝廷上说过的那件事再来拜请。主公当日继承王位，大家都知道并非国母的意见，她是属意太叔段的。今日太叔段的横行嚣张，必然是一种夺权阴谋，万一内外合谋，发动政变，恐怕——"

庄公说："此事闹起来，怕碍着国母面子呀！"

“岂不闻周公诛管蔡的事吗？当断不断，反受其乱，到那时，后悔都来不及了！”公子吕说。

庄公忽然长叹一声，说：“唉！这件事我早已想到了。段虽然有夺权阴谋，却没有公开叛变行动，如果我把他镇压了，国母必会从中作梗，又惹外人议论，说我没有兄弟情义，骂我不孝！我现在只是装聋作哑，任他所为，等到他真的有叛变行动时，就可以明正其罪了。”

公子吕才恍然大悟，说：“主公远见，非臣所及！但恐怕日复一日，促成他势力庞大，便会尾大不掉了。不如及早设法挑他起来，使他提前暴露，及早镇压便了。”

这话正中庄公下怀，庄公连忙问：“计将安出？”

公子吕再详告：“主公久已未入过周朝，无非为太叔段的缘故，现在不如乘机说要入朝去见周天子，故意引他起事，带兵前来，我却预先伏兵在京城附近，待他出动，便乘虚而入占领他的根据地，然后主公返师进攻，那时他飞也飞不出去了。”

庄公听说，点头称善：“好计，好计！”

公子吕辞出宫门，才暗叹一声：“祭足可谓料事如神了！”

次日早朝，庄公假传一道命令，要大夫祭足代理国政，自己朝见周天子去。姜氏得此消息，认为机会已至，即秘密使人带信给太叔段，约他在五月初起兵袭郑。

这时是四月下旬，公子吕早已先差人伏于要道，把那个带信的人杀了，将信送给庄公看，庄公说：“自作孽的人，必会自食其果的！”便另遣心腹假称姜氏亲信，把信带交京城，并得太叔段回信，说即决定在五月五日起事，并要姜氏于城楼竖起一面白旗，以便接应等语。

庄公得书大喜，说：“证据在此，看你还有什么话说！”

立即入宫辞别母亲，说要入朝谒见天子，姜氏也敷衍几句好话。

庄公率领仪仗队，浩浩荡荡地朝廪延方向慢慢前进。这时公子吕已部署

好伏兵在京城附近，专等猛虎离山。

太叔段自得了姜氏密报，立即准备，他派儿子公孙滑到卫国去借兵，自己便动员所有属军，托言庄公出国，要往监政。于是祭旗犒军，得意扬扬地朝皇城进军。

这时，公子吕的便衣队已混进了京城，见太叔段的军队已经出动了，便在城楼放起火，城外伏兵，一见信号，立即杀进去，占领了京城，出榜安民，揭发太叔段的阴谋。

太叔段率军行到路上，就得了京城失陷的消息，心里着慌起来，即命回军，屯扎城外，准备反攻。

可是军心开始动摇了，士兵纷纷交头接耳，议论纷纷，都说太叔段心怀不轨，要篡夺朝政。原来公子吕已派密探混入了军营，散布消息，顷刻间一传十，十传百，整个军营都哄起来，一夜之间，军队散去大半。太叔段着了慌，便率领残兵，跑到鄢邑去，想再招兵买马，重整旗鼓。

不料，庄公早已占领了鄢城，此路已行不得，不得已又跑回自己过去的封地共城去闭门自守。但庄公和公子吕的追兵逼近了，这区区一个小城，无险可守，怎挡得这两路大军夹攻呢？这时他已感到面临绝路，叹道："都是母亲害我，有什么面目再见兄长呢？"遂自刎而亡。

庄公搜出了姜氏和太叔段的来往密信，使人带回郑国，叫祭足转交姜氏，并送她去颍地安置。姜氏看了信件，羞惭无措，自觉无颜与庄公见面，即刻离宫搬到颍地去了。

庄公明知太叔段早有谋反之心，却佯装不知，以免被姜氏抓住把柄，反咬一口。于是便采取了引蛇出洞的钓术，以朝见周天子为名设下圈套，等待太叔段起兵反叛，然后便可名正言顺地除掉太叔段。

巧言应变留楚国

战国时期，张仪以客卿的身份居留在楚国。起初楚王对他非常友好，但后来对他越来越冷淡。张仪心想：这样下去，恐怕自己有朝一日在楚国就没有立锥之地了。不久，张仪想出了一个计谋，于是他满怀信心地去拜见楚王。

张仪毕恭毕敬地对楚王说："最近，我在这儿没有什么用处，只是白白地浪费您赐予我的俸禄，我想到魏国去，不知大王意下如何？"

楚王听后，漫不经心地说："既然你主意已定，我也就不苦留你了。"

张仪见楚王并没有挽留之意，并不失望，于是接着说："为了答谢您对我的知遇之恩，等我到了魏国，只要您想要的东西，我会竭尽全力得到，给您送过来。"

"我各种宝物应有尽有，黄金、宝石、象牙也不足为奇，想必魏国也没有什么值得我羡慕的东西。"楚王傲慢地说。

"不过据我所知，中原美女如云，个个貌似天仙！"

楚王听了张仪的一番鼓动，不觉心有所动。于是靠近张仪说："我早就听说中原美女妙不可言，只是从未见过。好吧，我就要美女。"说完，赏赐张仪一箱黄金作为盘缠。

这个消息很快就传到楚王王后南后和侧室郑袖的耳中，她们非常担心中原美女来了之后和自己争宠。两个人正在着急，一时却又想不出好办法，于是派人给张仪送去一盒珠玉，说是张仪要离开楚国，王后送来的礼物。

临行前，楚王设宴款待张仪，大方地说："现在战乱纷纷，道途艰辛，今天特意为你饯行，还期望你能给我送回几个美女。"

在送别宴上，张仪见楚王有了几分醉意，突然说："王宫上下都说楚王您宠爱的两个女子仪态万千、貌若天仙，她们素日对我不薄，今日一别，不知什么时候才能回来，我想借您的美酒向她们表示我的敬意……"

楚王笑着说："这个好说！"随即让南后和郑袖进来。

张仪一见二位女子到来，就跪在楚王面前说："请饶恕我吧，我犯下了欺君之罪！我曾对您说中原多美女，现在一睹眼前两位美女，可见还是王宫美女多啊！我又怎么能找到比王后和郑袖更漂亮的女子呢？"

楚王听后，得意扬扬地说："无罪，无罪！起初我就料到肯定没有比她们更漂亮的女子。我想中原的女子也没什么过人之处，你也不用去为我找美女了。"

一旁的南后和郑袖听了张仪对自己的一番赞美，喜不自禁，极力在楚王面前为张仪说好话。最后张仪又在楚国王宫里留了下来，而且重新获得了楚王和两位美女的信任。

张仪不愧为战国时期最有名的说客之一。他反应之敏捷、头脑之灵活实非常人可及。在这个故事中张仪便成功地运用了钓语。先以离开楚国来观察楚王的态度，后以寻求美女把楚王"钓"到了自己张开的网中，接着在有利时机献上自己的奉承话。不仅博得了南后与郑袖的欢心，也最终得到了楚王的信任，真可谓一箭双雕。

调虎离山败魏军

公元 234 年，诸葛亮领兵伐魏，六出祁山。魏明帝曹睿闻报，命司马懿为大都督，领兵 40 万至渭水之滨迎战。司马懿屯大军于渭水之北，命先锋夏侯霸、夏侯威领兵 5 万渡河至渭水南岸扎营，又在大营后方的东原筑城驻军，进可攻，退可守，稳扎稳打，务使魏军立于不败之地。

诸葛亮深知，自己最根本的弱点是远离后方，粮草困难；他同时也深知

司马懿正是看准了自己这一点，并设法使蜀军断粮，从而困死或逼蜀军撤退，然后乘机取胜。于是诸葛亮便将计就计，在粮草上设诱饵，以此引“他”离山。

首先，分兵屯田，与当地百姓一起种地生产粮食，以供军需，摆出一副持久作战的架势。果然司马懿的长子司马师沉不住气了，他对司马懿说：“现在蜀兵屯田，作持久战的打算，如何是好？何不约诸葛亮大战一场，以决雌雄！”司马懿虽说“我奉旨坚守，不可轻动”，心里其实非常着急。

诸葛亮的另一个措施就是自绘图样。命令工匠造木牛流马，长途运粮，蜀营粮草由木牛流马源源不断地从剑阁运抵祁山。司马懿闻报大惊：“吾所以坚守不出，因为他们粮草不能接济。今用此法，必久不思退。怎么办呢？”

诸葛亮料到司马懿急于破坏蜀军屯田、运粮计划，于是进一步引他上钩。他一方面在大营外造木栅，营内掘深坑，堆干柴，而在营外周围的山上虚搭窝、铺草营，造成蜀兵分散结营与百姓共同屯田屯粮，而大营空虚的假象，引诱魏军前来劫营；另一方面在上方谷内两边的山坡上虚置许多屯粮草屋，内设伏兵，同时让士兵驱动木牛流马，伪装往来谷口运粮。而他自己则离开大营，引一支军马在上方谷附近安营，以引诱司马懿亲领精兵来上方谷烧粮。

司马懿虽烧粮心切，却极为谨慎小心，生恐中调虎离山之计，也用声东击西、调虎离山之计来应战。他亲领魏兵去劫蜀兵祁山大营，但一反过去每战必让主攻部队走在前面的惯例，让部将冲锋在前，直扑蜀营，自己在后，引军接应。他这样做，一是担心蜀营早有准备，怕中埋伏；二是他指挥魏军劫蜀军大营本属佯攻，目的是调动蜀军各营主力，趁机自领精兵奇袭上方谷，烧掉蜀方的粮草。

然而，司马懿的这个调虎离山计，却被诸葛亮料到。当魏军直扑蜀军大营时，诸葛亮只是安排蜀军四处奔走呐喊，虚张声势，趁司马懿离山之机，另派精兵夺取渭水南岸的魏营，而自己却在上方谷等待司马懿来烧粮，以便瓮中捉鳖。

司马懿果然中计。他见蜀军都奔大营救援，便趁机领司马师、司马昭及一支亲兵杀奔上方谷。接着被蜀将魏延依诸葛亮的安排，用诈败的方法诱进谷中，在谷口被截断。一时山谷两旁火箭齐发，地雷突起，草房内干柴全都着火，烈焰冲天。司马氏父子眼看就将葬身火海，幸亏突来一场倾盆大雨，才救了司马氏父子三人及少数亲兵的性命，只得大败而归。

钓术的运用也可以看作是引诱法的使用。其特点就是利用不利的天时、地利等条件困扰敌人，用人为的方法诱惑敌人，因为自己主动进攻有危险，诱敌来攻则对己有利。

在这个战争范例中，司马懿原本决定深沟高垒、坚守不出，结果却仍被诸葛亮“钓”下山；本想烧掉蜀军粮草，却反中了诸葛亮的调虎离山计。

知己知彼智退敌

公元前 666 年，楚文王去世，王后息伪是一位倾国倾城的美人，楚文王的弟弟公子元想讨好嫂嫂，得到美人的欢心，在息伪寝宫附近的馆舍中日夜歌舞。息伪知道公子元的用意，感叹道：“我的丈夫文王，不问军事，未曾向国外扬威，致使声望日下。阿督身为令尹，不奋发图强，重振国威，却沉醉于靡靡之音中，真令人担心！”息伪的话传到公子元耳朵里，公子元想讨好嫂嫂，决定率领大军去攻打邻邦郑国。

郑国兵力远不及楚国。面对来势

汹汹的侵略军，郑文公惊慌失措，急召人商讨对策。叔詹不慌不忙地说：“从前，楚国出兵，从未有这么大规模。据我所知，公子元这次出兵，不过是讨好他的嫂嫂，没有什么其他目的。楚兵若来，老臣自有退兵之计。”

不久，楚军先头部队直抵皇城。叔詹下令军队埋伏在城内，大开城门，街上商店照常做买卖。百姓来来往往，熙熙攘攘，秩序井然，毫无紧张气氛。楚军见到这番情景，出乎意料，料定城中早有防备，是在故意诱敌深入。他们满腹狐疑，不敢贸然杀进皇城，下令就地扎营，等候主帅的指示。

公子元率领大部队赶到，大吃一惊，见城内秩序井然，似有埋伏，心里踌躇。他想到郑国与齐、宋、鲁有盟约，眼下城内有埋伏，万一不能取胜，齐、宋、鲁援军一到，前后夹击，楚军失利，脸上无光，嫂嫂会瞧不起自己。再说这次出兵，已攻下几个地方，几天之间，就打到郑国都城，也算是打了胜仗，目的已经基本达到，还是见好就收吧！

于是，公子元连夜班师回国，又怕郑军追击，命令所有营帐保持原样，遍插旗子，也想摆一个空城计，疑惑郑兵。

次日，叔詹登城遥望楚营，一会儿，便高兴地叫道：楚兵撤走了！众人都不相信，叔詹指着远处说：“凡是军队驻扎的营地，必定击鼓壮威，以吓骇鬼神。你们看那里有飞鸟盘旋，证明军营里连一个人也没有了。我料定楚军怕齐国援军赶到，被内外夹击，连夜撤走，还摆下一座空营来迷惑我们。可惜，公子元会摆空营计，却识不破我的空城计！”

空城计采用的是一种心理战术，使用的关键是要清楚地了解并掌握敌方将帅的心理状况和性格特征。敌方指挥官越是小心谨慎多疑，所得的效果就会越好。这种方法多是在兵力不足的情况下所采取的一种应急措施，如果被敌人识破，敌军乘虚而入，就会变得非常危险。

欲擒故纵降孟获

公元225年（蜀后主建兴三年），蛮王孟获起兵10万反蜀，建郡太守雍闿、群舸郡太守朱褒、越窝郡太守高定相继投降，声势甚大。蜀丞相诸葛亮奉旨起兵50万南征。在智破三郡叛军之后，大军继续向泸水（川滇边境）挺进。适逢马谡奉后主之命前来劳军。

诸葛亮久闻马谡才智超群，便虚心问计。马谡曰："愚有片言，望丞相察之。南蛮恃其地远山险，不服久矣。虽今日破之，明日复叛。丞相大军到彼，必然平服；但班师之日，必北伐曹丕；蛮兵若知内虚，其反必速。夫用兵之道，攻心为上，攻城为下；心战为上，兵战为下。愿丞相但服其心足矣。"诸葛亮很赞同马谡的见地，更坚定了心服蛮王的决心。第一次两军对阵，孟获战败，为蜀将魏延活捉。诸葛亮问他是否心服，孟获说："山僻路狭，误遭汝手，如何肯服？你放我回去，整军再战，若再被擒，我便肯服。"诸葛亮当即下令放了他，并给他衣服、鞍马、酒食，派人送他上路。第二次诸葛亮派马岱夜渡泸水，断了蛮军粮道，孟获被部将董荼那、阿会喃等缚送蜀营。诸葛亮对孟获说："你前次说，若再被擒，便肯降服。今日如何？"孟获说："这次是我手下人自相残杀，以致如此，如何肯服？"

诸葛亮又将他放了，并领他参观蜀军营寨；亲自送至泸水边，派船送回。孟获第二次被放回本寨后。首先将部将董荼那、阿会喃杀了，然后与其弟孟优商议以假降方式夜袭蜀营，诸葛亮将计就计，第三次将孟获活捉。但孟获仍然不服，他说："这是因为我弟贪杯，误吃了你们的毒酒，并非我没有能耐，如何肯服？如果你放我兄弟回去，我们收拾兵马和你大战一场。若再被

擒，方肯死心塌地归降。”

诸葛亮第三次又将他放了。孟获愤怒地回归本洞，派人带上金银珠宝往八番九三十甸各部落借得精健蛮兵数10万，一路杀气腾腾，来战蜀军。诸葛亮避其锋芒，领军退至西洱河北岸扎营，然后派精兵暗渡至西洱河南岸，抄了蛮军后路，第四次将孟获活捉。诸葛亮怒斥孟获：“这次又被我擒了，还有何话可说？”孟获说：“我误中诡计，死不瞑目。”

诸葛亮声言要斩，孟获全无惧色，要求再战，诸葛亮只得第四次又将他放了。孟获回去后，又聚集数千蛮兵躲入了秃龙洞，与该洞洞主朵思凭借险山恶水，据守不出。孔明走访当地老人，寻得解毒甘泉和可辟瘴气的薤叶芸香，避过毒泉恶瘴，引军由险径直取秃龙洞，第五次擒得孟获。但孟获仍不服，并说：“我祖居银坑山，有三江之险、重关之固，你若能到那里擒我，我便子子孙孙，倾心服侍。”诸葛亮只得第五次又将他和孟优、朵思等人放了。孟获连夜奔回银坑山老巢，又请来八纳洞洞主木鹿3万驱兽兵助战。诸葛亮破了孟获之妻祝融夫子的飞刀，布假兽战胜木鹿的兽兵，识破孟获妻弟带来洞主假缚孟获夫妻献降诡计，第六次生擒孟获。但孟获说，这次是我等自来送死，不是你们的本领，如第七次被擒，则倾心归服，誓不再反。孟获回洞后，采纳妻弟带来洞主的建议，从乌戈国请来3万刀剑不入、渡水不沉的藤甲兵，屯于桃花渡口。诸葛亮设疑兵，一步一步地将藤甲兵诱入预伏干柴、火药、地雷的盘蛇谷，堵住前后谷口。纵烈火将乌戈国的3万藤甲兵烧了，第七次生擒孟获。诸葛亮令人设酒食招待孟获夫妇及其宗室，叫孟获回去再招人马来决战。这一次，孟获却不走了。并说：“七擒七纵，自古未有。我等虽然是化外之人，也懂得礼仪，难道就如此没有羞耻吗？”于是领各洞蛮民诚心归顺。诸葛亮命孟获继续为蛮王，所夺之地，尽皆退还，蜀军班师，孟获亲自送诸葛亮渡过泸水。后来孟获仕蜀，官至御史中丞。终蜀之世，蛮方一直太平无事。诸葛亮七擒七纵。纵的是孟获其人，而最终擒得的是蛮王及蛮方百姓的心。精诚所至，金石为开。从此，蜀国有了一个巩固的南方，诸葛亮可全心致力于伐魏了。

七擒七纵后降服孟获，与其说是比计谋的高明，倒不如说是一种持久而有耐心的攻心战术。其成功运用的关键便是诸葛亮深入了解到了孟获的性格及其实力，确认到自己有必胜的把握，才多次放过孟获，以使其最终心服口服归顺蜀国。从表面看擒与纵好似一对矛盾，但实际上是一种因果的关系，纵只是手段、方法，而擒才是最终的目的。用暂时的放弃换来更有效果的收获，从这一点看，两者是相辅相成、相互转化的，如果纵运用得恰到好处，便可转化为擒。

第三章 内揵篇

【题 解】

内揵术是《鬼谷子》关于进献说辞和固守谋略的方法，主要论述了领导者与被领导者之间的关系。内，就是使人采取自己的计策；揵，就是设法坚持自己的计策，可以以情动人，以理动人。要使说辞和谋略得到采用，必先拉近与游说对象的关系，使情投意合。一旦情投意合，就会“远而亲”、“遥闻声而相思”，一旦意气相离，就会“近而疏”、“日进前而不御”，正所谓伴君之理微妙玄奥。做臣子既要使人采纳计策，又要掌握分寸、进退有度，这样才能掌握主动权，可以进，可以退，可以坚持，也可以放弃，可以进退自如。

运用内揵术，注意以下几点：

1. 注意内与揵的区别和结合。内，主要是用言辞游说对方，其目的在于先与对方搭上腔，说上话，重要的是能揣度对方的心思，内偏重于言辞技巧；揵，是用计谋继续与国君谈下去，重要的是在于迎合对方的心意，揵偏重于计谋策略。如果交谈前一个阶段内用得成功，后一个阶段揵用得成功，二者又衔接得好，那么这次交往就一定能取得好的效果。

2. 游说前必须做好充分准备，要准备好游说对方的“说古论今”的材料，要有奇谋在胸，不打无把握之仗。

3. 分清对象，投其所好，也就是人们常说的“什么人什么待遇，什么馒头什么菜”。能看清游说对象，搞清游说对象的爱好、习性、特点之后再进以言辞、计谋，就比较容易成功。

4. 游说活动应以揵为主，而又以理服人，以义动人，仁义宽容。

5. 经过一番游说后，游说者如果还不能控制游说对方，双方仍不能“合”时，游说者就不要蛮干到底，应当返回头来检讨自己，反省自己，从自身方面找出原因，改正自己游说过程中某个环节中的过失和错误，再重新开始新一轮的游说活动。

内揵[1] 第三

原文

君臣上下之事，有远而亲，[2]近而疏，[3]就之不用，去之反求。[4]日进前而不御，遥闻声而相思。[5]事皆有内揵，素结本始。[6]或结以道德，或结以党友，或结以财货，或结以采色。用其意，欲入则入，欲出则出，欲亲则亲，欲疏则疏，欲就则就，欲去则去，欲求则求，欲思则思。若蚨母之从其子也，出无间，入无朕，独往独来，莫之能止。

注解

①内揵：内，内心、内情；揵，通“楗”，本义为门闩。《庄子·庚桑楚》：“夫外革者，不可繁而捉，将内揵；内革者，不可缪而捉，将外揵。”内，本指内情相守，这里指要从内心与君主沟通关系，以达到情投意合、揵开任意的目的。

②远而亲：看似疏远，其实极亲密。

③近而疏：看似亲密，其实极疏远。

④就之不用，去之反求：就，靠近、趋近；去，离开。在身边却不任用，离去以后还受聘请。

⑤日进前而不御，遥闻声而相思：日进前，每天都在皇帝的跟前；御，驾驭马车，这里引申为“使用”；遥闻声，听到很遥远的地方声音。

⑥素结本始：素，平常；本始，本源。意思是把平常与本源相联结。

译文

君臣上下之间的事情，有的距离很远却很亲密，有的距离很近却很疏远。任命一位臣子却不重用他，免职一位臣子反而又征召他。虽然每天都晋见君主却不受欢迎，虽然遥远只能听到声音却很相思。凡事都有坚持己见的，原来平日早就和原始的相结合。有的要用道德的方式来结合，有的要用党派的方式来结合，有的要用财货的方式来结合，有的要用封地的方式来结合。假如使用对方的意见：想要进入就进入，想要出来就出来，想要疏远就疏远。就像青蚨率领子女一般，出去没有时间，进来没有征兆，一向自己出去自己回来，谁也没办法制它。

原文

内者进说辞，揵者，揵所谋①也。欲说者，务隐度②；计事者，务循顺③。阴虑可否，明言得失，以御④其志。方⑤来应时，以合其谋。详思来揵，往应时当也。夫内有不合者，不可施行也。乃揣切时宜，从便所为，以求其变。以变求内者，若管取揵。言往者，先顺辞也；说来者，必变言也，善变者，审知地势，乃通于天，以化四时，使鬼神合于阴阳，而牧人民，见其谋事，知其志意。事有不合者，有所未知也。合而不结者，阳亲而阴疏。事有不合者，圣人不为谋也。

注解

①揵所谋：进献计谋。

②隐度：暗中揣测、估量。

③循顺：沿着顺畅的途径，遵循固有的规律。

④御：驾驭，把握。

⑤方：方法，道术。

译文

所谓“内”，就是献策给君主；所谓“揵”，就是坚持自己谋略。想去游说君主时，就必须暗中揣度君主的心思。出谋划策时，也必须顺应君主的意愿。暗中考虑我们的决策是否符合时宜，公开讲清此决策的得失优劣，以迎合君心。否则，若其中有不合君意之处，这决策就难以付诸实施。若出现这种情况，就要重新揣摩形势需要，以利于君主改变决策。让君主接受经过这样变更后的决策，就要像用钥匙开锁那样一碰即开。谈历史事件时，要用顺辞，即充分肯定君主所作所为；但讨论未来事件时，却要用变言，即讲些有变通余地的话。运用自如地改变决策的人，必须审知地理形势，明于天道，又有改变固有顺序、善于应变的能力，并能含于阴阳变化规律，从而再去考察君主心意，观察他需要处理的事务，掌握他的意愿志向。若我们的决策不合君意，那是因为君主的某种心意，某些情况我们还没有掌握。若表面上同意我们的决策，但实际上并不施行，是因为君主表面上跟我们亲近了，但实际上却疏远得很。若决策不合君意，圣智之人也难以将决策付诸实践。

原文

故远而亲者，有阴德①也；近而疏者，志不合也；就而不用者，策不得也；去而反求者，事中来也；日进前而不御者，施不合也；遥闻声而相思者，合于谋待决事②也。故曰：“不见其类③而为之者，见逆④，不得其情而说之者，见非⑤。得其情，乃制其术⑥。此用可出可入，可揵可开。”

注解

①阴德：心意暗合。

②决事：谋大事，指参与决断国家大事。

③类：类似，共同点。

④见逆：违逆，与愿望相背反。

⑤见非：遭到非议。

⑥术：技能、手段、方法等。

译文

所以距离远而亲近的人，是由于积有阴德的缘故；距离很近而疏远的人，是由于志不同道不合的缘故。虽然就职却不重用，这在政策上就不算得体；在革职以后反而又起用，那是由于事情中间有变化的缘故。所以说："还没看见对方的情况，而就采取行动的人，就会被认为是背道而驰；还没等得到对方的情报，而就进行游说的人，就会被认为是胡作非为。"假如能得到敌人的情报，就可以箝制住敌人的战术。用这些既可封锁也可开放。

原文

故圣人立事①，以此先知而揵万物。由夫道德、仁义、礼乐、忠信、计谋，先取《诗》、《书》，混说损益，②议论去就。③欲合者，用内；欲去者，用外。④外内者必明道数，⑤揣策来事，⑥见疑决之，策无失计，立功建德。治民入产业⑦，曰"揵而内合"。上暗不治，⑧下乱不悟，⑨揵而反之。⑩内自得⑪，而外不留说⑫，而飞⑬之。若命自来己，迎而御之；若欲去之，因危与之，环转因化，莫知所为，退为大仪。

注解

①立事：建立事业。

②先取《诗》、《书》，混说损益：引用《诗经》和《书经》来验证自己的学说。

③议论去就：经过讨论，最后决定是否应该做。

④欲合者，用内；欲去者，用外：欲，想；合，与离相对。指根据想法来运用力量。

⑤外内者必明道数：在决定内外大事时，必须明确道理和方法。

⑥揣策来事：推理判断未来的事情。

⑦产业：产，谋生，财产；业，事情，经营功绩。

⑧上暗不治：暗，昏暗。是说君主昏庸，不能推行善政。

⑨下乱不悟：乱，昏乱，糊涂。人民掀起叛乱而不能分辨事理。
⑩揵而反之：固执己见，事与愿违。
⑪自得：自以为自己聪明，得计。
⑫不留说：不接受他人的主张。
⑬飞：表扬。

译文

所以圣人的立身处世，就用这些来先了解和巩固万物。根据道德、仁义、礼乐、忠信、计谋，先考证《诗经》和《书经》，然后研究时事，最后才能议论去就。要想合作的人就在内部努力，要想离开的人就往外边使劲。当处理内外大事时必须先说明道理，而且又能揣摩策划未来的事情，发现可疑之处时就下决定。在政策方面并无失计之处，所以应该建立功勋累积德政。治理人民使他们拥有产业，就叫作“安定民生，精诚合作”。君主昏庸不理国家政务，臣民混乱而不知觉悟，所以人民自然就会揭竿而起。对内自鸣得意，对外不注意新思想，如此等于拒绝外来学说的进入。假如有朝廷的诏命颁下来给我，那我就亲自出去跪地迎接。要想排除一个人的话，就要利用环境给对方以虚伪的错觉。要依据我们面临的情况来决定我们的策略，变换我们的手法，让外人摸不透，难知情，这就是保全自己的秘诀。

智慧应用

韩信献策

公元前209年，陈胜、吴广领导的秦末农民大起义爆发，并很快发展成燎原之势。9月，项羽在会稽郡（首府在今江苏苏州市）杀掉了秦朝的命官，举兵反秦。这时韩信已长大成人。陈胜失败以后，项梁于公元前208年打过淮河，到达下邳（今江苏睢宁西北），并招兵买马，扩充队伍。韩信便带着他的宝剑，投奔了项梁，做了一个无名小卒。

不久，项梁在定陶（今山东定陶）一战中，被秦军偷袭，不幸阵亡，于是韩信又归到项羽的部下，做了项羽的郎中（侍卫）。韩信便利用这种身份，

经常接近项羽，并且屡次给项羽献计献策。

可是，项羽根本看不起韩信，从来不肯采纳他的意见。韩信见项羽刚愎自用，听不进意见，就想离开项羽，另谋出路。

公元前206年10月，刘邦起义军攻入咸阳，推翻了秦朝的统治。随后，项羽也率军入关，并在同年2月自封为西楚霸王，以梁、楚九郡作为自己的封地，建都彭城（今江苏徐州），同时分封了十八个诸侯王。

刘邦被封为汉中王，以偏僻的巴蜀、汉中地区作为封地，建都南郑（今陕西南郑）。为了阻止刘邦向东发展势力，项羽又把关中地区一分为三，分封给秦朝的三个降将。

4月，各个受封的诸侯王都率兵回到自己的封地，刘邦也前往南郑。当时项羽只给刘邦三万人，但是愿投降刘邦的就有好几万人，多数是项羽的部下。这时郁郁不得志的韩信便从楚营逃跑，投到刘邦部下。

刘邦让他当了一个称为连敖的小官，韩信大失所望。

有一次，韩信等十三人犯了法，被处以斩刑。其他人都一一被杀掉了，就要轮到韩信。

正在这时，韩信突然仰起脸来，看见了刘邦的亲信夏侯婴，便有意大声呼喊："汉王不是想坐天下吗？为什么还要杀壮士！"

夏侯婴觉得这话非同一般，便回过头来端详了一番，只见韩信体魄魁梧，相貌堂堂，便把他放了。经过交谈，夏侯婴很赏识韩信的才干，后

来就把他推荐给刘邦，刘邦让韩信当了治粟内史（管理粮饷的官）。

以后，韩信多次去找萧何，跟他交谈。在接触的过程中，萧何逐渐发现，韩信有胆有谋，是个不可多得的人才，于是多次向刘邦推荐韩信，希望能够重用他。

刘邦没有采纳。当时刘邦的部将和士卒多是关东人，他们到了南郑以后，经常思念故乡，不愿意长期留在巴蜀、汉中地区，所以逃亡的部将就有几十人。

韩信见萧何多次向刘邦推荐自己，刘邦始终不予理睬，十分苦闷。

一天夜里，韩信悄悄离开南郑，逃之夭夭。萧何得知韩信逃走，认为事关重大，追人要紧，也没有向刘邦报告，就急急忙忙亲自去追。有人见萧何匆匆离去，以为萧何也跑了，便跑去向刘邦报告说："丞相开小差了！"

刘邦听了，如雷击顶，大吃一惊。萧何足智多谋，又与刘邦共同起事，刘邦没有萧何，就像失去了左右手，所以成天坐卧不安，非常生气。

两天以后，萧何突然来见刘邦。刘邦又气又喜，责怪他为什么私自逃跑，萧何向刘邦解释说："我哪敢逃跑？我是去追赶韩信。"

刘邦不以为然骂道："逃亡的将领有几十个，你从来没有去追赶，你说去追韩信，这明明是在欺骗人。"萧何赶忙向刘邦解释说："大王，你不知道，那些逃亡的将领才能平庸，并不难得，像韩信这样的将领才是举国无双。大王若是只打算长期在汉中当王，不谋进取，不用韩信倒也可以。但是，如果想争夺天下，缺了韩信，就没有人为你领兵征战，您的愿望就实现不了。所以用不用韩信，就看你今后做什么打算了。"

刘邦一听，急忙说："我也很想向东发展，哪能长期待在这里当不争气的汉中王呢？看在丞相你的面上，就让他当将领吧。"

萧何说："即使你让他当个将领，他仍然不肯留下。"刘邦犹豫了一会儿说："给他个大将当当，怎么样？"萧何十分高兴，立即赞同说："太好了！"

汉王刘邦答应立韩信为大将，就想马上召见韩信。萧何见刘邦把拜将这样的大事看得如此轻率，就立即制止说："大王素来傲慢，不讲礼节，现在拜

大将就像招呼一个小孩儿那样，这正是韩信要逃跑的原因。”

接着萧何又向刘邦建议：“既然你拜韩信为大将，就必须选吉日良辰，沐浴更衣，戒荤戒酒，表现出诚意，然后搭起坛场，召集群臣，按照礼节，亲自授印才行。”刘邦只好答应下来。

当时，刘邦手下的将领听说要拜大将，都非常高兴，像过节日一样，到处喜气洋洋。

等到拜大将的那天，他们万万没有想到，登上将台的竟是无名之辈韩信。全军上下，个个惊得目瞪口呆。

拜将仪式结束后，韩信被让到上座，刘邦问道：“萧丞相多次在我面前推荐你，你有什么锦囊妙计呢？”

韩信没有直接回答，却反问刘邦：“大王要东征，夺取天下，你的对手难道不正是项羽吗？”刘邦回答：“是。”韩信接着又问：“你自己权衡一下，论勇悍仁强，你和项王相比，谁强？”

刘邦沉默了一会儿，说：“我不如项王。”

韩信见刘邦还有点自知之明，便又继续说道：“是呀，我也认为你比不过项羽。我曾在项羽手下干过，很了解他的为人。他是一个叱咤风云的人物，一声怒吼，能吓退成百上千的敌人。但是他缺乏头脑，不善于任善用能、统御良将，所以这不过是‘匹夫之勇’；项羽待人还算恭敬慈爱，谈吐也比较温和，部下有了疾病，他又很同情，为他们分忧，并把食物分给他们。但是当部下立了功，应该封赏时，他犹犹豫豫，迟迟不肯把印绶颁赐给人家，这不过是那些见识浅的‘妇人之仁’。”

接着，韩信指出，项羽虽然称霸天下，统御诸侯，却违背义帝的盟约，分封亲信，所以诸侯都不满意；项羽为人残忍，所到之处，烧杀抢掠，天下多怨，百姓不服，所以项羽名为霸王，实际上很不得人心；项羽貌似强大，但很容易由强变弱。

他对刘邦说：“如果您能反其道而行之，任用天下勇武之士，有什么强敌不能被您诛灭？如果您把天下的城邑分封给功臣，谁还敢不唯命是从？如果您统率仁义之师，并利用许多将士思念故乡的心情进行东征，有什么敌人不被您打得落花流水呢？”

他认为，秦朝降将章邯、司马欣、董翳率领的秦军死伤不可胜计，项羽又把降卒二十余万全部活埋，只有他们三个例外，秦中父老对他们三个早已恨之入骨，项羽硬是把他们三个分封为王。

另一方面，刘邦入关之后，秋毫未犯，并废除秦时苛政，与秦百姓实行约法三章，所以人人都希望让刘邦在三秦地区称王；对项羽违背盟约，把本来应封在关中的刘邦封到偏远的南郑，三秦地区的百姓也愤愤不平。

所以韩信对刘邦说：“如果您举兵东征，三秦地区可以传檄而定！”

这里韩信精辟地分析了灭秦后的形势，不仅预测到秦汉之间必将争夺天下，并且分析了楚汉双方的利弊得失，指出项羽虽然强大，但是他只有匹夫之勇，妇人之仁，诸侯不平，百姓多怨，所以会由强变弱；刘邦虽然弱小，但是只要顺应民心，适时东征，迅速平定三秦，就会由弱变强，为以后的发展创造条件。

所以刘邦听了，喜出望外，感叹自己跟韩信相见恨晚。接着就根据韩信的计策，着手部署兵力。一方面让萧何守南郑，巩固后方，负责向前方输送兵员和粮饷，一方面调兵遣将，亲自率军进攻关中。

韩信在交谈中先用内后用揵，最后成功地说服了刘邦，采纳了自己的策略。具体说，韩信是较了解刘邦的，深知刘邦是位英明之主，有与项羽争夺天下之意，便开门见山地指出与刘邦争天下的是项羽，又提出刘邦不如项羽之处。

这两个问题说到了点子上，这正是刘邦日夜思考而不能解决的问题，经韩一点，刘、韩马上产生了共鸣。这是用内的方法，以言辞说刘邦，效果很好。如何解决这个问题呢？

这是刘邦下一步考虑的问题。于是韩信循顺而说，即用揵的方法（献计）说刘邦。韩信分析了项羽的长处及短处，又分析了刘邦的短处及长处。最后指出举兵东向，三秦可定，取天下是有望的。这一计谋正中刘邦下怀。刘邦很高兴，依计而行。

韩信用揵亦很成功。当然，韩信所以用内揵之术获得成功，是因为他了解刘邦内心及向往的问题，对刘项双方情况非常熟悉，分析问题透彻，提出的计谋既符合实际又非常有远见。

郑武公伐胡

《韩非子》中的“说难”篇，讲述了这样一个寓言故事，以前郑武公要征伐胡国，就先把女儿嫁给胡国国君。然后问群臣：“我想出兵打仗，应该攻打谁？”大臣关其思说：“可以打胡国。”郑武公就杀了关其思，还说：“胡国是兄弟之国也，你说要攻打胡国，岂有此理！”胡国国君听说了这件事，认为郑国可以信任，就不做防备。结果郑人偷袭胡国，把他灭了。

在这个故事中，关其思对郑武公可谓了解很深，在武公提问时他说出了武公的意图。但结局却是“被戮”，原因何在？就是因为其进言时机没有选准，对武公的心思没有揣摩透彻。武公的本意是想伐胡，但又担心胡会有所准备，并不想明着说出来，因此想看看群臣的意见。关其思出头进言攻胡，虽然他预测出了君王的下一步动作，但由于提议正好触动了武王，所以被拉为垫背。

申包胥以情动哀公

历史上曾经有这样一段记载：伍子胥和申包胥本是相好的朋友。因为楚平王杀害了伍子胥的父兄，伍子胥想要投奔吴国，发誓要灭掉楚国，为父报仇。申包胥作为伍子胥的朋友以好言相劝，劝伍子胥不要为了私仇而背叛祖国。伍子胥不听劝告，投奔了吴国。他到了吴国后首先帮助吴公子夺取政权，立吴王阖闾。此后又为吴王阖闾出谋划策，趁楚国国内动乱之机，举兵攻楚，攻破了楚国的郢都。这时楚王已死，伍子胥掘出楚平王的尸体，鞭尸三百，算是解了他的心头之恨。当申包胥知道伍子胥这样做以后，万分气愤，他找到楚昭王商议恢复楚国的大计。申包胥到秦国去做说客。申包胥到秦国见到秦哀公陈述利弊，指出吴国灭掉楚国后，势必继续侵入中原，那时秦国也就不得安宁了。所以要求秦国赶紧派兵征吴，一则为楚国的复兴，二则也是为

了秦国本土的安全。可是不管申包胥怎样强说巧辩，秦哀公却不愿打仗，只是转移话题，不提出兵之事。申包胥恳求之言说尽都无济于事，到最后弄得秦哀公心烦意乱，索性将申包胥放置一边不予理睬了。申包胥见这样做不能使秦哀公举兵伐吴，就转而抱头痛哭，哭声日夜不绝，连日不喝一口水，哭到第七天，申包胥再也支撑不住了，昏倒在了地上。秦哀公闻讯赶到，实在为申包胥的这种为楚国复兴的精神感动了，连声说："楚国有这样忠诚的爱国之士不怕不能复兴了，我们岂能不予援助！"秦哀公亲自抱着申包胥的头为他喂水、服药。当申包胥醒后，秦哀公向他朗诵了《无衣》诗，其中有"修我戈矛，与子同仇"，"修我甲兵，与子偕行"等诗句，是拿起武器共同对付敌人的意思。申包胥明白了秦哀公朗诵此诗的用意，随即向秦哀公叩了九个头，向他表示最深切的谢意。秦国即刻出兵伐吴，最后吴国被打败，楚国完全收回了失地。楚昭王从此任用贤臣，图强奋进，楚国逐渐恢复了强国的地位。

申包胥以悲泣的行为打动了秦哀公，从感情上拉近了与秦哀公的距离，秦哀公接受了他的说辞，决定出兵伐吴，为楚国的恢复和后来的强盛立下了开拓之功。这是内揵术运用的一个成功的例子。

邹忌巧劝齐威王

邹忌，战国时期齐国人，他胸藏锦绣，能言善辩，善于运用内揵术，使劝谏齐威王得以成功。现举二例如下：

公元前379年，田因齐继承父位成为齐国新的君主后，步吴、越国君之后尘，僭号称王，是为齐威王。他称王之后，颇为自得，整天陶醉于声色犬马之中，很少再理朝政。乘着齐国政治腐败之机，韩、魏、燕、赵等国相继起兵伐齐，而齐国边将心无斗志，屡战屡败，不少国土沦于敌国之手。

面对国家的衰败局面，齐威王仍然执迷不悟，而作为下层知识分子的邹忌却心急如焚。邹忌深知，要改变国家的面貌，必须先从改变威王的精神状态开始，而要转变威王的精神状态，必须有一个适当的方法。

为此，邹忌经过了三天三夜的苦苦思索，终于想出一个主意。一天上午，他穿戴整齐，赶到王宫，叩见威王说："窃闻大王喜好音乐，臣下对琴颇有研究，因此特来求见。"

威王一听，心中大喜，立即命左右将琴取来，摆在邹忌面前，邹忌装模作样把手放在琴弦上，既不弹琴，也不言语。

威王不解其意，问道："先生刚才自称善琴，寡人很想欣赏一下你的技艺，可你抚弦而不弹，是嫌琴不好，还是对寡人有什么意见?"邹忌把琴推在一边，一本正经地回答："臣所擅长的是关于琴的道理，至于具体弹奏，那是乐工们的事。臣虽然也会弹奏一点，但弹出来大王也不一定愿听。"

威王说："那你就先讲讲琴理吧!"邹忌说："琴的本意是禁的意思，因为它的基本功用是禁止淫邪，使人归正。最初伏羲氏做琴之时，规定琴长三尺六寸六分，象征一年三百六十六天；琴广六寸，象征六合；琴形前广后窄，象征尊卑有序；上圆下方，象征天地；琴设五弦，象征

金木水火土五行。大弦是君，小弦是臣。琴音以缓急而分为清浊，浊音宽而不弛，象征为君之道；清音廉而不乱，象征为臣之道。君臣相得，政令和谐，就是治国之道。臣所了解的琴理就是这些。”

威王感到邹忌讲得新鲜有趣，但仍未明白他的用意，于是说：“讲得很好。先生既然深知琴理，想必更谙熟琴音。愿先生为寡人试弹一曲。”邹忌说：“臣以操琴为本职，当然应该谙熟琴音；大王以治国为本职，不是也应该谙熟治国之道吗？可现在大王拥有国家而不用心治理，这与臣抚琴而不弹又有什么两样呢！臣抚琴而不弹，不能使大王满意；大王抚国而不治，恐怕也不会使全国百姓感到满意吧？”

齐威王这时才恍然大悟，不禁愕然心动，赶紧说：“原来先生是以琴为喻，劝谏寡人用心治国，寡人懂得你的意思了。”接着威王命左右先领邹忌到贵宾室安歇。第二天威王沐浴之后，召邹忌进行详谈。

邹忌向威王畅谈了自己的治国主张，力劝威王节欲远色，“息民教成”，以图霸王之业。由于邹忌先用说辩谋略打动了威王，邹忌所谈的威王都听得津津有味。

此后不久，威王便任命邹忌为相国，以辅助自己治理齐国。

邹忌拜相之后，发现齐国朝廷有一个很不好的风气，大臣对威王只讲奉承话，威王喜欢听什么他们就说什么，从来不提不同意见。而威王对此也习以为常。

邹忌认为，这种风气如不改变，对齐国的振兴将非常不利。但如何才能改变这种风气？多谋善计的邹忌从自己家中发生的一件事得到启发。

有一天早晨，邹忌在家里照镜

子。他发现镜中的自己身材修长，皮肤白皙，五官端正，两眼有神，长得蛮英俊的。他边照镜子边问妻子："你说我与城北的徐公谁美呀？"妻子不假思索地回答："当然是你美了，城北徐公哪能比得上你。"

邹忌有点不相信，因为徐公是远近闻名的美男子，于是又问他的妾："那么你说我与城北徐公谁美呀？"妾也毫不犹豫地回答："城北徐公哪能比得上你，当然是你美了。"

同一天正好有个客人求见邹忌，邹忌与客人交谈一会儿后，又问客人："你说我与城北徐公谁美呀？"客人装出很诚恳的样子说："你比徐公美多了，他哪能赶得上你呀。"众口一词的夸奖，使邹忌飘飘然起来。恰巧第二天，徐公来到邹忌家里做客。

邹忌很认真很仔细地观察了徐公一遍，感到自己并没有徐公美。接着自己又照镜子进行了对比，发现自己比徐公差远了。

这件事引起了他的深思：自己明明不如徐公美，可自己的妻、妾和客人却都说自己比徐公美，这是什么原因呢？邹忌躺在床上左思右想，终于悟出了其中的奥秘：妻子说自己美，是因为偏爱；妾说自己美，是因为惧怕；客人说自己美，是因为有求于他。

于是，邹忌决定利用这件事现身说法，劝威王不要只爱听奉承话，而要有意地去搜集和听取各种不同意见。见到威王，邹忌首先讲了这个故事，然后说："臣诚知不如徐公美，然而臣之妻偏爱臣，臣之妾畏惧臣，臣之客欲有求于臣，他们便不顾事实，硬说臣比徐公美。今齐国地方千里，百二十城，宫妇左右，莫不偏爱大王；朝廷之臣，莫不畏惧大王；四境之内的万民百姓，莫不求于大王。由此看来，大王受蒙蔽的危险是很大的。"

由于邹忌采用了使人感到亲切可信的现身说法的方式，所举例子又生动贴切，威王听了很受启发，立即表示接受邹忌的讽谏。

第二天，威王便向全国发布命令说："群臣吏民有当面揭发寡人之过错

者，受上赏；能上书批评寡人者，受中赏；在街头巷尾议论寡人的缺点，只要寡人知道了，也受下赏。”命令刚刚颁布时，群臣吏民纷纷进谏，王宫门前热闹得就像市场一样。由于威王闻过能改，数月之后，人数大减，只是偶尔还有进谏者；一年之后，人们便感到没有什么意见可提了。根据群臣吏民的建议，齐威王核名实，修律令，选贤能，惩奸佞，国家很快走向大治。燕、赵、韩、魏等国得知齐国的变化，纷纷派使朝见齐王。威王看到这些变化，深有感慨地说：“此所谓战胜于朝廷也！”

以上第一例“因物设喻，抚琴拜相”中，邹忌说服齐威王，先顺其喜好音乐的心意，然后因势利导，言归正传谈君王应关心国家大事，终于感动和说服了齐威王，这得益于内揵术的运用：得其情，制其术；所进言既合时宜，又合君意。

第二则“现身说法，讽王纳谏”中，邹忌采用了现身说法的方式，使人感到亲切可信，从而拉近了两人之间的距离——亲密无间，齐威王立即接受了邹忌的讽谏。这也得益于内揵术的应用：了解君主的心意，得到君主的宠信，进献计策方能成功。

苏代游说破齐国

苏代，东周洛阳（今河南洛阳东）人，是曾佩六国相印的苏秦之弟，战国时有名的纵横家。苏代善于学习，研究形势，奔走于各国之间，成为当时的合纵连横发动者、组织者。

由于各国之间的矛盾复杂，形势变化无常，政局动荡不定，合纵连横的基础也就不稳固。但是，苏代还是能驾驭风云，掌握主动权。特别是提出以楚、魏为援国，共制齐、秦的主张，为燕国游说诸侯，约请诸侯合纵，在历史上产生了深远的影响。

由于各国力量不断发生变化，在七国中不论强国或弱国都在寻找自己的盟友，目的是为壮大自己，排斥打击异己。

当时，齐国和赵国是燕国的仇敌，经常发生矛盾和战争；而楚国和魏国是燕国的盟国，互相友好往来不断，关系比较密切。燕王为了对付齐国，就派苏秦出使齐国进行离间活动，使齐王与大夫互相猜疑，制造紧张气氛，从中取得齐宣王信任，并命为客卿。

齐宣王死后，齐闵王即位，苏秦因与大夫争宠，被人暗中刺杀。苏秦死后，他离间乱齐的阴谋暴露了，引起了齐国对燕国的极大仇恨，誓言要报复燕国。燕王哙觉得势单力薄，缺乏与齐抗衡的信心，担心有覆国的危险，听信鹿毛寿的花言巧语，竟把王位让给子之。

公元前314年，燕子之为王第三年，朝廷官员和百姓对子之不满，国内出现动乱，几个月里，死亡几万人，百姓惊恐不安。齐国乘乱出兵占领燕国达三年之久。

公元前312年，燕国军民纷纷起来反抗，齐军被迫撤出燕国。于是，燕人立太子平为王，就是燕昭王。昭王即位后，决心复兴国家和报仇雪恨。有一次苏代去拜见昭王时说："我听说大王睡不好觉，吃不好饭，常常想着如何报齐国的仇。"

昭王说："我对齐国有深仇大恨，想报仇。齐国是燕国的仇国，我想攻打齐国。但是，我感到燕国国力还疲惫，力量不足。"苏代分析了燕国的情况后，着重就对齐国采取什么策略谈了自己的看法。他认为，燕国弱小，国力不足以与齐国单独抗衡，只有同别国结盟，才有可能打败齐国。

同时，他指出："齐国由于连年征战，人力、财力明显不足，一定很贪财了。国王应先派去人质，主动与之和好，再送珍珠、绸绢去贿赂齐王和亲信。这样，齐国就不会把燕国放在眼里，而去攻打宋国了。"

于是，燕国在长达二十年的时间里，表面上对齐友好，背地秘密与各国来往，结成广泛同盟，耐心等待报仇的时机。当齐灭宋后，国力逐步衰竭。公元前284年，燕组织一次同盟国对齐国的重大进攻。

燕派乐毅领兵，统帅燕、秦、楚、赵、魏、韩六国之兵攻齐。结果齐军大败，燕军乘胜前进，长驱直入，一举攻占了包括齐国都临淄在内的二十多座城池。齐国一败涂地，国王被杀，这在战国史上是很少有的。

楚国地处南方，淮河和汉水流域有许多小国，在春秋后期战国初期，楚国不断在这些地区灭掉一些小国，有数十个之多。可以说，战国时楚灭的国家最多，疆域也最大。

公元前307年，楚国发兵围攻韩国的雍氏城（今河南禹县），形势万分危急，韩军冒死昼夜抗击，打退了楚军的数次进攻。因连日抵抗，韩军人力、物力消耗极大，就向西周征调军需物资。周王室只占有王城洛阳附近相当于现在十多个县的一片土地，人口不多，力量微弱，物资不足，无法满足韩国的需要。

为此，西周君深感忧虑，坐立不安，夜不能寐，询问苏代有什么好办法。苏代笑道："我自有良策，不但能使韩国不向您征调兵甲、粮草，而且还能为您白白得到高都（今河南洛阳南）的土地。"西周君忙起身对苏代说："倘能如此，我愿将国家托付给您管理。"

于是，苏代出使韩国，见到韩相国公仲侈时问："您知道楚国昭应所说的话吗？昭应曾劝楚王说：'韩国已被战争拖得筋疲力尽，现在国库空虚，粮食匮乏，民心相背，哀鸿遍野，没有办法坚持下去了。如果乘此饥荒之际发动进攻，不出一个月就能拿下韩国。'如今兵临雍氏城下已五个多月，仍然没有攻破，这足以说明楚国缺乏足够的力量，攻打雍氏城的事应慎重考虑。楚王开始对昭应的意见置之不理，而您却向西周征兵甲、调粮草、济危困，这不等于把韩国的内情明白地告诉楚国吗？昭应要是知道这些情报，肯定要劝说

楚王增兵攻打雍氏城，那么，雍氏城就指日可破了。”

公仲侈觉得苏代说得有道理，后悔已派出向西周征调军需的使者，无法挽回了。苏代又说：“还来得及，您可以把高都送给西周嘛。”公仲侈满脸不快地问：“为什么呢？我不向西周征调兵甲与粮草已经是给面子了，无故把高都送给西周是什么意思？”

苏代答：“您慷慨地把高都送给西周，西周一定会很感激，必然投靠韩国。楚国知道后也会发怒甚至烧毁周的符平，与西周断绝往来，这是以损失高都为代价而换取一个完整的西周，何乐而不为呢？”

对此，公仲侈不禁拍手称赞：“妙计！妙计！”当即决定不再向西周征调兵甲和粮草，主动把高都的土地割送给西周。果然不出所料，西周转变了态度，积极协助韩国抗敌守城。楚军由于久攻不下，无奈只得撤兵回国，从而保住了雍氏城。

在战国中后期秦国的发展史上，穰侯魏冉是一位颇有影响的人物。他的姐姐是秦武王后，秦武王死后称宣太后，她的儿子和惠文后的儿子争王位，各不相让，异常激烈。

结果，魏冉从中帮忙立了宣太后的儿子为王，这就是秦昭王。昭王即位后，对魏冉很器重，言听计从。魏冉自恃功高，不可一世，多次率兵对外征战，屡建奇功。

公元前 273 年，穰侯魏冉与将军白起等率秦军进攻赵、韩、魏三国，一举夺取赵国的观津（今河北武邑东南）。接着穰侯为拉拢赵国，又把观津退还给赵国，同时增派四万秦兵到赵国，准备共同对齐国宣战。

齐襄王闻讯后，惊恐不安，焦急万分，即召谋士苏代商量对策。苏代显得很沉着，不慌不忙对齐襄王说："大王不用着急，待臣修书一封，与穰侯陈说利害，或许可阻止他们进犯齐国。"齐王听后甚为高兴，即令苏代写信退敌。

苏代在给魏冉的信中写道："我听使者说：'秦国打算派四万人马帮助赵国进攻齐国。'我不相信穰侯会这样做，就对齐王说：'秦王贤明而熟悉谋略，穰侯明智而深谙军事，必然不赞成派兵帮助赵国攻打齐国。'我之所以冒险断言，原因很清楚，如果韩、赵、魏三国联盟，显然对秦国十分不利。如今攻破齐国是使赵国得到好处，秦国是不会甘愿做傻事的。因为赵国与秦国世代有仇，这样做不符合秦国的利益。再说，或许秦国的仁人志士会问：攻破齐国，拖垮赵国，秦国可腾出力量南下制服楚国，岂不是两全其美吗？事实上，齐国已疲惫不堪，经不起秦、赵的合击了。这样做，不仅使赵国从中渔利，更谈不上去制服楚国。其次，如果秦国只出少量的兵力，赵国和楚国就认为秦国讨伐齐国没有诚意；万一大量出兵，赵国和楚国必然对秦国怀有疑虑，不会齐心协力攻齐。同时，由于大兵压境，齐国势必背秦投入赵、楚的营垒，这是秦国所不愿看到的结果。另外，一旦齐国割地向赵、楚求和，两国无疑乐于接受，肯定不会继续履行与秦国的协约，甚至停止向齐国进攻。齐国欲报复秦国，也许会举兵与赵、楚两国结盟反击秦国，那就措手不及了。这等于赵、楚两国用秦国来对付齐国，又用齐国来算计秦国，岂不是坐山观虎斗吗？为什么赵国和楚国这般聪明而秦国和齐国却被蒙在鼓里还不知道呢？因为，我认为秦得到安邑（今山西夏县西北）只要悉心经营，就不会有祸患的，尔后逐步会取得天下的中央地盘，这与冒险出兵进攻齐国相比，哪一面更有利，是不难判断的。所以，我自信在权衡利弊后，秦王和穰侯肯定不会轻易派四万兵士帮助赵国讨伐齐国的。"

细读了苏代的书信，穰侯左思右想，觉得是那么回事，匆忙下令撤军，

取消增兵攻齐的作战计划。后人称赞苏代棋高一着，书退秦兵，不战而胜。

以上三例中，都有内揵术的运用。在“合纵伐齐，大获全胜”中，苏代先顺应燕昭王的意图——“想报齐国之仇”，然后分析燕、齐两国形势，提出合时宜的计策——“合纵伐齐”，这样，苏代的计策正如内揵术篇中所要求的那样“既合时宜，又合君意”，所以苏代进献说辞获得成功。

在“巧施妙计，保住雍氏”中，苏代出使韩国，见到韩相国，分析了当时楚、韩、西周的形势和情况，并提出了合乎时宜的计策，使韩相国连声称“妙”，此乃正符合内揵术的要求：“方来应时，以合其谋”，即又合时宜，又合君意。

再看在“棋高一筹，书退秦军”中，苏代也有内揵术的运用；劝穰侯不要派兵给赵国对齐宣战，陈说利害；不对齐宣战不会出现赵、楚两国用秦国来对付齐国，又用齐国来算计秦国的现象——合乎时宜，如此也就合乎君意了——秦悉心经营安邑，没有祸患，逐步取得天下的中央地盘。

假托先王意，说服太子

惠施是战国时代宋国人，魏惠王时期担任魏国丞相。

公元前335年，魏惠王死了，已经订好了下葬的日期，偏偏老天下起了大雪，雪深没了牛眼，城郊的路无法通行，太子（襄王）准备用木板筑栈道送葬。朝中群臣都去谏阻太子，说：“雪下得这么大还要送葬，人民一定叫苦不迭。而且国库恐怕不够开支，请暂缓下葬日期。”太子说：“作为儿子，因为人民的辛苦和官费不够就不按期举行先王葬礼，这是不义之举。我不能落下不义之名，你们都别说了。”群臣都不敢再去谏阻，而把此事告诉了犀首。

犀首说："我可没办法说服太子，这事恐怕只有惠施能办到。我去告诉惠施吧。"惠施听说后，就驾车去见太子，说："下葬的日期确定了？"太子说："是的。"惠施说："古时候，周文王之父季历埋在终南山脚下，地下水浸坏了墓底，露出了棺材的前木板。文王说：'唉！先君一定是想再见各位大臣和百姓一面吧，因此才让地下水浸露出棺木。'于是文王命挖出棺材，在一天早上为他搭起灵棚，百姓都来朝见，两天之后，才改葬于终南山脚下。文王此举才是大义。如今先王下葬之日已订好，可大雪没了牛眼，牛车无法前行。先王一定是不想离开，想再停留一些时间来辅佐这个国家，安顿好人民，因此才让大雪封路，以便暂缓时日，改变下葬日期的。太子即使为了按预定时间下葬，也是显得太紧迫了点。希望您改个日期吧。这样做，同样是像文王那样的大义之举。如果您不这样做，可能会有人说您不以效法文王大义之举为耻辱呢？"太子说："你说得太好了。我就暂缓时日另选下葬吉日吧。"足智多谋的惠施利用了太子以为按期下葬是大义之举的思想，假托先王意愿使天降大雪，说服太子推迟了魏王的下葬日期，使国人免遭苦难，使官费免遭损失。

在这里，惠施说服太子就运用了内揵术：进献说辞，既合君意，又合时宜。

无所畏惧谏成帝

西汉后期，汉成帝执政以后，启用自己以前的亲信，尤其重用自己以前的老师张禹，并封他为安昌侯。但张禹是个道貌岸然的伪君子，实际上贪婪淫奢。位高权重之后，他对奢侈生活的追求更是登峰造极。人民都对他深恶痛绝。

朱云是当朝的一位官吏，是个敢怒敢言的硬汉子，他的这种脾气朝中上下已是众所周知。他查实了张禹的种种罪行之后，立即上书求见皇帝。朱云当着满朝公卿的面慷慨陈词："现在朝廷有些大臣，只图一己之利，上不能辅佐君主，下不能益于百姓，惹得民怨沸腾，微臣请陛下杀一儆百，斩一奸佞之人，以平民怨，以儆效尤！"

成帝好奇地问："哦？竟有此等事！不知你要斩的奸佞之臣是何人？"

朱云上前一步，毫不犹豫地说："恕臣大胆，就是安昌侯张禹！他……"

正当朱云打算一一陈述张禹的罪状时，成帝大声喝断，顿时龙颜大怒："你这个逆臣，简直是不知天高地厚，居然敢以下犯上，公然在朝堂上侮辱我的老师！罪在不赦！来人拿下！"

两边的侍卫立即奉命捉拿，朱云一路挣扎，拉至金銮宝殿前，朱云死死地抓住栏杆不放，不料竟将栏杆折断。他大声呼叫道："我能到九泉之下与已故的忠臣为友，也没有任何的遗憾！现在陛下任恶人大行其道，日后还能以圣明自居吗？"

汉成帝怒火正旺，听得叫声更烦，又下令道："拉出去，斩首！"在一旁几次欲言又止的左将军辛庆忌摘去官帽，解下将军的大印，双膝跪地，对皇上说："陛下息怒！陛下息怒！朱云这个人素来狂放不羁，说话做事喜欢直来直去，相信您也有所耳闻。今日他进谏也是为民着想，并无恶意。如果他所言属实，那岂不是杀错了；如果他是信口雌黄，也罪不该死！陛下何不查明真相后再作判决呢？今日我愿以死相救！"

说罢，连连叩头，磕破了额头，染红了地面。汉成帝想想觉得有理，平息了怒气，收回了成令，并派人查证张禹之事，不再追究朱云。

后来，有人提议把折断的栏杆修整翻新，汉成帝连忙阻止："栏杆勿修了，把那些坏的部分收拾一下就行了。我要让来来去去的大臣都知道朱云和辛庆忌不计自己得失而直言进谏的事迹。这种人是我一直都需要的啊！我差点犯下一个不可挽回的错误！"

内揵中有"或结以道德"之交，朱云的劝谏就属于以臣子的赤胆忠心之德感动了成帝。虽然劝谏的技巧性运用不多，但却是道德、仁义、忠信的具体表现。采用直谏的方法，最好知道君主是个圣贤明君，如果是个平庸无能的昏君，那很可能会招来杀身之祸。只有忠臣明君，才能做到以德相交。

从德行来看：对朱云而言，不计个人得失的正直和诚实永远不会过时；对于汉成帝而言，能够及时转变观念，吸取教训，控制自己，虚心纳谏，并下令栏杆勿修，以示警戒，难能可贵。

忠直谏臣魏国公

有一年，唐太宗派人征兵。有个大臣建议，不满18岁的男子，只要身材高大，也可以征，唐太宗同意了。但是诏书却被魏征扣住不发。唐太宗催了几次，魏征还是扣住不发。唐太宗大发雷霆。魏征不慌不忙地说："我听说，把湖水弄干捉鱼，虽能得到鱼，但是到明年湖中就无鱼可捞了；把树林烧光捉野兽，也会捉到野兽，但是到明年就无兽可捉了。如果把那些身强力壮、不到18岁的男子都征来当兵，以后还从哪里征兵呢？国家的租税杂役，又由谁来负担呢？"良久，唐太宗说道："我的过错很大啊！"于是，又重新下了一道诏书，免征不到18岁的男子。

一次，唐太宗从长安到洛阳，中途在昭仁宫（现在的河南省寿安县）休息，因为对他的用膳安排不周到而大发脾气。魏征当面批评唐太宗说："隋炀帝就是因为常常责怪百姓不献食物，或者嫌进献的食物不精美，遭到百姓反对而灭亡的。陛下应该从中吸取教训，兢兢业业，小心谨慎。如能知足，今天这样的食物陛下就应该满足了；如果贪得无厌，即使食物好一万倍，也不会满足。"唐太宗听后不觉一惊，说："若不是你，我就听不到这样中肯的话了。"

魏征为人耿直，有才干，是个忠臣，李世民不记前仇，任用他为谏议大夫。魏征不断向李世民提出好的建议，使李世民对他十分佩服，经常将魏征请入居室，询问得失，魏征越来越被重用，先后被李世民提升为秘书监、侍中、宰相，并封他为魏国公。

李世民曾说："我好比山中的一块矿石，矿石在深山是一块废物，但经过匠人的锻炼，就成了宝贝。魏征就是我的匠人！"

魏征去世后，李世民痛哭流涕地说："用铜制成的镜子，可以照见衣帽是否端正；用古史作镜子，可以参照政治的兴衰；用人作为镜子，可以知道自己的成绩与过错。我经常保持着这三面镜子，现在魏征去世了，我少了一面镜子呀。"

第四章　抵巇篇

【题　解】

巇术是《鬼谷子》关于弥补缝隙的一种方法。任何事物都会出现裂痕，小的裂痕会酿成大的裂隙。而裂隙出现是有征兆的，故要防微杜渐，在裂隙的萌芽状态时就要“抵”住。“抵”住缝隙的方法多种多样，可通过“抵”使裂缝消失，最后达到自己的目的。所谓“抵”就是抵塞，击实；所谓“巇”，就是缝隙。巇，原意指把缺漏的地方堵塞住。在这里指堵塞漏洞，弥补缝隙，挽救溃败。换言之，“巇”者，矛盾、漏洞，或待解决的问题也。而解决“巇”的术法，则称为“巇”。《鬼谷子》尤其着眼于天下治道中的“巇”，认为天下纷乱之时，朝廷无明主，公侯乏道德，小人猖狂，忠良放逐，圣人隐居，结果上下猜疑，纲纪混乱，百姓相残，父子离散，夫妻反目，这些都是裂痕，需要以一定法术来治理，或者弥解，或者和解。其巇之术被纵横家们运用于各个方面。

运用巇术，要注意以下几点：

1. 缝隙无处不在，要善于发现问题。

2. 缝隙的显著特点是可以顺势扩大，据此要善于用不同方法解决不同的问题。

3. 缝隙是可以创造的，要善于掌握创造缝隙的时机火候。

抵巇[1] 第四

原文

物有自然，事有合离[2]。有近而不可见，有远而可知。近而不可见者，不察其辞也；远而可知者，反往[3]以验来[4]也。巇者，罅也。罅[5]者，涧也。涧者，成大隙也。巇始有朕，可抵而塞，可抵而却，可抵而息，可抵而匿，可抵而得，此谓抵巇之理也。

注解

①抵巇：抵，抵塞；巇，缝隙。柳宗元《乞巧文》："变情徇势，射利抵巇。"抵巇，在这里指弥补不足、堵塞漏洞。

②物有自然，事有合离：物，天地间的一切事物；自然，非人所为的，天然的；合离，聚合与分离。

③往：既往，过去。

④来：将来的意思。

⑤罅：裂痕，间隙。

译文

万物都有它们自然生灭的道理存在，事情都有它们自然离合的道理存在。虽然距离很近却看不见，虽然距离很远却能知道；距离近的所以看不见，那是由于不观察对方辞令的缘故；距离远的所以能知道，那是因为经常来往进行侦察的缘故。所谓"巇"就是"瑕罅"，而罅就是裂痕，裂痕会变成大瑕罅。假如裂痕一开始就有预兆，就应该设法加以抵抗堵塞，可以抵抗到敌人退却，可以抵抗到敌人消灭，可以抵抗到敌人隐遁，一直抵抗到胜利为止，这就叫作抵抗外敌的方法。

原文

事之危①也，圣人知之，独保其用。因化②说事，通达计谋，以识细微。经起秋毫之末③，挥之于太山④之本。其施外，兆萌芽蘖⑤之谋，皆由抵巇。抵巇隙，为道术。天下纷错⑥，上无明主，公侯无道德，则小人谗贼⑦；贤人不用，圣人窜匿⑧；贪利⑨诈伪者作，君臣相惑，土崩瓦解⑩，而相伐射⑪。父子离散，乖乱反目，是谓“萌芽巇罅”。圣人见萌芽巇罅，则抵之以法。世可以治则抵而塞之，不可治则抵而得之⑫。或抵如此，或抵如彼；或抵反之⑬，或抵覆之⑭。五帝之政，抵而塞之；三王之事，抵而得之。诸侯相抵，不可胜数。当此之时，能抵为右。

注解

①事之危：事物仅有危机征兆的时候。
②因化：顺应变化。
③秋毫之末：指秋季所生出的动物细毛。
④太山：也作泰山。
⑤兆萌芽蘖：兆萌是微小的征候，芽蘖是伐木后从根部所生的新芽。
⑥纷错：错，混乱、骚乱；纷错是四分五裂。
⑦谗贼：认为是歹徒而进谗言。
⑧窜匿：逃跑隐匿。
⑨贪利：贪图利禄。
⑩土崩瓦解：分崩离析，四分五裂，比喻溃败得不可收拾。
⑪伐射：互相残杀。
⑫抵而得之：得，取得。通过“抵”来取得。
⑬反之：帮助其恢复原状。
⑭覆之：颠覆对手。

译文

当事情发生危险时，只有圣人才能知道，而且能单独维护其功用。利用化育之功说明事情的原委，并且能通达各种计划谋略，以便观察敌人的一举一动。万物开始时都是从秋毫之末作为起点，但是成功之后却能在泰山之麓挥动显威风。当这种圣人的德政推行到外方以后，那么奸邪小人的一切阴谋诡计，都可由于抵抗敌人的方法而被消灭，可见抵抗敌人就是一种道术。

天下纷乱，朝中没有明君，公侯缺乏道德，如此小人嚣张狂妄；忠良放逐，圣人逃匿，如此小人就会胡作非为。结果君臣互相猜疑，以致国家纲纪土崩瓦解，人民之间互相攻击杀伐，最后弄得民不聊生，流离失所，骨肉分离，夫妻反目，这就叫作“轻微裂痕”。当圣人看见奸邪之徒造反之后，就用国法来镇压他们。圣人认为：“国家可以治理，就对叛徒进行抵抗加以消灭；反之国家不可以治理，就对叛徒进行抵抗而取得国家。或这样抵抗，或那样抵抗；或抵抗到使叛徒反正，或抵抗到使叛徒灭亡。五帝时代的政治，可以对叛徒进行抵抗而加以消灭；三王时代的政治，可以对叛徒进行抵抗而取得政权。至于诸侯之间的互相征伐，其次数之多简直无法统计。在这个天下混乱扰攘的时代，以能抵抗叛徒的人最占优势。”

原文

自天地之合离、终始，必有巇隙，不可不察也。察之以捭阖，能用此道，圣人也。圣人者，天地之使①也。世无可抵②，则深隐而待时③；时有可抵④，则为之谋⑤。可以上合⑥，可以检下⑦。能因能循，为天地守神。

注解

①天地之使：天地的使者。

②世无可抵：世，这里指乱世；无可抵，指无可补救。

③深隐而待时：隐，隐藏，隐迹。深深的隐藏等待时机。

④时有可抵：有补救的机会。

⑤为之谋：为治理乱世而筹划的计谋。

⑥可以上合：对上层可以合作。

⑦可以检下：对下级可以督促检查。

译文

自从天地有离合与终始，就必然有逆乱事件的发生，这是为政者不可不审慎观察的。要想观察这些问题，就要用“捭阖之术”，能用此道的就是圣人。原来所谓圣人，乃是天地所派遣的特使。假如世间没有叛徒应该抵抗的，那么就深沟高垒等待时机；假如当时有应该抵抗的叛徒，那就挺身而出为国家谋划。如此往上既可以跟君主合作，对下也可以治理人民。既能有所根据，又能有所遵循，这就是天地的守护神。

智慧应用

借间隙巧施诡计

宋景德年间真宗的皇后郭氏病逝，真宗准备立刘德妃为皇后。朝中文武百官有的赞成，有的反对。头一个站出来反对的是翰林学士李迪。他的理由是刘妃出身低贱，不足以母仪天下。

真宗辩解说刘妃的父亲曾做过都指挥使。这时又有参知政事赵安仁奏云，立刘妃为后不如立出自相门的沈才人为后。赵安仁所说的沈才人是宋初宰相沈义伦的孙女。

众人七嘴八舌的议论，令真宗十分恼火，他说：“立后不可乱了仪制顺序，况且刘妃才德兼全，符合皇后的标准，朕意已定，卿等不必再议！”众人碰了一鼻子灰，只好告退。

退朝后，真宗虽一时气不能消，但李迪、赵安仁等都是朝廷的忠臣，平时恪尽职守，他实在找不出什么理由来处置他们。这一切被一贯善于揣摩真宗心理的王钦若看得清清楚楚。

第二天真宗与王钦若议论大臣中谁最优秀时，王钦若别有用心地说：“赵安仁当属最优。”真宗不解，王钦若说：“谁也比不了赵安仁，他昔日曾得故

相沈义伦的提携，至今仍不忘旧情，常常要报答沈家。”

真宗闻听此事，沉默良久。次日一早，真宗就免去了赵安仁的职位。

像这般口蜜腹剑、暗中害人的事，王钦若实在做得太多。澶渊之盟签订前，宰相寇准设计将王钦若从真宗身边调开，出守天雄军（今河北大名东）。王钦若从没吃过这样的哑巴亏，他不得不到天雄军，但却时刻窥测形势。当战争一结束，真宗就急忙把他召回朝廷。王钦若自知此时的寇准功绩赫赫、大红大紫，自己一时不是他的对手，就请示辞去参知政事一职，改任资政殿学士。宰相毕士安死后一段时间，寇准独居相位，一切政令独断专行，经常按照个人意愿任官免职，引起许多官员的反感。真宗因寇准有功，对他百般优待。

一天上朝，寇准奏事后先退下，真宗面含微笑，一直目送着寇准的身影。在场的王钦若问真宗：“陛下如此敬畏寇准，是否因为寇准有社稷之功？”真宗点头称是。王钦若用心险恶地说：“澶渊一仗，陛下不以为耻，反而将寇准视为功臣，臣实在不明白。”真宗惊愕王钦若为何口出此言。王钦若接着说：“城下乞盟，乃《春秋》视为可耻的行为。澶渊之战时，陛下亲征，身为天子，反与外夷签下城下之盟，难道不是可耻吗？”听着王钦若的话，真宗的脸色又白又红。王钦若见真宗已经心动，继续说：“臣有一句简单的比喻，就像赌博，钱即将输光了，却还要倾囊下注，这叫‘孤注一掷’。陛下正是寇准的孤注，难道不危险吗？幸而陛下洪福大量，才免于失败的结果。”真宗红脸胀头地说：“朕知道了。”

王钦若短短的几句话实在歹毒之至。澶渊之盟的确是双方妥协的产物，但根据当时敌我双方力量对比的实际情况，这已是最佳的选择。当时如果没有真宗亲征，鼓起宋军决一死战的士气的话，北宋的存亡都难以预料。寇准在处理宋辽关系时，完全是出于国家和民族利益，而真宗有时不免要掺杂个人虚荣和私利。王钦若正是抓住了真宗的这个弱点，挑起真宗对寇准的不满情绪。从此真宗对寇准越来越冷淡，以至于最后竟罢免了寇准的相职，命令他以刑部尚书，出知陕州（今河南三门峡西），后又转知天雄军。契丹使者路过此地时问寇准，相公德高望重，为何不在中书？寇准回答："我朝天子，因朝廷无事，特地派我来此，执掌北门锁钥，你何必多疑！"寇准忠于国家的大气魄与王钦若的丑恶、卑鄙形成了强烈的反差。寇准与王钦若的斗争既是善与恶的较量，又是谋略和权术的斗争。

如果说王钦若报复寇准尚夹有个人恩怨的因素，那么他对宰相王旦纯粹是出于险恶的用心。翰林学士李宗愕才华出众，王旦打算提拔他为参知政事，在奏请真宗前先征求王钦若的意见。王钦若当面表示同意，而私下对真宗说："李宗愕欠了王旦钱三千缗，王旦推荐他，意在索回欠款。"原来宋朝惯例，新任参知政事于朝谢之日可以得到赏钱三千缗。李宗愕的确借过王旦三千缗，但王旦提携李宗愕完全是为朝廷任贤使能，根本不是为了讨回这笔欠款。结果等王旦向真宗提出任命李宗愕时，真宗一口否决。

一次，真宗向中书、枢密两府出示自己所作的一首喜雨诗。王旦得到后，对同僚说诗中有一字错误，应该请圣上改正。王钦若说此错并无大碍，然而却马上将误字告诉真宗。第二天真宗对王旦有错不纠表示不满。王旦一再承认自己得诗后没有认真阅读，有失陈奏。枢密使马知节为王旦鸣不平，他说："事情明明是王公欲奏而王钦若阻拦，王公不为自己辩解，乃真正的宰相气度。"

其实王旦对王钦若的阴险、狡诈了如指掌，他临终前向真宗屡次推荐寇准、李迪、王曾作宰辅，而真宗没有采纳，却命王钦若为同平章事。王钦若个子矮小，脖子上长有瘤子，人称瘿相。他接替王旦入相后，常常口出怨言，说王子明（子明是王旦的字）使他耽误了十年，才当上正宰相。病重的王旦听说王钦若做宰相，又气又恨，不久就告别人世。

王钦若对赵安仁，对寇准，对王旦，都是寻找机会、利用机会而下舌诬陷，运用的是巇术：寻找缝隙抵之，并进而毁之。

以醉避祸

魏晋交替之际，司马氏集团与曹氏集团的明争暗斗越来越激烈，互相倾轧、互相陷害的事件时有发生，那些不肯苟合于浊世的名士都难逃劫数。嵇康便因不肯附和司马氏集团，疾恶如仇，口出怨言，而被司马氏集团罗织罪名，斩于市曹。另一名士阮籍见世道如此，自知无回天之力，无扫浊乱之势，便整日饮酒大醉，以醉为“隐”，托醉而不过问政事、世事。

司马懿之子司马昭久闻阮籍之名，为收买名士，便提出要阮籍之女给自己的儿子司马炎作妻，两家结亲联姻。阮籍有心明言回绝，又怕触怒权贵而遭大祸，便连连饮酒不止，一连醉了六十天没有清醒，使得司马昭没机会提这门亲事，最后只好作罢。

当时有个叫钟会的奸佞之徒依附于司马氏集团，多次到阮籍家中拜访，并欲询问阮籍对时事的看法，想借机抓把柄陷害阮籍，阮籍看透了这一点，每当钟会来访，他都喝得大醉以待，使钟会难以问话，终于躲过了这个小人的陷害。

陈平设计除范增

在楚汉战争最激烈的时刻，汉王刘邦听从陈平的计策，趁项羽伐齐之乱，率领50万大军攻占了项羽的巢穴彭城。进驻彭城之后，刘邦耽于酒色，一味享乐，又自恃兵多，麻痹轻敌，放松戒备，军心不齐。项羽听从了从彭城逃出来的虞氏兄妹的哭诉后，立即命大将龙且和钟离眛带20万人马平定各国，自己带范增、项庄、季布、桓楚、虞子期等大将率3万精兵回师彭城，杀得汉军猝不及防，联盟解体，汉军死伤二十余万，刘邦带着少数残兵落荒逃到荥阳城，结果又被乘胜追击的楚军团团地围在城内达一年之久。刘邦请求献荥阳以求和，项羽又不允，面对这危机的形势，刘邦情绪低落，沮丧地对陈平说："天下纷纷扰扰，何时可得安宁？"

陈平见刘邦向自己问计，便胸有成竹地说："主公不必忧虑，眼下情势正在发生变化。只要主公扬长避短，天下顷刻可定。"刘邦欲问其详，陈平道："项王主要依靠范增、钟离昧、龙且和周殷几个人。主公如能舍得几万两黄金，可施反间计，使他们君臣相互猜疑。项羽本来就好猜忌信谗，必然引起内讧而互相残杀。到那时，我军乘机反攻，势必破楚。"刘邦深以为然，便给陈平4万两黄金，任其支配。

陈平于是就开始用这笔钱积极在楚军中施行他的反间计。他一面派使者入楚，致书项羽，一面又用重金收买一些楚军将士，让他们四处散布流言蜚语，说范增、钟离昧等大将为项王带兵打仗，功劳很多，却始终得不到项王分封土地给他们，也得不到侯主的爵号，他们心里有怨气，打算同汉军联合起来，去消灭项氏，瓜分项氏的土地而自立为王。

项羽见过汉王的求和书信，自然不肯答应。但对那些流言，却疑心顿生，于是便派使者进城探听虚实。

楚王使者进入荥阳城，陈平带人列队出迎，并把使者请进客厅，摆下丰盛的酒席。陈平假意作陪，殷勤问道："范亚父派贵使前来有何见教？范老先生和钟离昧将军一切都好吧？他们有书信吗？"楚使者被问得莫名其妙，不知如何回答，只好说："我乃霸王亲遣的使者，如何有范老先生和钟离昧将军的信札？"陈平听罢，故意皱起眉头说："噢！原来你不是范老先生和钟离昧将军派来的。"陈平说罢，白了楚使一眼，刷地放下手中的酒杯，站起身大步走了出去。使者看着这一切，心里十分纳闷，正在发愣，进来一些侍从，七手八脚就把饭菜撤掉了。一会儿，进来一个侍女给他换上一碗菜汤，一个馒头。楚使者一见，十分恼火，心想，他们把范增、钟离昧看得如此尊贵，而把项王视同草芥，这其中必有奥秘，说不定范增、钟离昧早就和他们串通一气了！

楚使者受到羞辱，不胜其忿，一返回楚营，便把详情一五一十向项王禀

报了。项王听罢顿时大怒，自语道："怪不得近日营中议论纷纷，说亚父和钟离昧将军私通汉王，心存异志，看来是无风不起浪呀……"项羽起了疑心，对钟离昧渐不信任，对范增也日益疏远。范增是不主张与汉军谈判的，希望楚军能一鼓作气，攻下荥阳，捉住刘邦。他越劝项羽进攻荥阳，项羽就越是怀疑他与刘邦串通一气在要什么花招。范增非常气愤，请求退隐山林。项羽也不阻拦，竟然准其所请。

范增解甲归田，在回老家居巢（今安徽桐城南）的路上，又气又恼，背生痈疽，一病而死，终年75岁。项羽闻知范增死讯，方知中了反间计，十分懊悔，但为时已晚。一个屡立奇功的唯一谋士，竟被陈平略施小计便除掉了。

疑心生暗鬼，鬼使神差入歧路。项羽为人，性好疑忌，被陈平利用。陈平巧施离间计，就促使其与范增之间的矛盾增大，最后导致他驱除了范增。这正符合抵巇术所要求的：遇有缝隙，"时有可抵，则为之谋"。

弥补缝隙，防患未然

苏秦师从鬼谷子，学成出山，曾四处游荡，凭着他三寸不烂之舌，佩上了燕、赵、韩、魏、齐、楚六国相印，推行其合纵之术。当燕易王继位时，齐国乘机夺取了燕国十座城。于是燕易王命苏秦到齐国讨回十城，苏秦不辱使命，劝齐王归还了十城，撤走了军队。可是燕国却有人在燕易王面前诋毁苏秦说："苏秦是个卖国的奸臣，不忠不孝，反复无常，并要发动叛乱。"燕

易王于是对苏秦产生怀疑，心中不悦，苏秦出使归来后，对他十分冷漠。

苏秦了解到这个情况，决定向燕王解释，消除裂隙。他首先对易王说："臣原是一介小民，未有任何功劳，却受到您的礼遇。如今臣为大王效力，要还十城，劝齐退军，却受到您的冷遇，一定是有人乘机说了我的坏话，说我不讲忠信之义。但是，臣不讲忠信，正是大王的福分。比如有像曾参那样的孝子、伯夷那样的廉士、尾生那样的信士来侍奉大王会怎么样呢？"

燕王回答："那我就满足了。"

苏秦得到了燕王的回答，也就找到了君臣之间裂隙的根源，于是他继续说："曾参是孝子，不可能离开父母半步，您又叫他如何去说服齐王退兵归还十城呢？伯夷志向高洁，宁肯饿死也不做武王的臣子，您又叫他如何去说服齐王退兵归还十城呢？尾生与一女子约会桥下，可是河水上涨，尾生宁可抱柱而死也不失信于那女子，您又叫他如何去说服齐王退兵归还十城呢？而我正是因为讲大的忠信而得罪君主的人啊！"

燕王疑虑仍未消，说："得罪君主一般是因为不讲忠信，岂有以忠信而获罪的呢？"

苏秦说："那不一定。臣听说有这么一件事，一个在外为官的小吏，其妻子与人私通，到了小吏回家的日子，其妻很担忧，就和通奸者商议对策，决定以药酒毒死小吏。小吏回家的那天，其妻就让小妾端着药酒递上。小妾已知他们的奸计，想说出酒中有毒，又怕得罪女主人，不说又怕药酒毒死男主人。无奈只好端着酒假装失手摔掉在地。小吏正在高兴老婆让小妾送酒，却被摔掉，十分恼火，就痛打了小妾一顿。小妾满怀忠信，却要受皮肉之苦。这不就和为臣的不幸相似吗？"

燕王听了，就消除了对苏秦的满腹狐疑，给苏秦以重赏，又恢复了他的官职，君臣消除了裂隙，和好如故。

苏秦将抵巇术运用得如此娴熟精当，可见其聪明智慧，非同小可。

巧施离间，智取长平

周赧王五十五年（公元前260年），秦军大举北进，进攻赵国。老将廉颇率赵兵迎敌，秦、赵两军相持于长平。秦兵虽然勇武善战，怎奈廉颇行军持重，坚筑营垒，等待时机与变化，迟迟不与秦兵决战。这样一来，两军相持近两年，仍难分胜负。秦国君臣将士个个焦躁万分，却又束手无策。秦昭王问计于范雎，说："廉颇多智，因秦军强而不轻易出战。秦兵劳师袭远，难以持久，战事如此久拖不决，秦军必将深陷泥淖，无力自拔，为之奈何?"范雎早已清醒地认识到问题的严重性，作为出色的谋略家，他很快找到了问题的症结。他对赵国文臣武将的优劣了如指掌，深知秦军若想速战速决，必须设计除掉廉颇。于是，他沉吟了片刻，向昭王献了一条奇妙的反间计。

范雎遣一心腹门客，从便道进入赵国都城邯郸，用千金贿赂赵王左右亲近的人，散布流言道："秦军最惧怕的是赵将赵奢之子赵括，年轻有为且精通兵法，如若为将，恐难胜之。廉颇老而怯，屡战屡败，现已不敢出战，又为秦兵所迫，不日即降。"

赵王闻之，将信将疑。派人催战，廉颇仍行"坚壁"之谋，不肯出战。赵王对廉颇先前损兵折将本已不满，今派人催战，却又固守不战，又不能驱战于国门之外。于是轻信流言，顿时疑心大起，竟不辨真伪，匆忙拜赵括为上将，赐以黄金彩帛，增调20万精兵，前往代替廉颇。

赵括虽为赵国名将赵奢之子，确也精通兵法。但徒读经文书传，不知变通，只会坐而论道，纸上谈兵，而且骄傲自大。一旦拜将，立即东向而朝，威临军吏，致使将士无敢仰视。他还把赵王所赐黄金、财物悉数藏于家中，日日寻思购买便利田宅。

赵括来到长平前线，尽改廉颇往日约束，易置将校，调换防位，一时弄得全军上下人心浮动，紊乱不堪。范雎探知赵国已入圈套，便与昭王奏议，暗派武安君白起为上将军，火速驰往长平，并约令军中：“有敢泄露武安君为将者斩！”

这白起是战国时期无与伦比的久经沙场的名将，一向能征惯战，智勇双全。论帅才，赵括远不能与白起相比；论兵力，赵军绝难与秦兵抗衡。范雎之所以秘行其事，目的就是使敌松懈其志，以期出奇制胜。两军交战，白起佯败，赵括大喜过望，率兵穷追不舍，结果被秦军包抄，断了粮草，团团围困于长平。秦昭王闻报，亲自来到长平附近，尽发农家壮丁，分路掠夺赵人粮草，遏绝救兵。赵军陷于重围达46天，粮尽援绝，士兵自相杀戮以取食，惨不忍睹。赵括迫不得已，把全军分为四队，轮番突围，均被秦军乱箭击退，赵括本人也被乱箭射死。

长平一战，秦军获得了空前的胜利，俘虏赵兵40万，除年老年幼者240人放还外，其余全部坑杀。这次战役，秦军先后消灭赵军45万，大大挫败了雄踞北方的赵国的元气，使其从此一蹶不振。战后，秦军乘胜进围赵都邯郸。虽曾有赵国名士毛遂自荐，赴楚征援，又有魏国信陵君窃符救赵，也只能是争一时生存，无法挽回赵国败亡的厄运。

长平之战，在秦国历史上具有划时代的意义。秦与关东六国的战争，如果说秦惠文王时还处于战略相持阶段的话，至此则进入了战略的反攻阶段。

范雎利用赵王已对廉颇“坚壁”不出战大为不满而出现的“裂缝”，巧施离间计，致使其“缝隙”增大，终于如愿用无能之辈赵括换掉了多智多谋的廉颇，取得了长平之战的胜利，这是对抵巇术的灵活运用：将缝隙扩而大之，并进而毁之。这正是“运用之妙，存乎一心”也。

两次转机，抵巇于前

田单是齐国人。当田单成为齐国第一功臣时，他不恃功骄傲，仍尽心尽力地帮助齐襄王处理朝政，致力于恢复民生，富国强兵。然而，齐襄王却是个心胸狭窄的人。他终日忧虑重重，唯恐德高望重、战功累累的田单有一天会篡夺王位。一次，田单因事渡淄水，见一老人蹚水过河，上岸后因寒冷而瑟缩成一团，便立即脱下自己的衣服给老人穿上。齐襄王听到此事，非常不快地说："田单之施于人，以取我国乎？不早图，恐后之变也！"还有一次，由田单推荐给齐襄王的貂勃，奉命出使楚国，被楚王留住款待，数月不返。襄王身旁的几个佞臣乘机诬陷田单，说他"内抚百姓，外怀戎翟，其志欲为不善"。在佞臣挑唆下，齐襄王认为楚王是看在田单的面上才隆重接待貂勃，于是对田单更加忌恨，极欲除之。田单见状，不知所措，朝见襄王时，不得不"免冠、徒跣、肉袒而进"，以示赤诚之心。貂勃返国后，知道了这件事，激愤地对齐襄王说："在燕人兴师袭齐的时候，大王弃国逃走，唯安平君'以惴惴即墨三里之城，五里之郭，敝卒七千人，禽（擒）其司马（即骑劫）而反（返）千里之齐，安平君之功也'，如果那时安平君自立国王，谁能阻拦得了？但他没有那样做，而是迎大王您恢复王位，表明他根本没有称王的野心，您凭什么去怀疑他呢？"齐襄王闻言，恍然大悟，于是杀佞臣，加封田单采邑万户，对其信任如初。

田单为相以后，随着社会地位的提高，生活的富有和安逸，他的进取精神大为减弱，军事指挥能力也逐日下降了。一次，齐襄王命田单带兵攻狄（今山东博兴西北）。行前，田单去拜访鲁仲连。鲁仲连说："将军攻狄，不能下也。"田单一听，生气地说："臣以即墨破亡万乘之燕，复齐之墟，今攻狄而不下，何也？"遂不辞而去。果然不出所料，田单攻狄"三月不克"。他不得不回来向鲁仲连请教。鲁仲连说："将军在即墨时，坐则织蒉（盛土用的草包），立则仗锸（掘土工具）……现在将军既拥有万户采邑，又有游乐之所，黄金玉带荣耀国内，有生活之乐，无必死之心，所以打仗不能取胜。”鲁仲连的快语直言，使田单猛然醒悟了。他马上振奋地说：“我过去的雄心壮志，又被先生激励起来了。”第二天，田单又拿出了即墨之战时的那种战斗精神，冒着擂石箭雨，亲自擂鼓助战。在他的带领下，齐国将士勇猛进攻，终于攻占了狄城。公元前265年，秦军攻赵，田单奉命率军救赵，打退了秦军。接着，田单又指挥赵军攻打燕国和韩国，连下数城，为赵国开拓了国土。赵王遂拜田单为相。

从以上可以看出，齐襄王由于心胸狭窄，疑忌心重，对德高望重、战功卓著的田单的所作所为总是持怀疑态度，担心他篡夺王位，再加上佞臣的诬陷，齐襄王对田单越发不信任，极欲除之。这时在齐襄王与田单之间出现了比较大的裂缝，貂勃发现后，立即进言齐襄王，使齐王醒悟，解除了疑虑和加害之心，对田单信任如初。这是貂勃对抵巇术的运用，治理、塞漏洞，让它恢复原状。

田单的进取心减弱，发现了思想问题即“缝隙”后，鲁仲连予以批评，使他猛醒，重新进取。这是抵巇术运用的结果。

外示南讨，意在谋迁

在南北朝时，魏孝文帝拓跋宏迁都是一件大事，但这件事的实施却费尽了周折。

当时北魏的国都是平城（今山西大同市东北），地处偏远，地瘠民贫，孝文帝要实行一系列的改革措施，迁都就势在必行。但鲜卑族世世代代住在这里，说到迁都谈何容易，于是孝文帝便想到了一个“外示南讨，意在谋迁”的谋略。因为迁都可以反对，但南征是没有人敢反对的。

公元493年夏季的一天，他把大臣们集中到明堂进行斋戒，命令太常卿王堪进行占卜，预测南伐之事是否可行，占卜的结果，得一“革”卦。孝文帝十分高兴当即宣布，南下伐齐，群臣一听，一时间谁也不敢反对。于是，发布檄文，征召兵士，声势造得轰轰烈烈，不明真相的人，还真以为孝文帝要大举南征呢。

8月，大军从平城出发。也是天意如此，从平城到洛阳，一路上阴雨连绵，道路泥泞不堪。9月到达洛阳，士兵个个精疲力竭，不少人还染上了可怕的瘟疫。休息几天之后，下令军队继续南进。然而淫雨不止，人马疲惫，再往前走，路途遥远，潦水就更厉害了。孝文帝就此时机提出迁都洛阳问题，问王公大臣们以为如何？在朝廷议策时，同意迁都就站在左边，不同意迁都的站在右边。这时只见前南安王拓跋桢站出来说：“如今陛下要光大王业，停止南征，迁都中土，这是千秋不朽的大业，也是我们群臣的心愿，苍生的大幸。”他这样一说，大家齐呼“万岁”。孝文帝迁都洛阳就这样决定了下来。

孝文帝导演的这场迁都戏，终于降下帷幕。当初，他虽然谋虑着要迁都，但俗话说安土难迁，上上下下都眷恋旧土，阻力太大，他于是打出了南征的旗号（这是谁也不敢反对的），以行南迁之实，终于获得成功。

孝文帝以南征制造机会，再乘机迁都。这样，使疲惫的士兵得到了休息，顺乎其心，就势迁都就不费周折了。这里除运用了其他权术外，主要运用了抵巇术：寻找可利用的机会，谋划抵塞缝隙。

王室有隙，乘机崛起

我国历史上南北朝时期齐国开国君主齐高帝萧道成的崛起和称帝，是与刘宋皇室内部权力纷争、骨肉相残分不开的，萧道成正是能够利用这一有利

的环境并善于把握、利用时机，乘虚而入的有心之人。以北府将领起家的刘裕承东晋王朝而称帝之后，鉴于东晋政权中门阀势盛，导致威权下移的情况，内政以寒门士人为中书舍人掌机要，而外镇则托付给宗室子弟，重要州镇几乎全由诸王出任刺史。这种做法虽可使外姓权臣难握州镇重兵，但却造成了刘裕所未曾料到的另一后果，诸王掌握了州镇的军队，又兼任当地最高行政长官，实际上形成半独立的政权，长时间专任地方重任后，诸王势力已尾大不掉，他们如同异姓大臣一样，也对皇位产生了觊觎之心，皇帝对强藩宗室猜忌不已，骨肉相残的事也就史不绝书了。从彭城王刘义康被其兄宋文帝所杀开始，到孝武帝刘骏即位后滥杀诸王，这种丑剧愈演愈烈，几乎每个皇帝即位后，都不遗余力地杀尽自己的叔父和兄弟。王室内战的后果不只是政治腐败、吏治不清，而且卷入内战的各州县经济受到很大影响，老百姓被无辜牵连，北魏也趁机向南掳掠，淮北各镇将纷纷降魏。刘宋建国之初的强盛局面已不复存在，江左与北朝相比已呈国小力弱之态。萧道成于此时此际积军功而渐掌大权，在刘宋王朝还未来得及注意的时候，生变于肘腋之下，成就了萧氏代刘的大业。

当萧道成任将军时，宋明帝听到民间传言，说道成当为天子，又嫌恶道成长相非人臣相，曾故意赐酒以观道成的反应。后来又将道成征还京师，道成的部下都劝他不要应征，恐怕遭到皇帝的谋害。道成说："你们都对时局不甚清楚。主上自己诛灭他的兄弟，是因为太子稚弱，为了保证太子将来即位后的长远利益才这么做的，这与异姓大臣有什么关系？只应该赶紧出发才是，行运迟缓反而易被怀疑。现在皇室内部骨肉相残，这当然不是皇运长久的好兆头，祸难将要出现了，正是我与各位建功立业、共同努力的好机会。"萧道成平定桂阳王刘休范后，威望渐著，深得朝廷重用，掌握了刘宋的军政大权，废帝苍梧王对道成亦有猜忌，几次欲诛道成，被陈太妃骂阻，认为道成有功于国，不应妄杀。后来司徒袁粲、尚书令刘秉看到道成威权日盛，都有不自安之意，他们密谋诛灭道成，结果反被道成所灭。此时的萧道成，已非昔日可比，手握重兵，威施国内，而刘宋王朝却是气息奄奄，禅代已成定数。从以上可见，萧道成当皇帝，正是利用缝隙抵之的结果。而这恰是抵巇术的要求之一。

施用离间计，段、牛生缝隙

东魏将领段琛、尧杰占据宜阳，派扬州刺史牛道恒煽动、诱惑西魏边境上的百姓闹事。西魏派扬州刺史韦考宽赴边境对付敌人。当时韦考宽的兵力不足，而段琛、尧杰、牛道恒则兵强马壮，士气正盛。在这种情况下，韦考宽想要取胜是很难的。韦考宽见强攻恐怕是难以取胜，就施用了计谋，设法让敌人内部互相不信任，以至达到相视为仇的地步。韦考宽派间谍把牛道恒的手迹搞了过来，让善于模仿的人照着牛道恒的笔迹，以牛道恒的名义给韦考宽写了一封信。随后足智多谋的韦考宽又将此信用火烧至一半时熄灭，佯装成韦考宽看完信，怕暴露，烧毁信件的样子，随后令间谍将这封残信带到段琛的手里。段琛得到信后，果然怀疑牛道恒与韦考宽暗中有联系，有变节投敌的嫌疑，立即对牛道恒改变了看法，对他百般警惕起来。此后，牛道恒的一切作战建议和主张，段琛均不采纳。当韦考宽了解到这些情况后，断定敌人内部已经开始发生矛盾。所以马上举兵强攻段琛和牛道恒，由于二人相互不支援，不协同作战，故此被韦考宽各个击破，段琛、牛道恒都成了俘虏。

在这里，韦考宽施用了离间计，使段琛与牛道恒之间产生了矛盾，即缝隙，韦考宽乘机马上举兵强攻段琛和牛道恒，使之缝隙扩大，二人相互不支援，不协同作战，终被韦考宽各个击破。这是运用抵巇术的一种方法——从缝隙入手解决问题，使缝巇萌生并扩而大之，以致破裂，毁灭。

扼死亲生女，离隙帝与后

武则天皇后，并州文水人，她的父亲，曾在贞观年间担任工部尚书、荆州都督等职务，并被封为应国公。武则天 14 岁时，唐太宗听说她长得貌美，召入宫中，立为才人。太宗死后，武则天在感业寺出家，削发为尼。后来，唐高宗在寺中见到她，为她的美貌所吸引，故而重新将她召入宫中，拜为昭仪。当时的皇后王氏与武则天在高宗面前争宠。不久，武则天生了一个女儿，高宗和皇后都十分喜爱这个女孩，时常来看望这个孩子，武则天据此暗中策划了一个十分恐怖的阴谋。

一次，皇后来看孩子，武则天故意躲开，皇后逗了孩子一阵就离去了。这时武则天回到屋中将自己的女儿扼死，用被子盖好。不一会儿，高宗又来看孩子，武则天先是与高宗说说笑笑，然后揭开女儿的被子，故意惊叫起来，哭得痛不欲生。高宗见孩子已死，也是痛心万分，传旨必须查明谁是杀人凶手。经查，在高宗来之前，只有皇后一人来这里看过孩子。高宗从此认定杀孩子的事必是皇后所为。因为皇后素日与武则天不和，互相倾轧。这时装成极度痛苦的武则天又将平日搜集到的皇后的闪失向高宗一一诉说，以引起高宗的愤恨和怒气。果然，高宗产生了废黜皇后的打算。皇后失宠后，高宗对于武则天更是宠爱和百般依顺，永徽六年干脆废掉了皇后而立武则天为皇后。高宗后期身体欠安，故此朝廷中的奏文皆托给武则天全权处理。当时人们称她为“二圣”。

武则天为谋取皇后的地位而残忍地扼死了自己亲生的女儿，可见为了得到皇后的位置她是不择手段的。施用嫁祸于人的阴谋往往是十分残酷和卑劣的，人们应该警惕这种阴谋。

在这里，武则天为了当皇后，扼死亲生女，嫁祸于皇后，运用了巇术的方法——让高宗认定杀孩子之事是皇后所为（产生缝隙），并提供佐证材料，引起高宗愤怒（扩大缝隙），终于废除了皇后王氏，立武则天为皇后（大缝隙破裂，毁灭，出现新事物）。

辟谣言智表忠心

南北朝时期，南朝齐的建立者萧道成是个有远见、有卓识、深谋远虑的皇帝。

在南朝宋的时候，萧道成因作战勇敢，屡立战功。至宋明帝泰始年间，萧道成已官至督南兖州、徐州二州军事、南兖州刺史、侍书、假冠军将军、都督兆讨先锋等军中要职。公元469年。萧道成又督兖州、青州、冀州三州军事，其权势越来越大。

当时的宋明帝是一个残忍好杀又很迷信的君主。他的忌讳很多，只要有人触犯了他的忌讳，便会被处死。一次，一位大臣在念奏章时，念出了一个“凶”字。他立即命人把大臣拉出去斩首，可怜那大臣临死时才知道是因为说错了一个字。京都有一城门，名叫宣阴门，民间称它为“白门”。宋明帝认为这门代表丧事，便下令全国任何人不许再提“白门”这两个字，违者杀无赦。有时甚至连移床、掀砖、揭瓦、修墙等琐碎小事，宋明帝也要煞有介事地祭请各路神灵。

宋明帝的本性如此，民间偏偏传出“萧道成应为天子”的话，还有人说萧道成非人臣之相。宋明帝听了这些话，自然怀疑萧道成要谋反，再加上萧道成手握重兵，权力极大，宋明帝几乎已认定萧道成要谋反。

萧道成得知这一切都是谣传，但他更深知宋明帝的迷信和多疑，所以处处小心，时时提防。此时，萧道成正镇守淮阴，宋明帝便派遣将军吴喜率领3000人北上去见萧道成，并让他带着御赐银壶酒送给萧道成，如果萧道成不喝，那就证明他有反意，吴喜可立即诛杀他。萧道成一见到吴喜拿着酒亲自递给他，手握宝剑盯着自己，便明白了怎么回事。

如果那是毒酒，萧道成必死无疑。他仔细想了想，宋明帝虽然对自己有怀疑，但还不敢确定，况且宋家天下还很需要他这种人才，不到万不得已，宋明帝是不会轻易杀他的。想到此，他揭开酒壶，一口气喝了下去。

吴喜回去后把事情告诉了宋明帝，宋明帝才稍微放下心来。

泰始七年，宋明帝下诏，让萧道成返京，部下们纷纷劝阻，认为回京城不妥，恐遭杀身之祸。萧道成却说："你们对局势还看不清楚。如今皇上诛杀各王，自己忙不过来，皇太子又小，他一心只想自己百年后怎么办，哪还有心管别的事？我应召速至，绝不会有什么祸害发生，倘若迟疑不去，反而要受到怀疑，认为我有谋反之心了。"

萧道成骑上马，在马上嘱托："如今皇族骨肉相残，这是宋朝将要灭亡的征兆，你们要准备好一切。"

果然，萧道成回京后，宋明帝见他一召即来，就完全相信他，又封他为散骑常侍。宋明帝又要封他的儿子，萧道成却以一门之内不宜二封为由推辞掉了。

萧道成瞒过了宋明帝，瞅准时机，终于夺取了宋家江山。

第五章　飞箝篇

【题　解】

鬼谷子先生在本篇中首先提出征召人才。“凡度权量能，所以征远来近”。意思是指凡是揣度人的智谋和衡量人的才能，都是为了吸引征召远来的和近处的人才。所有关于人才的论述都由此而来，是一个基础性质的策略。只有招纳了人才，才会有下一步的用人、控制人等。那么，度权量能的内容是哪些？鬼谷子先生也做了解释：对于战略型的人才需要他们“见天时之盛衰，制地形之广狭、阻险之难易，人民货财之多少，诸侯之交孰亲孰疏，孰爱孰憎。”而对于战役型的人才则需要“量智能、权财力、料气势”。

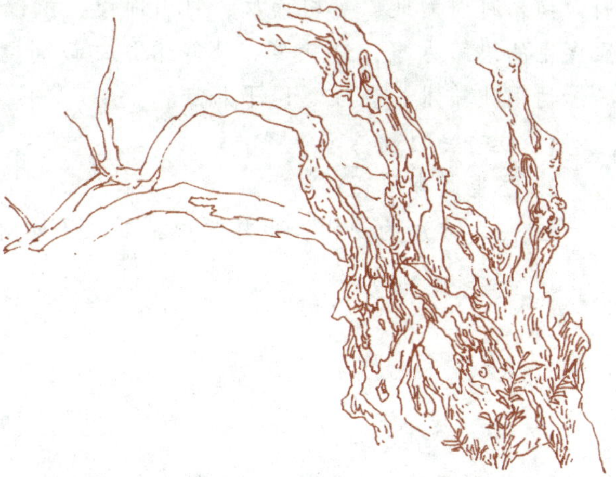

征召人才之后，就应该去了解人才。看看对方的专长所在，观察对方是哪方面的人才。“必先察同异，别是非之语，见内外之辞，知有无之数，决安危之计，定亲疏之事，然后乃权量之，其有隐括，乃可征，乃可求，乃可用。”要考察他们之间的相同和不同之处，区别他们正确的和错误的言行；要了解他们进言的真实性，能看出他们是否有真才实学；要与他们讨论、决策事关国家安危的大计，以便确定君臣之间关系的远近亲疏。最后通过权量这些关系，根据其表现出来的才能，矫正其短处，使他们都能被君王所利用。只有了解了人才，国君才可以在需要的时候征召、聘请、重用他们，也才能够做到用其所长，避其所短。

鬼谷子先生在这一篇论述了如何使用人才、控制人才。先用钩箝，如果没有效果则采用下面的方法。那些人可以先征召他们，然后再对他们进行考察；那些傲气十足的，则需要先对他们进行试探，再选择其弱点进行攻击，挫其锐气，消其傲气。这种试探因人而异：有的人可以用赏赐财物、珠宝、玉石、白璧和声色来对他们进行试探；有的人则需要通过对其能力的优劣进行权衡，给他留有职权，用名利地位来吸引他们；有的人则需要暗中进行考察，找到他的把柄、漏洞来钳制挟持对方。在上述试探人的过程中要结合“抵巇”的方法进行。

最后他根据不同的对象阐述了“飞箝术”的运用。在游说国君时，要了解两个方面的问题：一是国家的天文、地理、人口、经济、物力、外交等形势；二是君王的喜怒爱憎，才可以“钩其所好，乃以箝求之”，投其所好，用“箝”的方法把对方牢牢控制住。在游说诸侯时，通过“量智能、权财力、料气势”，采取“为之枢机，以迎之、随之”的手段，把握住关键之处，并以此为突破口与对方周旋，迎合他的思路，有意识地附和他的提议，才可以用“飞箝”之术控制对方，用我们的意图引导对方顺着我们的思路走，“以箝求之”，引导他趋向自己想要的目的。无论是游说什么人，实际上就是用好听的空话赞美他们，换来实际的利益，借以结交对方，用“飞”摸准他的本意，达到钳制他的目的。这样就可以做到“可箝而横，可引而东，可引而西，可引而南，可引而北，可引而反，可引而覆，虽覆能复，不失其度”。一切都按照谋臣的思路办事，这就是“飞箝术”的最高境界。

运用飞箝术，要注意以下几点：

1. 目的要明确；

2. 注重调查研究；

3. 注意方法的变化，也就是说，要从不同对象出发，使用不同的方法。

飞箝[1] 第五

原文

凡度权量能[2]，所以征远来近[3]。立势而制事[4]，必先察同异之觉，别是非之语，见内外之辞[5]，知有无之数[6]，决安危之计，定亲疏之事[7]，然后乃权量[8]之。其有隐括[9]，乃可征，乃可求，乃可用。引钩箝之辞[10]，飞而箝之。钩箝之语[11]，其说辞也，乍同乍异[12]。其不可善者[13]：或先征之，而后重累[14]；或先重以累，而后毁之；或以重累为毁[15]，或以毁为重累。其用[16]，或称财货、琦玮、珠玉、璧帛、采色以事之；或量能立势以钩之，或伺候见涧而箝之，其事用抵巇。

注解

①飞箝：飞，飞扬，褒奖。《意林》引《太公六韬》："辩言巧辞，善毁善誉者，名曰：间谍飞言之士。"箝，意为挟住，挟持。贾公彦曰："飞箝者，言察是非，语飞而箝持之。"飞箝，在这里是指先褒扬对手，令其激动，待其露情竭志时，因其所好缄束箝持，令其不得后退。

②度权量能：度，度量，权衡；权，人的计谋；能，能力，意思是度量权略，权衡能力。

③征远来近：征，征召；远，远方。这里指远方有才能之人。

④立势而制事：造成一种态势，掌握变化的规律。

⑤内外之辞：内是实情，外是表面，指对内对外的各种进言。

⑥有无之数：数，数量。指有余不足的程度。

⑦亲疏之事：有关亲密或疏远的事情。

⑧权量：权衡度量，计算长短轻重。

⑨隐括：隐伏不清之处。

⑩引钩箝之辞：钩是弯曲金属所做的钩针，比喻引诱他人的言论。

⑪钩箝之语：引诱对方和挟持对方所说出的话。

⑫其说辞也，乍同乍异：乍，忽然；同，相同；异，差异。这里是说钩箝之语，对于对方的言论，忽然相同，忽然不同。

⑬不可善者：即使运用钩箝之法也不能转移的人。

⑭重累：反复。

⑮以重累为毁：通过反复试验，以使对方瓦解。

⑯其用：准备要采用时。

译文

大凡揣度人的计谋和测验人的才干，都是为了网罗远近天下人才。建立赏罚制度和考试制度时，必须首先观察他们之间的异同，以便区别他们言论的是非。要观察敌人内外辞令，以便了解他们内部的虚实。要先决定国家安危的基本大计，并且决定君臣间的亲疏关系。做完上面这些事情以后，就可以揣度计谋和测验才干，假如其中有需要矫正的地方，就可以征召、就可以拔擢、就可以重用。引用足可诱使敌人发言的辞令，然后加以褒奖推崇而给对方以某种程度的控制。引诱敌人言论归顺己方的话，在外交辞令上忽同忽异。对于那些即使以钩箝之术仍无法控制的敌人，或者首先对他们进行威胁利诱，然后再给他们以反复的考验。或者首先给敌人以反复的考验，然后再对他们发动攻击加以摧毁。有的人认为，反复考验就等于是对敌人进行破坏；有的人认为，对敌人的破坏就等于是反复考验。准备要重用某些人时，或者先赏赐财货、珠宝、玉石、白璧、美物，以便给他们以考验。或者考验对方的才干，或者给对方以赏罚，以便诱导他们的言论。或者派遣地下工作人员乘机箝制敌人加以逮捕，在进行这项任务时要使用攻击敌人弱点的战术。

原文

将欲用之于天下[①]，必度权量能，见天时之盛衰，制[②]地形之广狭，阻险之难易，人民货财之多少，诸侯[③]之交孰亲孰疏、孰爱孰

憎；心意之虑怀，审其意[4]，知其所好恶[5]，乃就说其所重[6]，以飞箝之辞钩其所好，以箝求之。

注解

①用之于天下：把飞箝之术推广到全天下。

②制：控制，引申为掌握、了解。

③诸侯：古代对中央政权所分封各国国君的统称。周朝分公、侯、伯、子、男五等。

④审其意：详细考察他们的思虑和希望。

⑤知其所好恶：了解他们的好恶。

⑥说其所重：游说其所重视的问题。

译文

当把“飞箝之术”推广到全天下时，必须揣摩权谋，考验才干，观察天时的盛衰，测量地形的宽窄和山川险要的难易，以及人民财富的多少。至于诸侯之间的交往，彼此之间的亲疏关系，究竟谁跟谁亲密？谁跟谁疏远？谁跟谁要好？谁跟谁有仇？也必须同时调查清楚。要想详细知道对方的意向和希望等，就必须要了解对方的好恶，然后按照对方所最重视的进行游说。再运用飞箝之辞，引诱出对方的爱好，最后用特殊控制术控制住对方。

原文

用之于人[1]，则量智能[2]、权材力[3]、料气势[4]，为之枢机[5]以迎之、随之，以箝和之，以意宜之；此飞箝之缀[6]也。

用之于人[7]，则空往而实来[8]，缀而不失，以究其辞。可箝而从，可箝而横；可引而东，可引而西；可引而南，可引而北；可引而反，可引而覆。虽覆，能复，不失其度。

注解

①用之于人：将飞箝之术用于人。
②智能：智慧和才能。
③材力：材同“才”，是指才干。
④气势：气概和声势。
⑤枢机：枢是门轴；机是枢纽。指关键和重点。
⑥飞箝之缀：缀，联结，缀合。这里是说飞箝之术的连带作用。
⑦用之于人：用在对人的关系上。
⑧则空往而实来：用好听的空话，突出对方的实情。

译文

如果把这种外交权术运用到其他国家，就可以揣摩对方的智能、度量对方的实力、估计对方的士气，然后以此为枢纽对敌人展开攻势，以便迎战敌人和追踪敌人，进而再用特殊的控制术跟敌人讲和，最后便用友好态度跟敌人建立邦交，这就是“飞箝之术”的秘诀。

假如把这种外交权术用在其他诸侯，那么只要使用言词赞美歌颂对方，对方自然就会表示心悦诚服来归顺。并且跟对方保持紧密关系不可中断，以便借机研究对方的军政实情，进而加以控制使对方服从。如此加以控制之后，既可把对方引向横，也可引向东，也可引向西，也可引向南，也可引向北，也可引向反，也可引向覆。虽然说能覆，但是还是要小心，不可丧失其节度。

智慧应用

知己知彼，欲擒故纵

飞箝之术的秘诀在于运用各种方法抓住对方心理，使自己的谋略得以实现。可以用激昂褒扬的言辞激励对方，也可以用假象使对手落入圈套。三国时期，诸葛亮成功地使用飞箝之术说服了孙权与刘备联合抵抗曹操的南侵。

当时曹操大兵压境，水陆并进，沿江而来，寨栅联结三百余里。曹操意

欲逼降孙权，擒获刘备。孙权正要派人探听虚实。于是诸葛亮与刘备定下联合孙权抗击曹操的计谋，意欲“若南军胜，则共诛曹操以取荆州之地；若北军胜，则乘势以取江南可也”。

东吴张昭以刘备节节败退的事实，讥笑诸葛亮“言行相违”，自比管仲、乐毅，但曹兵一出，“弃甲抛戈，望风而窜”。诸葛亮听罢，哑然而笑道：“鹏飞万里，其志气群鸟哪能识得？就如人得了重病，需慢慢调理，然后才能恢复。刘备无兵无粮，无军无城，尚且使得夏侯惇、曹仁辈心惊胆战，管仲、乐毅之用兵，未必如此。而且兵贵在决胜而非屡胜，刘邦屡败于项羽，但垓下一战定鼎中原，这才是国家大计、社稷安危的主要谋略。”这一篇言语，说得张昭无言以对。

座间又有一人问道：“孔明想效法苏秦、张仪之利舌，来游说东吴吗？”诸葛亮严词答道：“苏秦、张仪都是人中豪杰，苏秦佩六国相印，张仪两次出任秦相，皆有匡扶天下的谋略，非畏强凌弱，惧刀避剑的人可比。而你们一听曹军要到，但畏惧请降，还敢笑苏秦、张仪！”

座上一人忽道：“请问孔明治何经典？”诸葛亮答曰：“寻章摘句，这是腐儒所为，哪能兴邦立事？古之伊尹、姜尚、张良、陈平之辈，都有匡扶宇宙之才，但未审其生平治何经典。他们哪会像书呆子，在笔砚之间，舞文弄墨？”

诸葛亮如此凌厉的语言，终于使得存心刁难的江东官员由衷叹服。

在这里的三次反驳中，诸葛亮都是抓住对方语言中的漏洞，进行驳斥，这正是飞箝术的运用：使用巇术，访察他语言、行动中的漏洞威胁他，最终箝制他。

诸葛亮到了孙权兵营已先与鲁肃、周瑜等吴国谋士及将领有所接触，“审其意知其所好恶”。到了面见孙权时，见孙权碧眼紫髯，堂堂仪表，感觉其相貌非常，颜色严整，暗思，只可激将，不可游说。待到孙权询问，诸葛亮故意激将说：“曹操以百万大军南下，加之网罗足智多谋之士数千人，刚刚平复荆楚之地，正要图谋江东之地了！”孙权说：“若彼有吞并之意，战与不战，请足下为我一决。”

诸葛亮继续以钩箝之辞诱出孙权的内在决心，说：“亮有一言，但不知将军肯不肯听从？”

孙权说：“愿闻其详。”

诸葛亮于是再次激将孙权：“现在曹操平定天下，新近刚破荆州，威震海内，纵使是英雄也无用武之地。刘备也已败走。将军您应量力而处之，假若能够以吴越的民众与中原曹操抗衡，不如趁早与曹操断交，誓决一战。如果不能抗衡，何不按您的谋士出的主意，按兵束甲，向曹操投降去呢？将军您如意欲投降，应当早作决断，否则祸至无日了。”

孙权说：“既然如您所说，刘备为何不投降曹操呢？”诸葛亮说：“您知道田横的故事吧。田横是齐国的壮士，却坚持忠义不愿受辱。况且刘备是王室遗胄，英才盖世，为世人仰慕。即使事业难成，也是天意，哪里能屈居于他人之下呢？”

孙权十分生气，拂袖而去。后鲁肃劝孙权说：“主公不必生气，孔明不肯轻言破曹之策也。”孙权说：“原来他是故意以言辞激我，几误大事。”于是再次请诸葛亮陈述良策。

诸葛亮于是再次施展钩箝之术，陈述刘、吴的优势，指出曹操的弱点，以消除孙权疑虑。诸葛亮说：“刘军虽刚失败，却有关云长率领的精兵万余

人，有刘琦在江夏的战士万余人。曹操之众，远来疲惫，而且一直追击刘军，轻骑一日夜行进三百里，这就是所谓的强弩之末，其势也不能穿鲁缟。并且北方之人，不习水战。荆州民众也是被迫降附曹操。如果将军您能与刘军同心协力，一定能够打败曹军。成败之机，在于今日，一切全由您裁夺。”诸葛亮这一番慷慨陈词，令孙权心中大动。

孙权听后，激动地表示：“先生之言，使我茅塞顿开。我已决意起兵抗击曹军了。”

就这样，诸葛亮依照自己事先的办法，一步步诱使孙权接受了自己的计谋。先是用激将法诱出孙权的内心，后箝制住孙权，并献策，这正是飞箝术的运用：用飞箝之辞来钓其喜好，这种钩持箝制之类的语言，可用捭阖术来驾驭，再用飞箝之术箝制他让他照我们的决策办。

正当诸葛亮用飞箝术说服了孙权时，曹操遣使到东吴交曹操的亲笔信于孙权。信上写道：“本丞相奉皇上之命，统兵南下，军旗南指，刘琮投降。现在，我亲率水军八十万，特邀请将军会猎吴国故地。”

孙权及文武大臣阅毕，无不震恐。长史张昭等人说：“曹操，虎狼也，挟天子以征四方，攻无不克。我们如抗曹，则名不正，言不顺，何况将军要靠长江之险来抗拒曹。现曹操既已取得荆州，拥有战舰、水军，可以顺江而下，长江已无险可用。既然拒曹必败，不如迎接曹军，归顺朝廷，也可保境安民。”其他大臣也都附和张昭。独鲁肃一言不发。孙权起身上厕所时，鲁肃跟进。孙权已知鲁肃的意思，握住他的手问：“子敬要告诉我什么？”

鲁肃说：“刚才他们的议论误导将军走上歧途。这些人不配与共大事。我鲁肃可以降曹，而将军断不可降曹。为什么？我降曹，无所失，还会让我继续当官。而将军降曹就失去江东六郡六地和祖宗基业，最后想当一匹夫尚不可得。不要听张昭他们的意见，而早作抗曹决断。”

孙权叹息道：“听了他们的议论，使我大大失望。”

张昭得知孙权准备联刘抗曹，急忙入见孙权说：“主公和袁绍比如何？曹操当初兵微将寡，尚能击败袁绍。今日曹操亲率百万大军南征，岂可轻敌。

若听诸葛亮之言，贸然动兵，那真是负薪救火。”孙权心慌意乱，一时拿不定主意。

当时周瑜正在鄱阳湖训练水师，听说曹军南下，便星夜赶回柴桑。鲁肃与周瑜交厚。他率先拜访周瑜，把张昭一批文官欲逼孙权降曹的情况告之，特请周瑜说服孙权早定抗曹之计。周瑜对鲁肃说：“子敬勿忧，我自有主张。可速请诸葛亮来相见。”

当晚鲁肃引诸葛亮来见周瑜。鲁肃想借重诸葛亮坚定周瑜的抗曹决心。鲁肃先问周瑜：“今曹操出动大军南侵，吴国是和是战，主公不能决，请问将军之意如何？”周瑜说：“曹操以天子为名，其师不可拒。且其势大，未可轻敌。战则必败，降则易安。吾意已决，来日见主公，便当遣使纳降。”鲁肃信以为真，驳斥说：“君言差矣！江东基业，已历三世，岂可一旦弃于地乎？伯符遗言，外事托付将军，今正欲仗将军保卫国家，奈何从懦夫之见耶？”周瑜说：“江东六郡生灵无限，若罹兵革之祸，必归咎于我，故决计请降。”二人争辩，孔明一言不发，只是袖手冷笑。

周瑜问：“先生何故哂笑。”

孔明道：“亮不笑别人，只笑子敬不识时务。”

鲁肃问：“先生为何笑我不识时务？”

孔明说：“公瑾主意欲降曹，甚为合理。”

鲁肃本欲借孔明之力来说服周瑜，以早定破曹大计，想不到孔明竟是这种态度，遂问道：“孔明，

你为何也这样说？”

孔明说：“曹极善用兵，只有吕布、袁绍、袁术、刘表敢与对敌。今数人皆被曹灭，天下无人矣。”他望了周瑜一眼，接着说：“独有刘豫州不识时务，强与争衡，今孤身江夏，存亡未保。将军决计降曹，可以保妻子，可以全富贵，国祚迁移，付之天命，何足惜哉！”

鲁肃满脸怒气地说：“汝教吾主屈膝受辱于国贼乎？”

孔明从容道：“愚有一计：派一介之使，驾一叶扁舟送两人到江北，曹若得此二人，百万之众，皆卸甲卷旗而退矣。”

“用何二人可退曹兵？”周瑜忙问。

孔明说：“江东去此两人，如大木飘一叶，太仓减一粟。而曹得之，必大喜而去。”

“果用何人？”周瑜追问。

孔明慢条斯理地说：“亮居隆中时，即闻曹于漳河新造一台，名曰铜雀，极其壮丽；广选天下美女以实其中。曹好色之徒，久闻江东乔公有二女，长曰大乔，次曰小乔，有沉鱼落雁之容，闭月羞花之貌。曹操发誓曰：吾一愿扫平四海，以成帝业；一愿得江东二乔，置之铜雀台，以乐晚年，虽死无恨矣。今虽引百万之众，虎视江南，其实为此二女也。将军何不去寻乔公，以千金买此二女，差人送与曹操？曹得此二女称心满意，必班师矣。此范蠡献西施之计，何不速为之？”

周瑜问道：“曹欲得此二乔，有何证据？”

“曹操幼子曹植，字子建，下笔成文。曹尝命作一赋，名曰《铜雀台赋》。赋中之意，单道他若为天子，誓取二乔。吾爱其文华美，尝窃记之。”

孔明即诵《铜雀台赋》云：

从明后以嬉游兮，登层台以娱情。见太府之广开兮，观圣德之所营。建高门之嵯峨兮，浮双阙乎太清。立中天之华观兮，建飞阁乎西城。临漳水之长流兮，望园果之滋荣。立双台于左右兮，有玉龙与金凤。揽二乔于东南兮，乐朝夕之与共。……

原赋是："连二桥于东西兮，若长空之蝃蝀。"意指两条飞桥，将东西相连，宛若彩虹。孔明有意将"二桥"改作"二乔"。

周瑜听罢，勃然大怒，离座指北骂道："老贼欺我太甚！"孔明急忙起来劝道："昔单于侵疆界，汉天子许以公主和亲，公何惜民间二女乎？"周瑜以为孔明当真不知，解释道："公有所不知，大乔是孙伯符之妇，小乔乃瑜之妻也。"孔明佯作惶恐之状，道："亮实不知，失口乱言，死罪！死罪！"

周瑜切齿而言："吾与老贼势不两立！"孔明说："事须三思，免致后悔。"周瑜这时才向孔明吐露真情："吾承伯符寄托，安有屈身降操之理？适来所言，故相试耳。望先生助一臂之力，同破操贼。"

孔明当即答应："愿效犬马之劳，拱听驱策。"

第二天，周瑜出席孙权召集的紧急会议。文武大臣知道孙权信赖周瑜，纷纷抢先发言，以便先入为主。会上主战派、主和派各呈己见。周瑜最后发言，说："曹操名为汉相，实为汉贼。将军英雄盖世，又继承父兄基业，据守江东六郡，沃野千里，兵精粮足，英雄归心，正是应当横行于天下，为汉室除贼去奸之时。何况曹操是亲自来送死，怎么要去屈膝投降！"

孙权听了点头，问："只怕曹军势众，我们寡不敌众。"

周瑜透辟地分析了双方情况，特别强调了己方的优点和曹方的弱点。

周瑜的发言使孙权倍加振奋，说："曹贼早就想篡汉自立，只是害怕袁绍、袁术、吕布、刘表和我。现在其他英雄都已败亡，只我还在。我与曹贼，势不两立，你主张迎战，正合我意。"孙权抽出佩刀，将一桌角砍下，说，"诸将吏再敢言降曹者与此案同！"

会后，诸葛亮向周瑜说："孙将军今日已决定迎击曹军，但尚顾虑曹军众多。一定要彻底打消孙将军疑虑，才能最后坚定抗曹决心，而同心破曹。据我所知，曹军不过十五六万，由于连年征战，早已疲惫不堪。此外还有七八万荆州降兵，虽然被编入曹营，但并无战斗力。试想，曹操以疲惫的军队，带上心怀异志的降兵，远道而来作战，兵士再多有何可怕？"周瑜深以为然，

即向孙权转达。孙权信心大增，遂任命周瑜为主帅，统率精兵三万逆江而上，会合刘备，与曹决战。最后周瑜巧妙地运用诈降和火攻之计，大破曹军于赤壁。

在这里诸葛亮智激周瑜，坚定孙权抗曹决心。用曹氏欲取得二乔之事激起周瑜对曹的愤恨，钓出了周瑜的真情，达成共识，联合起来同破曹操。这正是对飞箝术的灵活运用："以飞箝之辞钩其所好，乃以箝求之。"意即，用飞箝之辞钩知他的喜好，再用飞箝之术钳制他让他照我们的决策办。

小白推己及人终继君位

春秋初年，齐襄公昏庸无道，淫行乱偷，搞得天怒人怨，被手下的人杀死。

消息传到国外，在莒国政治避难的公子小白和在鲁国政治避难的公子纠都争着回国继承君位。冤家路窄，两队人马在齐国边境上撞个正着。双方都明白对方在干什么，双方都明白除掉对手自己就可以从容即位。保护公子纠的管仲心狠手快，搭弓上箭，向对面的公子小白射去，正射中小白的带钩。小白心想："我回国争位，与公子纠竞争，一定要抢到他前头，先入为主。对方肯定也这么想，想把我除掉，便没了竞争对手，那他必会慢悠悠行进。我何不顺势来个欺瞒手段？"想到这

里，假意大叫一声，咬破舌头，口吐血沫，一仰身倒在车中。管仲一见，哈哈大笑，回头对公子纠说："公子可以放心了！小白已被射死，无人与您争位了。"于是他们便心中不急，慢慢行进。为公子小白驾车的是鲍叔牙，他知道小白是诈死，便将计就势，装出十分悲痛的样子，大哭起来，同时抄小路快马加鞭，急急向临淄（今山东临淄）赶去，抢在公子纠之前进了国都，继承了君位。公子小白善于用己欲推人欲，用己心比人心，因对方之情而随机设谋，使得事成功遂。

刘邦裂土封韩彭一统天下

秦末汉初，楚汉相争，连年大战。项羽英勇无比，又有八千江东子弟兵作主力，故刘邦是输多赢少。

后来，项羽后方不稳，便放弃了与刘邦对阵，商定以鸿沟（古时一条北起荥阳，东经中牟、开封，向南流入颍水的运河）为界，东为楚王项羽地盘，西为汉王刘邦地盘，就此罢兵。但刘邦并不就此罢休，他反复无常，撕毁了约定，传令给天下诸侯和韩信、彭越，让他们前来合兵击楚，想就此统一天下。谁知刘邦进兵后，韩信、彭越却没有践约按时出兵。楚军回杀过来，把刘邦这支孤军打得大败，吓得刘邦龟缩起来，深沟高垒，不敢出战。

刘邦与谋士张良讨论调动韩信、彭越出兵的计谋。张良反问道："大王起兵反秦，在外征战，颠沛流离十几年，为了什么？"刘邦想了想答道："为了占领地盘，以取得荣华富贵，封妻荫子，永享万年。"张良说："对了。那么当今乱世，各路诸侯起兵反秦，带兵征战，又是为了什么？"刘邦大悟，忙派使者传令，把陈地以东至东海（今山东全部和河南东部，江苏、安徽北部一带）封给韩信，把淮阳以北至谷城（今河南北部和山西南部一带）封给彭越。两人一听大喜，忙起兵援助刘邦，与项羽在垓下（今安徽灵璧内）大战，遂打败了强悍的项羽，得到天下，建立了汉王朝。

倘若刘邦不以张良的"由己推人术"，不去裂土封韩信和彭越，这两员骁将不出兵助战的话，那就不知鹿死谁手了。

大凡出色的社会政治家，都会使用此术，去了解别人，依此去引诱别人卖命，控制别人的所作所为。

伶牙俐齿进说词，昭王被激言听计从

范雎入秦时，秦昭王在位已 36 年，国势强盛。秦军南伐楚国，力拔鄢、郢两座重镇，囚死楚怀王于秦；又挥师东指，连连大败强齐，并数困魏、韩、赵"三晋"之兵，使魏、韩二君俯首听命。秦廷上下虽人才济济，但"四贵"掌权，排斥异己；秦昭王深居宫中，又被权臣贵戚所包围，再加上活跃在战国时期政治舞台上的谋士说客多如过江之鲫，难免鱼龙混杂，良莠不分。秦国上层统治集团对一时之间来自诸侯各国的宾客辩士并没有多少好的印象，以为无信者居多。因而，尽管范雎用尽心机，还是难以跻身秦廷，向秦昭王陈述安邦治国之大计。

有一次，范雎求人向秦昭王举报家门，说道："现在魏国张禄（范雎）先生，智谋出众，为天下辩士，他要拜见大王，声称：'秦国势如累卵。失张禄

则危，得张禄则安。’然其言只可面陈，不可代传。”显然，范雎此举分明是故作危言，耸人听闻，意在引起秦昭王的重视。然而秦昭王却以天下策士辩客，往往如此，并不去理睬，任你千条妙策，他就是不闻不问。就这样，范雎住在下等客舍，粗茶淡饭，在焦虑烦躁中挨过了一年的时光。

周赧王四十五年（公元前 270 年），秦丞相穰侯魏冉举兵跨韩、魏而攻齐，夺取刚、寿二地，以扩大自己的疆域，从而进一步增强自己的实力，这就给范雎攻击政敌提供了借题发挥的机会。他在一年来对昭王内心世界的了解、分析和判断的基础上，果断而大胆地再次上书昭王，阐明大义，直刺时弊而又紧紧抓住昭王的心病。

他在信中说道：“我听说英明的君主执政，对有功于国者给予赏赐，有能力的人委以重任；功大者禄厚，才高者爵尊。故不能者不敢当职，有能者也不能蔽隐。而昏庸的君主则不然，赏其所爱而罚其所恶，全凭一时感情使然。……我听说善于使自己殷富者大多取之于国，善于使国家殷富者大多取之于诸侯。天下有了英明的君主，诸侯便不能专权专利。这是为什么呢？因为明主善于分割诸侯的权力。良医可预知病人之死生，而明主可以预知国家的成败。利则行之，害则舍之，即使是舜禹再生，也不能改变呀。有些话，在这封信里我是不便深说的，说浅了又不足以引起大王的注意。……我希望大王牺牲一点游玩的时间，准我望见龙颜。如果我所讲的对于治国兴邦之大业无效，我愿接受最严厉的惩罚。”

范雎的这篇说词，表达了两点颇为可贵的思想。其一，他力主选贤任能，奖励军功、事功，反对用贵任亲。这在血缘关系纽带又粗又长的早期封建社会里，无疑是闪光的思想。其二，他抨击了权贵专权专利的现象，指出了枝繁干弱的危害，这对于加强中央集权，巩固君主的统治地位，无疑是极有见地的。而且，此语击中了秦昭王的心病。秦昭王处在宗亲贵戚的包围中，贵族私家富厚日趋重于王室，早已有如芒刺背之感，对这样的谏词自然十分关切。尤其值得一提的是，范雎在信末所说："语之至者，臣不敢载之以收"，帮作含蓄隐秘之语，诱使秦昭王浮想联翩，吊起他的胃口；紧接着又信誓旦旦地宣扬其言的绝妙效用，足以振聋发聩，迫使秦昭王不得不召见他。这正是飞箝术的灵活运用：用捭阖之术来驾驭飞箝之词，钓知其所好，再箝制住他。由此可见，范雎不仅胸藏治国韬略，而且工于心计。

果然，秦昭王见信大喜，传命用专车召见范雎。

范雎进入秦宫，早已成竹在胸，佯装不知地径直闯进宫闱禁地永巷。见秦昭王从对面被簇拥而来，他故意不趋不避。一个宦官见状，快步趋前，怒斥道："大王已到，为何还不回避！"范雎并不惧怕，反而反唇相讥："秦国何时有王，独有太后和穰侯！"说罢，继续前行不顾。范雎此举，是要冒一定风险的。然而范雎这一句表面上颇似冒犯的话，恰恰击中了昭王的要害，收到了出奇制胜的效果。昭王听出弦外之音，非但不怒，反而将他引入内宫密室，屏退左右，待之以上宾之礼，单独倾谈。

范雎颇善虚实之道，并恰到好处地一张一弛。秦昭王越是急切地请教高见，范雎越是慢条斯理地故弄玄虚。秦昭王毕恭毕敬地问道："先生何以教诲寡人?”范雎却一再避实就虚，“唯唯”连声，避而不答。如此者三次，最后，秦昭王深施大礼，苦苦祈求道：“先生难道终不愿赐教吗?”

范雎见昭王求教心切，态度诚恳，这才婉言作答：“臣非敢如此。当年吕尚见周文王，所以先栖身为渔父，垂钓于渭水之滨，在于自知与周文王交情疏浅；及至同载而归，立为太师，才肯言及深意。其后，文王得功于吕尚，而最终得以王天下。假使文王疏于吕尚，不与之深言，那是周无天子之德，而文王、武王难与之共建王业。”范雎有意把眼前的秦昭王与古代的圣贤相连，既满足了秦昭王的虚荣心，又激励他礼贤下士。范雎还以吕尚自况，把自己置于贤相的位置，昭王却之，即等于自贬到桀、纣行列。这无疑能使对方就范，谈话自然会按着他的意思进行下去。接着范雎谈到自己，说道“臣为羁旅之臣，交疏于王，而所陈之词皆匡君之事。处人骨肉之间，虽然愿效愚忠，却未见大王之心，所以大王三问而不敢作答。臣非畏死而不进言，即使今日言之于前，明日伏诛于后，也在所不辞。然而，大王信臣，用臣之言，可以有补于秦国，臣死不足以为患，亡不足以为忧，漆身为癞、披发为狂不足以为耻，臣独怕天下人见臣尽忠身死，从此杜口不语，裹足不前，莫肯心向秦国。”这番慷慨悲壮之词更进一层，先是披肝沥胆，以情来感召昭王，接着说以利害，以杀贤误国震慑昭王，给自己的人身、地位争取了更大的安全系数。

经过充分的铺垫，范雎最后才接触到实质问题，点出了秦国的弊端隐患：“大王上畏太后之严，下惑奸臣之谄，居深宫之中，不离保傅阿何之手，终身迷惑，难以明断善恶。长此以往，大者宗庙倾覆，小者自身孤危。这是臣最恐惧的。”

其实，上述之弊端虽确有之，但并非治理秦国

的当务之急。范雎所以要大论此事，意在用“强干弱枝”来迎合昭王。与此同时，也借以推翻范雎将来立足秦廷的政敌，从而确立自己在秦廷的地位。只要地位确立了，其他一切都可以顺理成章。谋略家们的良苦用心，由此可见一斑。

正因如此，才使范雎言必有中。秦昭王推心置腹地答道：“秦国僻远，寡人愚下。如今得以受命于先生，真是三生有幸。自在尔后，事无大小，上至太后，下及大臣，愿先生悉教寡人，万勿疑虑。”

从以上我们可以看出，范雎求得昭王召见，这用的是飞箝术；而昭王召见后，献计之时，先是用激将法激昭王做个好侯王，接着慢条斯理故弄玄虚地引起昭王的重视，最后才接触到实质问题，献出“强干弱枝”的计策。这也正是飞箝术的运用：用捭阖之术来驾驭飞箝之辞，钓知其所好，再箝制住他。

秦吞腐蜀，名利双收

巴国、蜀国互相攻打，都来向秦国告急，秦惠王想出兵讨伐蜀国，但考虑到道路险峻难行，韩国又可能来侵略，所以犹豫不决，秦王把司马错和张仪叫来商量对策。

司马错建议秦惠王出兵攻打蜀国，张仪不同意，张仪说：“不如去讨伐韩国。”秦惠王说：“请谈你的见解。”张仪回答说：“我们应该和魏国、楚国亲善友好，然后出兵黄河、伊洛一带，攻取新城、宜阳，兵临东西周王郡，控制象征王权的九鼎和天下版图，挟持天子以号令天下，各国就不敢不从，这是称王的大业。要博取名声应该去朝廷，要赚取金钱应该去集市。现在的黄河、伊洛一带和周朝王室，好比天下的集市和朝廷，大王您不去争雄，反倒和远方的戎狄小族争斗，这不是帝王的大业啊！”司马错反驳张仪说：“不对。我听说这样的话，想要使国家富强必须先开拓疆土，想要使军队强大必须先让百姓富裕，想要成就帝王大业，必须先树立德望。如果这三条具备了，帝王大业也就水到渠成。现在大王的国家地小民贫，所以我建议先从容易的事做起。蜀国，是西南偏僻之国，又是戎狄之族的首领，政治昏乱，如同夏桀、商纣，以秦国的大兵攻打蜀国，就像狼入羊群一样。攻占它的土地可以扩大秦国疆域，夺了它的财富可以赡养百姓，军队用不了多大伤亡就可以使蜀国投降。这样，吞并一个国家而并不认为秦国强暴，获广泛的利益，天下人也不认为秦国贪婪，我们一举两得，名利双收，还可以享有除暴安良的美名。

秦国如果攻打韩国，劫持周天子，就会臭名远扬，也不见得有什么实际利益。周朝，是天下尊崇的王室，齐国，是韩国的亲睦联邦。周朝自知要失去九鼎，韩国自知要失去伊洛一带领土，两国将会齐心合力，共同谋划，向齐国和赵国求援，会和有旧怨的楚国和魏国和解，甚至不惜把九鼎送给楚国，把土地割让给魏国，到那时，大王您只能束手无策，那是很危险的！所以，我说攻打蜀国是十拿九稳的上策。”秦王听从了司马错的建议，决定出兵攻打蜀国。

仅用了 10 个月，就打败了蜀国，蜀国被秦国吞并后，秦国更加富庶和强盛了。

在这里，司马错顺应天下大势、世道人心提出了吞并蜀国的计策，运用的飞箝术：了解国情的不富足强大，用得道多助吞并蜀国来抵塞之，从而达到了箝制秦王的目的，最终使献计成功。

见缝插针巧进言

三国时期，刘备心怀大志，一心想复兴汉室，灭曹吞吴，进而统一天下。他出身低贱，原是一个贩卖草鞋的乡村农民，但他努力进取，终于在蜀汉之地建立了属于自己的政权。

一开始，他还能克制自己贪图享受的心理，但是越到后来他就越安于现状，没有了以前的斗志，谄媚之徒也都围绕在他身边。这一切都被他的妻子甘夫人看在眼里。

甘夫人是刘备驻守徐州时纳的小妾。刘备对她十分宠爱，一方面因为她貌美异常，身姿优美，肌肤如玉；另一方面，甘夫人知书达理，通晓人情世故。刘备的原配糜夫人去世后，刘备就把甘夫人带在身边，舍不得和她分开。

刘备盘踞在巴蜀之后，把里里外外的事务交由丞相掌管，也不再考虑兴

复汉室基业的目标。那些小人见刘备丧失了往日的斗志，便想出各种花招讨他欢心。

一次，一位地方官吏给刘备送来一个用玉雕琢而成的人像。人像有 4 尺高，质地精良，熠熠生辉；精雕细琢，栩栩如生。刘备一见欣喜不已，拥着甘夫人，指着玉人说：“你的肌肤可以和这个玉人相提并论啊！”

从此，他把玉人安放在自己的卧室里，一边欣赏冰清玉洁的甘夫人，一边把玩玉人，两相对照，爱不释手。

甘夫人见刘备玩物丧志，还为自己寻找冠冕堂皇的理由，心中甚是着急。如果长此以往，刘备就会沉溺于安逸之中，不思进取，最终英雄沦为平庸之辈。可自己是一个妇道人家，如果向他直言进谏，似有参与政务之嫌；如果摔碎玉人，恐怕刘备会怨恨自己，破坏夫妻关系。这天，她在房中看着玉人，心中一个激灵，想起了“子罕不以玉为宝”的故事。

等到晚上，刘备回来，甘夫人柔声说：“你这样喜欢玉，我来给你讲个有关玉的故事吧！”

刘备也很有兴致，于是催促道：“好啊！快讲！”

“春秋时期，宋国的正卿子罕收到了别人送来的一块宝玉，那玉浑然天成，和你的玉一样，也是人的形状。但是子罕断然拒绝了，说：‘你送来的宝物委实罕见。你以玉为宝，而我以廉为宝。如果我接受了，你和我都丢失了各自心爱的东西，你还是拿回去吧！’那个人对子罕敬佩不已，逢人就说‘子罕不以玉为宝’，这个故事一直流传到今天。”

刘备听后若有所思。甘夫人接着说：“同样是玉石，子罕不以为宝，而你却爱不释手，抚玩不止。玩物必丧志，居安要思危，现在还有两大对手尚未消除，你任重而道远啊！”

刘备惭愧不已，当着夫人的面就把那玉人摔碎了。他从此远离那些奸佞之徒，勤于政务。

甘夫人在劝说刘备之前充分考虑到了自己的智能，怕直言相劝有参与政务之嫌。在权衡利弊的情况下便借故事启示刘备，不但达到了目的，还进一步加深了夫妻间的感情。由此可见，在劝谏别人时，不仅要注意说话的方式，还要讲究策略。在别人不经意间，抓住有利时机，或借用比喻，或委而婉之，或反面论说，都可达到进谏的目的。

严于律己劝知县

明朝的时候，大臣丰庆在河南担任布政使。他为官正直，严于律己，素以公正廉明闻名官场。他经常到下属的各个州县考察官员的政绩和德行，察看有无贪污受贿的现象。

一次，一位知县听说丰庆要来本县巡查，他经常接受贿赂，担心自己贪赃枉法的事情传到丰庆耳朵里。为了让他手下留情，就想方设法讨好他，但又担心秉性正直的丰庆不接受，弄得自己很尴尬，就想出了一个主意。

这天，知县前来丰庆的住处拜访，两个人谈了一会儿话，将要告辞。知县从怀里掏出一捆用纸裹好的东西，像蜡烛长短，一根一根的。他微微弯腰，面带微笑说："这一包蜡烛不成敬意，算是下官送给您的见面礼，还望您笑纳。"丰庆看这位县官满脸诚恳，对自己热情有加，不好当面拂了他的面子。再看那些东西的确没有什么异样，不过是几根蜡烛，就含笑收下。

到了晚上，丰庆和往常一样看完书后方安睡。随行的侍者到书房点燃蜡烛，一拿起来，沉甸甸的。再仔细看那蜡烛，外表一层是蜡油，蜡烛的中心全是黄金。

"怎么蜡烛点不着吗？"丰庆见还没有掌灯，在外面问。

"世上哪有能够点着的黄金呢？"侍者回答，然后把蜡烛的实情一五一十地告诉了丰庆。

"我们接受的是蜡烛，蜡烛点不着，对于我们又有什么用呢？谁送来的再送回去就是了！"丰庆吩咐把那些黄金蜡烛原封不动地包好，退回去。并交代了一句话："你送给我的蜡烛点不着，再换几支可以点燃的蜡烛吧！只是小心玩火自焚！以后不要再做这样的傻事了。"

知县接到退回来的黄金蜡烛不禁提心吊胆，心想自己被革职查办的时候不远了，正打算弃官而去。几天过后，竟然没有什么动静。等再次遇到丰庆，知县连忙磕头认罪。丰庆说："你只是拿错了蜡烛，以后做事小心些。这件事情我不会张扬出去，你能认识到自己的错误就是给自己一个改正的机会，多为百姓做些好事吧！"

知县从此再也不敢为非作歹，压榨百姓。丰庆在此劝诫知县运用的依然是量能立势法。从实力对比上看。小小的知县与布政使根本无法相提并论，但丰庆明知对方有受贿之事。却并不是直言相劝，更没有责备他的行贿，而是以还烛暗中点醒知县，告诫其应该为官清廉。丰庆的劝诫十分合理，这不但给了知县悔过自新的机会，同时也以恩德使其深受感动，从而使其真心接受了丰庆委婉的劝诫。

用人不疑，疑人不用

管仲，名夷吾，春秋初期齐国著名的政治家。他“相桓公，霸诸侯，一匡天下”。然而，管仲的成就，是与鲍叔牙知人让贤的风格、齐桓公不记前仇的气量分不开的。

鲍叔牙与管仲年轻时就是好朋友，互相都很了解，后来，鲍叔牙当了齐桓公小白的家臣，管仲当了齐公子纠的谋士。公元前 689 年，齐国国君无知在雍林被杀。当时流亡在莒国的公子小白与流亡在鲁国的公子纠，都急于回国争夺君位。公子纠的谋士管仲认为，莒国离齐国都城近，如果小白先到，争夺君位就没希望了。于是管仲带了一支精兵，先赶到莒往齐的必经之路进行拦截。不久，有一队车马奔驰而来。管仲估计是小白来了。忙驾车，上前参见，乘小白答礼而无防备的时候照小白射去一箭。小白“哎呀”一声，倒在车上，管仲见大功告成，策马飞驰而去。其实，这一箭，恰巧射在小白的带钩上，小白知道管仲箭法厉害，急中生智，应声而倒。待管仲走后，马上沿小路疾驰，直奔齐都。

小白即位后，称为齐桓公，遂命鲍叔牙为统帅，以讨伐公子纠为名向鲁国进发。鲁庄公在齐国大军压境的情况下，只好按齐国提出的要求，将公子纠杀了，将管仲囚禁引渡齐国。

鲍叔牙辅佐小白取得了君位，桓公要任他为国相，鲍叔牙推辞不受，一再推举管仲。鲍叔牙说，“我有五点不如管仲：对民宽和，使民富裕，不如他；治国严谨，不失国家主权，不如他；团结人民，使百姓心悦诚服，不如他；制定礼仪，使人人都能遵守，不如他；

临阵指挥，使将士勇往直前不如他。”鲍叔牙恳切地指出：“你如要建立霸业，非管仲的辅佐不可。”桓公本来要报管仲一箭之仇，但听了鲍叔牙之言，决定起用管仲，在堂阜这个地方亲自给管仲解开镣铐。

管仲受任为大夫，主持国家政务。但管仲出身贫贱，朝中同一等级的贵族豪门和功臣宿将很多，他怕不能服众，便把这个顾虑告诉桓公。于是桓公封他为上卿（百官之首）。

过了一段时间，国家并没有什么太大的改变，桓公问原因，管仲说：“手中无钱不好办事，所以不能使国家富起来。”于是桓公把贸易税收赐给他使用。又过了一段时间，国家还没有明显好转，桓公又问原因，管仲说：“我不是你的近亲，对公族的一些事情不好处理。”于是桓公尊称他为仲父，号令全国，不准直呼管仲的名字。

管仲有了号令百官、掌握财政、处置贵族这三个特权，就大胆放手主持国家政务。

管仲的才能所以得到充分发挥，为齐国强盛做出贡献，就是因为鲍叔牙对他的了解、信任和推崇。管仲说：“我以前贫困的时候，曾与鲍叔牙合伙做生意，每次分红利我总要多分一些，但鲍叔牙不以为我贪财，他知道我家里穷。”又说：“我帮着叔牙办事，但往往没有把事情办好，鲍叔牙不以为我愚蠢，他知道是没有碰上好机会。我曾三次做官，而三次被撤职，鲍叔牙不认为我没有才干，他知道我是没有遇上显示才能的时机。”管仲回想起自己走过的道路，万分感激地说：“生我者父母，知我者鲍子也。”

管仲为齐的上卿以后，鲍叔牙一直心甘情愿地在管仲手下工作，接受管仲的领导。所以，天下称赞管仲才能者少，而称赞鲍叔牙让贤者多。

正如文章的开头所讲，管仲所取得的成就是与鲍叔牙知人让贤的风格、齐桓公不计前嫌的气量分不开的，这正是鲍叔牙齐桓公以大局为重，以人才为本，重视发挥管仲的才能的结果。飞箝术强调褒扬之从而控制之，这不正是对飞箝术的灵活运用吗？！

貌丑有良谋，无盐说齐王

战国时，齐国国君齐宣王内耽女色，外荒国政，亲小人远贤臣，弄得朝政日非。

正当满朝文武对齐宣王无可奈何之时，一女子挺身而出，力陈其言，从而挽救了齐国的危乱之局。这个女子就是历史上有名的女雄辩家无盐。

无盐出身寒微，但聪颖好学，有济世匡时之才。她见齐宣王荒淫误国，决定闯宫廷，直谏宣王。

一天她直叩宫门，声言要见齐王。门卫阻拦道：“丑女人，你是何人，竟敢求见大王？”

“我叫无盐，是齐国嫁不出去的丑女人。听说国君圣贤，特来求见，愿到后宫做嫔妃，侍奉大王。”

齐宣王闻报，当即召见，并为她设宴，让大臣作陪。诸大臣看到无盐这副丑相，无不掩口窃笑。齐宣王问：“我宫中美女如云，你生得如此丑陋，要到我宫中做嫔妃，请问你有什么德能？”

“我没有什么德能，只是懂得些隐语之术。”

“那么就将你的隐语之术，为我表演一下。”

只见她举目咧齿，用手挥舞四下之后，猛拍膝盖，喊道：“危险了！危险了！”连喊四声。宣王不知是什么意思，问各位大臣，众大臣也摇头不知，宣王说：“请你解释一下隐语的含义。”

无盐顿道：“大王赦我一死，我才敢言。”

宣王说：“赦你无罪。”

无盐解释说：“举目是替大王观察烽火台的变化；咧齿是替大王惩罚不听劝谏的人；挥手是替大王赶走阿谀进谗之徒；拍膝是替大王拆除专供大王游乐的渐台。”

“那么你的四句‘危险’是什么意思？”齐宣王接着问。

无盐从容不迫地答道：“秦国重用商鞅，实行变法，国势日渐强大，不久将出兵函谷关，与齐交战。大王内无忠谏之士谋政，外无良将把守边疆，国家处境危急，你毫无察觉，这是第一个危险。大王连年大兴土木，高筑渐台，聚集金玉珠宝，百姓日渐穷困，怨声载道，这是第二危险。忠义之士，避居林泉，奸诈之徒，立于朝堂，想规劝你的见不到你，你每天听到的是阿谀奉承之声，这是第三个危险。大王每天沉浸于酒色之中，只图眼前享乐，不顾异日之患，这是第四个危险。有此四大危险，国家危如累卵，所以今日我冒死上言，倘蒙听纳，虽死无憾。”

齐宣王听罢，感到这位丑女人出言不凡，敢言文武百官所不能言、不敢言，不禁叹道："假如没有无盐之言，寡人不得闻其过也。"遂以车载无盐进宫，要立她为王后。无盐摆摆手说："大王不采纳我的劝告，怎能容纳我这个丑女人？"于是宣王立即按照无盐的劝告，停渐台，罢女乐，退谄谀，广招天下忠谏之士，以田婴为相国，以孟轲为上宾。齐国从此大治。

从以上可以看出，开始无盐以其丑而会说出奇制胜，博得齐宣王的召见，继而用捭阖术拨动对方，其含意深藏不露，待接触问题的实质时，又用抵巇术，指出国家存在着四大危险，必须抓紧治理，才能转危为安，说服打动了齐宣王，从而使进言进谏获得了成功，这正是对飞箝术的巧妙运用：用捭阖术驾驭钩持箝制之类的语言，或用巇术，抵塞其语言、行动中的漏洞，让其乖乖地跟我们走，如此箝制住了对方，进言献计就会成功。

晓以利害，谋得高位

蔡泽听说秦国丞相范雎所推荐的郑平安、王稽二人都犯了重罪，并直接影响了范雎本人的声誉，于是乘机西入秦国。蔡泽是战国时燕国著名雄辩家，他为推行自己的主张，曾到各国游说，但都遭到冷遇。这次西入秦国机会难得。

他到达咸阳住进旅馆后，故意向旅馆主人说："你们要为我准备美酒佳肴，供我食用，等我出任丞相后，一定酬谢。"

主人见他一副寒酸相，冷笑道："你是什么人，想当丞相？"

蔡泽正色道："我姓蔡名泽，乃天下雄辩之士，特来求见秦王。秦王只要见到我，就会任命我为丞相。"

如此狂言，很快传遍全城。

范雎的亲信飞快地向他报告了这一消息。范雎也吃惊不小，对侍从说："蔡泽是什么人，你们把他找来，我要会会他。"范府侍从即到旅馆找蔡泽。主人向蔡泽说："大祸就要临头了，丞相派人来找你，看你如何了结。"

蔡泽从容笑道："这样，我不须见秦王了。范雎见到我，就会把丞相大印让给我。"

蔡泽来到范府，范雎厉声问他："你在外面扬言要取代我为丞相，有这回事吗？"

"有。"

"你要夺我的相位，有何道理？"

“四时之序，功成身退，这是自然法则。先生已经是功成名就，应该急流勇退。”

“我不退，谁能把我赶下台？”

“先生已遂所愿，名扬四海，现在是否应考虑愉快地结束政治生涯，安度余生，终其天年？”

“我还未老，还可为秦王效力。”

“秦国的商鞅，楚国的吴起，越国的文种，他们都是功高盖世，先生是否认为他们实现了各自的愿望？”

范雎回答道：“商鞅为秦孝公鞠躬尽瘁，公而忘私，为秦国制定法律，使秦国大治；吴起，不以私害公，不以谗蔽忠，南平吴越，北却三晋；文种，使越国转弱为强，吞并吴国，为越王报会稽之辱。以上三位忠臣，杀身成仁，视死如归，功在当时，名重后世，他们都是舍生取义的典范。”

蔡泽道：“请问，秦王对先生之信任，与秦孝公、楚悼王、越王对商鞅、吴起、文种之信任如何？”

范雎摇头道：“不知道。”

蔡泽再问：“先生在平定内乱，扩大疆土，发展农业，振兴国家方面，功绩是否超过商鞅、吴起、文种？”

范雎说：“当然不如。”

蔡泽说：“秦王亲信忠臣，超过秦孝公、楚悼王、越王，先生之功绩又不如商鞅、吴起、文种。但先生之地位和俸禄却远远超过他们三人。先生至今还不想隐退，我深为先生担忧。古语：‘日中则移，月满则亏’，万物盛极而衰，这是自然法则。昔日齐桓公九合诸侯，一匡天下，在蔡丘（今河南省考城县）会议上表现出骄傲情绪，有几个国家的君主立即背叛他。吴王夫差，自认为天下无敌，到头来国破家亡，死于非命。夏育、太史启等人，一声呼喊，震撼三军，但最后死于兵卒之手。这都是自恃其力，而不懂事物盈虚消长之理的结果。商鞅为秦孝公制定度量衡，改革货币，废除井田制，教民耕种和作战，兵动而地广，兵休而国富，使秦国无敌于天下，但是在功成之后，竟惨遭五马分尸

之刑。楚国拥有精兵百万，秦将白起仅以数万之师与楚交战，一战而攻陷楚都鄢郢，再战焚烧夷陵（楚陵墓，湖北省宜昌县东），南并蜀、汉，北攻强赵，擒杀马服君（赵括）及四十多万赵军，才使秦国建立起帝王之业。白起为秦国建立了丰功伟绩，可是最终被秦王赐死。吴起为楚悼王废除冗员，杜绝私门，改良风俗，南攻扬越，北攻陈蔡，摧毁六国合纵盟约，使游说之士不能开口。功成之后，死于楚人乱箭，并被分尸。文种为越王开拓疆土，发展农业，率领四万大军，击败吴国，使越国称霸于天下，最后越王却将他杀害。他四位忠臣，都是功成而不去，终招致杀身大祸。这就是所谓能伸而不能屈，能往而不能返。只有范蠡深知这一道理，超然避世。如今先生身为丞相，出谋划策，不出朝廷，坐在朝内可以控制诸侯，天下诸侯谁不畏惧秦国。秦国的欲望已得到满足，先生的功勋已达到顶峰。假如这时先生还不隐退，就要步商鞅、白起、文种等人的后尘。成功之下，不可久处。望先生三思。”

范雎被蔡泽杰出的才识和雄辩折服，即把他留在府中。

次日，范雎把蔡泽引见给秦王，在秦王面前盛赞蔡泽的才华。秦王问：“蔡卿之才比先生如何?”范雎说：“蔡君之才胜我十倍。”

秦王问蔡泽以兼并六国之计，蔡泽对答如流，深合秦王之意。秦王即拜他为客卿。

尔后，范雎称病不朝，请求秦王准许他辞去丞相职位。秦王不准。范雎以沉疴在身，执意辞职，并荐蔡泽代己为相。秦王最后接受他的辞呈，拜蔡泽为丞相，并封他为刚成君。范雎即隐退还乡，老于其封地应城。

在这则故事里，蔡泽先是极力自夸，褒扬自己，求得范雎的召见，范雎召见后，蔡泽又危言耸听，以假象使其落入圈套，致使范雎隐退，蔡泽为相。这正是飞箝术的灵活运用：“审其意，知其所好恶，乃就说其所重，以飞箝之辞钩其所好，乃以箝求之。”意即，摸准了他的心意，了解了他喜欢什么，讨厌什么，然后前去游说他最关心的事情，并用飞箝之辞钩知他的喜好，再用飞箝之术箝制他让他照我们的决策办。

不计私仇用管仲

公元前687年，齐襄公不理朝政，荒淫无道，以致民怨沸腾，国家大乱。为了避难，鲍叔牙随公子小白流亡莒国，管仲随公子纠逃往鲁国。不久，公孙无知杀襄公自立，后被杀，造成齐国君位空缺。

公子纠和小白听到这个消息都想赶回齐国争夺君位。管仲为了让公子纠当上国君，就带兵埋伏在莒国通向齐国的必经之路上，见到小白乘车而来。就用箭射倒车上的小白。他以为小白必死无疑，就放下心来，带领公子纠慢慢向齐国进发。

实际上，管仲的箭只射在小白的衣带钩上，小白灵机一动，咬破舌头，口吐鲜血，装死骗过了管仲。当管仲离开后，他急忙同鲍叔牙抄近路返齐，昼夜兼程，抢先赶回齐国都城，登上君位，是为桓公。

齐桓公于是准备拜鲍叔牙为相，但鲍叔牙极力推辞，并极力推荐管仲。他说："管仲从小就是我的好朋友，他有经天纬地之才，如果拜他为相，齐国很快就能强盛。"

齐桓公不高兴地说："管仲差一点射死我，我怎能重用仇人呢?"

鲍叔牙说："当初，管仲是为了让公子纠登上君位才这样做的。国君不可只记私仇，而忘掉齐国的大业，失掉这位难得的人才。"

齐桓公见他说得有道理，决定重用管仲。他派人到鲁国，向鲁庄公说："我们国君要报管仲一箭之仇，请把他交给齐国处治。"

鲁国大臣施伯知道管仲回齐后会被重用，将来肯定对鲁国不利，就极力劝阻鲁庄公不要交人。鲁庄公害怕得罪齐国，便命人把管仲装进囚车，送回齐国。

管仲坐在囚车内，归心似箭。他深知自己返回齐国是好友鲍叔牙的主意，施展才能的机会就要来了。可是押解囚车的士兵行走速度非常慢，管仲心里着急，担心鲁庄公万一醒悟过来，派兵追赶。他就想了个主意，编了一首名叫《黄鹄》的歌曲，唱给士兵们听。唱了两三遍后，他又教士兵一起唱。士兵们边听边唱，忘记了疲劳，行军速度逐渐加快，只一日半就到了齐国。

就在齐国君臣迎接管仲入境的同时，鲁国公子偃也带兵追来了。

原来，鲁庄公突然醒悟，放管仲归齐，等于放虎归山，急忙下令追杀，但已经晚了一步。

飞箝是一种制人之术，“制人”又可以分为两种：一是识人为己所用。这是国君与谋臣必须掌握的基本功；另一种就是利用对方的弱点把其铲除，扫清前进道路上的障碍。在此齐桓公便是运用“制人”的前一种：识人为己用。本篇开始便提到“度权量能”，其目的就是要根据每个人的能力大小、所善专长来量才而用，使人尽其才，才尽其用。而不是大材小用，或小材大用。

齐桓公不因一箭之仇而心怀怨恨，其胸襟实在宽广，同时他又能听取鲍叔牙的意见，将管仲封为相国，更是难能可贵。后来管仲一心一意辅佐齐桓公，改革变法，励精图治，最终使齐桓公成为春秋霸主。

宽容之心得良将

公元前606年。楚庄王率领军队一举平定了斗越椒的反叛，天下太平。庄王兴高采烈地设宴招待大臣，庆祝征战胜利，并赏赐功臣，美其名曰“太平宴”。

文武百官都在邀请之列，只见席中觥筹交错，热闹异常。到了日落西山，大家似乎还没有尽兴。楚庄王便下令点上烛火，继续开怀畅饮，并让自己最宠幸的许姬来到酒席上，为在座的宾客斟酒助兴。大家本来喝得差不多了，一见美女频频向自己敬酒，都来了兴致，不觉又喝了半个时辰。

突然，外面一阵大风吹来，宴席上的烛火熄灭了。也许是醉意微醺，也许是看到许姬灿若桃花的笑颜，一个人趁着漆黑，伸手扯住她的衣裙，抚摸她的手。许姬一时受到惊吓，慌乱之中，用力挣扎，不料抓住了那个人的帽缨。她奋力一拉，竟然扯断了。她手握那根帽缨，

急急忙忙地走到楚王身边，凑到大王耳边委屈地说：“请大王为妾做主！我奉大王的旨意为下面的百官敬酒，可是不想竟有人对我无礼，乘着刚才烛灭之际调戏我。”

庄王听后，沉吟片刻。许姬又急又羞，催促他：“妾在慌乱之中抓断了他

的帽缨，现在还在我手上，只要点上烛火，是谁干的自然一目了然!”

说罢，便要掌灯者立即点灯。楚庄王赶紧阻止，高声对下面的大臣说：“且慢！今日喜庆之日难得一逢，寡人要与你们喝个痛快。现在命令你们统统扯断帽缨，把官帽放置一旁，毫无顾忌地畅饮。”

众大臣见大王难得有这样的好心情，都投其所好，纷纷照办。等一会儿点烛掌灯，大家都不顾自己做官的形象，拉开架势，尽情狂欢。

许姬对庄王的举措迷惑不解，仍然觉得委屈，便问：“我是大王您的人，遇到这种事情，您非但不管不问，反而还替侮辱我的人遮丑，您这不是让别人耻笑您吗？以后您怎么严肃上下之礼呢？妾心中还是不服!”

庄王笑着劝慰说：“虽然这个人对你不敬，但那也是酒醉后出现的狂态，并不是恶意而为。再说我请他们来饮酒，邀来百人之欢，庆祝天下太平。又怎么能扫别人兴呢？按你说的，也许可以查出那个人是谁。但是如果今日揭了他的短，日后他怎么立足呢？我不就失去了一个得力助手吗？现在这样不是很好吗？你依然贞洁，宴会又取得了预期的目的，那个人现在说不定如释重负，对你对我感激不尽，以后肯定会对我更效力。”

许姬觉得庄王说得有理，考虑周全，就没再追究。

两年后，楚国率领军队讨伐郑国。主帅襄老手下有一位副将叫唐狡，毛遂自荐，愿意亲自率领百余人在前面开路。他骁勇善战，每战必胜，出师先捷，很快楚军就得以顺利进军。

庄王听到这些好消息后，面见襄老，要嘉奖他的战绩。襄老诚实地回答说：“您要犒赏就重奖副将唐狡吧！要不是他在前面冒死打通层层关口，我们也不会这样顺利。”

唐狡站在庄王面前，腼腆地说：“大王昔日饶我一命，我唯有以死相报，不敢讨赏！”

楚庄王疑惑地问：“我何曾对你有不杀之恩？”

“您还记得‘绝缨会’上牵许姬手的人吗？那个人就是我呀！”

楚庄工以宽容之心“制人”，而后使其忠心为己所用。楚庄工揣摩到了臣子只是酒后失态，并非恶意之举，如点灯查办，就会失去一得力助手，于是便以宽容之心不了了之。这就为以后唐狡在讨伐郑国时立下战功埋下了伏笔。可见，智慧不只是表现在运筹帷幄中，而且也体现在简单行动中。楚庄王酒宴上一个简单的举动，不但保全了许姬的名声，而且得了一名尽忠的大将，赢得了一场战争。

第六章　忤合篇

【题　解】

在本篇中，鬼谷子先生表达了自己对于事物发展的一些认识，如事物的发展变化性，认为世间的事物没有永远高贵的，也没有永远居于权威地位的；高明的谋臣应该采用实事求是、灵活应变的谋略，圣人应该“无所不作”“无所不听”，主张“因事为制”，善于“向背”，精于“忤合”；以及忤合术运用时需要注意的问题。据鬼谷子研究者研究，认为忤合有几层意思：一是游说言语上的忤合。是指暂时忤逆人意，最终目的是让别人接受；二是游说策略上的忤合，用模糊错杂的语言苟合于人，取得对方的信任，进而寻求变化；三是谋士向背去就的选择，难以两忠。

首先，鬼谷子先生认为世间的事物是处于变化发展之中的。他强调要用发展变化的眼光看问题，强调事物的运动。在开篇即表明了这个观点：“化转环属，各有形势。”意为世间万物的发展变化，就像圆环旋转一样变化多端，会因其背景、情形的不同而形成不同的形势。在文中又提到了“世无常贵，事无常师”，他认为世界上的万事万物都是没有永恒的，更没有固定的模式去处理它们，因为它们都是处于不断的变化之中的。

其次，鬼谷子认为谋臣应该根据具体的事物和对象，确定具体的应对方法。实事求是，灵活应变，“反复相求，因事为制”。在正反的比较中求得自己合适的位置。“故伊尹五就汤，五就桀，而不能所明，然后合于汤。吕尚三就文王，三入殷，而不能有所明，然后合于文王。”就像伊尹和吕尚这样的名臣一样，选择合适自己发展的君王。在认识到事物的发展变化性之后，就可以采用“反忤术”去应对不同的对象、不同的事物。“必因事物之会，观天时之宜，因知所多所少，以此先知之，与之转化。”如果想达到自己的目的，就必须看清事物的发展变化，抓住有利时机，权衡利弊，来分析一个国家优势、劣势所在，预测出事件的发展趋势。然后再发挥个人的主观能动性，随情况的变化而制定不同的策略去适应变化，促进事态向有利的方面转化。

然后他论述了在行“忤合术”时应该关注的问题：

要具备超前的意识并予以变化，根据主客观条件预测事物发展的方向，加以人为的调控，才能“得天下之权”，在纷繁的世事中处于不败的主动地位，也即文中所说“其术也，用之于天下，必量天下而与之……大小进退，其用一也。必先谋虑计定，而后行之以飞箝之术”。

在行反忤术之前可以用各种办法加以试探，古之善背向者，乃协四海，包诸侯忤合之地而化转之，谋士要能够通过协作天下诸种力量，包容各路诸侯的手段，把他们置于自己事先设计的“忤合”之地，用“忤合术”试探他们，然后再选择明主，然后求合，共谋天下。

行反忤术对谋士素质的要求：需要有品德智慧，能看清事物内在的规律；需要用心思考，揭示事物的本质所在；需要考察事物的实际情况；需要以诚待人，有知人之明。

总之，谋臣必须充分了解自身的情况和对方的实际能力，“故忤合之道，己必自度材能知睿，量长短远近孰不知，乃可以进，乃可以退，乃可以纵，乃可以横”。指出了施行忤合术的客观条件，否则就难以达到预期的目的。

忤合[1]第六

原文

凡趋合倍反[2]，计有适合。化转[3]环属[4]，各有形势[5]。反复相求，因事为制[6]。是以圣人居天地之间，立身御世，施教扬声明名也，必因事物之会，观天时之宜，因之所多所少，以此先知之，与之转化。世无常贵，事无常师；圣人常无为，无不为；无所听，无不听；成于事[7]而合于计谋[8]，与之为主[9]。合于彼而离于此，计谋不两忠，必有反忤。反于此，忤于彼；忤于此，反于彼。

注解

①忤合：忤，抵触，背逆。《庄子·刻意》："无所于忤，虚之至之。"合，符合，不违背。《荀子·性恶》："合于文理，而归于治。"忤合，在这里是指以忤求合，先忤后合。

②趋合倍反：趋合是趋向合一，相当于"合"；倍反是背逆，相当于"忤"。倍，同"背"。

③化转：变化转移。

④环属：像铁环一般连锁起来而没有裂缝。

⑤形势：事物变化发展的态势。

⑥因事为制：因，依据，凭借；制，法则，法度，控制。这里是指要根据实际情况进行控制。

⑦成于事：把事情办成功。

⑧合于计谋：实现或符合预定的计谋。

⑨与之为主：与之，与他们。为主，为主人。指都是各为其主。

译文

大凡关于去就的问题，在计策上是适合的。在变化转移方面，就像铁环一般连接没有裂痕，而且各有不同的形势，彼此反复相求，对事情一件一件地作适当处理。所以圣人生存在天地之间，他们的立身处世，都是为了教化世人，扩大声誉，阐扬名分。而且他们必然根据事物的交会，观察天时的合宜，不论国家多的地方或少的地方，都用这些来进行了解，以便移风易俗进行教化。世间没有永远高贵的事物、事情；没有永远成为良师的人物。圣人常做的事就是“无所不作”，所常听的事就是“无所不听”。假如事情必然能成功，而且又合乎计谋的原则，就应该以此作为主体。虽然合乎敌国君主的意思，可惜却背离自己君主的原则，这就叫作“计谋不两忠”。其中必有顺逆的道理存在：既背叛自己君主，又忤逆敌国君主；既忤逆自己君主，又背叛敌国君主，这就是“反忤之术”。

原文

其术也，用之天下，必量天下而与之，用之国，必量国而与之；用之家，必量家而与之；用之身，必量身材能①气势而与之。大小进退，其用一也。必先谋虑计定②，而后③行之以飞箝之术④。古之善背向者，乃协四海、包诸侯，忤合⑤天地而化转之，然后以之求合⑥。故伊尹⑦五就汤⑧、五就桀⑨，然后合⑩于汤。吕尚三就文王、三入殷，而不能有所明，然后合于文王。此知天命之箝，故归之不疑也。

注解

①材能：才质和能力。

②计定：确定计谋。

③而后：然后。

④飞箝之术：借以激励、褒扬的言语去收服人心，使对方为我所用。

⑤忤合：逆合。

⑥合：偶合。

⑦伊尹：古代传说人物，辅佐商汤消灭夏桀，是商朝开国名相。

⑧汤：商朝的开国之君。重用伊尹消灭夏桀，开创商王朝，推行善政。

⑨桀：夏朝最后一个暴君，被商汤王消灭。

⑩合：契合。

译文

假如把这种“反忤之术”运用到天下，就必然衡量天下跟反忤并存；假如把这种“反忤之术”运用到国家，就必然衡量国家跟反忤并存；假如把这种“反忤之术”运用到家庭，就必然衡量家庭跟反忤并存；假如把这种“反忤之术”运用到身体，就必然衡量自身才干气势而跟反忤并存。总而言之，不论大小进退，其功用是相同的。因此必须先用谋划来决定一切，然后付诸实行以便运用“飞箝之术”。

古代那些善于向背的人，就联合全国各地军民举事，其中当然包括各诸侯王国，做成离叛的局面加以转化，到最后才利用这种势力开创新王朝。所以贤相伊尹五次臣事商汤王、五次臣事夏桀王，然后才决定一心臣事商汤王。姜太公吕尚三次臣事周文王、三次臣事殷纣王，可是他对殷纣王却无法理解，然后才决定一心臣事周文王。这就知道了天命的规定，所以伊尹和吕尚才归顺商汤王和周文王而无所怀疑。

原文

非至圣人达奥，不能御世；非劳心苦思，不能原事；非悉心见情，不能成名[①]；材质不惠，不能用兵[②]；忠实无真，不能知人[③]。故忤合之道，己必自度材能知睿，量长短、远近孰不如，乃可以进，乃可以退；乃可以纵，乃可以横。

注解

①成名：树立名声。

②兵：这里指军队。

③知人：了解他人。

译文

假如没做到至圣之人那样穷尽世理，就不能立身处世；假如不肯聚精会神苦思，就不能探讨事物的真理；假如不全神贯注观察实情，就不能功成名就；假如聪明才智不够精绝，就不能领兵作战；假如为人不够忠实，就不能有知人之明。所以“忤合之道”，自己必须估量自己的聪明才智，看一看长短、远近哪一项不如他人。如此既可以前进，又可以后退；也可以纵横天下。

智慧应用

苏秦游说，列国归燕

古语云：“良禽择木而居，贤臣择主而事。”高明的谋臣要善于看清形势，根据实际情况而选择适合自己的君主，才会建功立业，成就大事。摒弃不事二主的愚忠观念，这与儒家的正统思想分歧很大，这也正是《鬼谷子》一书

长久没有得到重视和研究的原因之一。文中列举了吕尚和伊尹的事迹，来论证作者的观点。苏秦是东周雒阳人，他曾向东到齐国拜师求学，在鬼谷子先生门下学习。开始他去游说周天子，但是周天子的近臣侍从都瞧不起他，周天子也没有接见他。

于是他改变游说对象，去见秦惠王。经过自己的观察和分析，他认为秦国是当时天下最强的国家，最有可能统一全国，成就霸业。他就向西去游说秦王，希望秦王能采用自己连衡的谋略，与齐结盟，对其他五个诸侯国逐一攻破，最终统一天下。秦惠王接见了他，苏秦游说鼓动秦王吞并诸侯，一统天下。但他没有考虑到秦国刚刚诛杀了商鞅，对游客的反感之心犹在，秦王认为他只是华而不实之人，最终并没有采纳他连衡的建议。他根据实际情况，改而主张合纵抗秦，去游说东方六国，孤立强秦。他先选择了赵国作为突破口，当时赵国赵肃侯在位，赵国大政由奉阳君执掌。苏秦就先去游说奉阳君，但奉阳君也不听他的游说，苏秦只好离开赵国，前去燕国。

苏秦首先来到相对来说最为弱小的燕国。刚到燕国时，没有机会见燕文侯，于是他广交朋友，结识名流，经过一年多时间等待，才得以被召见。晋见燕文侯时，他陈述了燕与别的国家结盟的必要性：燕之所以能够安乐无事，不受强秦的侵犯，是因为南面有赵国作屏障。秦要攻燕，必须经过赵而跋涉千里，赵要攻燕，不需百里即抵燕都。赵国之所以不攻打燕国，全因为强秦在后面牵制，而燕却正好可以利用这个机会与赵国结盟，共同抵抗强秦，防患于未然。所谓“夫不忧百里之患而重千里之外，计无过于此者”。于是，苏秦建议燕文侯先与赵国结好，然后再与其他各国联盟抗秦，这样，燕国就可保安全。他出色的口才和一语中的的言论打动了燕文侯的心，燕文侯接受了

他的主张，同意资助他实现他的战略目标。并封他为燕国使者，去跟最近的赵国联络。

这时赵国的奉阳君已经去世，赵肃侯听说燕国使者来访，立即接见了苏秦，谦恭地向他请教。他向赵肃侯指出，秦国强大，早就有入侵中原之念。凭各国的实力，都难以单独抵抗强秦，如若各国都争相讨好秦国，将来势必被秦国各个击破。若各国联合，则“地五倍、兵十倍于秦”，攻一国而各国援助，则秦虽强，亦不敢轻举妄动。各国亦可相安无事。因此，苏秦请赵肃侯出面倡议六国合纵抗秦。赵肃侯当即就采纳了他的建议，并且拜苏秦为相国，派他去游说各国，以订立合纵盟约。苏秦辞别了赵肃侯后，又先后去拜见了韩宣王、魏襄王、齐宣王和楚威王，也向他们详细阐述了向秦国割地求和的危害和联合抗秦的益处，使这四国也都赞同他的合纵联盟意见。

苏秦回到赵国，赵肃侯封他为武安君。至此，苏秦可谓是“不鸣则已，一鸣惊人”。单凭自己那三寸不烂之舌，竟促成了前所未有的六国同盟。

不久之后，六国国君于赵国洹水（今河南境内）之上，歃血为盟，合纵抗秦。封苏秦为“从约长”，把六国的相印都交给了他。并派人将六国盟约之事向秦国通报。自此之后，秦国竟有十五年之久不敢越函谷关“雷池”一步。

苏秦是纵横家的代表，在说周、秦不得后，又改而说燕；战略方针也由连衡改为合纵。不得不说他是“忤合术”的高手，为了实现自己的政治抱负而几易其主，“忤合”运用得淋漓尽致。

制造假象，迷惑敌人

北宋初年西夏人经常侵犯边境，一次他们又来骚扰，渭州知州曹玮领兵出战，打了胜仗。敌人丢下物资逃跑了，曹玮派人打探到他们已经走远了，命令士兵

赶着敌人丢下的牛羊，抬着他们丢下的物资，慢慢地往回走。敌人逃了几十里后，听说曹玮贪图财物行动迟缓，队伍零散，就又返回想袭击他们。曹玮得情报后，仍然不慌不忙地带着队伍慢慢走，部下很担心，对曹玮说：“把牛羊丢下吧，带着这些东西，跑也跑不动，打也打不了，敌人追上来怎么办？”曹玮对这些话全不理会，队伍还继续往前走，又走了半天，到了一个比较有利于战斗的地形，曹玮才命令停下来等待敌人的到来。敌人快要逼近的时候，曹玮派人迎上去对他们的首领说：“你们从远道而来，一定很疲劳，我们不想乘你们疲劳决战。”敌人正跑得筋疲力尽，听他如此说非常高兴，坐下来休息。过了好长时间，曹玮派人对敌人说：“休息好了，咱们可以交战了。”于是双方击鼓进军，曹玮的部队毫不费力就把敌人打败。

曹玮的部下对这一仗取胜如此容易都感到奇怪。曹玮说：“我知道敌人已经很疲乏。让大家赶着牛羊抬着财物做出贪图财物的样子，是为了诱骗敌人。让他们走了很长的路之后再来袭击我们。这时如果马上和他们交战，他们虽然疲劳，但士气正旺，谁胜谁负很难定夺。我让他们先休息，是因为走过远路的人，停下来休息一会儿，就会腿肢肿痛麻木，站立不稳，根本无法作战。我就是根据这一经验打败他们的。”

请看，曹玮故意制造假象，迷惑了敌人，表面上合乎敌人的判断，而实质上早已制订好了对付敌人的计划。计划的制订是根据事物发展变化的不同阶段有不同的特点而制定出来的，这样一旦和敌人作战，就能克敌制胜。“忤合之而化转之”。这正是对忤合术的灵活运用。

西门豹治邺

古时，黄河中游地区崇拜河神，每年要为河神娶一媳妇。邺城（今河北临漳）滨临漳水，此风尤甚，吓得有漂亮姑娘的人家都背井离乡，外出逃荒。因而邺城一带人烟日益稀少，田地也日益荒芜起来。战国时期，魏文侯励精图治，决心改变这种陋俗，于是派有智有识的西门豹去任邺令。转眼之间，给河神娶媳妇的日子就到了，西门豹便出城到漳河边观看。

所谓给河神娶媳妇，就是由当地巫婆和乡老主持，选一漂亮民女，囚在漳河边的喜棚中，斋戒沐浴到了时日，给她穿上新衣裳，放到河中一张床上，顺水漂去，漂着漂着就沉了，葬身水底。西门豹来到河岸边，巫婆带领她的女徒前来迎接。西门豹说："把河神媳妇领来让我瞧瞧，看漂亮不。"媳妇领来后，西门豹假装仔细看了半天，正色告诉巫婆："这女子不漂亮。这样吧，烦你走一趟，告诉河神一声，说改日挑个漂亮的，再给他送去。"说完不容分辩，就命手下人把巫婆扔到河里。西门豹假装恭恭敬敬地立在河边等候。

过了一个时辰，西门豹回头说："巫婆去了半天也不回来，再派个人去催催。"说完又让手下把巫婆的一个女弟子扔到河中。等了一会儿，又这样把一个乡老扔下河去。又过了一会儿，西门豹又转回头来，正色说："这些人怎么没有一个回来的，再派谁去呢？"那班女巫弟子和乡老们吓得面如土色，叩头求饶。西门豹说："好吧，大概河神留他们

吃饭去了。改日再说吧！”那些小女巫和乡老们闻言，抱头鼠窜而去。自此之后，再也没有人敢提给河神娶媳妇的事了。那些逃亡在外的人听说之后，陆续返乡，又把邺城建成了米仓。

周郎的反间计

三国时期，曹操的大军和孙权、刘备的联军在长江两岸对峙。曹军本是北方人，不习水战，所以孙权军队主帅周瑜并不害怕。可是，后来听说曹操任用降曹的原荆州水军都督蔡瑁、张允为曹操水军正、副都督训练曹兵时，周瑜便忧虑起来。这时，曹操为打探孙、刘联军的消息，派周瑜昔日的同学蒋干到周瑜军营来。周瑜心头一亮，决定因事而制之，他不是来当间谍刺探情报吗！就送个情报给他带回去。主意已定，周瑜便摆酒为蒋干接风，殷勤劝酒，自己反而喝了个酩酊大醉。醉中邀请蒋干宿在自己大营中。蒋干心里高兴，想正好借此机会打探机密。

夜里，周瑜假装说醉话，告诉蒋干不几日便可得到曹操人头。蒋干心中大为疑惑，毫无睡意，一心想打探明白。半夜三更，周瑜被人叫醒，说：“江北来人。”周瑜一摆手，说：“低声！出去说。”蒋干见他们出帐，便贴耳偷听，只断断续续听到“蔡瑁”“张允”等名字，心中更加疑惑，心想：“不知这两位降将有何勾当？”听周瑜进帐，便假装睡下。周瑜回帐，故意问手下人：“谁睡在我帐中？”手下人说是蒋干。周瑜假装跺脚后悔，说：“我醉中不知失言否？”忙上前呼唤蒋干。蒋干装作睡得死死的，怎么叫也不应声。周瑜长舒

一口气，说："还好，他也醉了。"周瑜在灯下看了一会儿信，顺手放在兵书中，就睡下了。蒋干眯着眼，看准了放信的地方，听周瑜睡熟后，悄悄下床偷看信，原来是蔡瑁、张允投降东吴，约周瑜破曹军、杀曹操的信。蒋干大惊，连忙偷了信逃出周瑜大营，乘船回江北曹营。周瑜听到曹操诛杀了蔡瑁、张允，顿时松了一口气。这就是运用"因事为制术"，利用敌人的间谍刺探情报之机，借敌人之手传递情报而制敌的例子。

掌握敌情巧施离间计

南北朝混战时代，中国北方有东魏和西魏相互对峙，东魏大将段琛据兵于两国交界的宜阳（今河南宜阳西），派下属牛道恒招募西魏边民，以扩大自己，削弱西魏。

牛道恒招募有方，使大批西魏边民迁到东魏来。西魏大将韦孝宽甚是忧虑。后来，韦孝宽想出了一招"钩箝计"，让段琛内部自相残杀。他先派人打入牛道恒幕下，获得了牛道恒手迹。又命令手下擅长书法的人模仿牛道恒笔迹，造了一封牛道恒给自己的信。信中写牛道恒对西魏如何向往，对韦孝宽如何崇拜，并表达了伺机投诚的心愿。信写好之后，故意抖落上一些灯捻灰烬，造得天衣无缝。然后利用布在段琛手下的间谍，让信落到段琛手中。段琛因此对牛道恒生疑，不再信用，牛道恒对招募工作也就没劲了。其中的关键是韦孝宽得到了牛道恒的手迹，而利用此"情"做了手脚。

掌握敌方的人际关系之"情"而后"钩之箝之"，也是我国古人常用的手法。南宋爱国将领岳飞就曾用此法除掉了卖国贼刘豫。

宋王朝建都临安（今浙江杭州）后，长江以北金人势盛，宋王朝的济南（今山东济南）知府刘豫卖国求荣，投降了金人，被金人封为"齐帝"。

转战于大江南北的岳飞想除掉刘豫。他先派人打入金人内部，探明了刘豫与金人头目的关系。金兵统帅粘罕与刘豫关系密切，却因此得罪了四太子金兀术。金兀术十分讨厌这个拍马溜须的刘豫。岳飞知此，决定用离间计引他们上钩，除掉刘豫。一次，手下人擒获了一名金兀术派来打入宋军内部的间谍，押到岳飞帐下。岳飞假装认错了人，说："你不是张斌吗？我不是派你到齐，约齐帝诱杀四太子兀术吗？你怎么一去就没信了？急得我又派人到齐国去，已与齐帝约好，今冬以渡江南进为名，诱兀术到清河围歼之。事已办好，你却才回来。你带了我的信，到底干什么去了？"金间谍以为岳飞认错了人，便将错就错，以求不死，假装认罪。岳飞又派他回齐，并当场写了一封给刘豫的信，约定了与刘豫共诛兀术的措施。写好后装在蜡丸中，派人割开间谍大腿，把信藏到里面，放他去齐。间谍逃到兀术帐下。兀术见信大惊，立即上报金主。

不久，刘豫被废，除掉了南宋的大患。此计运用的关键在于摸到了敌人内部人际关系的真情。

深入虎穴，结识盟友

变被动为主动、善抓主动的"反忤术"事例，古代比比皆是。

唐代，回纥与吐蕃两国在唐叛将仆固怀恩煽动下，合兵进犯中原。唐将郭子仪闻讯，忙率本部精兵万余迎敌，至泾阳（今陕西泾阳）被围。

当时，形势十分危急。泾阳城不高，易攻难守，而敌人却有三十万人马，是守军的数十倍，恰在这时，仆固怀恩病死。回纥与吐蕃首领都想争当联军长官，产生了矛盾。郭子仪闻讯计上心来。他记起回纥曾出兵助唐平安禄山之乱，且与自己并肩战斗过，便想使用反忤之计，变被动为主动，争取回纥兵，杀退吐蕃兵。主意已定，他便让部将李光瓒到回纥营中探听虚实。李光瓒回来后，传达了回纥都督药葛罗之意：很想见一下郭将军。郭子仪闻言，不听众人劝阻，只带两随从到回纥大营。回纥众将一见，都热情迎接。药葛罗说："仆固怀恩只说您老已死，皇帝升天，国内大乱，请我们帮他平乱，哪知上当了。”郭子仪乘势说：“仆固怀恩可恨，吐蕃也不像话，居然也怂恿你们来打我们。我们何不乘机夹攻他，夺取他们的财物，占领他们的地盘？”药葛罗大喜。两下议定，同击吐蕃，直杀得吐蕃大败而逃，不但解了泾阳之围，除了边关之患，还得了吐蕃大片土地。

此乃变必败为胜利，变被动挨打为主动进攻。

月满则缺，急流勇退

公元前496年，越王允常病亡，他的儿子勾践继位。范蠡和文种继续得到重用，主持越国军政。公元前494年，勾践得知吴国加紧练兵，准备伐越，

决定先发制人，出兵攻吴。范蠡认为越国实力不充足，准备不充分，时机不成熟，劝勾践改变决定。勾践不听，坚持出兵，以舟师进攻吴国的震泽（今江苏太湖）。吴军迎战越军于夫椒（今太湖夫山、椒山）。结果，越军大败。勾践率残余越军退守会稽山，被吴军团团包围。这时，勾践方才悔悟，对范蠡说：“当初不听你的话，致遭如此失败。现在该怎么办？”范蠡认为，为了避免亡军亡国的结局，唯一的办法是求和图存，等待时机，另谋兴复。勾践采纳了范蠡的计策，派文种到吴国求和。经过多方努力，始得吴王夫差允许。自此以后，范蠡先是随勾践到吴国当人质，过了三年忍辱负重的奴仆生活。被遣返回国以后，又协助勾践“十年生聚，十年教训”，振兴越国，伺机灭吴。从公元前482年开始，范蠡以上将军之职，辅佐勾践组织和指挥灭吴之战。经过六年奋战，终于攻陷姑苏，灭亡吴国。然后乘胜北进，与中原诸侯会盟，取代吴国的霸主地位，横行江淮，称霸中原，国势达到鼎盛阶段。

在欢度胜利的时刻，范蠡采取了一个出人意料的行动。根据长期的观察体验，范蠡认识到，“大名之下，难以久居”，“且勾践为人，可与同患，难与处安”。如果继续留在越国，说不定哪一天就要灾难临头，于是决定辞官退隐。当越军凯旋到达五湖（今太湖）时，范蠡就婉言提出辞退的要求，说：“为人臣者，君忧臣劳，君辱臣死。昔者君王辱于会稽，臣所以不死者，为此事（指灭吴称霸）也。今事已济矣，蠡请从会稽之罚。”（《国语·越语》）勾践假意挽留，软硬兼施，说：“你听我的话，我就与你分国而治；不听我的话，就杀掉你和你的妻子儿女！”范蠡的态度也强硬起来，说：“我知道了，你实行你的命令，我照我的意志办事！”遂携带财宝和从人“乘舟浮海以行”。勾践乐得除去一个潜在威胁，并不追寻，同时又划会稽周围二百里为范蠡俸邑，用良金铸造范蠡塑像，装出怀念功臣的样子。范蠡写信给文种，劝他早日离开越国。信中说：“飞鸟尽，良弓藏。狡兔死，走狗烹。越王为人长颈鸟喙，可与其共患难，不可与其共安乐。子何不去?”文种见信，称病不朝。有人诬告文种将要“作乱”。勾践借机“赐剑”文种，说：“子教寡人伐吴七术，寡人用其三而败吴，其四在子，子为我从先王试之!”

文种遂被迫自尽。越国赖以兴复的两大功臣，就这样落了一走一死的下场。

范蠡功成身退的结局说明，范蠡不仅善于谋国，而且善于谋身，当进则进，当退则退，因而得以避免文种那样的杀身之祸。苏东坡对此发表评论：“春秋以来，用舍进退，未有如范蠡之全者也。”范蠡之所以采取这种功成身退的做法，是因为他看到了当时的一种带有规律性的社会现象：“飞鸟尽，良弓藏；狡兔死，走狗烹。”当然，受历史条件的限制，他还不能透过现象看清它的本质。勾践所以过河拆桥，不能简单地归结于他的个人品德，更不是因为他长了一副长脖子尖嘴巴，而是由当时的社会制度和他的阶级本性决定的。在当时的历史条件下，君主和谋臣之间，是一种人身依附关系，也是一种相互利用的关系。具有自知之明的君主，知道自己的智力不足以应付错综复杂的斗争，“智不备于一人，谋必参诸群士”。特别是在创业阶段或处境危难的时候，都能程度不同地礼贤下士，虚心听取谋臣的意见。谋略人才则希望依靠有作为的君主，谋取个人的名利，施展自己的才能。但是，这种关系能够维持到什么程度，则以是否有利于君主的权利为准则。为谋臣者，最忌功高震主。勾践在会稽兵败、“十年生聚”的时候，能够比较虚心地听取范蠡、文种等人的意见，甚至宣称要和他们“共执越国之政”，而一旦大功告成，认为不再需要谋臣的帮助，甚至认为谋臣成为自己权位的威胁时，就毫不犹豫地加以排斥和迫害。所以，在当时的社会历史条件下，范蠡的做法，不失为一种明智的选择。

“不知范蠡乘舟后，更有功臣继踵无？”（唐代诗人胡曾《咏史诗》）范蠡的结局开辟了一条可供选择的道路，给后人留下了一个值得深思的问题。

当勾践雄心勃勃为天下计时，范蠡主持越国军政；勾践执意攻吴失败后，先是随勾践到吴国当人质；遣返回国后，又协助勾践振兴越国，伺机灭吴，这是“合”。当越国灭掉吴国，进而称霸中原，在欢庆胜利的凯歌声中，范蠡认为勾践为人，可与同患，难与处安，决定辞官退隐，这是“忤”。根据“化转环属，各有形势。反覆相求，因事为制”，适时地实施忤合术，这是范蠡的明智之举。

功成身退，明哲保身

张良，字子房，又以封地称留侯。出身名门望族，其祖及父五世为相韩国。韩被秦灭后，他图谋复韩，曾指派刺客持一百二十斤重的大铁锤击秦始皇而未中，因此获罪逃亡在下邳（今江苏睢宁北）藏匿。陈胜、吴广起义后，张良立即聚众响应，先投项羽之叔项梁，并劝说项梁立韩国贵族后裔成为韩王，实现了自己复韩的理想。后韩王因投靠刘邦为项羽所杀，张良复归刘邦，成为刘邦的主要谋臣。他深谋远虑，而且出谋必胜，很为刘邦赏识和佩服，赞誉他是“运筹帷幄之中，决胜千里之外”的人杰。他为刘邦取得楚汉战争的胜利立下了不朽功绩，是汉代立国的大功臣，是史家所称“汉初三杰”之一。他是我国历史上一位名扬史册的大谋略家。

张良先是投奔项梁图谋复韩，“合”之；后韩王为项羽所杀，就投奔刘邦，“忤”项“合”刘。适时地实行忤合术，是张良成功的关键所在。

张良善谋国也善谋身。张良既是一个胸怀宏图大志、敢作敢为（如刺杀秦始皇等）的人，又很谦虚谨慎，懂得适可而止。这充分反映在张良对待刘邦称帝后给他论功行封的态度上。劳苦功高，忠诚汉室，刘邦非常敬重他，因此在论功行封的会议上，刘邦让张良自己选择齐国三万户的食邑，张良却辞让不受，反而谦虚地请求封给他首次与刘邦相遇的留地（今江苏沛县，只有万户）。刘邦为其感动，便同意了他的请求。他辞封时说：“自己在韩国灭亡之后沦为一个布衣，一个布衣能得封万户，位在列侯，应该满足。”封建士大夫出身的张良，在业成功垂之后，不仅不居功自傲，还能自谦相让，实在难能可贵！

张良谋国有远虑，谋身知近忧。尽管刘邦待他不薄，但他深知刘邦的为人。当他目睹彭越、韩信等有功之臣陆续招致悲惨结局之后，不能不联想到历史上范蠡、文种在扶助勾践再兴越国后的不同选择和结果。他深悟“敌国破，谋臣亡”的哲理。他不愿意步文种、彭越、韩信的后尘，而是要明哲保身。于是他主动向刘邦提出告退，“忤”之而专事修道养身，并想轻身成仙。后因吕后感德张良，极力相劝，张良乃食人间烟火。但他对于国政大事已不再积极过问了。

对于张良的功成告退，史家多有褒贬，说法不一。但是作为一个谋略家，张良是非常懂得权衡利弊关系的。在国家大局已定的情况下，身体不好，年迈知退，让位后人，现在看来不失为明智的选择。

审时度势，投靠明主

荀彧出身于名门望族，祖父荀淑曾任朗陵县令，父亲荀绲曾做过济南相，叔父荀爽后来官至司空，在“荀家八龙”中才学最高。在这样的环境下，荀彧自幼便受到了良好的教育和熏陶。他少年时代就出类拔萃，在同龄人中特别突出。他年龄虽小，但已是学富五车，才高八斗，再加上品行端正，深得乡邻赞誉。南阳何颙善于识别人才，一见荀彧，连声称奇，说他不同凡响，将来必定能成为王佐之才。

公元前189年，荀彧被推举为孝廉，送至京城洛阳，经过考试，成绩优秀，又被授予守宫令之职，开始了他的政治生涯。不久，董卓兵变，荀见洛阳日益混乱，便要求赴外地为地方官，于是朝廷任命荀为亢父（今山东济宁市南）县令。董卓作乱以后，荀彧知道天下即将大乱，担心自己和亲属的安全，便弃官返回故乡颍川。他劝家乡的父老乡亲应该迅速离开，以躲避战乱。但乡邻难舍故土，不愿背井离乡，四处流落。此时，同郡人冀州（今河北临漳县）牧韩馥，因仰慕荀彧，派人前来接荀彧及众乡亲到冀州。由于颍川乡亲仍不愿前往，荀彧便耐心动员本宗族的人迁往冀州。后来董卓派部将李傕领兵出关，所过之处掳掠烧杀，荀彧的众乡邻很多被杀掠，他们才后悔当初没有听从荀彧的劝告。

荀彧率本族人到冀州后，韩馥见其中有不少饱学之士，很是高兴，都委以重任。荀彧也深得韩馥信赖。后来，袁绍夺取冀州，灭了韩馥。他久闻荀彧的弟弟荀谌以及同郡人辛评、郭图等，因而他们都受到礼遇，并被袁绍委以重任。

荀彧虽久闻袁绍大名，但他发现袁绍外宽内忌，不善用人，治军不严、多谋寡断，他预料袁绍终难成就大事。智者择主而事之，荀彧觉得冀州非久居之地，打算另觅英主，更换门庭。

不久，奋武将军曹操领军击败黑山农民起义军白绕部，朝廷命他为东郡（今河南濮阳市）太守。荀彧知道曹操有雄才大略，通晓兵法，思贤若渴，多谋善断，虽然目前实力不强，但断定他日后终成大业，于是便把自己匡扶汉室的希望寄托在曹操身上。荀彧毅然离开袁绍，于公元前191年前往东郡投靠了曹操。曹操见荀彧来投奔，十分高兴，同荀彧谈话后，对他评价很高，把他比作汉高祖刘邦的谋士张良。当时荀彧才29岁，被拜为奋武司马，帮助曹操管理军务，并参与军事策划。

荀彧虽得袁绍器重，但发现袁绍外宽内忌、不善于用人等许多重大问题，预料其难成大事。而曹操有雄才大略，善于用人，断定他能成大事。他适时地运用忤合术，毅然离袁投曹，深得曹操的重视，得到了自己的用武之地。

在这里，荀彧适时地运用忤合术来审时度势，投靠明主，对他的一生影响重大。

人才难得，竭诚以求

公元前655年，晋献公灭了虞国，俘虏了虞国国君和虞国大夫百里奚。

百里奚，在虞国是个讲忠义、有才干之臣。晋献公知其贤，便想任用他，派大臣去劝说，但遭到百里奚拒绝。这时，正值秦穆公派使者到晋国，向晋献公的长女伯姬求婚。因为百里奚不愿归顺，献公决定把他作为陪嫁奴隶送到秦国。在去秦国的路上，百里奚利用一次看守不严的机会逃跑了。百里奚逃到楚国的领地宛城时，不慎被本地人当作奸细抓起来。秦穆公在清点晋献公送来的礼单时，发现陪嫁奴隶中有百里奚的名字，却没有这个人，便追问原因。护送礼物的人员禀告秦穆公说："百里奚是虞国的臣子，在路上逃跑了。"穆公觉得很奇怪，便询问百里奚的情况。了解情况的人说："这个人很有学问，也很有能力，是个贤才，只可惜没有遇到好时机。"秦穆公求贤心

切，立刻派人打听百里奚的下落，当得知百里奚在楚国为奴时，穆公欲以重金赎回。有个大臣对穆公说：“楚国之所以把百里奚当奴隶看待，是因为不知百里奚之贤，如果以重金赎回，岂不是告诉楚国百里奚是个贤人吗？这样做百里奚是不能归秦的。”于是秦穆公改变了主意，派人到楚国，对楚王说：“我有个陪嫁奴隶百里奚逃到你们这里来了，请让我用五张羊皮把他赎回。”秦穆公表面与楚王“合”之，实际“忤”之，骗过了楚王，使楚王毫不迟疑地同意了。

百里奚到达秦境时，秦穆公派使者前往迎接，把他从囚车中释放出来，并视为上宾。秦穆公召见百里奚，请教治国方法。百里奚说：“我是个亡国之臣，怎么有资格谈论治国之道呢？”穆公说：“虞国国君没有重用你，没有听取你的意见，所以亡国了，那不是你的过错。”百里奚看到穆公态度诚恳，于是畅所欲言，两人谈了三天，谈得非常投机。穆公高兴之余，问起百里奚的年龄。百里奚说：“七十出头了。”穆公说：“可惜老了。”百里奚笑着说：“你如果派我去追逐飞鸟，搏击猛兽我确实老了，但让我给你出谋划策，那我还年轻呢！当年吕尚八十岁遇文王，今天我遇你不是比吕尚还早十年吗？”穆公大喜，要授予百里奚处理国事大权，百里奚推辞说：“我的才干远不及我的好友蹇叔，蹇叔之贤，世人并不知道，如果你想治理好国家，最好请他辅佐。”穆公从未听说过此人，便问起蹇叔的情况。原来当初百里奚离开妻儿，远离故土，想寻找明君，做一番事业。百里奚游说到齐国，因没有人向齐襄公引荐，后来路费用光了，流落街头。百里奚乞食时

遇到蹇叔，他看出百里奚不是等闲之人，收留了他，并结为兄弟。蹇叔家境贫寒，百里奚便替人养牛糊口。

不久，齐国公子无知杀了襄公自立为国君，到处张榜招贤，百里奚想去应招，蹇叔认为无知杀君夺位，必然自取灭亡，劝止了百里奚。果然，过了一个多月，无知在一次出游时被杀。蹇叔的劝告，使百里奚幸免于难。后来，百里奚想做周王子家臣，蹇叔劝他不要干，后来避免了周室内乱发生的灾祸。百里奚为辅佐虞国国君以摆脱贫困，就没有再听蹇叔的劝告。百里奚两次听了蹇叔劝告，避免了两次危险；一次没听，差点丧了命。

穆公听了百里奚介绍蹇叔的情况后，认为这是一个难得的人才，便派人以重礼迎接蹇叔出山，并任命百里奚和蹇叔为上大夫。

百里奚想投奔无知，投奔周王子，都“因事为制”而忤之，最后与秦穆公“合”之，得到了重用。这些都是经过一番曲折，看出了事物的本质和特点而做出的决定。

以胜诈降，因“贪”致命

北宋初年，契丹大将耶律休哥，趁天寒地冻，大胜刘延让等人率领的 10 万人马。

耶律休哥得胜以后遂想乘胜进攻雄州。于是给雄州知州贺令图写了封信，信中道：“我在国内待不下去，情愿归顺宋朝，请您帮助在大宋皇帝面前说情使之收留，然后再约定归降日期。”写好以后派人拿着贵重礼物和信一并送到雄州。贺令图是个轻薄无谋的人，看完信后毫不怀疑，收下礼物，派送信之卒回去禀报耶律休哥，做好归降准备。

耶律休哥得到消息十分高兴，当即率部向雄州进发。贺令图以为耶律休哥要商议归降的具体事宜，心想耶律休哥来降，自己定能因此领功受赏，当即带领部下十几个人骑马奔契丹大营而去。行至耶律休哥大帐外面，正要迈进营门，忽然一人厉声大骂："你经营的好事，今是来送死的吧。"贺令图抬头一看不是别人，正是耶律休哥。知道已经上当，懊悔不迭。这几个人到了契丹大营，如同羊入虎口一般，哪里还有活路。耶律休哥人马一拥而上，顷刻之间十几个随从已被斩尽杀绝，贺令图被绑赴契丹，随后也被杀死。

耶律休哥乘胜南进，接连攻下深、邢、德三州，掠得人口、财物无数，然后回朝领功受赏去了。

耶律休哥根据贺令图轻薄无谋的实际情况，施用忤合术：假意"合"之，实际上"忤"之。这一点贺令图就没有想到。

第七章 揣篇

【题 解】

揣术是《鬼谷子》推测对方心理的方法。“揣”，即揣情的意思，让人忖度人情、事理以便推测出事物发展的方向，权衡事物的得失、利弊。其要旨在掌握对方隐情，包括能力、权变、憎恶等。

尤其是治理国家、统治天下的人，一定要先度量天下各方面权变，比如国家财富多少，人民富裕还是匮乏，诸侯各国之间谁与谁亲密，谁与谁疏远，百姓人心向背如何等，这样才能治国安邦。在人际交往中也要进行细致入微的观察，然后制定谋略计策。

所以本篇说：“故虽有先王之道、圣智之谋，非揣情，隐匿无所索之。此谋之本，而说之法也。”

在运用揣术时，应注意把握以下几点：

1. 不要把量权和揣情截然分开，应将两者有机结合起来，充分认识到二者相辅相成。量权有助于揣情，揣情有助于量权。

2. 在量权和揣情时，应力求准确，不要先入为主，应持有客观、冷静的头脑，不要受个人情绪的影响。

3. 应广泛学习各种现代科学知识，特别是社会心理学的知识，这样有助于提高个人的判断能力。

4. 加强应变能力的培养，随机变辞，除了要求思维敏捷，反应迅速外，还要求说辩者知识广博，足智多谋，以便在仓促应答中，知识和智谋都能运用得游刃有余。

揣篇第七

原文

古之善用[①]天下者，必量天下[②]之权而揣诸侯之情。量权[③]不审，不知强弱轻重之称[④]；揣情不审，不知隐匿变化之动静。

何谓量权？

曰：度于大小，谋于众寡；称货财有无之数；料人民多少，饶乏、有余、不足几何？辨地形之险易，孰利孰害？谋虑孰长孰短？揆君臣之亲疏，孰贤孰不肖？与宾客[⑤]之智慧，孰少孰多？观天时[⑥]之祸福，孰吉孰凶？诸侯之交，孰用孰不用？百姓之心，去就变化，孰安孰危？孰好孰憎？反侧孰辨？能知此者，是谓量权。

注解

①善用：善于使用，这里指善于统治。

②天下：古人以为地在天的下方，故称地为天下。

③量权：度量、权衡。

④称：又作秤，天平。

⑤宾客：被礼聘文人或策士。

⑥天时：天赐的时机。

译文

古代那些善于处理天下纠纷进而操纵天下局势的人，必定能准确地把握天下政治形势的变化，必定善于揣测诸侯国君主们的心性意向。

如果不能缜密细致地把握天下政治形势的变化，就不知道哪个诸侯国真正强大，哪个诸侯国确实弱小；就不能真正了解哪个诸侯国在国际外交中举足轻重，哪个诸侯国处在无所谓的位置。

如果不能准确地把握诸侯国君心性意向，就不能真正掌握那些隐秘微妙的信息和瞬息万变的世情。

什么叫量权？就是说，要衡量国土的大小，要考虑国民的多少；要衡量国家经济实力强弱；要估算国民户数有多少，他们的财力、贫富情况怎么样？

要考察一国的地理形势，利于自己固守还是利于敌方进攻；考察某个国家是否有真正的善谋之士；要推断某个国家中君臣关系怎样，君主是否英明，臣子是否贤能；要推断某个国家中客卿、门客中有多少智识之士；要观测天时对哪方有利，对哪方有害；要考虑诸侯间的结盟关系，是否真能危难相济；要考察民心向背，是否能笼络住民心，百姓爱谁恨谁，民心的变化对谁有利。

能知道这些，才叫作能把握天下政治形势的变化。

原文

揣情[①]者，必以其甚喜之时，往而极其欲也，其有欲也，不能隐其情。必以其甚惧之时，往而极其恶也，其有恶也，不能隐其情，情欲[②]必出其变。感动而不知其变者，乃且错其人勿与语，而更问其所亲，知其所安[③]。夫情变于内者，形见于外。故常必以其见者，而知其隐者。此所谓测深揣情。

故计国事者，则当审权量；说人主，则当审揣情。谋虑情欲必出于此。乃可贵，乃可贱，乃可重，乃可轻，乃可利，乃可害，乃可成，乃可败，其数[④]一也。故虽有先王之道、圣智之谋，非揣情、隐匿，无所索之。此谋之大本也，而说之法也。常有事于人，人莫能先。先事而至，此最难为。故曰"揣情最难守司"。言必时[⑤]其谋虑，故观蜎飞蠕动[⑥]，无不有利害[⑦]，可以生事变。生事者，几之势也。此揣情饰言成文章，而后论之。

注解

①揣情：揣度。《史记·虞卿列传》："虞卿料事揣情，为赵策划，何其工也。"这里是指揣度情理。

②情欲：欲望，欲念。

③安：安静。

④数：法术，这里指办法。

⑤时：这里指时机。

⑥蜎（yuān）飞蠕动：泛指昆虫的飞动。蜎行动时都必须屈伸身体，就叫蠕动。

⑦无不有利害：世间没有不具备利害之心的东西。

译文

所谓揣摩实情，必须在敌人最高兴的时候，专程前往满足他们的最大欲望，当他们刚一产生欲望时，就不能隐瞒实情；又必须在敌人最恐惧的时候，专程前往满足他们的最大恶心，当他们刚一产生恶心时，就不能隐瞒实情；否则情欲必然丧失其中好恶的变化。虽然很受感动却不知道自己好恶喜惧的人，就要暂时放下这个人不跟他说话，改而旁敲侧击调查他所爱好的东西和他引以为安的事情。至于情绪在内心发生变化的人，就会把行动表现在外，所以必须经常凭自己所观察的来理解所隐瞒的，这就是所谓"刺探内情"。

所以谋划国事的人，就应当详细衡量权势；在向人君游说献策时，就应当详细揣摩实情。凡是谋虑情欲，必然都用这种策略。就可尊贵，就可卑贱，就可尊重，就可轻视，就可有利，就可有害，就可成功，就可失败，其中的揣术是相同的。所以虽然有古圣先王的德行和智谋，假如不揣摩敌情也无法得到隐匿的情报，这是谋略的基本原则，而且是游说的通用法则。经常有事求他人帮忙，可是他人却不肯先帮忙。当事发生之前就到达，这是最难做的事。所以说揣摩敌情这件事最难，必须在适当时机侦察敌人的言论。因此当昆虫蠕动时，都有它们自己的利害关系存在，如此就可以使事情产生变化。而事情的产生变化，是一种极微妙的自然现象。关于这种揣摩实情的事，要在粉饰言词写成文章之后讨论。

智慧应用

投其所好，和珅得宠

中国古代最大的贪官，清朝奸相和珅虽然家世不佳，但有股聪明劲，好读书，史书上说他“少贫无籍，为文生员”，在官学中读过四书五经。他对汉族文化和历史有所了解，对中原的地理沿革、风土人情、文坛掌故都很留心，而且生性乖巧，能说会道，还爱要小聪明。

和珅精通中原文化，这点知识帮了他的大忙。还在给乾隆帝当銮仪卫听差时，就因读四书五经而受到乾隆帝的喜爱。

有一次，和珅在乾隆帝的轿前听差。乾隆的大驾急于起程，仓促间找不到黄龙伞盖。乾隆帝发了脾气，问道：“是谁之过欤?”銮仪卫的轿夫、侍卫你看看我，我看看你，不知怎么回答，也不知该怎么办好。这时和珅却应声答道：“典守者不得辞其责!”

乾隆看了看这个说话的人，见他长得眉清目秀，仪态俊雅，回答得口齿清楚，语言文雅，对他就颇有几分好感。心想，听差的行列中，竟有这样才气的人。问起来，才知道他是满洲官学的生员，名叫和珅。

清代，从圣祖康熙就很重视程朱理学，很重视文化教育的思想统治和作用。学堂里一律把《论语》《孟子》《大学》《中庸》这四部（即《四书》）作为必读教材、科举考试的经典。

此时，乾隆坐在銮舆内，一边走着，一边询问了和珅一些“四书”中的问题。和珅一一作答，“奏对颇能称旨”。乾隆听了，十分满意。从此，乾隆就让和珅总管仪仗队，又升为侍卫。这官虽然不算大，但很重要，宫中的事务差不多都由他管理。

和珅升为侍卫之后，常常在乾隆身边，他对乾隆的性情喜好、生活习惯，甚至一言一语、一举一动，都处处注意，留心观察。时间一久，把乾隆的脾气、心理、爱憎等，了解得十分清楚。乾隆什么时候想要什么东西，什么时候该办什么事情，他一看乾隆的脸色，就能猜得出个八九。有时不等乾隆开口，他早已把该要的东西准备好了。和珅费尽心机，在各方面都使乾隆非常满意。

乾隆还有一个特点：爱听奉承话，但又不喜欢看到人们是在当面捧他，就是说吹捧奉承需要技巧。他非常喜欢谈文讲史，对文史的整理工作很重视。相传文庙时刊印二十四史，乾隆怕有舛谬，常亲自校核，每次核出一件差错来，总觉得是做了一件了不起的大事，心中很是痛快。大臣们为了迎合他的心理，就在抄写给他看的书稿中，故意于明显的地方，抄错了几个字，以便“宸翰勘正”，这是变着法儿让乾隆高兴。这样做，比当面奉承他学识高深，能收到更好的效果。当然，书稿中也有乾隆改正不到的，但经他改定的书稿，就没有人敢再动了。所以，今天见到的殿版书常有讹舛，有不少就是这样形成的。

和珅最了解乾隆的这个特点，他在任何事情上，都曲意承迎，选取最恰当的方法，博取乾隆的欢心，因此也最得乾隆的宠信。

和珅除了对乾隆曲意承迎外，对乾隆身边的人，特别是对乾隆喜欢的人，更是百般讨好。

十公主是乾隆最小的女儿，后来被封为和孝公主，乾隆非常疼爱他这个女儿。他常说：“我这小女儿长得很像我，一定有福气。”“你可惜不是个男孩，要是男孩的话，我一定立你为太子。”十公主性格刚毅，不像一般的女孩子。她有些力气，据说十多岁就能拉弯十石硬弓。乾隆对这个小女儿提出的任何要求，总是百依百顺。她说的话，乾隆听来句句顺耳。

和珅为了讨好乾隆，就特别想法讨好这位十公主。和珅知道，博得十公主的欢心，也就是博得乾隆的欢心。

有一次，乾隆去圆明园游玩，和珅随驾，十公主也女扮男装一起前往。圆明园建造得十分华丽，有“万园之园”的美称。圆明园福海之东有同乐园，皇帝每年赐大臣在这里观剧，乾隆年间，每到新年，园中还设有一条买卖街。这条街上，凡古玩估衣，茶馆酒肆，一切应用之物，应有尽有。这些走买坐卖的，都是那些专门为宫中办事的皇商经营。

和珅跟随乾隆和十公主来到买卖街，走到一家店铺门前，见到有一件大红呢夹衣挂在那里。十公主看了，微露喜欢之色，十公主脸上这细微的变化，一般人不会去注意。这事他看在眼里，想在心里，转眼之间，就去以二十八金的高价把那件衣服买了下来，进献给公主。

和珅还用了许多小恩小惠，贿买在乾隆身边的一些太监。太监虽然没有什么地位，但他们天天在宫中进进出出。他们无意间的几句话，有时在皇帝和皇后面前会起很大的作用。心眼极多的和珅深谙此道。

据清朝野史记载，20年前，世宗雍正有一个妃子，长得很漂亮。乾隆那时年方弱冠，有事情进宫，恰好从这个妃子身边经过。妃子正在那里梳妆，乾隆觉得好玩，就去和她逗趣。他走到妃子背后突然伸出两手蒙住妃子的眼睛。妃子以为是宫女和她逗闹，顺手操起手中的梳子向后击去，不巧，偏偏打在乾隆的前额上，脸上打破了一块皮，留下了梳子的齿痕。当时乾隆也没拿它当一回事。

第二天是初一，乾隆照例去谒见皇后。皇后看到他脸上的伤痕，问他是怎么打破的。乾隆支支吾吾不肯实说。架不住皇后严加追问，他只好说出实情。皇后听了，十分生气，怀疑这位妃子调戏皇子，降下懿旨，赐其自尽，乾隆一再辩白，说明她的冤枉。谁知越辩白，皇后的火气越大。乾隆没法，只好偷偷地跪在神灵前祷告："是我害了你啊！倘若你的灵魂有知，20年后再来和我相聚。我诚心诚意等你，我若负心，天地共鉴。"

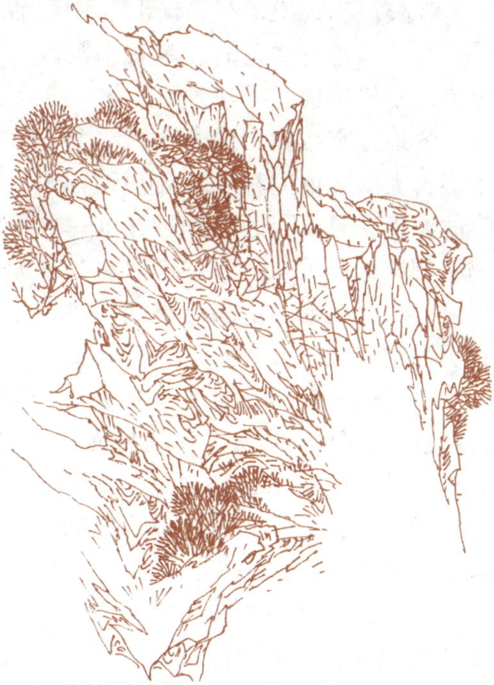

20年后，和珅以满洲官学生员出身，在鸾仪卫听差。乾隆第一次看到他时，就觉得和珅和20年前那个冤死的妃子十分相似。说来也巧，和珅的脖颈上有一道暗暗的红印，这红印俗称"上吊绳印"。乾隆认定，和珅脖子上的这道红印，就是那个妃子上吊的绳印。问起他的年庚来，恰又和妃子死的年月相合，乾隆就更加认为和珅就是那个妃子的化身。从此，对和珅特别宠幸。

乾隆四十年（1775年）和珅25岁，乾隆让他"直乾清门"，又提拔他为御前侍卫，兼副都统。和珅官升得很快，第二年就被授为户部侍郎，做了军机大臣兼内务府大臣，乾隆对他专意任用毫不怀疑，还让他兼步军统领，充崇文门税务监督，总理行营事务。

户部侍郎、军机大臣、内务府大臣、步军统领等，这些官都较有实权，而崇文门税务监督，则是个来财的职务。许多官员都明着暗着向他送礼行贿。和珅借着这个机会，狠狠地捞了一把。

和珅揣摩了乾隆的心理，他见乾隆处处以康熙为自己楷模，就投其所好，常常借着歌颂康熙的威德来赞颂乾隆恩泽四海和武功盖世。

一次，他见乾隆说起“上有天堂，下有苏杭”的话，就趁机向乾隆描述了江南的水光山色，还讲了康熙皇祖下江南的盛况。他在讲述这些的同时，忘不了以适当的方式称颂乾隆的盛德，说：“万岁的文治武功在百姓心中和皇祖的一样。现在是太平盛世，如果万岁也能像皇祖那样南巡，乃万民的幸福。”

乾隆被和珅说得有些飘飘然了，就决定也要效法圣祖巡游江南。

和珅借机行文到沿途各省、抚台、衙门，让沿途地方官赶修行宫，疏浚水道，整修旱道，做好各种准备，迎接圣驾。

各地方官接到和珅的行文，个个吓得战战兢兢，生怕迎接圣驾不周，惹下滔天大祸。他们都争着向和珅行贿，让和珅从中周旋。他们知道和珅是乾隆的宠臣，只要买通了和珅，这一关就能过得去，因此，不惜用最珍贵的宝物来打通这个关节。和珅借此又公开向他们索取贿赂。乾隆这次南巡，其排场之大，大大超过了当年康熙南巡的规模。和珅借着南巡，把自己的私囊填得更加饱满了。

乾隆四十五年，和珅因查办云南总督李侍尧贪私案，再次受到乾隆恩宠，还在往北京回走的路上，就被擢升为户部尚书、议政大臣。和珅回到北京，当面向乾隆汇报了云南盐务、钱财、边事等。他尽拣乾隆爱听的说。乾隆听了他的汇报，很合心意，夸奖他能干，说他提出的办法可行。授御前大臣兼都统，又将公主赐婚其子。

从此，和珅和乾隆又加了一层新的关系，即儿女亲家的关系。和珅除了上述官职外，又授领侍卫内大臣，充四库全书馆正总裁，兼藩院尚书事。至此，和珅在清廷“宠任冠朝列矣”。

揣术讲，筹措国家大事，进行政治斗争，应当审察形势，掌握信息；游说人主，必须揣度人主的心意欲望，心性品行；能做到这些，就可以取高位，可以获利益，可以富贵，可以成功。和珅深谙此术，运用灵活，揣透了乾隆的心理，千方百计力投乾隆所好，曲意逢迎，终于得宠，尽管如愿以偿，由于动机和目的卑鄙，最终也没得到好下场。

玩弄权术，相得益彰

张仪刚出道时，还不知名，由于家境不富裕，极想游说各王侯，捞得一官半职，借机发达。他第一站到了郢都，向楚王递上了自己的名帖，要求觐见。楚王对张仪十分冷淡，接见张仪后也未有所表示。张仪小住几日，心中十分恼火，而且盘缠也用完，手头十分拮据。他决意要戏弄楚王，于是胸有成竹再次求见。

张仪又受到楚王召见。当时楚王一边接见张仪，一边左拥美人南后，右拥美人郑袖。张仪知道楚王十分好色，而且南后、郑袖正十分得宠，于是说："我在楚国也停留了一段日子，一直没有什么成就。如果大王没有用得着我的地方，我想到三晋去看看。"

楚王说："那么先生请便。"

张仪说："大王对三晋这地有何需求吗？"

楚王说："在我们楚地，黄金、美玉、珍珠，各种珍宝都有，寡人还要三晋的什么呢？"

张仪说："那么，大王难道不喜欢美女吗？"

楚王一听，精神大振，问道："三晋的美女如何呢？"

张仪回答说："中原各国的美女，肤白貌美，艳丽动人，宛若仙女下凡。"

楚王感叹说："那我真想弄来看看。"于是命令手下赏给张仪许多金银财宝，请他到三晋之地物色几个漂亮女子来。

张仪收了许多珍宝，并不急于起程，而是继续施展他的计策。果然如他所料，不久南后派人来为张仪送行，并奉送金币珠玉给他路上使用，郑袖也派人给张仪送来黄金千两，并捎话请张仪多住一段时间再走。南后和郑袖如此盛情，正是担心在中原之地物色到漂亮女子，影响她们受宠的地位。就这样，张仪不仅得到楚王赏赐，也得到南后、郑袖的大量财宝，解除困境。

过了几天，张仪又假意去向楚王辞行，对楚王说："我马上要离开楚地，感谢您的厚待。"楚王说："哪里，我还要拜托您多物色几名美女哩。"楚王于是设宴为张仪饯行。张仪请求说："能否斗胆请楚王所宠爱的人来一同饮酒助兴呢？"

楚王一听，欣然应允，即请郑袖和南后出来陪酒。张仪仔细地瞧了瞧她们，突然向楚王施礼说："我对大王犯了死罪，请求宽恕。"

楚王不解地问："这是何故啊？"张仪叩头说："臣前日说要为大王物色美女，可是见了南后和郑袖，我才知道她们是天下最美的了，臣真是自不量力。"

楚王一听，大笑："是啊，是啊，我也觉得她们是世界上最美的女子。"南后和郑袖也欢喜得抿嘴而笑，待张仪退下后，又私下赏赐许多钱财相谢。

就这样，张仪摸透了楚王的心思，也揣摩透了郑袖和南后的心理，成功地使自己摆脱了困境。

张仪真可谓揣术大师。

审时度势，揣情待人

公元前228年，秦王政以燕太子丹派荆轲谋刺一事为借口，命王翦率军攻燕。燕军联合代国进行抵抗。王翦在易水（今河北雄县西北），大败燕代联军。翌年冬十月，王翦率军攻占燕都蓟（今北京城西南），赶走燕王喜，灭亡了燕国。

王翦在军事上不仅善于出奇制胜，而且能审时度势，根据敌情的变化，灵活地制定作战方针。他这一特

点，突出地表现在秦始皇二十三年发起的灭楚战争中。

战前，秦王政问年轻壮勇的李信："吾欲取荆，李将军度用几何人而足？"李信说："不过用二十万。"秦王政又问王翦，王翦答："非六十万人不可。"于是，秦始皇武断地认为："王将军老矣，何怯也！李将军果是壮勇，其言是也。"因而命李信和蒙恬率兵二十万攻楚。

其实，王翦的"非六十万人不可"的主张，是建立在对秦楚形势周密分析的基础上的。从当时情况看，楚是大国，地广人多，兵力雄厚。早在春秋时代，就问鼎中原，称霸一时。战国中期以后，虽兵挫地削，日渐衰落，但还具有相当的军事力量，是当时唯一能同秦国较量的国家。秦灭掉燕、代、赵、魏以后，楚国感到形势岌岌可危，决心倾全国之力同秦国决一死战，以挽救危局。况且，楚国还有良将项燕，不可小视。因此，王翦提出的以优势兵力对楚作战的主张，不是畏敌，而是胜算。这正是"揣术"中"计国事则当审权量"的运用。王翦见秦始皇因胜而骄，鄙视自己，不纳良策，就称病离职，告老频阳。

李信率二十万秦军分兵两路攻楚。蒙恬率军攻寝（今河南临泉）。李信率军攻平舆（今河南平舆北），初战获胜。于是，李信又挥军西进，与蒙恬会合攻城父（今河南平舆北）。项燕率领楚军，在秦军攻城掳地时一直尾随其后，伺机而动。当秦军会师城父，立足未稳之时，项燕率领楚军经过三天三夜的强行军，出其不意地从背后发起攻击，大败秦军。

秦王见李信果然战败，追悔莫及。他亲自去频阳王翦家中，向王翦诚恳地说："我悔不听将军之言，导致秦军大败。现在楚军向西逼近，威胁秦国，将军虽有病，能丢下我不管吗？"王翦推辞说："老臣疲病悖乱，唯大王更择贤将。"秦王卑

国学经典

鬼谷子

辞恭请，定要王翦复出将兵。王翦见无法推辞，说道：“大王逼不得已而用臣，非六十万人不可。”秦王只好听从王翦的意见，拨兵六十万人攻楚。六十万人，这几乎是秦国的全部军队。王翦手握重兵，深恐秦王猜疑，当秦王来到灞上来送行时，他故意请求秦王赐给大量的田宅园地。秦王不解地问：“将军出征，还怕家里贫穷吗？”王翦说：“作为大王的将领，有功也不能封侯，我想请点田宅作为子孙的产业。”王翦在部队就要出关时，又五次派人回咸阳向秦王要求赐封良田美宅。有人对王翦说：“将军向大王这样乞求赏赐，未免太过分了吧？”王翦解释说：“不然，秦王性骄而不信人，今空秦国甲士而专委于我，我不多请田宅为子孙业以自坚，顾令秦王坐而疑我啊？”

王翦乞封，用心可谓良苦。他清楚地看到，秦王性骄而多疑。向秦王请赐田园，根本之意不在福荫子孙，而是为了表示自己忠于秦王，没有叛逆之心，借以消除秦王的疑忌。唯其如此，也才能放手指挥军队，保证对楚作战的顺利进行。这正是对“揣术”中“说人主则当审揣情”的运用。

楚王闻王翦率领大军压境，也倾国中之兵，命项燕率领同秦军决战。王翦见楚军来势凶猛，就采取了“坚壁而守”的作战方针，任楚军挑战，始终闭营不战。王翦每天只让士卒洗浴休息，吃饱吃好。他经常深入卒伍之中，关心他们的疾苦，“亲与士卒同食”。过一段时间，他问：“士兵们都在做什么吗？”回答说：“士兵们正在做投石跳跃竞赛的游戏。”王翦高兴地说：“士卒可用矣。”

这时楚军寻不到战机，斗志松懈，遂向东转移。王翦抓住战机，乘势挥兵追击，至蕲（今安徽宿县南）以南，大败楚军。秦军乘胜向楚国的纵深推进。次年，王翦又与蒙恬协同作战，俘虏楚王负刍，将楚地纳入了秦国的版图。

秦国所以能战胜六国，统一天下，王翦等将领起了极为重要的作用，其中与王翦灵活运用“揣术”是分不开的。

奏乐知心曲，赠璧悉大事

鲁国大夫邱成子出使晋国，路过卫国，卫国的右宰谷臣将其留下并宴请他。右宰谷臣陈列乐器奏乐，乐曲却不欢乐；喝酒喝到了畅快之际，把璧玉送给了邱成子。

邱成子从晋国回来，又经过卫国，却不向右宰谷臣告别。他的车夫说："先前右宰谷臣宴请您，感情很欢洽，如今重新经过这里，您为什么不向他告别呢？"邱成子说："他留下我，并宴请我，是要跟我欢乐一番，可是陈列乐器奏乐，乐曲却不欢乐，这是在向我表示他的忧愁啊！喝酒喝到畅快之际，他把璧玉送给了我，这是把璧玉托给我，如果从这两点来看，卫国大概是有祸乱吧！"

邱成子离开卫国30里，卫国境内果然有人作乱杀死卫君，右宰谷臣为卫君殉难，邱成子回到鲁国后，派人去卫国接右宰谷臣的妻子和孩子，右宰谷臣的孩子长大后，邱成子把璧玉交给了他。

孔子听说这件事，说："论智慧可以通过隐微的方式跟他进行谋划，论仁慈可以托付给他财物的，大概就是邱成子吧！"

奏乐知心曲，赠璧悉大事。从这一点上讲，邱成子是深谙揣术的，揣术中讲："内心感情发生剧烈变化，一般是会通过人的外在形貌表现出来的。所以，通常情况下，我们都是依据对方外在举止形貌的变化去揣测他内在隐藏的真情实意，这就叫作探测人的内心深处而揣度人的情意。"邱成子就是这样运用揣术的。

善于观察看出破绽

晋襄公派人去周朝说："我国君主卧病不起，用龟甲占卜，卜兆说：'是三涂山山神降下大灾祸。'我国君主派我来，希望借条路去向三涂山山神求福。"周天子答应了他，于是升朝，按着礼节接待完使者，宾客出去了。

大夫苌弘对刘康公说："向三涂山山神求福，在天子这里受礼遇，这是温和美善的事情，可是宾客却表现出勇武之色，恐怕有别的事情，希望您多加防备。"刘康公就让战车兵士做好戒备等待着。

结果，不出所料，晋国果然是先做祭祀，然后趁机派杨子率领12万士兵跟随，渡过棘津，袭击了聊、阮、梁等蛮人居住的城邑，灭掉了这三国。

这个故事说明苌弘对事情观察清楚，并不是单凭说话来判断事情。

善于观察，从某种现象上看出问题的破绽，其实，这正是苌弘对揣术的具体运用：以其见者而知其隐者。

密谋未发，已被揭露

齐桓公与管仲谋划攻打莒国，谋划的事尚未公布就被国人知道了，桓公感到很奇怪，问这是什么原因呢？管仲说："国内一定有聪明的人。"桓公说："那天说话时有一个向上张望的服役的人，我料想大概就是这个人吧！"于是就命令那天服役的人再来服役，不许别人替代。

过了一会儿，那天服役的名叫东郭牙的人来了。管仲说："这个人一定是那个把消息传出去的人了。"于是就派礼宾官员领他上来，管仲和他分宾主在台阶上站定。管仲说："传播攻打莒国消息的人是你吧？"东郭牙说："是的。"管仲说："我没有说过攻打莒国的话，你为什么要传播攻打莒国的消息呢？"东郭牙回答说："我听说君子善于谋划，小人善于揣测，我是私下里揣测出来的。"管仲说："那你是根据什么揣测出来的？"东郭牙回答说："我听说君子有三种神色，面露喜悦之色，这是欣赏钟鼓等乐器时的神色；面带清冷安静之色，这是居丧时的神色；怒气冲冲，手足挥动，这是用兵打仗时的神色。那天我望见您在台上怒气冲冲，手足挥动，这是用兵打仗的神色，您的嘴闭上了，没有张开，这表明您说的是'莒'，您举起胳膊指点的方向，正是莒国。我私下里考虑，诸侯当中不肯归顺齐国的，大概只有莒国吧，因此我就传播攻打莒国的消息。”

揣术讲“测深揣情”，在通常情况下，根据对方外在举止形貌的变化去揣测他内在隐藏的真情实意。你看，东郭牙不正是这样吗？他对揣术是很精通的，并善于在实际中运用。

量天下权，揣敌我情

古代的政治家在进行政治角逐前，无不在掌握、分析天下形势上先下功夫。

春秋初年，齐桓公想称霸天下，管仲便为他分析了天子微弱但仍具号召力，四夷侵扰中原使各诸侯甚为忧虑的天下情势，从而制定出“尊天子以令诸侯、尊华夏以攘四夷”的政治策略，为争霸中原树立了正确的政治路线。刘备想打着匡扶汉室的旗号自己做皇帝，诸葛亮便为他分析了曹操势力强盛，急于吞并天下诸侯而自立，孙权富有江东，基业深厚但无心进取的天下情势，制定了联吴抗曹的大政方针。事实证明，每当刘备执行这条正确的路线时，他便得胜，如“赤壁破曹”；每当他背离这条路线时，他便失败，如“火攻连营”。这说明，依据现实情势制定政治方针，对于克敌制胜是多么重要！

田忌赛马

只有正确地分析面临的局势，依据敌我双方力量的实际对比去制定策略，才能夺取胜利。孙膑佯狂诈疯，躲过庞涓的残害，被齐使者偷偷载到齐国后，在齐大夫田忌家中养息。齐威王喜欢养马，更喜欢赛马赌博。他常跟宗族诸

子赛马，赌注下得挺大。田忌虽也养着一群好马，但与齐威王比赛时老输，弄得再也不敢下大注。孙膑被邀去看了几次马赛后，对田忌说：“下次我保证您能胜过大王，您到时就大胆下注吧！”田忌信服孙膑的智力、安排，于是去约齐威王赌马，并表示自己将下大注。威王素知田忌的马力，便一口应允，准备赢大钱。比赛那天，孙膑对田忌说：“我仔细观察过了，您和大王的马都可以分为上、中、下三等，而三个档次的马分开比较，您的马都比大王的马差些。现在您这么办，用您的下等马去和大王的上等马比赛，用您的上等马去和大王的中等马比赛，用您的中等马去和大王的下等马比赛。”田忌依计而行，三场比赛下来，二赢一输，夺得胜利，赢了大钱。威王怎么也想不通自己这么好的马为何会输给田忌的马，田忌便把孙膑的计谋告诉了他。威王听后十分高兴，拜孙膑为军师。这是依据对势力的正确分析制定制胜的计谋的例子。

揣情摩意，随机应变

还有依据对人情的把握制定处理事端之计谋者。在任何社会活动中，人都是主导因素。所以，在把握局势时，万万不可忽略对人情的观察和掌握，否则便会失败。历代王朝的末代皇帝都是因不察臣忿民怨的人情而被掀下宝

座的。从夏桀、殷纣到崇祯，莫不如此。而那些善于把握部下形势的人，则会转败为胜，转危为安。宋宁宗时，赵方任荆湖（今湖北襄樊一带）制置使。某日，他召集手下众将，颁布奖赏。但是，发奖之后，大多数人却心怀不满，意欲发作。当时，他的儿子赵葵才十二三岁却机警过人，极善察言观色。赵葵把部将们的心思看在眼里，忙朗声说道："刚才分发给大家的只是朝廷的赏赐，随后老爷还有奖赏。"大家一听，激愤的心情才平息下来，避免了一场骚乱的麻烦。审量好所处的局势，揣摩透对方的心理，才能依据这两点制定正确的措施。

汉景帝时，李广任上郡（今陕西榆林一带）太守。有一次，他率领百余名骑兵追杀三位射雕的匈奴人，不想在回来的路上遇到了几千名匈奴骑兵。李广大吃一惊。匈奴骑兵同样大吃一惊，以为百余名汉军哪敢闯入匈奴领地，必是诱人上钩的"饵食"。匈奴兵立即上马到高处占据有利的地势，摆开阵势。李广属下见状，惊慌失措，都想马上逃走。李广拦住大家，说："这里距我们的营地太远，一跑，必被敌人追上，我们一个也活不了。匈奴兵见了咱们不来追杀，却占据地形准备打大仗，必定是把咱们当成大军派出的诱饵。只有如此这般，才能逃得性命。"大家依李广之计，前进到离匈奴骑兵两里远的地方停下，下马解鞍休息。李广的部下十分害怕，问李广："敌人这么多，离咱们这么近，我们解下鞍来休息，万一敌人冲过来怎么办？"李广说："我们越是解鞍休息，敌人才越疑心，更不敢冲过来。"僵持了一会儿，一位骑白马的匈奴部将跑过来查看李广他们的虚实。李广带十几个人翻身上马，冲上去把他射死，仍是回原地，解鞍下马，躺在地上休息。到了傍晚，匈奴骑兵仍摸不透李广

他们的动向和意图。半夜里，匈奴骑兵怕汉军大队人马袭击过来，忙撤走了。第二天早上，李广等得以平安返回大营。

谄媚阿谀，讨取欢心

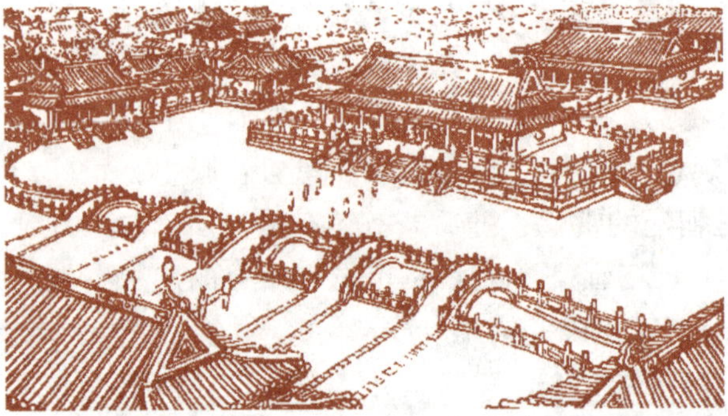

李莲英于咸丰七年（1857年）进宫。初进宫时他起名叫李进喜，得宠后，经慈禧太后钦赐，改名“莲英”。在二十多年的时间里，从一个普通的八品太监，一跃升为二品花翎总管，其升迁之迅速，待遇之高，在清代二百七十多年的历史中是独一无二的。

李莲英之所以能够深得慈禧太后的宠信，迅速获得成功，其秘诀并非是由于传说中讲的他掌握有高超的梳头技巧，而是由于他时时刻刻地揣摩主子的心理性格、脾气秉性、习惯爱好，千方百计地讨取主子的欢心。同时，他又时时处处都能谨慎小心，做到“事上以敬，接下以宽，如是有年，未尝稍懈”，深得揣术三昧。

李莲英的值班房离慈禧太后的寝宫很近。慈禧太后是个权力欲极强的独裁者，但是作为一个女人，在她性格的另一面，感情也同样是十分脆弱的。她最害怕的是孤独和寂寞，时时需要有人能陪伴她消磨除了从政以外的无聊时光。几十年来，在她身边的所有奴婢中，除了早年被丁宝桢处死的安得海外，唯有李莲英最能善解人意了。晚清宫廷太监刘兴桥、赵荣升等人回忆说：“清代末年，女主子里寡妇多，当权的西太后，虽然有很多事要做，但是日子过得也是怪无聊的……能解西太后心烦的是太监李莲英。李莲英最会服侍她，成了她离不开的人，两人感情看起来非常密切。在闲暇时，慈禧太后有时也到李莲英的值班房转一转。每当这个时候，李莲英总是受宠若惊，他想尽各种办法来表示他对慈禧太后的尊敬和忠心。比如，凡是慈禧太后到他那里坐过的椅子，他都用黄色缎子布覆盖起来，不许包括自己在内的任何人再使用。”

由于李莲英整天揣摩如何讨主子欢心，因此他搞阿谀奉承，谄媚拍马，不仅善抓时机，而且搞得十分自然，几乎达到了炉火纯青的地步。

光绪二十年（1894年），慈禧太后过60岁生日。各级文武官员，都纷纷向这位掌握大权的最高统治者慈禧太后贡献奇珍异宝，古玩字画，希望能讨慈禧欢心，从而加官晋爵。李莲英想大异于各官所为，要个新花招，讨慈禧欢心。

李莲英十分了解慈禧的心理活动。以往每年过生日，慈禧都要将一些鸟儿、鱼儿“放生”，以积阴德，显示自己的慈善仁德。李莲英想抓住“放生”的机会露一手。于是，早在几个月前，李莲英就冥思苦想筹划这件事。

李莲英事先买了许多黄鸟、画眉等，专门进行驯养，以鸟食作诱饵，让其进笼、出笼，让其听从指挥。久而久之，他驯养的鸟儿，只要笼子一打开，就飞了出去，但在外围绕房屋或树木飞上几圈后仍然乖乖地飞回笼内觅食。

慈禧太后60岁生日那天，果然不出李莲英所料，慈禧太后如往年一样，在众多太监、宫女的簇拥之下，缓缓地来到万寿山下，表演她的传统节目——“放生”。

人们纷纷把早就准备好了的鸟笼提到慈禧眼前，而此时的李莲英却“礼让三先”，往后缩。慈禧一连“放生”了数十笼鸟儿，各鸟皆腾空而去。人们不断报以笑声、欢呼声，赞誉这位“大积阴德的老佛爷”。

眼看“鸟儿放生”将要结束时，李莲英提着鸟笼，双手举过头顶：“请老佛爷放生！”慈禧太后以同样的动作去打开这最后一个鸟笼，鸟儿和其他鸟儿一样飞出笼子。但是，不同的现象发生了：放出的鸟儿在宫殿绿树之间飞了几圈后又飞回了原来的鸟笼。

在场的人们一看，知道李莲英做了“手脚”，但都不便吭声。慈禧太后心中纳闷，就问李莲英：“你的鸟儿为何放出去又回来了呢？”

李莲英见有阿谀奉承的时机，立即像背书似的说道：“老佛爷皇恩浩荡，恩及鸟兽。鸟儿感恩戴德，不忍离老佛爷而去。老佛爷洪福齐天，万寿无疆。”

其实，慈禧太后在此时也知道“鸟儿放生回归”是李莲英搞的鬼，不过李莲英的阿谀之词听起来十分顺耳，特别在自己60大寿这一天听到这种话很

开心。但为了表示自己的圣明，慈禧太后还是故意斥责说：“大胆的奴才，竟敢拿些驯好的鸟儿来让我放生，难道你敢欺蒙我吗？”

周围的人们面面相觑，特别是一些平时与李莲英有矛盾的太监在暗暗高兴。他们想：这次你李莲英要倒大霉了！他们都在静候慈禧太后如何发落李莲英。

这个时候，只见李莲英不慌不忙地上前叩了一个响头说：“奴才万万不敢欺蒙老佛爷。自古以来，有驯鸟的，但没有驯鱼的。昆明湖不是有一百桶大鲤鱼正等待老佛爷放生吗？请您放鱼后再治奴才的罪不迟。”

慈禧太后本来就不想治李莲英什么罪，听李莲英这么一说，便顺水推舟，说：“那我们就去放鱼。”

慈禧太后在人们簇拥下，来到昆明湖畔，走到预先准备“放生”的鱼桶前，用手一一摸摸鱼桶，说声“全部放掉”，太监们七手八脚地将鱼倒入昆明湖内……

可是，令慈禧太后和众人感到奇怪的是：放进昆明湖内的鱼在湖内打了几个转转，绝大多数又都游回到岸边，并且自动排成一个大横排，头朝着慈禧太后，摇头摆尾，嘴巴一张一合，好像在向慈禧朝拜……

慈禧太后被这种从未见过的现象弄呆了。在场的众人也捉摸不透。

就在这个时候，李莲英见谄媚阿谀的机会又到了，便突然跪倒在地，兴高采烈地大声说："恭喜老佛爷，贺喜老佛爷！老佛爷寿诞之日，天降吉祥，放鸟，鸟不去；放鱼，鱼不走。老佛爷洪福齐天，万寿无疆。"

其他太监、宫女见状也跟着一齐跪下，大声高呼："万岁，万岁，万万岁！"

慈禧太后在60大寿这个日子里，被这班人这么一哄闹，闹得心花怒放，飘飘然起来了。她觉得自己真成为顺天应人的圣主了。自然，在她的心目中，对李莲英印象最深。

那么，"放鱼，鱼不走"到底又是怎么一回事呢？后来，爱新觉罗·溥佐道出了鱼儿不肯离去的奥秘：李莲英在筹划如何让慈禧太后在生日那天开心时，便想出了一个鱼儿不肯离去的办法。李莲英事先弄来许多活鱼虫。将其装进一个个纱布口袋中。然后把纱布口袋并排固定在准备"放生"的湖边水底。鱼虫不断地从纱布口袋的网眼中渐渐游出，这就在湖边水中出现了肉眼看不明显的"鱼虫带"。鲤鱼放入水中后，发现了鱼虫，就游回岸边吃鱼虫，鱼自然就按照“鱼虫带”的方向排列。岸上的人猛然一看，就如同鱼在列队朝拜一样。应当说，李莲英挖空心思想出来的这一招是很绝的。

李莲英利用慈禧迷信和愿听臣下颂扬之语的特点，煞费苦心地制造了鸟儿不肯飞去，鱼儿不肯游走的假象，神化了慈禧，讨得了她的欢心。由此可见，李莲英谄媚阿谀，固宠保身的手段是很多的。

李莲英就是靠这样的手段获得升迁，成为太监中的贵族的。李莲英从同治三年起，在长达40多年的时间里，一直跟着服侍慈禧，几乎耗尽了一生的心血，说他是慈禧的忠实奴才是非常恰当的。同时他又凭借主子的信任和宠幸，取得了一定的权势和地位。李莲英就是这样一个集卑贱与显赫于一身的典型。

《揣术》中讲决策措施的筹划、人主真情的探测，皆出于揣情术。掌握了这种揣术，就可以富贵，可以取高位，可以获利益，可以得成功。李莲英就是这样一个掌握了揣术并腾达起来的人物。一副奴才相，获得的权势地位却很高。

极尽溜须拍马　跻身权力高层

袁世凯最初是在光绪帝与慈禧太后的后党权力斗争达到最激烈最关键、戊戌变法处于最危急的非常时期，靠出卖维新派取得慈禧太后的宠信而发迹的。

袁世凯的告密，为慈禧发动戊戌政变立下大功，故而深得慈禧的赏识。几个月后，慈禧赏袁在西苑内骑马，并升袁为工部右侍郎。但此时的袁世凯在官场上的地位并不稳固，统治集团中有相当一部分人对他在变法运动中的所作所为颇有微词。

当时就有人说袁世凯“既同谋而又出首，首鼠两端”，实不足取。社会上还流传着一首三言歌谣，说：

六君子，
头颅送，
袁世凯，
顶子红，
卖同党，
邀奇功。
康与梁，
在梦中，
不知他，
是枭雄。

歌谣道出了当时世人对袁世凯的看法，社会舆论对袁世凯很不利。

为了巩固扩大权位、预防种种不测，袁世凯大要手腕，施展出投机钻营的法宝。当然，在官场上，无论大官小官，无不利用投机钻营之权术，然而，袁世凯运用此术却比别人要更娴熟，更厚颜无耻得多。

首先，他倾尽全力继续讨好慈禧太后。他深知慈禧太后极端专制独裁，操着天下所有官僚、生民的生杀予夺大权，取得她的支持是第一位的。所以袁世凯对她极力奉承迎合，完全按照其旨意办事，绝不违逆半点，他吹捧一贯祸国殃民的慈禧是“听政三十余年，迭削大难，功在社稷，亦天下之君也”。马屁拍得慈禧舒舒服服。

袁世凯看到慈禧爱财，就搜刮大量的钱财上贡。“庚子之难”（八国联军侵华，慈禧及光绪皇帝逃难陕西，因在干支庚子年，所以称为“庚子之难”）后，慈禧由西安回到北京，见宫内陈设都被外国侵略军抢去或毁坏，就召见任直隶总督的袁世凯，叫他赶紧筹款置办物品。袁世凯虽筹措了一些，但因直隶刚遭到八国联军的洗劫，一时难以筹齐，于是便邀请下属藩、臬、司、道各级官员前来商议，提出要借他们的私人款项垫用，以后陆续归还。官员一听借钱，非但不肯解囊，反而哭起穷来。

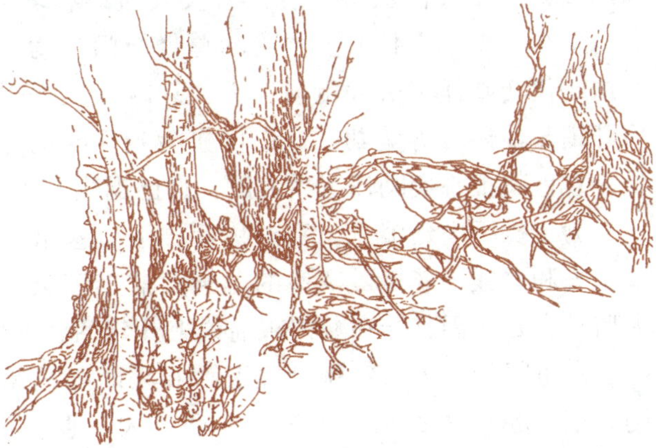

袁世凯只好表面上暂时作罢，事后，他秘密派人到天津几个大票号不动

声色地搞到了各级官员的存款数字，共有 100 余万两。过了一两天，他又把上述人员请来，对他们说，这些票号的掌柜实在太可恶，他们竟敢用诸公的名义来招摇撞骗，为了惩戒他们，我已经把这些冒名顶替的存款暂时借用了。各官听了，犹如哑巴吃黄连——有苦说不出。就这样，袁世凯终于得到了一大笔款子，孝敬慈禧。其后，袁世凯贡献的银钱和物品就更多了，哄得慈禧心花怒放，而他自己的地位也由此得到了巩固。

荣禄死后，袁世凯又千方百计地拉拢别的满族亲贵，如保荐铁良会办京旗练兵事宜，委任刚刚从日本士官学校毕业的良弼为统带。不过，他死死拉住不放的还是庆亲王、大贪官奕劻。

奕劻是首席领衔军机大臣，很受慈禧信任器重。他的儿子载振是商部尚书，父子俱贵，炙手可热。奕劻以卖官鬻爵、贪赃枉法著称，无钱不要，无贿不收，毫无政治头脑。袁世凯投其所好，竭力孝敬。庆王府中生老病死，男婚女嫁，大小生日，全由袁的总督衙门代为开支。此外，节有节规，按时奉送。仅奕劻任军机大臣前一天，袁就派人送去十万两银票一张，供其任命后开销。他还告诉奕劻，这仅仅作为到任时的零用，以后还要特别报效。另外，袁世凯推举奕劻任练兵大臣，自己退居其下，以求得他的庇护。

为了探听内廷消息，奏对称旨，不出差错，袁世凯在太监身上也花了不少工夫和本钱。慈禧最宠幸的总管太监李莲英自不待言，就是对地位较低的太监马宾廷，因其能在慈禧跟前说上几句话，他也不惜“折节下交”。

袁世凯的手下将领张勋守卫颐和园时与马结拜为兄弟。嗣后袁世凯经张勋介绍，亦与马宾廷拜了把子。有一天，袁、张同至颐和园，马宾廷迎出，袁世凯立即先跪单腿向马请安。一个封疆大臣竟然违例跪下给太监请安，可见其何等不顾廉耻。

即使是无名太监，袁世凯亦拉拢备至，每次入觐，身上总带着十两以至数百两银票多张，随时审时度势，投送红包。故其所获内廷消息往往迅速可靠，这就使他能够及时见风转舵，应付自如。

在清末危机四伏的官场上，袁世凯凭着钻营有术、金钱开路，始终能逢凶化吉，遇难呈祥，最后终于跻身于封建宝塔的最高层，实现了其篡权窃国的政治野心。

袁世凯对揣术的理解与运用，不可谓不炉火纯青。你看他对慈禧那副媚态，慈禧极端专制独裁，他就极力奉承迎合；慈禧酷爱钱财，他就大量搜刮上贡；爱屋及乌，对慈禧的亲信、太监也极尽溜须拍马之能事，最终得以钻营上去，跻身权力高层。审察形势，掌握信息，揣度心意，了解性情——揣术中讲到的，他都做到了，阴谋也得逞了。“机关算尽太聪明，枉费了卿卿性命。”袁世凯尽管把揣术运用得出神入化，然而众所周知，其倒行逆施、多行不义结果很不妙。

第八章　摩　篇

【题　解】

摩，即“摩意”，揣摩、研究、推测事情。摩之术，即对揣情所获得的信息进行分析、辨别、剔除、归类、整理、排绎。从而把握对方心理、嗜欲、意图、决策等的心理预测术。摩意是揣情的接续步骤，“摩”篇是“揣”篇的姊妹篇。《鬼谷子》在本篇中介绍了从内心情感变化揣测实情的具体方法。揣摩首先要在隐秘中进行，从内在情感与外在符应的变化中，探究奥妙。就像善于钓鱼的人面临深渊，以饵投之，必得鱼焉。掌握“摩”术则“主事日成”“主兵日胜”，而天下视之若“神明”。摩的方法多样，“有以平，有以正，有以喜，有以怒，有以名，有以行，有以廉，有以信，有以利，有以卑”，然而用之不当，难以有成效，圣人之所以能独用之而成功，是其方法合于“道”。只要“摩”的方法运用合理，焉有不相应者？

在运用摩术时，应注意以下几点：

1. 必须揣到对方实情。

2. 切忌过于直白，要做到含而不露，隐微而行，否则将弄巧成拙，受制于人。

3. 对于此术的各种技巧要善于灵活运用，不要拘泥于一法一式，要善于创新、勇于创新。

4. 学习摩术，除了会用之外，也要会识、会破此术，提防他人使用此术来引我们上当。

摩术第八

原文

摩[1]者，揣之术也。内符[2]者，揣之主[3]也。用之有道，其道必隐[4]。微摩之以其所欲，测而探之[5]，内符必应。其应也，必有为之[6]。故微而去之，是谓塞窌[7]、匿端[8]、隐貌、逃情，而人不知。故能成其事而无患。摩之在此，符之[9]在彼。从而应之，事无不可。

注解

①摩：揉擦，切磋。《周易·系辞》："是故刚柔相摩。"这里指通过刺激、试探，以求引起对方反应，从而了解内情。

②内符：情欲活动在内，符验就表现在外。

③揣之主：揣的主要对象，指内符。

④隐：隐秘。

⑤测而探之：观测，研究，以探求其真实的欲求。

⑥有为之：有作用。

⑦窌（jiào）：地窖。

⑧匿端：匿，隐藏；端，端绪，开始，前兆。隐匿其端绪。

⑨符之：与之呼应。

译文

所谓"摩"，就是揣测的权术；所谓"内符"，就是揣测的主体。在运用这种揣摩之术时要有道，而且这种道必须要隐秘起来。当略为揣摩这些时，必须要根据敌人的欲望，假如能进行侦察刺探，那情欲符验必然呼应。当刚一呼应时，必然有所作为。因此略为揣摩而加以排除，这就叫作"堵塞地窖、隐匿痕迹、化装躲藏、逃避情报"，可是敌人却不知道，所以事情成功也不会惹祸。在这里进行"揣摩之术"，对敌人进行"内符之术"，假如进一步和这些事两相呼应，那就没有什么事是不可以成功的了。

原文

古之善摩者，如操钩而临深渊，饵而投之，必得鱼焉。故曰："主事[①]日成而人不知，主兵[②]日胜而人不畏也。"圣人谋之于阴[③]，故曰"神"；成之于阳[④]，故曰"明"。所谓"主事日成"者，积德也，而民安之，不知其所以利[⑤]；积善也，而民道[⑥]之，不知其所以然；而天下比之神明也。"主兵日胜"者，常战于不争、不费[⑦]，而民不知所以服，不知所以畏，而天下比之神明[⑧]。

注解

①主事：所主持的事情。

②主兵：指挥军队。

③谋之于阴：悄悄地谋划、策划，不让人知道。

④成之于阳：公开实现目的。

⑤其所以利：之所以有利。

⑥道：当作应走的路来顺从。

⑦不争、不费：不使用武力，不消耗战费。

⑧比之神明：当作神奇和圣明。

译文

古代善于运用“揣摩之术”的人，就像拿着钓钩而来到深渊钓鱼一般，只要他把带有鱼饵的钓钩投进深渊，就必然能钓到大鱼，所以说：“所进行的事成功了还没人知道，所指挥的兵胜利了还没人畏惧。”圣人都是在暗中进行“揣摩之术”，所以才被称为“神”；在光天化日之下成功，所以才被称为“明”。所谓所进行的事能逐渐成功，就是积有阴德的具体表现；而人民对这件事抱有安全感，不过却不知道其中的好处，这就是积有善行的具体表现，假如人民以此为正道，而不知其所以然的话，那就可以把天下比作神明。所谓指挥军队作战而能获得胜利的人，是说经常在不争、不费的情况下作战，以致使人民不知所从、不知所畏，而且天下人都把他们看作神明。

原文

其摩者，有以平，有以正，有以喜，有以怒，有以名，有以行，有以廉，有以信，有以利，有以卑。平者，静也；正者，直也；喜者，悦也；怒者，动也；名者，发①也；行者，成②也；廉者，洁也；信者，明也；利者，求也；卑者，谄也③。故圣人所独用④者，众人皆有之，然无成功者，其用之非也。故谋莫难于周密，说莫难于悉听，事莫难于必成，此三者，唯圣人然后能任之。

注解

①发：扩大名声，这里指有声誉。

②成：使其成功。

③卑者，谄也：所以要谦卑，是为了谄媚。

④独用：单独使用。

译文

在进行“揣摩之术”时，有用和平态度的，有用正义责难的，有用讨好方式的，有用愤怒激将的，有用名声威吓的，有用行为逼迫的，有用廉洁感化的，有用信义说服的，有用利害诱惑的，有用谦卑套取的。和平就是安静，正义就是直爽，讨好就是取悦，愤怒就是恫吓，名声就是声誉，行为就是成功，廉洁就是清高，信义就是明智，利害就是追求，谦卑就是谄媚。因此圣人所单独使用的“揣摩之术，”人民大众也都能明了圣人的艰苦用心。然而假如没有成功的，那就是圣人运用的不当。

因此谋略最难的莫过于做到周密，游说最难的莫过于要对方全听，做事最难的莫过于必然成功，这三者只有实际采取行动之后才能办到。

原文

故谋必欲周密，必择其所与通者说也。故曰：“或结而无隙[①]也。”夫事成必合于数，故曰：“道数[②]与时相偶[③]者也。”说者听必合于情，故曰：“情合者必听”。故物归类[④]，抱薪趋火[⑤]，燥者先燃；平地注水，湿者先濡。此物类相应[⑥]，于势譬犹是也。此言内符之应外摩也如是，故曰：“摩之以其类，焉有不相应者？乃摩之以其欲，焉有不听者？”故曰：“独行[⑦]之道。”夫几者[⑧]不晚[⑨]，成而不抱，久而化成。

注解

①无隙：紧密无间。

②道数：道与术，指规律与方法。

③道数与时相偶：规律、方法与天时三者和谐。

④物归类：事物各有自己归属的类别。

⑤抱薪趋火：抱着柴薪，走近火堆。

⑥物类相应：物以类聚，相同的事物，便会有相应的反应。

⑦独行：节操高尚，独立而行。

⑧几者：通晓机微。

⑨不晚：不失时机。

译文

所以谋略必须要做到周密，而且要选择跟你通好的人游说，所以才叫作“结交没有嫌隙的人”。做到事情的成功，必然跟揣摩之术相合，所以说“道理、权术、天时三者合一才能成事”。所游说的内容能被对方接受，必然是这种内容合乎情理，所以才说“合乎情理才有人听”。所以万物都各归其类：例如抱着柴草往火堆跑，干燥的柴火必然先燃烧；往平地倒水，湿的地方必然先进水。这就是物类互相呼应之理，在物性上必然会出现这种事实，而“内符呼应外摩”也是如此。所以说，根据事物的类别运用揣摩之术，哪有不相呼应的道理？依据其内心欲望揣摩其真实情感，哪有不听从的道理？所以说这是走向高洁、不随流俗的人才能运用的方法。通晓细微的征兆和趋势而果断行动的人，不会失去良机，取得成功也不会居功自傲，这样持之以恒，就能够逐步使教化行之于天下。

智慧应用

李代桃僵，平民称王

楚考烈王没有子嗣，心急如焚。相国春申君为此忧心忡忡，生怕楚王一旦去世，君位虚悬，会给国家带来动乱。于是，他命手下人到处寻找有“宜子”之相的女子，然后送到宫中，希望楚王能早日有个子嗣。谁知送进不少女子，却仍未生下一个男孩。

越国有个叫李园的人，虽出身平民，却诡计多端。当他听说楚王为没有子嗣而焦急的消息后，便想把自己的漂亮妹妹献给楚王，以便攀龙附凤，改变自己的命运。

李园心想，楚王后宫佳丽成百上千，为什么凡受楚王临幸的美女都只生女不生男呢？种豆得豆，种瓜得瓜，这事只能怪楚王。如果妹妹在入宫前能怀上身孕，起码生男生女的机会各占一半，不会像楚王那样只生女不生男。

如何让妹妹暗结珠胎后再献给楚王呢？李园想出了一条妙计。

楚国的春申君黄歇，与同一时期齐国的孟尝君、魏国的信陵君、赵国的平原君一起被称为四大公子。他们的共同特点是礼贤下士，广收天下奇才异能之人，只要有一技之长，哪怕是鸡鸣狗盗之徒也在收纳之列，以备急需时用来为之效命。

在四公子之中，春申君为楚考烈王的相国，官高位重，权倾朝野，正为考烈王物色有“宜子”之相的美女。李园第一步想成为春申君的食客。

一天，李园以其能言善辩的特长，求见春申君。在高谈阔论的同时，他又大讲在赵国如何不得平原君的重用，表现出怀才不遇、满腹牢骚的悲愤心情。说着说着，他突然话锋一转，又大吹特吹春申君礼贤下士的美德和遍选天下能人奇士的传闻。接着，他又编造了一些各国名士都准备纷纷前来投奔春申君的谎话，把春申君说得如在五里云雾之中，当即决定收李园为门客。

李园当上春申君的门客后，挖空心思，想尽办法尽量在春申君面前加以表现。由于他为人机敏，又工于心计，所以，在春申君鞍前马后地侍奉了不久，就深得春申君的赏识。

一天，春申君下朝回来，显得心事重重、烦躁不安。这一切早已被李园看在眼里，李园既讨好又关切地问道：“相国，下朝归来为何闷闷不乐，有什么难解之事不成？为相国排忧解难乃在下分内之事，如无不便，不妨说给在下听听，也许在下能尽点绵薄之力。”于是，春申君便把楚王无子的事说了一遍，李园听后不觉大喜，表面上却不动声色，只是敷衍几句了事。

不久李园向春申君请假，说是要回家看望。这是很正常的事，春申君批准了。当他再度回楚国时，故意延误了归期。春申君在闲聊时问起他延误的原因。李园装作委屈的样子说：“唉，这都是因为我妹妹的缘故。我有个妹妹，长得颇有姿色，是远近闻名的美女。不知怎么被齐王知道了，便派人聘我妹妹入宫当王妃。因为与使臣周旋，所以耽误了一些日子。望相国见谅。”这是李园的诱饵，在他与其他食客的闲谈中，已知春申君好色。

春申君忙问：“已经被聘入宫了吗？”

李园见他上了钩，就说：“婚姻大事，哪能一说就答应？我回答他说，再和长辈以及妹妹本人商量商量。”

春申君动心了，认为齐王看中的人一定很俊美，便想把这个美女据为己有。于是，他摆出一副关怀体贴下人的样子说：“是的，此事确应慎重。能否让我见见令妹，也好帮你拿个主意。”

李园显得很高兴地说：“那当然好了，下人的妹妹就是您的丫头，还望相国多多关照。这也是小人三生有幸啊！”

李园见春申君已经完全上钩了，便把妹妹接来，春申君见她个头高挑，体态匀称，明眸皓齿，面若桃花，馋涎欲滴，当即留下她为侍女。这天夜里，便占有了她。

李园的妹妹侍奉春申君后不久即怀上身孕。李园知道以后，便与妹妹合谋入宫之事。于是，李园之妹向春申君吹起了枕边风：“楚王宠信您，即使兄弟也不过如此。但是，您在楚国任相二十多年，而楚王至今还没有子嗣，如果楚王一旦驾崩，必将立其兄弟为王。那时他的兄弟必将用亲信的人为相，您还能保住这富贵荣华吗？不仅如此，这些年来，您执掌朝政，贵盛无比，与楚王兄弟们的关系一直很紧张，经常发生冲突。如果他们中的一位做了楚王，您就要大祸临头了，不但相印和封地保不住，恐怕还会有性命之忧。这一点，您想过吗？”

春申君答道：“此事我早已想过，但一直想不出什么好的方法。实在不行，到时候我只好带你远走高飞了。”

李园之妹道：“当您真的成了被楚王追捕的人的时候，还有哪个国家肯收留您呢？谁愿为一个落魄之人而得罪一国之君呢？”春申君身为相国二十多年，不知为楚王想过多少办法，出过多少主意，但事情临到自己头上，却束手无策了，只能是长吁短叹。

李园之妹见时机已到，便凑近春申君身旁，装着无可奈何的样子，说道：

“贱妾倒有个办法，只是不好意思说出来……”

春申君像水中将死之人捞到稻草似的，忙说：“有什么好办法请你尽快说出来，在我面前还有什么不好意思的？”边说边把女人拉进自己的怀里。

李园之妹说：“如今事情这般紧急，为了您、我和将来的孩子，尽管说不出口，我也只好说了。我侍奉您时间不长，怀孕之事，别人尚且不知。如果您肯答应，就想法把我送到楚王那里。我想楚王看在您的面子上，再加上我的容貌，一定会宠爱我。万一上天保佑生下男孩，将来必定继承王位，楚国不就成了黄家的天下了吗？这与您失宠丢位相比，不是更好吗？说实在的，这是被逼无奈，从心里讲，我怎么能舍得离开您，去侍奉一个行将就木的老朽呢？但为了您，为了您的孩子，为了整个黄家，就是刀山火海我也得去闯呀！”

春申君乍听此话，觉得很刺耳，但仔细一想，又觉得确实合情合理。为了保护自己，爱妾还要做出对于一个女人或妻子来说最大的牺牲。一个女人竟有如此见识，这真是大智大勇啊！想到这里，春申君非但没有醋意，反而大大夸奖了李园之妹一番，又是亲又是搂，好像怕她和她的计划一块跑了似的。

第二天，春申君偷偷地将李园之妹送到一个无人知晓的地方，严加保护起来。然后进言楚王，说是历经千辛万苦，才找到一个天下无双且有“宜子”之相的美女，希望大王赶快召她入宫。

李园之妹入宫之后，曲意奉承，很快便博得了考烈王的欢心。入宫不久，李园之妹便告诉楚王自己怀有身孕了，考烈王自然乐不可支。光阴荏苒，李园之妹临盆了。她果真生了个男孩。考烈王非常高兴，当即宣布为太子。母以子为贵，李园之妹自然当了王后。李园借妹妹的关系，也得到楚王的重用，成了朝廷中的权势人物。

李园虽然成为新贵，但是仍对春申君唯命是从，毫无位高气傲的样子，这使春申君十分满意和放心。然而，这些都是假象。

李园掌权以后，不仅害怕春申君把这一阴谋的内幕泄露出去，妨碍自己的前程；而且害怕春申君将来跋扈，难以控制。于是，他实行欲擒故纵的策略。表面上顺从安抚春申君，暗地里却招募勇士，豢养刺客，只等楚王归西，便把春申君一网打尽。李园的计划，楚国有许多人知道，但春申君却毫不知情，始终被蒙在鼓里。

考烈王自得到李园之妹后，不顾自己年老体弱，仍旧荒淫无度。而李园之妹则正是处在欲火旺盛的时候，再加上本意就想让楚王早点死掉，所以一时也不放过他。她使出浑身解数，想尽各种花招挑逗楚王。楚王有求，她竭力应承，楚王体力不支，无心要求时，她也不停地刺激引诱，使楚王甚至带病与她交欢。楚王在李园之妹这把伐性斧的日夜砍伐下，不久就一病不起了。尽管御医们竭尽全力医治，也无济于事。

公元前238年，考烈王得了重病。一位名叫朱英的门客找到春申君，并对主人说："世间有毋望之福、毋望之祸以及毋望之人，您应该仔细斟酌。"

春申君不解地问道："此话怎讲，你说来我听。"

朱英道："您当了二十多年的相国，虽然名为大臣，实际上就是楚王。如今楚王病重，朝不保夕。他驾崩以后，您可以辅佐幼主，像伊尹、周公那样，做一个摄政王，等幼主成人，再把权力还给他；也可以面南称孤，自立为楚王。这就是毋望之福。"

春申君又问："那毋望之祸又是什么呢？"

朱英道："李园是未来君主的舅舅，他豢养武士已经很长时间了。楚王一旦去世，李园必将抢先入宫夺取大权，然后把您杀掉灭口。这就是毋望之祸。"

春申君听到这只是莞尔一笑，并不作答，接着又问道："你再说一下什么是毋望之人？"

朱英道："所谓毋望之人，就是在下我。我深受相国厚恩，理应为您出力。您可以派我为郎将，先入宫侍卫楚王。楚王驾崩后，一旦李园入宫作乱，我就可以替您把他杀掉。"

春申君很不以为然："你不要再讲了。李园是一个手无缚鸡之力的人，与我又一向亲近，不至于想害我吧！"

朱英一看春申君执迷不悟，也就不再多说什么。他担心李园会对自己下毒手，就逃到别的国家去了。

当断不断，反受其乱。事情的发展果如朱英所料。十几天之后，考烈王驾崩。李园得到密信，抢先入宫，控制了朝中大权。他预先在宫门之内埋伏下刺客，然后通知春申君前来议事。春申君毫无防备，车过宫门，刺客一跃而出，将春申君杀死，然后又砍下他的脑袋，扔到宫墙之外。李园见刺客得手，便下令将春申君一家全部抓起来杀掉了。

春申君死后，他与李园之妹所生的孩子被立为楚王，是为楚幽王。春申君未占到这个儿子一点便宜，却搭上了全家老小的性命。

李园在献妹夺楚权的过程中，交替运用了多种权术，但首先主要运用了摩术。春申君好色，便以妹妹为诱饵，诱其上钩，使妹妹怀上身孕，此为施摩术的一例也；李园与妹妹合谋，借春申君之力入宫，此为施摩术之二例也；李园掌权后，表面顺从安抚春申君，使春申君放心、安心，暗地里却搞另一套，伺机加害春申君，此为施摩术之三例也。摩术的运用在李园献妹夺楚权的过程中起到了关键作用。

高消查靴

南北朝时，北齐任城王高消任并州（今山西太原）刺史。

某日，州城内一女子到汾河边洗衣服，她把脚上穿的新靴子脱下来放在岸边，站在河水里洗。这时，远处一男子骑马跑来，老远便见了岸边这双新靴子，勒马下来，脱下自己的旧靴子，蹬上新靴子打马跑了。等那女子反应过来，那男子早已跑得无影无踪，哪里追得上！洗衣女听人说高消正直多智，便提着那人扔下的旧靴子去告状。高消安慰了她一番，立刻让手下人传来城中所有年老妇女，说："有个青年骑马出城，半路上让强盗劫杀了，只留下这双靴子。有人认得这双靴子吗？"大伙儿挨个传看。突然，一老妇人顿足大哭起来，说："这是我儿子的靴子，他出城到岳父家去了，谁想到遭此不幸！"高消问明他岳父的地址，派人马上捉来，把靴子还给洗衣女，并处以罚金。

高消表面上是在为靴子的主人申冤捉拿凶手，实际上是为了查明旧靴主人的下落。

两桩争子案

历史上有两桩"争子案"，都是巧妙运用了此术。汉宣帝时，颍川（今河南禹县）有一富户，兄弟俩共居一院中。

某年，妯娌俩同时身怀六甲，同时临产。但嫂嫂的儿子生下来就死了，弟妹却顺利产下一胖儿子。这时兄弟俩都在外经商，未及赶回家来。嫂嫂便心生一计，以看侄子为名，把孩子抱到自己屋里，再也不肯还弟妹了，硬说是自己生的。兄弟俩回家，也难辨是非，最后诉诸公堂。

县令审了三年，也没审清，只好转到郡太守那里。郡太守黄霸足智多谋，阅完案卷，心生一计，让妯娌俩到公堂上来，把孩子抱来，说：“你们抢孩子的案子实难断清。这样吧，我喊‘一，二’，你们就开始抢孩子，谁抢到孩子，就归谁。”妯娌俩站的距离相等，黄霸一声令下，两人同时拼命跑去，一人抓住孩子的头，一个抓住孩子的脚，各自一拉，孩子大哭起来。嫂嫂为了争得孩子，死命狠扯。

弟妹见孩子大哭，十分心疼，不觉便松了手，坐在地上掩面抽泣。黄霸见状，把惊堂木一拍，手指那嫂子说：“大胆刁妇，竟敢抢人之子，从实招来!”嫂子想狡辩，见要用刑，才讲出实话。弟妹千恩万谢地抱着孩子走了。

南北朝时，李崇任扬州刺史。其属县寿春县（今安徽寿县）乡民苟泰刚三岁的儿子失踪了，四处寻找不着。

后一偶然机会，见本县赵奉伯之子正是自己失散的儿子，前去索还。赵矢口否认，说儿子是自己的。二人诉诸县衙，双方都有邻居证明，县令难以决断，转到州刺史李崇那里。李崇把他们和孩子分三处关押，很长时间也未提问。

某日，他分别派人告诉苟泰和赵奉伯，说：“你儿子昨晚得急症死了!”苟泰听后，哭得死去活来；而赵奉伯听后，只慨叹了几句了事。于是李崇领出孩子，把他判给了苟泰，并将赵奉伯问供后治罪。

黄霸和李崇审案，都是用的“谋阴成阳术”，表面是让人争夺儿子，实际是试探哪个对儿子有真情，哪个是亲骨肉，因而审清疑案，博得美名。事虽在此，而意却在彼。

赵和断案

唐懿宗咸通年间，江阴县令赵和智判诬财案，也是巧用此术。

楚州淮阴县（今江苏淮阴）有两户邻居世代通好，关系密切。某日，东邻欲外出贩卖，本钱不足，便以田契为抵押，向西邻借钱一千缗（每缗一千文），约好借期一年，连本带利归还后赎回田契。

第二年归还期近，东邻不失约，先取八百缗交与西邻，说好第二天送余下的两百缗及利钱，再取回田契。因两家关系好，东邻便没要收钱单据。哪知第二天去还钱取田契，西邻矢口否认收过八百缗钱。

东邻气急败坏，便到县衙告状。可县令没看到收到钱的单据，也无法判案。上告到州衙，同样没有结果。西邻洋洋得意。东邻苦思良策，听说相隔数县的江阴县令赵和是位明断如神的青天大老爷，便告到他那里。赵和接案后，很是为难。淮阴与江阴是平级县，怎好越俎代庖？苦思良策，心生一计。第二天发公文到淮阴，说本县拿获一伙江洋大盗，供出一同伙是你县某某人。唐朝有法令，凡是大盗案件，所牵涉之县都得尽力协助。故淮阴县令派捕快将西邻捉来，交与江阴公人带走。西邻到了江阴县，自恃与江洋大盗案无关，并不害怕。赵和威胁一番，令他将自己所有家产浮财写明，并注上钱物来源，以备查验。西邻一一写明，其中有“八百缗，东邻所还”一款。赵和见后，拍案而起，唤出东邻与其对质。西邻方知原委，又羞又悔，退款服罪。

此案处理是“事在此而意在彼”的“谋阴成阳术”的典型做法。

颍考叔巧劝郑庄公

春秋时，郑庄公出生时难产，把母亲姜氏吓了一跳，故名“寤生”，从此就不喜欢他。多次在武公面前说次子叔段是贤才，应立为继承人。武公不答应，仍立寤生为世子。姜氏一计未成，仍不甘心。她在庄公继位后，又逼庄公把京城（郑国邑，在今河南荥阳县东南）封给叔段。

叔段在京城加紧扩展自己的势力，与姜氏合谋，准备里应外合，袭郑篡权。

郑庄公深知自己嗣位是国母大为不悦之事，对姜氏与叔段企图里应外合夺取政权的阴谋也清清楚楚。但他却不动声色，先施韬晦，伺机破之。郑国大夫祭仲向他报告说：“叔段招兵买马，扩大城池，会给郑国带来麻烦。”庄公却回答说：“这是国母的意思。”祭仲建议庄公先下手除掉隐患，他却说：“你就等着吧。”叔段又占领京城附近两座小城，郑大夫公子吕说：“一个国家不能有两个国君，你想怎么办？如果你想把大权交给叔段，我们就去当他的大臣；如果不打算交权，那就除掉他。不要使百姓有二心。”庄公却假装生气，说：“这事你不要管。”

郑庄公知道，过早动手，必遭外人议论，说他不孝不义。因而庄公故意

让叔段的阴谋继续暴露，一直到叔段和姜氏密谋里应外合时，才命公子吕率军伐京城。叔段逃到鄢，郑庄公伐鄢，叔段逃到共，郑庄公又把怂恿叔段作乱的母亲姜氏囚于城颍，发誓说："不到黄泉，不再见面。"这里的所谓黄泉，就是指阴间地府。

国君是"金口"，郑庄公既然已将此话说出来了，就很难再更改。但是毕竟是自己的生母，心中不免又有些内疚。正在此时，一个位卑言微的边境小官颍考叔，却使郑庄公从根本上认识到了自己的不对，同时也合情合理地帮助郑庄公处理了这个棘手的问题，从而摆脱了僵持不下的局面。颍考叔采用的是什么方法呢？首先，他以献野味为名觐见郑庄公，并把这野味号称"不孝鸟"，来到郑宫门口，说是向郑庄王进献野味。庄公喜欢野味，就宣他进宫。庄公一看此鸟，没有见过，就问："这是什么鸟？"颍考叔回答："这种鸟叫'不孝鸟'，幼时母亲哺育，长大后却啄吃母鸟，所以人们称它为'不孝鸟'。"庄公听了，默然无语。献完野味后，过了一会儿，庄公命膳夫送来几盘食物，赐给颍考叔吃。颍考叔只吃素菜，却把羊肉留在一旁，庄公奇怪，问其原因。颍考叔说："我有个老母亲，因家境贫寒，平常只吃素菜，从来没有尝过如此肥美的羊肉，因此我想请您准许我把羊肉带回去奉献给母亲。"庄公听后赞许道："你真是个孝子啊！"接着长长地叹口气。但是，事情到此并未结束，因为是"金口"所言，这个关口还必须过去，郑庄公从面子上才算有个交代。好在对于颍考叔这样一位能言善谏者来说，还不算什么太大的难题。颍考叔将郑庄公所说的"不及黄泉，无相见也"中的"黄泉"，解释为黄土下的泉水，所以只要掘土出泉，郑庄公就可以在泉水旁与母亲见面了。这样，郑庄公的面子问题也解决

了。最后，郑庄公把母亲继续留在宫中，以孝相待。

《摩术》篇中讲，“暗地里对人实施摩意术，顺从对方的欲望去探测他的内心世界，导致某些表象的内在心理因素必会表露出来，为我们所掌握”。颍考叔献野味正是对摩术的实施。郑庄公喜欢野味，同时对母亲的不孝又有内疚，颍考叔投其所好，因势利导，终于教育了郑庄公，使其对母亲行孝于宫中。

吴王僚落圈套，公子光得王位

春秋时，吴王僚不从祖典，抢夺王位，且又大肆屠杀弟兄。公子光非常气愤，欲杀僚自立为王。但因吴王僚戒备森严，无法下手。这时，伍子胥投奔他，并给他推荐了侠士专诸，助其刺杀吴王僚。

为了接近吴王僚，并能取得他信任，经多方打听，知吴王僚特爱吃烧鱼。专诸为了投其所好，就找名师苦学烹鱼技术。

三个月之后，专诸已学得一手烹饪绝技，特别是烧鱼，味甘形美，名声也渐渐传开了，吴王僚也知此事。一天，公子光请吴王僚到家中赴宴，说是专诸掌勺。吴王僚很高兴，如约而来。但他警戒十分严密，连厨师上菜也要经过搜查。酒过一巡，公子光假托自己的腿脚不好，借故躲到安稳之所。而专诸把匕首藏入鱼腹，躲过了侍卫的搜查。

当专诸端鱼走到吴王僚的面前时，他突然从鱼肚里拔出匕首，向吴王僚刺去。由于用力过猛，连吴王僚的

背都扎透了。专诸也被众侍卫乱刀砍死。公子光得了王位。

吴王僚落圈套，公子光得王位，正是得益于摩术的运用。

摩术篇中讲，暗地里对人实施摩术，顺从对方的欲望去探测其内心世界，把察得的信息，运用到决策中，使用到行动中，所以就没有办不成的事情。顺从吴王僚爱吃烧鱼的特点，反手将其制裁，公子光得了王位。公子光运用摩术，对阴谋的得逞起到了关键作用。

虚抚韩彭，兵围垓下

当刘邦被项羽围困荥阳的时候，韩信却在北路战线上顺利进军，势如破竹。他先是平定了魏、代、赵、燕等地，接着又占据了齐国的所有地盘。接着，韩信遣使去见刘邦，说："齐人狡诈多变，反复无常，南边又与楚相邻，如果不设王，就难以镇抚齐地。望能允许我为假（代理）齐王。"

刘邦一听，不由得怒气上冲，当着使者的面，破口大骂道："我久困于此，朝夕望他前来助我，想不到他竟要自立为王！"当时，张良正坐在刘邦的旁边，张良清醒地认识到，韩信的向背对楚汉战争的胜负有举足轻重的作用。况且韩信远在齐地自立为王，刘邦鞭长莫及，根本无力阻止。于是，连忙在案下轻轻踩了他一脚，然后附耳说道："汉正失利，难道能够阻止韩信称王吗？莫如顺应立他为王，使其自守。否则，恐生不测。"刘邦确也诡谲善变，立即感悟先前失言，于是改口骂道："大丈夫既是诸侯，就要做个真王，何必要做假王！"刘邦本来就爱骂人，有此一骂不足为奇，况且先后衔接自然，天衣无缝，竟然没露出什么破绽。

当年二月，刘邦派张良拿着印绶去齐地立韩信为王，并征调韩信的军队击楚。

授印齐王，虽然是刘邦对韩信的暂时妥协，但这个顺水人情和权宜之计，居然笼络住了韩信，为汉军日后十面合围打败项羽作了组织准备，对此，东汉荀悦曾有一句极为中肯的评价，他说："取非其有（指齐地本非刘邦所有）以予于人，行虚惠而获实福。"稳住韩信以后，楚汉战争的形势发生了重大的转折。汉对楚已逐渐形成合围之势：韩信据齐地不断袭击楚军，彭越又屡次从梁地出兵，断绝楚军的粮道。楚军兵疲粮竭，项羽无奈，终于在汉四年十一月送回了被扣押的刘邦父亲、妻子、儿女，与刘邦讲和。双方商定，以鸿沟为界，中分天下，东归楚，西归汉。

汉四年九月（秦及西汉初以十月为岁首，一年之中，月份的先后顺序是：十月、十一月、十二月、正月、二月……九月），项羽拔营东归，向彭城而去。刘邦也打算西还汉中。在这重大的转折之际，张良以一个政治谋略家的深邃眼光，看出了项羽失道寡助、腹背受敌、捉襟见肘的处境，便与陈平同谏汉王道："如今汉据天下三分有二，此时正是消灭楚军的有利时机，必须穷追猛打，趁机灭楚，否则放虎归山必将遗患无穷。"刘邦依计而行，亲率大军追击项羽，并派人约会韩信、彭越合围项羽。

汉五年（公元前 202 年）冬，刘邦率大军追击楚军至固陵（今河南太康），却迟迟没有等来韩信、彭越所率的援兵，结果惨遭失败。刘邦躲在固陵的壁垒中，不胜焦躁，便问身边的张良："他们为什么没有如期前来？"此时，

张良对韩、彭的心思早已了解于心，对应之策已思谋成熟，见刘邦询问，忙答道："楚兵即将灭亡，韩信、彭越虽已受封为王，却有确定的疆界。二人此次不来赴约，原因正在于此。陛下若能与之共分天下，当可立招二将。否则最终成败，尚不可知。"刘邦一心要解燃眉之急，便依张良计，把陈地以东至沿海的地盘划封齐王韩信；把睢阳以北至谷城的地盘划封给梁王彭越。两个月后，韩、彭果然派兵来援。

汉五年十二月，各路兵马陆续会集垓下。韩信先用"十面埋伏"之计兵围项羽于垓下，继而又用"四面楚歌"之计瓦解了敌兵士气，终于打败项羽，迫其别姬、自刎。至此，长达四年之久的楚汉战争，以刘邦的彻底胜利而告终。

刘邦采纳张良的建议，顺应韩信立他为王，从而笼络住了韩信，为日后击败项羽做了组织准备；刘邦又依张良之计，划出一部分地盘给韩信、彭越，为最终打败项羽创造了条件。

这两例，都是对摩术的运用：一切迎合你的心理，依顺着你，暗中另有打算，利用你，为我所用。

班超出使西域，察言观色施计

东汉初年，汉明帝派大将军窦固率领大军西进攻打匈奴，班超也随军效力，为联络西域诸国共同对付匈奴，窦固派班超为使者到西域去。

班超一行 36 人，历尽千辛万苦，首先来到鄯善。开始几天，鄯善王对他们态度很友好，不几天就变得冷淡了。班超猜想，一定是匈奴的使者前来施加压力，迫使鄯善王不敢接近汉朝的使者。恰巧鄯善王的侍者来访，班超故作已知道地问："匈奴的使者来几天了？住在什么地方？"这件事本该是瞒着班超等人的，经班超这么一问，竟把鄯善王的侍者给唬住了，他只好说了实话："他们已经到了三

天，驻地离这里有三十里。”

班超立即把这个侍者扣留起来，召集36个随从人员商议对策，对他们说：“我们来到西域，无非是想立功报国。现在匈奴使者才到几天，鄯善王的态度就变了。如果他们把我们抓起来，送给匈奴人，我们连尸体也不能回故乡了。你们看怎么办？”

大家都说：“如今到了紧要关头我们听您的。”班超说：“不入虎穴，焉得虎子。现在只有一个办法，趁着黑夜对匈奴人发动火攻，使他们摸不清咱们有多少人，他们一乱，咱们就能把他们全部收拾掉，消灭匈奴的使者，鄯善王才会对汉朝友好。”大家异口同声表示赞同。

到了黑夜，班超率领着36个壮士偷袭匈奴使者的营地，他让10个人擂鼓呐喊，制造声势，其余的人放火烧帐，冲杀进去。一时间，匈奴营帐大火熊熊，鼓声、喊杀声响成一片。匈奴人从梦中惊醒，到处逃窜，大都做了班超等人的刀下之鬼。

战斗结束后，班超派人把鄯善王请来，叫他看匈奴使者的首级，鄯善王被吓得面如土色。班超乘机劝他与汉朝建立友善关系，鄯善王连连点头称是，为了表示诚意，鄯善王还把自己的儿子送到洛阳去做人质。

班超把这一事件的经过报告给窦固，窦固很高兴，并替班超向朝廷请功。于是班超被升为军司马，继续承担联络西域诸国的重任。

班超智勇双全，随机应变，通过鄯善王外表的变化，来判断其内心活动，用火攻的办法消灭匈奴使者，促使鄯善国与汉朝友好。

班超顺应鄯善王欺软怕硬的心理特征，私下谋划采取措施征服了他，这其实正是对摩术的运用。

聪明反误，杨修罹祸

三国时期，有一年工匠们为魏国丞相曹操建造相府大门，当门框做好后，正准备做门顶的椽子时，恰好这时曹操走出来观看，看完后在门框上写了一个“活”字，便走了。曹操的谋士杨修见门框上的题字，即刻叫工匠们拆掉重做，并说：“你们知道吗？丞相题在门框上的‘活’字，意思是‘门’中有‘活’为‘阔’字，就是指门做大了叫你们重做，懂吗？”

一天，有人给曹操一杯奶酪，曹操喝了几口，便在杯盖上写了一个“合”字，然后递给一位文臣，文臣看了不解其意，众人相互传看也不明白是什么意思。当杯子传到杨修手里，他便喝了一口奶酪，然后说：“诸位，这‘合’

字即是‘人一口’，丞相是叫我们每人喝一口呀!”

一次，曹操由杨修陪同出外游览，经过一处，看见一块烈女曹娥墓碑，碑的背面刻有八个字：“黄娟幼妇，外孙齑臼。”曹操问杨修：“杨主簿（负责文书的官，曹操的参谋），你懂这八个字的含义吗?”杨修很自信地回答：“丞相，在下懂得。这……”曹操未等杨修说明，便打断他的话头说：“杨主簿别急嘛！待老夫想想。”接着他们离开墓碑，大约走到离碑三十里外，曹操这时才问：“老夫已明白墓碑背面那八个字的意思。”并叫杨修转过身去，两人分别记下自己所懂的意思，然后一对，两个意思果然一样。于是曹操感叹地说：“老夫的才智与杨主簿相差三十里呀!”他们对“黄绢幼妇，外孙齑臼”这八字所解的意思是：黄绢色丝，“丝”“色”并在一起即是“绝”字；年幼妇女就是少女，“女”“少”并在一起即是“妙”字；外孙是女儿的子女，“女”“子”并在一起即是“好”字；齑臼是用来盛五种辛辣调味品的器皿，这是舌辛，即是“辞”字。因此，这八个字的含义便是“绝妙好辞”。

建安二十四年（公元前219年），曹操与刘备争夺当中，屡遭失败，曹军不知道是进还是退，曹操便以“鸡肋”二字为夜间口令，将士们都不解其意，唯有杨修明白：“鸡肋乃是鸡肋间的肉，吃起来没有什么味道，丢掉了又觉得可惜。丞相的意思是叫撤兵回去。”他便私下告诉大家收拾行装，诸将也随之准备归计。没多久，曹操果然下令撤军了，曹操知道是杨修把机密告诉大家的，便以“漏泄言教，交关诸侯”的罪名，将杨修斩首。

明代作家冯梦龙在《智囊》中列举了这个故事，然后评道：“杨修聪明才智太显露了，所以引起曹操的忌恨，这样他能免于灾祸吗?晋代和南朝宋的皇帝大多喜欢与大臣们赛诗比字争高低，大家都吸取了杨修遭杀害的教训，所以大文学家鲍照故意写些文句啰嗦拖沓的文章，书法大家王僧虔用很拙劣的书法搪塞，这都是为了避免君主的杀害。”这段话的意思很明白，机智聪明的人不要处处在上司面前表露出比上司强、比上司先懂得什么，否则将遭忌恨而招致祸害。

杨修不懂这一点，也就是说，他在上司面前不善于运用摩术，上司不喜欢你的才能比他高，你却不顺从，处处显露比上司高，结果聪明反被聪明误。

关门捉贼擒吕布

曹操在陈登父子的密切配合下，顺利地攻取了徐州，把吕布打得一败涂地，逃往下邳。曹操在徐州大犒军将后，欲马上进兵，一举攻克下邳。谋士程昱说："我们不是要下邳一城，而是要除掉吕布。现在吕布仅有下邳一处可以安身，如果逼得太急，他会拼死突围，一旦使他逃出下邳去投袁术，那就更不好擒了。我们宜先切断他与外界的一切联系，关起门来，把他困在下邳，然后再伺机擒他。"曹操听罢，高兴地说："如此甚好！"马上吩咐刘备说："你率部严守下邳通往淮南的路径，切断吕布与袁术的任何联系，防止吕布去投袁术。"另外又布置众将斩断吕布与山东诸郡的交通来往，防止外兵来救吕布，并防备吕布潜逃他乡。

下邳的吕布，经徐州一败后，锐气顿减。谋士陈宫先后向吕布献"以逸击劳""犄角之势""以攻为守"等计谋，吕布惧曹操势大，都不肯为之，终日在府中与妻妾饮酒解闷。

一天，谋士田楷、许汜对吕布说："将军整天在家吃酒，不是坐以待毙吗？为何不去淮南求袁术帮我们解围？"吕布叹曰："去也无益。"田楷说："袁术与你结怨，是由婚约造成的，若我们答应继续履行婚约，他如肯出兵相救，我们与他内外夹击曹操，下邳之围定可解矣。"吕布依其言，遂遣二人为使，派张辽、郝萌二人护送，去淮南见袁术。

由于刘备在通往淮南的路径上疏于防范，竟使许祀、田楷等顺利地冲了过去。在回来的途中，两位使者在郝萌的掩护下，又冲过了阻截，回到下邳。张飞只俘获敌将郝萌。

当刘备押解郝萌向曹操请功时，曹操问明来龙去脉，怒斩郝萌之后，厉言对众将说："各路关口一定要倍加防守，如果再有吕布及其将士走透出去，定要依法从事，斩首示众。"

刘备见曹操如此动怒，深知情势严重。暗中嘱咐关羽、张飞，一定要仔细守寨，不可怠慢。

吕布听两位使臣回报说，袁术答应来救应，但必须先把吕布女儿送来方信其不食言。吕布无奈，只好照袁术要求去办。马上令高顺、张辽护送。吕布把女儿缠裹在身上，欲亲自杀出重围送女儿给袁术。

由于曹操切嘱众将严格把守关口，当吕布来到刘备寨前，受到了关羽、张飞的拦截。及至张辽、高顺欲掩护吕布冲出去时，曹操又派大将徐晃、许诸来助战，杀败了张辽、高顺。吕布也因有女儿缚在身上，力不能支，被关羽、张飞打败，只好又退回下邳城。

吕布求援不成，只好每天坐在府中饮酒。由于下邳城内粮多而兵少，虽久困仍不见有可攻的战机。曹操见此情形，恐迁延日久，张绣率兵去攻打许都，欲撤兵回师，便对谋士说："下邳城内兵少粮多，与我相持一年也不成问题。我们宜暂回许都为好。"郭嘉阻止说："既然我们困城已久，擒吕布迫在眉睫，为什么要前功尽弃呢？我有一计可加速吕布受困而亡。"曹操忙问其计。这时荀彧在侧说："是否决沂、泗之水淹城之计？"郭嘉说："正是。"曹操听罢，马上令众军移居高阜地带，决开沂、泗之水，坐视水淹下邳。

河水淹入下邳城后，城内一片恐慌，军民有米难炊，陷入一片混乱之中。此刻，吕布也成了热锅上的蚂蚁，恼怒无常，无故责罚将士，军中怨声载道。

在城外坐待其变的曹操，不一日，便见城内军将侯成盗了吕布的赤兔马来降。接着，在曹操攻心战术的作用下，吕布的部将宋宪又盗了他的画戟，并会同魏续，把吕布捆缚住，打开城门，把吕布献给了曹操。

有稳操胜券的把握才会运用关门捉贼的计谋。曹操在阻断了吕布可能逃走的各条道路后，才稳坐钓鱼台，以攻为守，以逸待劳，并最终"钓"得了吕布，除掉了心腹大患。

第九章 权篇

【题 解】

权者，权衡、审察之意，即审度形势以进游说之辞。也可以解释为，权，即权宜、权变。善于权宜局势、随时应变地设置说辞、辩辞。

总之，本篇“权”之术，主要论述的是游说的原则、方法，与通常意义上人们所说的“权术”不是一回事儿。

《鬼谷子》认为说话是有技巧的，其技巧可以掩饰内容：说奉承话的人，由于会吹嘘可以变成智；说平庸话的人，由于能果决就变成勇；说忧虑话的人，由于善权变就变成信；说冷静话的人，由于善逆反而变成胜。而且有时候，“口可以食，不可以言”，因为随便讲话会伤害人。

所以说话时说到对方长处可以加以张扬，说到对方短处要有所忌讳。而且还要看人说话，“与智者言，依于博”，“与贱者言，依于谦”，“与勇者言，依于敢”，等等。

所以掌握了这些技巧就能雄辩天下，无往不胜。

在运用权术时，应注意以下几点：

1. 切忌病言——说话气势不足，言之无物；
2. 切忌恐言——说话时内心恐惧，主次不分；
3. 切忌忧言——说话时言辞闭塞，词不达意；
4. 切忌怒言——说话时情绪激动，妄加遣词造句；
5. 切忌喜言——说话时情绪欢畅，心意流散，抓不住要点。

总而言之，成功的游说者应保持高度冷静，胸比海阔，心比天广，把喜怒、悲伤、忧戚、惊慌统统藏于胸中，而不使其形之于色，以免被对方猜透、把握、控制，而使游说工作半途而废。

权[1]篇第九

原文

说者，说之也；说之者，资之也。饰言者，假之也；假之者，益损也。

应对者，利辞也；利辞者，轻论也。成义者，明之也；明之者，符验也。言或反覆，欲相却也。难言者，却论也；却论者，钓几也。

佞言者谄而干[2]忠，谀言者博而干智，平言者决而干勇，戚言者权而干信，静言者反而干胜。先意承欲者，谄也；繁称文辞者，博也。

纵舍不疑者，决也。策选进谋者，权也。先分不足以窒非者，反也。

故口者，机关也，所以关闭情意也。耳目者，心之佐助也，所以窥间见奸邪。

故曰：参调而应，利道而动，故繁言而不乱，翱翔而不迷，变易而不危者，睹要得理。

故无目者不可示以五色，无耳者不可告以五音。故不可以往者，无所开之也；不可以来者，无所受之也。

物有不通者，圣人故不事也。故人有言曰：口可以食，不可以言，言有讳忌也。众口铄金，言有曲故也。

人之情，出言则欲听，举事则欲成。是故智者不用其所短，而用愚人之所长；不用其所拙，而用愚人之所工，故不困也。言其有利者，从其所长也。言其有害者，避其所短也。故介虫之捍也，必

以坚厚。螫虫之动也，必以毒螫。

故禽兽知用其长，而谈者知用其用也。故曰辞言有五：曰病，曰恐，曰忧，曰怒，曰喜。

病者感衰气而不神也，恐者肠绝而无主也，忧者闭塞而不泄也，怒者妄动而不治也，喜者宣散而无要也。

此五者，精则用之，利则行之；故与智者言依于博，与博者言依于辨，与辨者言依于要，与贵者言依于势，与富者言依于高，与贫者言依于利，与贱者言依于谦，与勇者言依于敢，与愚者言依于锐，此其术也。而人常反之。

是故与智者言，将以此明之，与不智者言，将以此教之，而甚难为也。

故言多类，事多变。故终日言不失其类，而事不乱。终日不变而不失其主，故智贵不妄。听贵聪，智贵明，辞贵奇。

注解

①权：权衡。

②干：同于或为。

译文

游说，就是说服别人。说服别人，必须借助充分事例。文饰说辞、辩辞，必须借助于例证。

借助例证时，必须有所取舍增减。回答对方疑问和诘难，必须让便利的词句脱口而出。便利的词句，就是简洁明快的言辞。

申说主张的言辞，是为了使对方明了我们的本意。要让对方明了我们的本意，必须用事例来验证说明。

言辞或有反复使用的情况，都是为了让对方打消疑虑。

诘难的言辞，是为了驳倒对方的言论。

想要驳倒对方，必须善于掌握反诘的时机。（这是说辩的一般常识。下边我们再来谈说辞。）设置谄佞的说辞，要预先知道对方的难题，出谋划策解决这些难题，是为了博取忠心耿耿的名声。

设置阿谀奉承的说辞，要博采事例来论证对方决策的可行性，因而博取智慧的美名。

成就事业即论证自己的主张可行的说辞，必须果敢气壮，让对方觉得我们大勇善断而信服。套近乎的说辞，要善于替对方权衡各种决策的优劣，以取信于对方。

诤谏的说辞，要敢于、善于反驳对方，博取胜利。

摸准了对方的心愿顺着对方的欲望去游说，就是谄佞。博采事例来做充分论证，就是博征。

进退果断，该说则说，该止则止，就是决断。

替对方分析各方进献的策略，就是权衡。抓住对方的说辩缺陷而攻击对方言辞中的不足，就是善于反击。

所以说，嘴是一个机关，是用来倾吐和遮蔽内心情意的。耳朵和眼睛，是大脑思维的辅助器官，是用来窥探、发现奸邪事物的。

因此说：应该把这三者调动起来，互相配合，相互应和，以引导说辩局势朝着利于自己的方面发展。

我们繁称言辞但思路不乱，一会儿东一会儿西地说辩而不失主旨，变换说辩手段但并非诡谲难知，都是因为充分发挥了口、耳、眼的作用，使它们相互配合，因而在揣测中抓住了对方问题的要害，在说辩中掌握了既定原则的缘故。

所以说，没有眼睛的人没法让他看到外界事物，没有耳朵的人没法让他听到外界声音。像这样的人主，不值得我们前去游说，所以无法开导他们；像这样不值得我们到那里游说他的人主，他们也无法接受我们的意见。

像这般不能通窍的人和事，就是那些圣智之士也不去打主意。

（除此之外，都可以用我们的嘴把他说动。）所以古人常说：嘴可以用来吃饭，不能用来乱说，说话就会触犯忌讳。

众口一词，可以把金子般坚固的事物说破，是因为说话中有邪曲的缘故（言辞的威力多么大啊）。人之常情，说出话来希望别人听从，做一件事就盼望能够成功。

（我们想要游说成功，就要学会借用别人的力量。）聪明人不用自己的短处，而去利用愚蠢者的长处；不用自己不擅长的地方，而去利用愚蠢者的技巧之处，所以做起事来永远顺利。

我们常讨论怎样做对自己有利，就是要发挥自己的长处；讨论怎样才能避害，就是要避开自己的短处。那些有甲壳的动物保护自己，一定是用自己坚厚的甲壳；那些有毒蜇的动物进攻别人，一定是发挥自己毒蜇的威力。

禽兽都知道利用自己的长处，我们游说策士更应该懂得如何利用自己的特长了。

所以说，说辩中的忌辞有五种，即病言、恐言、忧言、怒言、喜言。病言，就像病人气力不足那样没有神气。恐言，就像人害怕得断了肠子那样没有主见。忧言，就像人愁思不通那样不畅达。怒言，就像人怒火攻心胡撞乱动那样没有条理。喜言，就像人得意忘形不知所为那样没有要点。这五种言辞，只有精通它的妙用的人在特定场合才可以使用，才可以发挥它的特殊作用而利于己方。

一般说来，游说有智识的人要靠博识多见的言辞，游说博闻多见的人要靠条理明辨的言辞，游说明辨事理的人要依靠言辞中要点明确，游说高贵的人要依靠言辞中有气势，游说富人要靠我们谈话时豪气冲天，游说贫穷的人要靠言辞中以利引诱，游说低贱的人要靠我们谈话时态度谦恭，游说勇士要靠我们谈话时表情果敢，游说愚蠢的人要靠我们把利害讲得明明白白。这就是游说之术。

但是，人们常常反其道而行之。

他们跟聪明人交谈时，就用这些技术启发他，跟愚蠢者谈话时也用这些技术去教导他，这都很难达到游说的目的。由以上可见，说辞辩辞有多种类型，事端也在瞬息万变。整日说辩但不偏离各种言辞的原则，议论事件就会有条不紊。

终日这样说辩又偏离不了主题，这就是掌握了说辩术的智识之士。耳朵听事在于聪明，头脑思考在于明辨，说辞雄辩在于新奇。

智慧应用

智勇双全，完璧归赵

赵惠文王从内侍缪贤手里，得到楚国丞相昭阳几年前丢失的无价之宝和氏璧。秦昭襄王听说后，便想以强欺弱，占有这块玉璧。他派人给赵王送去一封信，说："寡人慕和氏璧有日矣，未得一见。闻君王得之，寡人不敢轻请，愿以咸阳十五城奉酬，唯君王许之。"赵王接到信后很为难，就召集群臣商量对策。大臣们认为：如果答应了秦王的要求，可能会失去玉璧而得不到城池；如果不答应，又会因此得罪秦国，为今后带来麻烦。大臣李克站出来说："不如派一个智勇双全之士怀璧而去；如果秦国给了城，就把和氏璧授予秦国，如果秦国不给城，和氏璧依然归赵，这样可以两全其美。"赵王听了，用眼瞧了瞧大将廉颇，廉颇低头不语。

这时，缪贤对赵王说："我有个门客叫蔺相如，是个有勇有谋之人，叫他去完成这个任务最合适。"赵王便马上召见蔺相如，问道："秦国用十五座城来换和氏璧，你说可不可以答应？"蔺相如说："秦强赵弱，不能不答应。"赵王又问："如果秦国失信，得璧而不给城，怎么办？"蔺相如说："秦国用十五城来换和氏璧，这价钱够高的了。赵国要是不答应，便有理屈之嫌，如果秦国得璧不给城，那就是秦国不讲道理了。"赵王接着说："先生能护璧去秦国一趟吗？"蔺相如答道："如果没有别人可派，那我就去一趟。秦国交了城我就把玉璧留在秦国，不然的话，我一定完璧归赵。"赵王听了大喜，即刻拜蔺相如为大夫，授予和氏璧，由蔺相如护璧去了咸阳。

秦王听说赵国送和氏璧来了，坐在章台接见了蔺相如，并召集群臣前来观看。蔺相如献上玉璧，秦王接在手里反复观赏，赞叹不已。秦王还把玉璧递给身边的大臣们传着看，又交给后宫的美人们看，好半天才传回来。大臣们争着给秦王庆贺，一齐欢呼万岁。蔺相如被冷落在一边，等了好半天，也不见秦王提起交割城池的事。他急中生智，往后退了几步，靠着柱子，瞪着眼睛，厉色声严地对秦王说："大王曾经派人送书给赵王，要用十五座城来换赵国的玉璧。赵国的大臣都说，大王是想欺骗我们。只有我认为，老百姓还讲信用呢，何况大国的君王？我们哪能用小人之心去猜测君子？于是赵王斋戒五天，隆重地派我送来玉璧。可是大王对我这样傲慢，坐着接受玉璧，又给下人观看，太不恭敬了。这说明大王没有交城的意思，所以我把玉璧收回来了。大王要是逼我，我宁可把我的脑袋跟这块玉璧，在这根柱子上一起碰碎。"说完，他拿着玉璧，对着柱子。秦王怕损坏了美玉，连忙劝阻，又假意让大臣拿出地图，指出那十五座城的位置给蔺相如看。蔺相如心里明白秦王并非真心，就说："当初我们国君为给大王送和氏璧，曾经斋戒五天，举行了隆重的仪式。因此，大王也应当斋戒五天，然后再举行一个接受玉璧的仪式，我才能把玉璧奉上。"秦王无奈，只好答应。

蔺相如拿着玉璧回到宾馆，叫一个手下人扮作穷人的样子，把玉璧包好系在身上，偷偷从小路跑回赵国去了。还托下人禀报赵王，他宁死不屈。

五天后，秦王召集大臣和几个外国使臣，进行受璧仪式。只见蔺相如从容不迫地走上殿来，两手空空。秦王疑道："我已经斋戒过了，你为何不带玉璧来？"蔺相如答道："秦国自穆公以来有十五位君主，都以诈骗行事。杞子欺骗郑国，孟明欺骗晋国，商鞅欺骗魏国，张仪欺骗楚国……这些事历历在目。我也怕受骗，已经把和氏璧送回赵国了。”秦王大发雷霆，又嚷又叫，命令手下人把蔺相如绑了。蔺相如面不改色地说：“大王请息怒，我还有一言要说。天下人都知道秦强赵弱，只有强国欺负弱国，而没有弱国欺负强国的道理。大王真想要那块玉璧，请先交割十五座城给赵国，然后派人跟我一块去赵国取和氏璧。赵国如若得

城，绝不会背信弃义，得罪大王的。我知道我欺骗大王是死罪，已禀告我的国君，不指望再活了，请杀了我吧。好在各国使臣都在，他们知道大王是为和氏璧的原因而斩赵国使臣，谁是谁非自有公论。”秦王和他的大臣们面面相觑，无言以对。各国使臣都替蔺相如捏着一把汗，但秦王说：“杀了他也得不到玉璧，徒负不义之名，伤了两国的和气。不如好好款待他。”于是设宴招待，礼送蔺相如回国。

《权术》篇中讲：“进退果断，该说则说，该止则止，就是决断。”“我们常讨论怎样做对自己有利，就是要发挥自己的长处；讨论怎样才能避害，就是要避开自己的短处。”“游说高贵的人要依靠言辞中有气势。”“游说愚蠢的人要靠我们把利害讲得明明白白。”

蔺相如智勇双全斗秦王，完璧完人归赵国的过程，就是这样运用权术来控制说辞辩辞的。秦王等人只顾传看玉璧不提交割城池一事，他果断、机智地收回了玉璧，气势逼人地进言，舍身护璧。然后扬长避短，璧在手中，身在秦国，只有舍身护璧，暗中找人将璧送回国为妥；然后历数秦的欺诈历史，理直气壮，把道理讲得明明白白。

留心观察，因人施言

古之圣贤孔子，善于根据学生的不同特点，施以不同说教，这就是善于权衡的说辩方法。

有一天，孔子的学生子路问孔子：“闻斯行诸?”意思是说：听见了应该

做的事情是不是马上就要去做。孔子回答说："你家还有父兄在，得先去问问他们再说。"

过了几天，孔子的另一个学生冉有也问同样的问题，他问孔子说："听见了应该做的事情是要马上去做吗?"孔子回答说："对，应该马上去做。"

对同一问题，孔子做了截然相反的回答。孔子的学生公西华感到很奇怪，他带着疑惑不解的心情问老师："先生，子路问您听到了应该做的事情是不是要马上去做，您回答说要回家请示父兄。可是冉有问您同样的问题，您却回答说马上去做。您的回答前后不一样，我不明白其中的道理。"

孔子回答说："子路这个人常常争强好胜，性情急躁，所以我得约束他一下，让他凡事谨慎一些。冉有这个人遇事常常畏缩不前，所以我要鼓励他办事果断一些，叫他看准了立即去办。"听了老师的话，公西华恍然大悟，原来，孔子平时十分留意各个学生的性格、爱好、特长，注意因材施教。有一次，孔子要子路、冉有分别谈一下自己的志向。子路立即站起来表示："如果要我去治理一个拥有战车千乘遇到战乱饥荒的国家，只要三年，我就能治平天下，使百姓安居知礼，士卒勇敢善战。"而冉有想了半天才说："如果让我去治理一个小国，我大概三年之后，就可以使老百姓得到温饱，至于建立礼乐制度，那还要等待君主去做。"他们两人的回答，正好暴露了一个急躁，一个畏缩的性格特征。孔子平时就十分留意观察，故方能因人施言。

《权术》篇中要求：对不同的人进献不同的言辞，要选择不同的言辞对待不同的事物。孔子完全做到了这一点。

郭隗用计招贤

战国时，燕昭王对他的谋士郭隗说："齐国趁我们发生内乱，一举攻破燕国，我们国小力单，没有力量报仇；不过，如果能找到贤杰跟我们共同治理国家，以便洗雪国破家亡之耻，那才是我的志愿。您看有没有这样的人才？"郭隗说："只要您诚心诚意，谦虚好学，尊重有才能的人，学习他们的人品和才干，那么天下的人才就会奔向燕国。他们听说您礼贤下士，还亲自登门拜访，就会为您出谋划策。"燕昭王听了，又问："我该去拜访谁呢？"于是郭隗给燕昭王讲了个买马的故事。

从前有一位国君，想用千金买一匹千里马，买了三年也没有买到。国君正在犯愁，有人自告奋勇，说他能买到，国君欣然同意。三个月以后，这位买马人花了五百金，买回一具千里马的头骨。国君非常气愤，责问道："我要的是活千里马，谁要你花这么多钱买匹死马！"买马人从容地回答说："对一匹死马尚肯高价购买，何况活马呢？只要您真心爱马，千里马很快就送上门来！"果然，不出一年时间，这位国君先后得到了三匹千里马。

燕昭王听完故事，对郭隗说："您的意思我已经明白了，可是该怎么办呢？"郭隗笑了笑说："您一定要广招人才，就应该从厚待我郭隗做起，先把我当作千里马的骨头供养起来，这样，

比我强得多的千里马，就会不远千里来到燕国。”

燕昭王接受了郭隗的建议，拜郭隗为师，经常像学生一样去拜访他、请教他，并在国都武阳给郭隗修建了一座豪华的住宅。为了争取民心，他悼念死者，慰问孤独，跟燕国百姓同甘共苦。为了广泛招揽人才，他在易山山麓专门建造了一座高台。只要有善于用兵的武将、有志灭齐的勇士，以及对齐国险阻关塞、君臣内幕比较了解的人，燕昭王便不惜金钱，想方设法把他们请到燕国。

燕昭王真心实意礼遇贤能的消息，很快传遍天下。许多有真才实学的人，纷纷从各诸侯国来到燕国。其中有从齐国来的邹衍，从赵国来的剧辛，等等，不过最著名的还是军事家乐毅。

《权术》篇中讲：“说服别人必须借助充分事例。”“与贵者言依于势”——“游说高贵的人要依靠言辞中有气势”。请看郭隗对燕昭王用计招贤的一番说教，他借助所讲的事例来启发、打动燕昭王，教燕昭王重视人才，爱护人才，再进一步教燕昭王重视、爱护“我”，以引来人才，语言既亲切，又气势逼人，使燕昭王无退却拒绝之理，而毅然采纳了郭隗的建议。

平原君巧解赵国难

楚国春申君率军队前往援救赵国，魏国信陵君也伪造军令夺了晋鄙的军队前往救援赵国。援兵未到时，秦国加紧围攻邯郸，邯郸十分危急并且准备投降。平原君忧心忡忡。

邯郸传舍（驿站旁的屋舍，或为驿站）官吏之子李谈对平原君说：“您不担心赵国灭亡吗？”

平原君说：“赵国灭亡，就是秦人胜利了，为什么不担心呢？”

李谈说："邯郸的百姓，已经到了拿骨头来炊煮、易子而食的地步，可以说是困苦到了极点。而您后宫的美女数百人，妻妾妇女都穿着华丽的丝绸，吃的是好肉好菜，丰厚得享用不尽。可是军队士卒兵器用尽，有的只能砍下木头作为长矛勾戟；而你有宝器钟磬，要什么有什么。"

"假使秦国攻下赵国，您怎能拥有这些呢？假使赵国安全无恙，君又何须担心没有这些呢？您何不叫夫人以下的妇女和士卒同列，共同分担工作，为国尽力，将家中所有物资供给士兵分享。正当别人危难困苦的时候，较易施予恩惠，也较易令人感激。"

平原君听从他的计策，使得城中三千多勇士，不顾性命挺身抵抗秦兵。平原君与李谈一起到秦军阵中谈判，秦军因此后退三十里，正巧楚、魏的援军来到，秦军就放弃攻赵的行动。

注重说话谋略，讲究语言艺术，所说的话足以退千军，解危难于顷刻之间。

《权术》篇中讲："戚言者权而干信。"意思是说，有忧愁之言，套近乎的说辞，要善于替对方权衡各种决策的优劣，以取信于对方。李谈正是这样，他以忧愁之言、套近乎的说辞向平原君进言，分析国家形势、官民情况，然后又提出自己的建议，平原君相信了他，采纳了他的建议，使赵国的危难得以解除。

不以人微忘忧国，厮卒摇舌救赵王

大泽乡起义之后，陈胜等人和六国贵族后裔纷纷自立为王。其中第一个称王的当然是陈胜，其次是陈胜的老朋友武臣，再次是田儋、魏咎、韩广等人。

陈胜国号"张楚"，为楚王，其余依次为赵王、齐王、魏王、燕王。

韩广原系武臣部将，武臣对其自立为王十分不满，因此便表面上示以恩惠，暗地里却与右丞相张耳、大将军陈余率兵进驻燕、赵交界的地方，意欲相图。

韩广得知消息，急令边境戒严，增兵防守。一天，武臣突发奇想，竟扮作平民百姓潜入燕境，想窥探对方虚实。

谁知刚刚进去，即被韩广的亲兵认出，被七手八脚地捆了起来。几个随从，连忙逃回去报信。

张耳、陈余听说，大吃一惊，连忙派人往说韩广，表示愿用金银珠宝赎回赵王。

韩广却提出，赵国必须割出一半土地给他，他才肯放回赵王。张耳、陈余当然不能答应，便又派人前去劝说。不料，韩广竟将赵国派去的使者陆续杀死。

张耳、陈余大怒，恨不得立即挥兵杀入燕境，把韩广一刀砍死，但转念一想，又投鼠忌器，怕一旦开战，韩广先行杀掉赵王。二人抓耳挠腮，两三天也没有想出一个良策。

这时，有一厮卒（古代对军中火夫的称谓）对同伴说：“我如果去得燕国，包管救出赵王，平平安安地把他送回来！”同伴们不禁笑道：“你是不是要去寻死？十多人奉命赴燕，都被杀死，你有什么本领能救赵王？”

这厮卒也不多言，换了一套装束便悄悄前往燕营。燕兵将他拘住，去见燕将。这厮卒一见燕将，便施礼问道：“将军知道我为什么而来吗？”

燕将道："你是什么人？"厮卒道："赵人。"燕将道："既系赵人，无非是想做说客，迎回赵王。"厮卒道："将军可知道张耳、陈余是什么样的人吗？"

燕将道："虽有贤名，今天想也没有办法了。"厮卒道："你了解他们的愿望吗？"燕将道："也不过是想救回赵王。"厮卒忍不住吃吃发笑，燕将怒道："有什么好笑的！"厮卒道："我笑您不知敌情。张耳、陈余与武臣一起北行，他们岂不想称王？只是因为初得赵地，不便分争，才按年龄资格推武臣为王，以维系人心。今赵地已定，二人正想平分赵地，一同为王。所以，他们表面上派人要求你们送回赵王，暗里却巴不得你们将他杀死，然后好一面自立为王，一面借口报仇而合兵灭掉燕国。到那时，人心思奋，何战不克？你们再不醒悟，可要中他们的诡计了！"

燕将听了，不禁点头称是，说道："据你说来，还是放还赵王为妙？"

厮卒道："放与不放，权在燕国，我怎敢多嘴！但为燕国打算，不如放还赵王。这样一可打破张、陈二人的诡计，二可让赵王永远感激燕国。即使张、陈二人要攻打燕国，有赵王从中牵制，也难以得逞！"

燕将把这一情况报告了韩广，韩广也信以为真，遂放出武臣，以礼相待，并给车一乘，让厮卒送他归国。

张耳、陈余见自己苦思多日，反不如厮卒一张利口，都惊叹不已。

在上述故事中，那位厮卒在说燕将时，采用了迂回的策略。要说服别人，有时需要抓住问题要害，单刀直入；有时又要避实就虚，巧于迂回。迂回的道路虽然漫长，却常常是达到目的的捷径，看似多费口舌，实则可以收到单刀直入所无法收到的效果。

厮卒前往燕国，目的只有一个，就是要救回赵王，但在他见到燕将之后，却并不直接提出这个问题，而是在那里大谈如果杀死赵王对张耳、陈余有什么好处和对燕国有什么危害。

既然杀死赵王有利于张耳、陈余，有害于燕国，那么燕国当然就不能再以杀死赵王来威胁张耳、陈余了。不仅不应再加要挟，而且应该赶紧将他放回赵国。

这样，厮卒的目的也就达到了。绕了一大圈子，燕人在不知不觉中终于被厮卒说服了。

一个放不放赵王的问题，经厮卒利口辩说，最终成了不放赵王对燕国究竟是有利还是有害的问题。这便是迂回策略的妙处。

不过，实事求是地说，厮卒所论，也并非全是假话。就当时的形势看，各路义军首领的确是无人不想称王。张耳、陈余都是有一定才能和良好名声的人，他们可能开始并未意识到赵王如果被杀在实际上对他们个人是有利的，但他们总有一天会明白这层道理的。

他们一旦明白了这层道理，赵王对他们来说也就并不重要了，燕人也就无法以杀死赵王要挟他们了。

现在，厮卒不仅看透了这层利害关系，而且巧妙地将这层利害关系说给燕人听，故而能够打动和说服燕人，成功地将赵王救回。

权宜局势，巧进说辞、辩辞。游说高贵的人依靠言辞中有气势，游说愚蠢的人要靠把利害讲得明明白白。忧愁之言，套近乎的说辞，善于替对方权衡各种决策的优劣，以取信于对方。

这是权术的基本内容之一。厮卒摇舌救赵王，其实就是灵活运用了这种权术。

蒯彻一番话，死罪得赦免

蒯彻又名通，是西汉初期的一位政客，很有谋略和辩才，他曾经当过韩信的谋士，劝韩信背叛刘邦，自立为王。

当初，刘邦拜韩信为大将，率兵东进，攻打项羽。韩信一路势如破竹，破三秦、灭魏赵，又打败齐军。这时蒯彻劝告韩信不要过于相信刘邦，先与他们三分天下，以后看准机会，再图大业。韩信听后，没有接受他的意见。

刘邦称帝后，怕韩信谋反，剥夺了他的兵权，把他软禁在长安。后来由于陈稀谋反的事件牵扯到韩信，吕后和萧何设计诱捕了韩信，将韩信杀死。韩信后悔没有听蒯彻的计谋。后刘邦派人抓蒯彻，并亲自审问他。

蒯彻是当时很有名的辩士。刘邦问他是否鼓动韩信叛汉自立，蒯彻痛快地说：“对，我的确这样做过。可惜他当时不听我的计策，最后落得个身首异处的下场。如果他用了我的计策，皇上哪能杀掉他呢？”刘邦听后，气得发抖，下令把蒯彻烹死。蒯彻连喊：“冤枉。”刘邦说：“你教唆韩信谋反，有什么冤枉？”蒯彻回答说：“当初，秦朝实行暴政，天下的英雄都起来反对。这就好像一只鹿，天下英雄都抢着捕捉，谁跑得比它快，本事大，谁就能逮住它。那时候，天下的人并不知道陛下能当皇帝，都是各为其主。我也是一样，只知道韩信，不知道陛下，这能责怪我吗？况且天下想当皇帝的人很多，只是力量不足罢了。难道陛下能把他们都烹死吗？如果只是因为我过去忠于自己的主人，就被杀死，天下的人会怎样看待陛下呢？”刘邦听了以后，仔细一想，倒也有道理，于是就赦免了蒯彻的死罪。

权术教人要善于权宜局势，随机应变地设置说辞、辩辞。要适应瞬息万变的事情，采取多种类型的说辞、辩辞。“与贵者言依于势，……与愚者言依于锐。”蒯彻正是这样，面对当时韩信被害、刘邦施行似“兔死狗烹”一样诛杀无辜的局势，巧设说辞、辩辞，不卑不亢，理直气壮，简单明快地把道理说了个明明白白，令刘邦思索，信服。

自污免灾，明哲保身

刘邦是个猜忌心极重的人，诸将如淮阴侯韩信、淮南王英布、梁王彭越等，无一不受到他的猜疑和忌恨，有的甚至被迫走上了谋反的道路。就连与他交情最为深厚的萧何，也因屡屡受到猜忌而终日战战兢兢。韩信被杀害之后，萧何因功进位为相国，加封五千户。群僚都向他道贺，只有当年的东陵侯召平往吊。召平对萧何说道：“您将从此惹祸了！”萧何大吃一惊，忙问原因。召平答道：“主上连年出征，亲冒矢石，只有您安然地居守都中，不必遭受兵革之劳，现在反而得以加封食邑。这在名义上是看重您，而实际上是对您不放心。您想，韩信有百战百胜的功劳，尚且被杀，难道您的功劳能赶上韩信吗？”萧何急忙问道：“您说得很对，不过有什么计策能让主上对我放心呢？”召平道：“您不如不接受主上这次的加封，再把家里的私财全部拿出来，交给主上，充作军需。这样，才有可能免祸。”萧何点头称是，照此办理后，果然讨得了刘邦的欢心。

在讨伐英布期间，萧何仍然留在关中督运粮草。刘邦屡次问押运粮草的官员，说是相国近来都在做些什么事情。押运官答称他无非是抚询百姓、措办粮草军械等等，刘邦听了，默然不语。押运官回到关中后，把这一情况报告了萧何，萧何也猜不透刘邦这样做有什么深意。一天，他偶然与一位幕僚谈起此事，这位幕僚忽然说道：“您不久可就要灭族了！”萧何一听，大惊失色，吓得连话都说不出来了。幕僚又说道：“您位至相国，功居首位，此外不可能再给您加封什么了。皇上屡次问您在做什么事情，显然是怕您久在关中，深得民心，一旦乘关中空虚，号召百姓起事，据地称尊，就会使主上无处可归，前功尽弃。现在，您不察主上的意思，还孜孜不倦地为百姓操心，这是徒增主上的疑忌！疑忌越深，祸来得也就越快。在这种情况下，您不如多买田地，而且要逼着百姓们贱卖给您，使得民间诽谤您，怨恨您。这样，主上听说之后方能心安，而您也可以保全家族了。”萧何认为这位幕僚的话很有道理，当即采纳施行。押运官回到前线后，把萧何因强买民田而致谤议的情况报告了刘邦，刘邦果然很觉宽慰。不久之后，淮南平定，刘邦回都养伤，百官入宫，到萧何前来问疾时，才把谤书交给萧何，叫萧何自己向百姓道歉，或补上田价，或把田宅干脆还给原主。萧何照办了，谤议自然也就渐渐停息了。

将权术运用在具体事情上，就是要权宜局势，取信于人，保护自己。萧何自污免猜忌，正是对权术的运用，因此才得以幸免于难，保全了自己。

洞悉主情，杜袭说曹

公元219年，魏、蜀、吴在荆、襄地区摆开战场。曹操面临两面受攻的严峻形势，孙权在东面出动大军进攻合肥；关羽在南面虎视眈眈，摆出随时进攻樊城的架势。对曹操来说，最可虑的是南面的态势。镇南大将军曹仁在樊城孤立无援，完全暴露在关羽重兵的锋芒之下。

果然，过不多久，关羽亲自率大军向樊城发动进攻。樊城地处要冲，一旦关羽得手，等于打开了通向北方的门户，可随时挥师北上，席卷中原，直接威胁首都许昌。

曹操为防备蜀军同时从关中动手，形成两面夹击之势，特命杜袭进驻关中，加强关中防备。但关中营帅许攸，桀骜不驯，根本不把杜袭放在眼里，还对曹操本人很不恭敬，骂曹操是“奸雄”“国贼”。曹操得知，气得两眼冒火，不顾南线曹仁十万火急的求救，把原来准备驰援樊城的大军改道关中，征伐许攸。文武百官大惑不解，纷纷进谏，指出：“我们当前的主要敌人是关羽。大敌当前驰援樊城关系全局安危，万分紧迫，对许攸，可以怀柔手段解决，不必远征。”曹操正在气头上，哪里听得进去。他横刀于膝，怒视进言者。文武大臣无不惶恐，不敢再进言。

杜袭是一位智勇双全的儒将。他听说曹操不顾樊城之危，要发兵汉中，征剿许攸，连夜赶赴许都请见曹操。曹操知道杜袭为何而来，但杜是当朝名士，不得不见。他未等杜袭开口，先发制人说：“我剿灭许攸的决心已定，任何人劝说都无用。请将军不必多言！”

杜袭从容道：“请明公息怒，如果你的决心是正确的，我怎会反对？如果你的决心不正确，即使下定，也应修改。明公一向以理服人，如明公有理，为何不让我说话？”

“好吧！你可以说。许攸谩骂我，你说应该怎样处置他？”

杜袭问：“你认为许攸是个什么样的人？”

曹操道："他是个平凡的小人！"

"这就对了，"杜袭说，"古人云，圣贤识圣贤。就是说，只有贤人才了解贤人，只有圣人才了解圣人。许攸不过是一个卑微的小人物，而明公有雄才大略，器宇深广，可纳百川。试想，他这样一个平凡的小人，怎么能够了解明公这样不平凡的伟丈夫？当今豺狼当道，狐狸奔走。如明公避开关羽而征伐许攸，犹如放走豺狼，而专打狐狸，人们会认为明公避强攻弱。我听说：千钧之重的巨弓不会为一只小鼠放箭；万石之重的大钟不会因一根小草发声。而今一个区区无名的鼠辈许攸，怎么有资格劳驾明公大动神武之威！"

曹操要伐许攸，无非是受辱于许。杜袭的一番至理宏议，既高度尊重了曹操的尊严，又道出了英雄不与小人计较的大义。曹操听罢，连连点头说："将军所言极当。"随即放弃了出兵征伐许攸的决定，重新部署兵马驰援曹仁。

在这里杜袭进言说曹起到了决定的作用。杜袭深谙权术，权宜局势，设置说辞，语辞平缓，又很有气势，说些分忧的话、贴心的话，终于取得了曹操的信服。

庄子论剑谏文王

战国时赵惠文王（公元前298—前266年）非常喜好剑术，甚至达到了痴迷的地步。他的王宫内供养了三百多名剑客，昼夜在他面前表演击剑，一年下来，剑客死伤的就有100多人。

赵惠文王没有认识到自己的这些过错，还依旧命令剑客相互争斗，以取悦自己。又过了数年，剑客的死伤更是不计其数。

正是由于赵惠文王沉迷于剑术，而荒废了国事，使赵国一天天衰落下来。

其他的诸侯国见到赵国的衰落，觉得有机可乘，便趁机想吞并他。

太子悝见赵国如此，便召集左右的人说："有谁能够说服国王，使他停止观看击剑，我便赏赐他千金。"

左右亲信异口同声对太子悝说："庄子可以使国王命令剑客停止击剑。"

太子悝久闻庄子之名，又见左右一致推荐庄子，可谓英雄所见略同，便派人带着千金去请庄子。

庄子辞金不受，和使者一起来到越国。

太子悝喜不自胜，亲自出门迎接，以上宾之礼接待他。

庄子对太子悝说："太子悝有什么事指教于我呢？"

太子悝回答说："听说先生睿智聪明，才奉送千金，先生却不肯接受，我怎么敢说呢？"

庄子说："听说太子悝请我的目的，就是想让我劝国王放弃他的喜好。假使我上劝谏大王不能成功，下又不能迎合太子悝的旨意，就会被处死，那么要千金有什么用呢？如果我上能说服大王，下能迎合太子悝，那时我要求什么，还有什么不能得到呢？"

太子悝见庄子这么说，也就不再提起奉送千金的事了。于是便对庄子说："大王所接见的，都是剑客，您怎么才能够见到大王呢？"

庄子回答说："我扮作剑客就可以了，因为我也会用剑。"

太子悝说："国王所接见的剑客，都是帽子低垂，冠缨粗实，蓬头垢面，穿着短小的衣服，怒目圆睁，出口相互谩骂，这样国王才喜欢。如果您穿着一身儒服去见国王，恐怕不太妥当吧。"

庄子便对太子悝说："请您准备好剑客的服装。"

太子悝准备好服装，庄子穿上后，便同太子悝一起去宫内见惠文王，国王拔出宝剑来等待着庄子。

庄子昂首挺胸，走进殿门，见到惠文王并不下拜。

惠文王问道："你有什么话可以指教我？"

庄子说："我听说大王喜欢剑客，所以以剑术来与大王切磋。"

惠文王说："你的剑法有何独到之处，怎样能够制服对手？"

庄子说："我的剑法，十步以内便可击败对手，横行千里不会受到阻拦。"

惠文王听了，高兴地说："这么说来，您是天下无敌了。"

庄子说："用剑的方法应先示以虚空，给人以可乘之机，而后抢先出手，制服对方。请大王允许我试一试。"

惠文王说："请先生先到馆舍休息，等我安排好击剑比赛，再来请先生。"

惠文王让选出的剑客持剑侍立于殿下，再派人请来庄子。

惠文王对庄子说："今天准备请您和剑客对剑。"

庄子回答说："我已经盼望很久了。"

惠文王问道："先生所用的剑，长短怎么样？"

庄子说："我长剑、短剑都可以用。我有三种剑，任凭大王选用，请大王听我说完，然后再试剑也不迟。"

惠文王说道："那你就先介绍一下三种剑吧。"

庄子回答说："我的三种剑，乃是天子之剑、诸侯之剑、庶人之剑。"

惠文王问道："天子之剑是怎么回事？"

庄子说："天子之剑，以燕国的燕羚石城作为剑端，齐国的泰山作为剑刃，晋国、卫国作为剑背，周朝、宋国作为剑口，韩国、魏国作为剑把；以

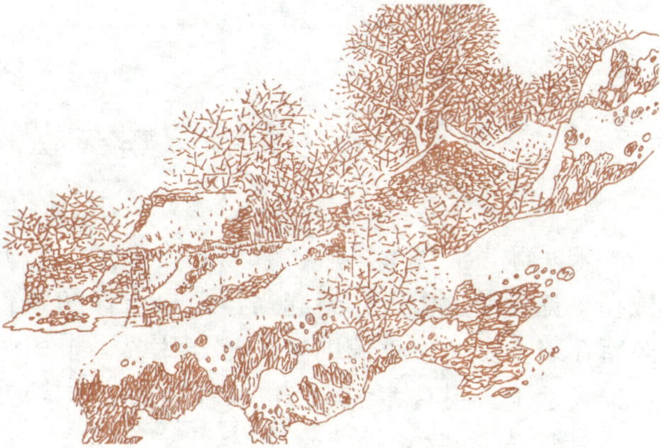

四夷包裹，以四时相围，以渤海环绕，以恒山为系带，以五行相制，以刑德来判断，以阴阳为开合，以春夏来扶持，以秋冬来运作。这种剑，直之无前，举之无上，案之无下，上可决断浮云，下可决断地维。这种剑一旦使用，便可以匡正诸侯，降服天下，这就是天子之剑。”

惠文王听了，茫然失意，神情呆滞，问道：“诸侯之剑是怎么回事？”

庄子说：“诸侯之剑，以智勇之士作为剑端，以清廉之士作为剑刃，以贤良之士作为剑背，以忠贤之士作为剑口，以豪杰之士作为剑把。这种剑，直之亦无前，举之亦无上，案之亦无下，运之亦无旁，上效圆天以顺应日、月、星三光，下效方地以顺应四时，中央和睦民意以安顿四乡。此剑一用，如雷霆般震撼四方，四境之内，无不臣服而听奉于王命，这就是诸侯之剑。”

惠文王听了，又沉思了良久，接着问道：“庶人之剑又是怎么回事？”

庄子回答说：“庶人之剑，低垂帽子，冠缨粗实，蓬头垢面，穿着短小的上衣，怒目相视，相互谩骂。然后，你来我往，争斗无已，上斩颈项，下刺肝肺。这就是庶人之剑，与斗鸡相似，一旦丧命，对国家没有任何好处。如今，大王拥有天子之位，却偏偏喜好庶人之剑，连我都替大王感到不值得。”

惠文王听罢，恍然大悟，亲自牵着庄子的手步入殿堂，向庄子表示敬意。庄子对惠文王说：“大王请休息吧，关于三种剑我已经叙述完了。”

于是，从此以后，赵惠文王再也没有出宫观看过斗剑。

庄子在此用到了“与智者言，依于博”和“与愚者言，依于锐”两种言辞。赵惠文王不是一个昏君，他能从庄子的话中听出三种剑指的是什么。当他明白话中另有乾坤后，毅然决然地放弃了那些曾经喜好的剑客，重新理政，实在难能可贵。这与庄子博学多识的能力与雄辩的口才是分不开的。

解缙取悦朱元璋

朱元璋当上皇帝以后，忽然心血来潮，要去皇觉寺参习，因为他幼年时曾在皇觉寺做过僧人，想起当年信口所作的几首打油诗，他便想去看看是否还写在墙上。他想重温旧梦，重新体验一下当年的感受。解缙是当时文渊阁侍读大学士，很有才华，所以这样的事少不了要他陪王伴驾。

皇觉寺的方丈听说当年的小沙弥成了如今的圣上，而且还要光临本寺，自然是高兴万分，急忙把寺庙里里外外打扫得干干净净，之后才开门亲自迎接皇帝。

朱元璋也不说话，而只是四处寻找当年所题之诗，但怎么也找不到，就严肃地问方丈：“当年我题在寺院墙上的那些诗，现在怎么一首也找不到了？”

方丈一听，顿时傻了眼，才知皇上千里迢迢而来，竟然是为了这个。原来的题诗早已被擦洗干净了，但又不能如实地回答，急得他只知用手在空中四下瞎比画，却说不出话来。于是便用眼睛瞅着解缙，希望他能够帮助自己摆脱窘境。

解缙和老和尚原本是一对文友，空闲之余经常在一起吟诗作对，现在方丈有难，自然要帮他一把了。

解缙见朱元璋一脸茫然、迷惑不解的样子，就急忙出来打圆场说：“陛下，方丈一见您的圣面，神情紧张，急得连话也说不出来了，他用手比画是在作诗呢，您没看出来吧？”

“什么，有这等事？”

朱元璋很有兴致地问：“那他在比画些什么呀？你说给我听听。”

解缙随口答道："圣上题诗不敢留。"

朱元璋拦住话头惊问道："为什么？"

"诗题壁上鬼神愁。"

朱元璋见自己的诗有这么大的威力，就挥挥手说："那就擦掉得了。"

"掬来法水轻轻洗。"

"难道一点痕迹也没留下吗？"

朱元璋不问出点什么来似乎不甘心，仍然对当年的题诗念念不忘。

解缙不慌不忙地说：

"犹有龙光照斗牛。"

一番话说得朱元璋开怀大笑。他知道解缙这是在奉承自己，也就作罢，不再追究什么了。

还有一次，解缙陪朱元璋在御花园的池塘里钓鱼，解缙对垂钓很在行，一会儿工夫就钓了半篓。而朱元璋戎马出身，钓鱼沉不住气，频频拉钩看有没有鱼，结果一条鱼也没能钓着。

朱元璋看解缙那里一会儿一条，当下就来了气，把钓鱼竿一甩，起身走了。

解缙一看这下可坏了，万岁爷一旦动了怒，可不是闹着玩的，所谓"伴君如伴虎"，要是把皇上惹恼了，自己可能就要有麻烦了。为了平息皇上的火气，他就对着朱元璋的背影轻松悠闲地吟了一首打油诗：

数尺丝纶落水中，
金钩一抛影无踪。
凡鱼不敢朝天子，
万岁君王只钓龙。

朱元璋一听，顿时一腔怒气全跑到爪哇国去了，连夸解缙是一个奇才。

解缙在此运用的就是"谀言"。在面对"私自涂掉皇上笔迹"和"钓技远在皇帝之上"这两件事时，他以"拍马屁"法，把这两道难题轻而易举地给化解了。足以表明他有灵活多变、机智敏捷的头脑，同时也把握了"谀言"的时机，才会让朱元璋转怒为喜。

第十章 谋篇

【题解】

谋就是施展谋略计策，它旨在教人如何针对不同的人物和事物去设立和使用计谋，以达到自己的目的。

即所谓“运筹帷幄之中，决胜于千里之外”。《鬼谷子》强调凡事都需要谋略，有了谋略计策才能“因以制于事”。

谋略要因人而生，“仁人轻货，不可以利诱之，可使出费”，“勇士轻难，不可惧以患，可使据危”。

谋略的运用，还要掌握方法，公开不如隐蔽，循常理不如出奇计。谋的目的在于“制人”，而不是“见制于人”，“制人者，握权也，见制于人者，制命也”，揭示的道理相当深刻。

在运用谋术时，应注意以下几点：

1. 利用对方的特点和弱点。

2. 因势利导，善于利用别人的行为，不为察觉地加以引导，从而达到自己的目的。

3. 善于分析利害关系。英国首相丘吉尔，在第一次世界大战时曾说：“如果魔鬼反对法西斯，我也愿意同魔鬼结盟。”可见，利害关系在政治中所占的比重，是任何其他事物不可替代的。

4. 分析形势，灵活运用。灵活多变是谋术的重要特点。从权善变，才能称得上有术，在政治领域里施用计谋，没有一定之规，全在于因时因事而制宜。

谋篇第十

原文

为人凡谋[①]有道，必得其所因，以求其情。[②]审得其情，乃立三仪[③]。三仪者曰上、曰中、曰下，参以立焉，以生奇。[④]奇不知其所拥，始于古之所从[⑤]。故郑人之取玉也，必载司南之车[⑥]，为其不惑也。夫度材、量能、揣情者，亦事之司南也。故同情而相亲者，其俱成者也；同欲而相疏者，其偏害者也；同恶而相亲者，其俱害者也；同恶而相疏者，其偏害者也。[⑦]故相益则亲，相损则疏，其数行也。此所以察同异之分，其类一也。故墙坏于其隙，木毁于其节，斯盖其分也。故变生事，事生谋，谋生计，计生议，议生说，说生进，进生退，退生制，因以制于事。故百事一道，而百度一数也。

注解

①谋：策划。《易经·讼》“君子以作事谋始”。《说文》“虑难曰谋”。这里主要指谋划说服人的策略。

②得其所因，以求其情：要调查对方的心理状态，就要掌握这个人的本性。因，依靠，凭借；情，实情，情形。

③三仪：指天、地、人，天在上，地在下，人居中。借用天、地、人三仪，指上智、中才，下愚。

④参以立焉，以生奇：三仪互相渗透，就可谋划出卓越的策略。

⑤始于古之所从：自古以来就人人遵行。

⑥司南之车：中国古代发明的一种装有磁石的车。常指南方，以此为基准作行军时的向导。

⑦同恶而相疏者，其偏害者也：假如二人有同样恶习，而关系疏远，只能是单方受害。

译文

大凡替人家谋划事情都要有一定的方法，也就是必然要得到事情的因果关系，进而才能探索出对方的实情。假如能详细得到敌人的实情，就要建立三仪。所谓三仪，就是上智、中才、下愚，三者相辅相成才能产生奇迹。而奇迹并不知道他所拥有的东西，乃是开始于古代所尊崇的。所以郑国人入

山采玉，都是开着指南车去，目的是为了防范迷路。说到度才、量能、揣情等，也就等于做事时的指南车，所以凡是观念相同而又互相亲密的人，必然是在各方面都很成功的人；凡是欲望相同而又互相疏远的人，必然是只在一方面很成功的人。假如二人同时被君主憎恨，而他们却精诚合作，他们必然都会受到迫害；假如二人同时被君主憎恨，可是他们却互相疏远，只会有一个人受到迫害。所以假如能互相有好处就感情亲近，反之，假如互相有坏处感情就疏远，这都是常常发生的事情，同时这也是判断异同分类的方法。所以墙壁都是由于有裂痕才会崩毁，而树木都是由于虫毁坏了节才被折断，这可说是理所当然的事。因此变故是由于事情而发生，事情是由于谋略而发生，谋略是由于计划而发生，计划是由于议论而发生，议论是由于游说而发生，游说是由于进取而发生，进取是由于退却而发生，退却是由于控制而发生，因此就用退却来控制事情。可见万般事物只有一个道理，万般法则也只有一种权术。

原文

夫仁人轻货，[1]不可诱以利，可使出费；勇士轻难，不可惧以患，可使据危；智者达于数、明于理，不可欺以诚，可示以道理，可使立功，是三才[2]也。故愚者易蔽也，不肖者易惧也，贪者易诱也，是因事而裁之。[3]故为强者，积于弱也；为直者，积于曲也；有余者，积于不足也，此其道术行也。

故外亲而内疏者，说内，内亲而外疏者，说外。故因其疑以变之，[4]因其见以然之，[5]因其说以要之，[6]因其势以成之，因其恶以权之，因其患以斥之。摩而恐[7]之，高而动之，微[8]而证之，符[9]而应之，拥[10]而塞之，乱而惑之，是谓计谋。计谋之用，公不如私，私不如结，结而无隙者也。正不如奇，奇流而不止者也。故说人主者，必与之言奇；说人臣者，必与之言私。

注解

①夫仁人轻货：有德行的人不看重财货。

②三才：指仁人、勇士、智者三种人才。

③因事而裁之：根据具体情况作出判断和进行巧妙的裁夺。

④因其疑以变之：根据对方的疑问来改变自己的游说内容。

⑤因其见以然之：根据对方的表现来判断其游说活动是否得法。

⑥因其说以要之：根据对方的言辞来归纳其游说要点。

⑦恐：受威胁的感受。

⑧微：削弱。

⑨符：验证，应验的意思。

⑩拥：“拥”通“壅”，就是用土堵，阻塞。

译文

一个有仁德的君子，自然会轻视财货，所以不能用金钱来诱惑他们，反而可以让他们捐出费用；一个有勇气的壮士，自然会轻视灾难，所以不能用忧患来恐吓他们，反而可以让他们镇守危地；一个具有智慧的聪明人，他们通达一切事理，所以不能用诚实来要挟他们，而是应该用道理跟他们相处，同时也可以使他们建立功业：这就是所谓仁人、勇士、智者的“三才”。因此一个愚鲁的人容易被蒙蔽，一个不肖之徒容易受到恐吓，一个贪婪之辈容易受到诱惑，所有这些都要根据事实进行巧妙的裁夺。所以一个强者是由衰弱累积而成，一个直者是由弯曲累积而成，一个富者是由贫穷累积而成，这就是道术的一种具体表现。

所以表面亲密而实际疏远的人就游说实际，表面疏远而实际亲密的人就游说表面。因而就要根据对方的疑惑来改变，根据对方的观察来进行，更根据对方的说辞来归纳，根据对方的势力来完成，根据对方的缺点来谋划，根据对方的忧患来排斥。揣摩之后加以恐吓，抬高之后加以策动；削弱之后加以证实，符瑞之后加以应验；拥护之后加以堵塞，骚乱之后加以迷惑，这就叫作“计谋”。说到计谋的运用，公开不如保密，保密不如结党，结党不如和睦。正规策略不如奇策，而奇策实行起来就很难罢休。所以向人君游说的人，必须先跟他谈论奇策；同理向人臣游说时，必须先跟他谈私交。

原文

其身内、其言外者，疏；其身外、其言深者，危[①]。无以人之所不欲，而强之于人；无以人之所不知，而教之于人。人之有好也，学而顺之；人之有恶也，避而讳之，故阴道而阳取之[②]也。故去之者纵之，纵之者乘之。[③]貌者不美，又不恶，故至情托焉。[④]可知者[⑤]，可用也；不可知者，谋者所不用也，故曰：“事贵制人，而不贵见制于人。”制人者，握权也；见制于人者，制命也。故圣人之道阴，愚人之道阳。[⑥]

注解

①危：危险。

②阴道而阳取之：悄悄进行谋划，公开进行夺取。

③去之者纵之，纵之者乘之：去，除掉，去掉；纵，放纵，恣肆；乘，利用，趁机会。

④貌者不美，又不恶，故至情托焉：不论对任何事物都不立刻把毁誉形于色的人，都是属于冷静而不偏激的人，这种人可以完全信赖他。

⑤可知者：可以了解透的人。

⑥圣人之道阴，愚人之道阳：圣人谋划的事情，隐而不露；愚笨的人谋划事情，张扬外露。

译文

他虽然是自己人，但是他却把家丑外扬，这种人就会被家人疏远；同理，他虽然是外面人，但是他却能深通内情，这种人就会陷于危险。不要用人家所不喜欢的事物，来强迫人家接受；不要用人家所不知道的事物，来教导人家接受。人家如果有什么嗜好，就跟他来学，迎合他的兴趣；人家如果有什么厌恶，就加以避讳以免惹起他的反感。因此，所进行的是阴谋，而所得到的却是阳谋。所以想除去的人就放他走，想放他走的人就让他犯过。不论遇到任何事物，好事也不喜形于色，坏事也不怒目相待，这是属于冷静而不偏激的人，因此可以托付他重大机密的事。了解了对方的心理，就可以重用他；不了解对方的心理，一个有谋略的人就不重用他。所以说："为政最重要的是控制人，绝对不可以被人控制。"控制人的人是手握大权的统治者，被人控制的人是唯命是从的被统治者。因此君子立身处世之道是属于阴（光做不说），小人的立身处世之道是属于阳（光说不做）。

原文

智者事易，而不智者事难。以此观之，亡不可以为存，而危不可以为安①，然而无为而贵智矣；智用于众人之所不能知，而能用于众人之所不能见。既用，见可否，择事而为之，所以自为也；见

不可，择事而为之，所以为人也。故先王之道阴，言有之[②]曰："天地之化，在高与深；圣人之道，在隐与匿。非独忠、信、仁、义也，中正而已矣。"道理达于此[③]义者，则可与语。由能得此，则可与毂远近之义。

注解

①亡不可以为存，而危不可以为安：指救亡图存和转危为安都是很难的事。

②言有之：古语有这种说法。

③道理达于此：能认清此种道理。

译文

聪明人做事比较容易，愚鲁人做事比较困难。由此看来，国家灭亡就很难复兴，国家骚乱就很难安宁；然而无为和智慧最为重要。智慧是用在众人所不知道的地方，才干是用在众人所看不见的地方。在使用之后才发现可以时，就要选择事情来进行，这就是为自己的缘故；反之，假如发现不可以时，就要选择事情来进行，这就是为人家的缘故。因此古圣先王所推行的大道是属于阴，古语说："天地的造化在于高和深，圣人的治道在于隐和匿。并非单纯的讲求仁慈、义理、忠诚、信守，仅仅是努力维护不偏不倚的正道而已。"假如能彻底认清此种道理的真义，就可以和他交谈。假如双方谈得很投机，就可以培养远近的关系。

智慧应用

假手于人，智杀三士

齐景公时，齐国最有权势的是以栾施、高强、陈无宇、鲍国为首的四大家族。后因被人挑拨离间，四族发生火拼，栾、高被打败，陈、鲍二族气势更盛。尤其是陈无宇善于收买人心，他打败了栾、高所得到的财产不是据为己有，而是全部交给了齐景公，深得景公的喜爱，景公将高唐封给了他。对贫困孤寡的人，他私下给他们粮食；在收租时用小斗，而卖粮时却用大斗。对没有俸禄的公子王孙，他私下把自己的封邑分给他们。因此，陈无宇越来越得民心，势力也越来越大。

使人忧心的是，陈无宇内结齐景公最宠爱的近臣梁邱据，外结“齐邦三杰”田开疆、古冶子、公孙捷。这三杰均有万夫不当之勇，依仗功劳，横行无忌，把满朝文武不放在眼里，对齐景公也全然不顾君臣礼节，以你我相称。况且，田开疆与陈无宇原是一族，关系极为密切。这一班人已对齐景公的政权构成了极大的威胁，如不尽快采取措施，后果不堪设想。而要排除这个隐患，最好的办法就是先除掉田开疆、古冶子和公孙捷，三杰一除，就等于砍掉了陈无宇的左膀右臂。

身为国相的晏婴忧心如焚，曾多次向齐景公陈述利害，劝谏景公尽快除掉三杰。开始，景公怜惜三杰的才干和勇气，不忍下手。后来，景公下了决心，可又找不到适当的时机。

恰逢鲁国国君昭公因为对晋国不满，想与齐国改善关系，亲自带着相国叔孙姑来到齐国。齐景公对晋安图称霸也十分不满，正想与鲁国改善关系，见鲁昭公亲自来了非常高兴，便与相国晏婴一起隆重地设宴招待他们。

宴席上，景公在左，昭公在右，晏婴和叔孙姑各坐君侧。主宾刚刚坐定，只见田开疆、古冶子、公孙捷腰挂长剑，大摇大摆地闯进殿来。三人来到殿堂，立于阶下百官之首，洋洋自得，目中无人。晏婴见三杰带剑闯殿，心中暗喜，真可谓苍天有眼，让他们三个人自己送上门来，正好施展他的计谋。

正当两位国君酒兴正浓的时候，晏婴起身向景公说道：“御园中金桃已熟，是否令人摘来，为两位国君助兴？”景公准奏，派人去摘，晏婴说：“金桃乃稀世难得之物，臣请亲自前往御园监摘。”晏婴去后，景公对鲁昭公说：“此桃名叫万寿金桃，也叫蟠桃，是三十年前一位东海仙人送给先公的，桃核特别肥大，比一般桃核大五倍。这万寿金桃出自海外度索山。自桃核种下，至今十余载，树长得很旺盛，年年都开花，可不知为什么，就是不结果。今年才结几颗，寡人十分爱惜，今日鲁侯来得正好，特取来共享。”鲁昭公不胜感激，拱手称谢。说话间，晏婴领着园吏进来，将雕盘献上。盘中堆放着六枚桃子，大如碗口，金黄透红，如红玉石做成，一股香甜的气味溢满大殿，令人馋涎欲滴。晏婴道："万寿金桃共结了九枚，还有三枚未熟，所以臣只摘来六枚。"说着把一枚桃子献给昭公，一枚给景公，致词道："桃大如斗，天下少有，二君吃了，千秋同寿！"两位国君喝着酒，吃着桃子，直夸味道鲜美。景公赐鲁相国叔孙姑和晏婴各食桃一枚，二相欣然谢恩。

雕盘中只剩下两枚桃子了，晏婴起身奏道："这桃是稀世之物，主公可传令文武百官，谁对齐国功劳最大，谁吃此桃，以表彰贤臣。"景公拊掌称是，随对殿中文武百官道："现有金桃两枚，赐给齐国最有功劳的人吃。谁认为自己的功劳最大，可以出班自奏，由相国评功赐桃。"

景公话音刚落，公孙捷挺身而出，几步抢到景公面前，大声道："我先前跟着主公到桐山打猎，猛然间来了一只老虎，冲着主公扑过来。是我把老虎打死，救了主公。我应该吃个桃子吧！"晏婴忙说："你救了主公，功劳不小。"于是赐酒一爵、金桃一枚。公孙捷得意洋洋，喝酒食桃，耀武扬威地下阶归班。古冶子纵身一跃，站出来说："打死一只老虎有什么了不起？我跟主公过黄河时，一只老鼋把主公的马咬住，拖下水去了。我跳下水去跟老鼋拼命，杀死老鼋，救出了主公的马，这功劳难道不高吗？"晏婴尊景公旨意慌忙斟酒给桃。古冶子傲气十足地归于班部。此时田开疆见公孙捷、古冶子得了国君的赏赐，很不服气，气冲冲地跑出来大声叫嚷："我曾奉了主公的命令去打徐国，杀了徐国的大将，还俘虏了徐国的五百多人，吓得徐国投降了我们，就凭这功劳也该吃个桃子吧？"晏婴忙说："田将军之功劳比公孙捷、古冶子的功劳大十倍。可惜呀，金桃已经没有了，只能赐酒一爵。"景公道："相国说的是，论功劳爱卿最大，可惜说得太晚了，桃子没有了，赐酒一杯，等待来年吧。"田开疆气得七窍生烟，手按剑柄喊道："我跑到千里之外为国争光，反倒没吃着桃子，在两位国君和百官面前丢人，还有什么脸面站在这里？"说完挥剑自刎而死。公孙捷吓了一跳，羞愧地说："我凭着打死老虎这点功劳，抢了田开疆的赏，真对不起他。"说完也自杀了。古冶子抚尸大哭，大声嚷道："我们三人是结义兄弟，不求同生，但求同死。二人已死，我一人活着太丢人了！"也自刎而死。

这一切来得是那么突然，惊得鲁昭公和满朝文武脸无血色，面面相觑。景公为此也很不高兴，只有晏婴泰然自若。他命人将尸体抬出去，继续请两位国君喝酒。

谋术篇中讲，凡事须用谋。用谋之道，在于隐而奇。晏子智杀三士，其用谋便隐——"阴道而阳取之"，而又奇——"奇流不可止也"。晏子之所以能顺利地除掉三士，正体现出其谋术运用之妙。

指鹿为马

"指鹿为马"的故事大家是熟悉的。"指鹿为马"事件的制造者赵高就曾用"三步制君术"制服了秦二世胡亥，而独揽了秦王朝大权。

秦始皇出巡，病死途中，宦官赵高要挟丞相李斯改遗诏，杀公子扶苏，立少子胡亥后，便施展起"三步制君术"来。

第一步，他先顺从秦二世皇帝胡亥之欲，怂恿其求长生、终生寿。第二步，怂恿二世胡亥诛尽群公子及各功臣，并告诉二世皇帝应深居简出，少见群臣，以防话多失口，给臣僚抓住口实，损害了皇帝威严，从而阻断了胡亥与外边的联系。第三步，"指鹿为马"，试探群臣，诛杀忠良，惑乱二世。

一天，他把一头鹿牵到朝廷上，报告说有人来献千里马。二世笑了笑说：

“这不是一头鹿吗?”赵高说:“错了!这是一匹千里马。不信,你问问群臣。”吓得朝中那批胆小之辈、阿谀之徒赶忙说是千里马,直说得二世也迷惑起来,以为自己知识面窄,不知真千里马。只有几个忠直之士看不惯,说是鹿。不久,赵高便设计把他们统统除掉。这样,赵高便独揽了朝中大权,二世成了他的傀儡。

经过这一番折腾,秦王朝不久就亡掉了。

郑袖的掩鼻计

战国时期,楚国有王后郑袖,美丽聪明而又狠毒,怀王对他十分宠爱。可是,某年魏国为讨好楚国,又给怀王送来一位更加年轻、漂亮的女子,夺去了郑袖之宠。郑袖恨得牙根发痒,决定用计除去此女人,夺回宠爱。

她不像一般女人那样,用找丈夫大吵大闹那种做法来解决问题,而是反其道而行之。新人来了之后,怀王对郑袖有点冷落,又怕郑袖心怀怨言,对新人发难,让他为难。但郑袖好像一点儿也不放在心上,安排新人在最好的宫室中住,给新人做与自己同样的衣服,分给新人最好的首饰。怀王见状,对郑袖更加信任,觉得她是一位大度、善良的女人。新人也很是感

激，于是对郑袖的戒心也放了下来，认为她是大好人，在怀王身边多年，深得怀王喜爱，应多向她学习。郑袖见把二人迷惑住后，便施展第二步“迷乱”之计。

一天，她告诉新人：“大王对您太好了，直夸您漂亮，不过——”“不过什么？”新人急切地问。“算了吧！一点小毛病。”郑袖假作欲言又止。

“不！请您告诉我。”新人为了“碧玉无瑕”，缠着郑袖哀求。郑袖看四周无别人，便压低声音说：“大王只是嫌您的鼻子稍微尖了些。”“那怎么办呢？”

新人忧虑地说。郑袖笑了笑，装作轻松地说：“这个容易。您再见大王，就把鼻子掩起来。这样，既掩饰了不足，又表现得含蓄，多好啊！不过——”郑袖顿了顿，又看了四周一眼，说：“您千万别说是我说的，别告诉大王是我出的主意。大王这人最讨厌别人传话了。”

新人感激地点点头说：“您放心吧！”从此以后，新人见了怀王，便以袖掩鼻。

怀王大惑不解，追问原因，新人笑而不答。怀王更加疑惑，某日，见了郑袖，便问原因。郑袖假装迟疑了一下，说：“大王，您别生气，这个——”

“快讲！”怀王性情暴躁，急催道。郑袖又装着迟疑了一番，才说：“她说您身上有一股让她厌恶的气味，鼻子嗅到便难受！”

“岂有此理！”怀王气得一拍桌子，“我身上有味让她的鼻子难受，那好，把鼻子割去，就不难受了！来人——”

怀王拖长声音高喊：“去把那贱人的鼻子割下来！”新人容貌被毁，自然失宠，郑袖的目的也就达到了。

郑袖第一步用毫不忌妒的假象迷惑了怀王和新人，为第二步施计打下基础。

第二步又用假出主意的方法迷惑住新人，用假解释迷惑住怀王，终于达到了自己的目的。

常理的反常运用

奸臣可以用此术残害忠良，忠臣也可以用此术迷惑君主而免祸。

西汉文帝时，大臣袁盎正直能干，忠言敢谏，因而招致了掌权宦官赵谈的嫉恨，常用自己在文帝身边侍奉的机会诋毁袁盎。

袁盎因此十分忧虑，苦思良策。其侄子袁种给他出了一个“假象惑乱之计”。袁盎照计而行。

某日，文帝到东宫拜见皇太后，赵谈陪坐车上侍奉。袁盎见状，马上跪在车前拦住，说：“臣闻可以与天子同车的，都是天下豪杰之士。如今我大汉朝虽缺人才，陛下也不应和宦官贱臣同车啊！”文帝一听，哈哈大笑，并没当回事，于是叫赵谈下车。赵谈当众受此大辱，哭着下车去了。自此，凡赵谈再说袁盎的坏话，文帝都认为是报复，便不再那么听信了。

袁盎就这样用常人“受人侮辱必定要报复”的思维定势去“惑乱”汉文帝，除去了给自己进谗言的“隐患”。

晋代也有一则相似的故事。

晋明帝时，温峤任大将军王敦的左司马，侦知了王敦在自己驻地蓄谋反叛的消息，便想设计离开，到国都建康（今江苏南京）向明帝奏知，于是请求去京师一趟。

那时王敦手下有一谋士叫钱凤，足智多谋，为了谋反成功，力主封锁消息，不让知情人离开此地。温峤请求获准后，王敦为他设宴饯行。

温峤知道钱凤会进言阻止自己，让王敦变卦，便心生一计：在敬酒时，他假装已醉，走到钱凤前用大杯劝酒。钱凤不从，温峤便装作撒酒疯，用笏板击钱凤的头，把他的头巾都打到地上去。第二天，钱凤果然劝王敦不要放温峤走，以免走漏了风声。

王敦一听，马上说："温峤昨天是喝醉了，才对你失礼，你不要对他心生疑忌。"温峤因而得以到达京师，向皇上报告了消息。

温峤也是用了人们"受了侮辱必定报复"的思维定势去迷惑王敦。

军事天才田忌

齐使把孙膑带到齐国后，把他推荐给将军田忌。田忌很欣赏孙膑的才能，也很同情孙膑的不幸遭遇，招他为宾客，以上礼待之，言听计从。当时，在齐国的王室贵族之中，流行一种赛马游戏。田忌与齐威王赛马时胜少负多。

孙膑在场观察了多次，发现双方出场的马大致可分为上、中、下三种水准，每一种水准的马力相仿，于是对田忌说："下次赛马，我可以使将军获胜，赌注不妨下得大一些。"田忌非常高兴，和齐威王赛马"逐射千金"。比赛当天，孙膑给田忌出了个主意，让田忌用上等马对齐威王的中等马；用中等马对齐威王的下等马；最后用下等马对齐威王的上等马。田忌恍然大悟，依计而行，结果，田忌两胜一负，赢得了千金的赌注。这就是"田忌赛马"故事的来历。这个小故事揭示了军事上一条很重要的规律，就是在战争中要从全局着眼，善于统筹，为了总体的胜利，可以牺牲局部利益。正确地运用这一规律，就可以从全局上使处于劣势的一方，采取出奇制胜的战术，做出某种让步，而最终取得全面的胜利，达到以弱胜强的预期目的。正因为"田忌赛马"这个小故事里蕴含着真理的内核，所以一下传为佳话，流传深远。孙膑在"田忌赛马"中所采用的方法，也被视为"策对论"的最早运用。

其实，对孙膑来说，帮助田忌在赛马中获胜不过是略施小计，田忌却由此对孙膑更加折服，并把他正式推荐给齐威王。齐威王和他交谈兵书战策，孙膑尽吐平生所学，两人谈得十分投机，齐威王认为孙膑是个难得的军事天

才，真有相见恨晚之感，于是立即拜孙膑为军师。这样，通过这次赛马谈兵，孙膑一鸣惊人，由一个“刑余之人”一跃而成为统帅齐国大军的首领，在战国群雄角逐这个动荡的大舞台上，开始崭露头角，大显身手。

《谋术》篇中讲，“凡是谋划策略，都要遵循一定的规则，即首先要追寻所面临的问题的起因，进而探求事物发展的过程，特别是现在的各种情况。掌握了这些情况，才可以制定三种策略。所谓三种策略就是上策、中策、下策。将这三种策略互相参验，互补互取，就能产生出解决这一问题的良策奇谋来。真正的良策奇谋是无所阻挡的、无往而不胜的。”田忌赛马，用的就是这种谋术，结果出奇制胜。

田单施奇谋收复齐失地

田单本是齐国安平地区一个管理市场的官，燕军攻打齐国时，田单带领全族的百姓从安平逃到即墨城。因为即墨城守城官战死，大家看田单足智多谋，非同凡人，故而推举田单为将，率领大家守城抗燕。田单担任了指挥官后，觉得自己以前没有指挥过打仗，时间一长，恐怕难以服众，就命令全城的百姓，吃饭的时候院中都要设供桌，摆上供果。天上飞的鸟见到院中各供桌上的食品都飞下来啄食，田单以此告知全城百姓，这是神灵派下神鸟在帮助我们战胜燕国。百姓们听后都认为，这是新推举的首领田单为他们带来的吉祥，有神灵的保佑。田单为了坚定军心，激发复仇的欲望，秘密派人到城外去，散布说：“齐人最怕燕军捉到齐军的俘虏把鼻子割掉，挂在军前，那样即墨城的齐兵会不战自降的。”燕国人听说后，就把投降的齐人都割掉鼻子挂起来，等待即墨城的人前来投降。即墨城的军民见到燕军如此残暴，决心宁死不降燕。接着，田单又派人到城外散布说：“田单最害怕的不是割齐人的鼻

子，而是怕燕人挖掉齐人的祖坟，那样齐人就会被迫全部投降了。”燕人得知这个消息后，就挖掉了即墨城外齐人的祖坟，将死人焚烧掉。即墨城的全体将士和百姓知道后，都悲痛欲绝，发出以死相拼的呼声。田单见到士气高昂，群情激奋，觉得反攻的时机已到。遂令士兵修筑工事，让一些老弱病残和妇女登城守卫。又派使者带着收集到的黄金送给燕将，告诉他“齐军要投降了”。燕军听到后松懈了防守，认为齐军不久就要投降了。田单认为一切都准备就绪，就令士兵在收集来的千余只耕牛的两角上都绑上利刀，身上涂上龙纹，将芦苇灌上油脂系在牛尾巴上，然后将城墙凿开十几个大洞，趁三更时分，给牛的尾巴点上火，将千余只牛都从十几个大洞中赶放出去。火烧到牛的身体部分后，疼痛难忍，发疯似的直奔向前方燕军的营寨，几千名齐军士兵紧跟牛群的身后，牛群到了燕军营地横冲直撞，将燕军刺死、踩死不计其数，燕军大败而逃，田单率领齐人把燕军全部赶出了齐境，收复了齐国的失地。

可见，田单所施用的计谋，一计接一计，条条计策都是妙不可言的。整个战役的成功实施，都是用计谋策划出来的，每一个步骤都表现出了田单的智慧和高超的军事指挥艺术。

《谋术》篇中讲，施计谋，“因事而裁之”，“正不如奇，奇流而不止者也”。就是说，因地制宜地使用计谋，正计不如奇计，巧出奇计，无往而不胜。田单施谋用计，正体现了谋术篇中所讲的，可见，田单深谙谋术，运用起来灵活自如。

巧语救人

战国时，韩国修筑新城的城墙，规定期限十五天必须完工，大臣段乔负责主管这件事。有一个县拖延了两天，段乔就逮捕了这个县的主管官员，将其囚禁起来。这个官员的儿子设法解救父亲，就找到管理疆界的官员子高，让子高去替他父亲求情，子高应允。一天，见到了段乔后，子高并不直接提及释放人的事，而是与段乔共同登上城墙，故意左右张望，然后说：“这墙修得太漂亮了，真算得上是一件了不起的功劳。功劳这样大，并且在整个工程结束后又未曾处罚过一个人，这样有能力的人确实让人敬佩不已。不过，我最近听说大人将一个县里主管工程的官员叫来审查，我看大可不必，整个工程修建得这样好，出现一点小小的纰漏是不足为奇的。又何必因为一点点小事影响您的功劳呢?”段乔听到子高如此高地评价他的工作，心中甚是高兴，然后又听子高陈述的见解也在情理之中，遂将那个县的官员释放了。

《谋术》篇中讲，凡事皆须用谋略计策，公开的不如隐秘的，循常理不如出奇计。你看，子高去说服段乔，并不提及解救被囚官员一事，秘行其事，出以奇谋，只说城墙修得好，段乔功劳大，然后再旁敲侧击，令聪明之士不能不醒悟。可见，子高计谋之深，语言艺术之高。

下邑奇谋，画箸阻封

汉二年（公元前205年）春，刘邦接连收降常山王张耳、河南王申阳、韩王昌、魏王豹和殷王昂五个诸侯，得兵五十六万。同年四月，刘邦乘项羽集中力量攻打田荣之机，率兵伐楚，直捣楚都彭城。

攻占彭城后，刘邦被这轻而易举得到的胜利冲昏了头脑，不但没有采取恰当的政治、经济措施，安抚人心，反而恶习复发，得意忘形之余大肆收集财宝、美女，整日置酒宴会，结果给项羽回军解救赢得了时机。项羽闻知彭城失陷，立即亲率三万精兵，从小路火速赶回，急救彭城。刘邦数十万乌合

之师难以协调指挥，连粮饷都筹备不齐，所以一经接战，便遭惨败，几乎全军覆没。至此，许多诸侯王又望风转舵，纷纷背汉向楚，刘邦丢下老父、妻子、儿女，只带张良等数十骑狼狈出逃，军事上再度遭受重大挫折，大好的形势复又逆转。

刘邦狼狈逃至下邑，惊魂未定，心灰意冷，万念俱灰。他沮丧地对群臣说："关东地区我不要了，谁能立功破楚，我就把关东平分给他。你们看谁行?"在此兵败将亡之际，又是张良匠心独运，为刘邦想出了一个利用矛盾，联兵破楚的谋略。他说："九江王英布，是楚国的猛将，与项羽有隙；彭城之战，项羽令其相助，他却按兵不动。项羽对他颇为怨恨，多次派使者责之以罪；彭越因项羽分封诸侯时，没有受封，早对项羽怀有不满，而且田荣反楚时曾联络彭越造反，为此项羽曾令肖公角攻伐他，结果未成。这二人可以利用。另外，汉王手下的将领，只有韩信可以委托大事，独当一面。大王如果能用好这三个人，那么楚可破也。"这就是著名的"下邑之谋"。

刘邦听罢，认为确是一个以弱制强的妙计，于是派舌辩名臣隋何前往九江，策反九江王英布；接着又遣使联络彭越；同时，再委派韩信率兵北击燕、赵等地，发展壮大汉军力量，迂回包抄楚军。

"下邑之谋"虽然不是全面的战略计划，但它构成了刘邦关于楚汉战场计划的重要内容。正是在张良的谋划下，一个内外联合共击项羽的军事联盟终于形成，扭转了楚汉战争的局势，使刘邦由战略防御转

为战略进攻。事实证明了张良“下邑之谋”的深谋远虑，最后兵围垓下打败项羽，主要依靠的正是这三支军事力量。

汉三年（公元前204年）冬，楚军兵围汉王于荥阳，双方久战不决。楚军竭力截汉军的粮食补给和军援通道。汉军粮草匮乏，渐渐难撑危机。汉王刘邦大为焦急，询问群臣有何良策。

谋士郦食其献计道：“昔日商汤伐夏桀，封其后于杞；武王伐纣，封其后于宋，秦王失德弃义，侵伐诸侯，灭其社稷，使之无立锥之地。陛下诚能复立六国之后，六国君臣百姓皆感戴陛下之德，莫不向风慕义，愿为臣妾。德义已行，陛下便能南向称霸，楚人只得敛衽而朝。”这其实是种“饮鸩止渴”的夸夸其谈，当时刘邦并没有看到它的危害性，反而拍手称赞，速命人刻制印玺，使郦食其巡行各地分封。

在这关键时候，张良外出归来，拜见刘邦。刘邦一边吃饭，一边把实行分封的主张说与张良，并问此计得失如何？张良听罢，大吃一惊，忙问：“这是谁给陛下出的计策？”接着，他沉痛地摇摇头说，“照此做法，陛下的大事就要坏了。”刘邦顿时惊慌失色道：“为什么？”张良伸手拿起酒桌上的一把筷子，比比画画地讲了起来。他说：“第一，往昔商汤、周武王伐夏桀殷纣后封其后代，是基于完全可以控制、必要时还可以置其于死地的考虑，然而如今陛下能控制项羽并于必要时置其于死地吗？第二，昔日周武王克殷后，表商之闾（巷门），封比干之墓，释箕子之囚，是意在奖掖鞭策本朝臣民，现今汉王所需的是旌忠尊贤的时候吗？第三，武王散钱发粟是用敌国之蓄，现汉王军需无着，哪里还有能力救济饥贫呢？第四，武王翦灭殷商之后，把兵车改为乘车，倒置兵器以示不用，今陛下鏖战正急，怎能效法呢？第五，过去，马放南山坡，牛息桃林下，是因为天下已转入升平年代。如今激战不休，怎能偃武修文呢？第六，如今，天下游士离开亲朋好友，跟随陛下是为了日夜盼望得到封赏的咫尺之地；如果把地都分封给六国后人，各归其主，谁还有心情帮助陛下打江山呢？第七，楚军强大，六国软弱必屈服，怎么能向陛下称臣呢？”

张良的分析，真是字字珠玑，精妙至极，且切中要害。他看到古今时移势异，因而得出绝不能照抄照搬“古圣先贤”之法的结论。尤其重要的是，张良认为封土赐爵是一种很有吸引力的奖掖手段，赏赐给战争中的有功之臣，用以鼓励天下将士追随汉王，使分封成为一种维系将士之心的重要措施。如果反其道而行之，还靠什么激励将士从而取得胜利呢？张良精辟入里的分析，较之昔日请立韩王，处心积虑地“复韩”的思想认识，显然是一个飞跃，而且在中国古代政治思想史上占有重要一页。难怪1700年之后，还被明人李贽情不自禁地赞叹为“快论”。

张良借箸谏阻分封，使刘邦茅塞顿开，恍然大悟，以致辍食吐哺，大骂郦食其：“臭儒生，差一点坏了老子的大事！”然后，下令立即销毁已经刻制完成的六国印玺，从而避免了一次重大战略错误。

下邑奇谋，画箸阻封，是张良对谋术的成功运用。下邑奇谋，主要之点是让刘邦利用好英布、彭越、韩信这三个破楚的关键人物，这正是对《谋术》篇中的“度材量能揣情者，亦事之‘司南’也”（忖度称量人的才干能力，掌握各种有关因素，抓第一手材料，也是因事立计的“指南车”）的运用。而画箸阻封，主要之点是让刘邦不要因循守旧照搬古圣先贤，而要依据事实从实际出发考虑问题，封土赐爵应成为激励将士的一种手段，这正是对《谋术》篇中“凡谋有道，必得其所因，以求其情”（谋划策略，要遵循一定的原则，弄清事情的起因，把握有关的实际情况）的运用。

越国选送美女，吴国中计灭亡

公元前496年，越王允常去世，其子勾践即位。吴王阖闾不顾大臣伍子胥等人的劝阻，趁勾践举丧之机带兵攻打越国，越王勾践亲自带兵迎战。越王一看吴军阵容严整，无法冲击，就派了三百多名死囚犯，让他们光着膀子，一排排地走到吴国军队前说："我们的大王得罪了贵国，就请让我们替大王赎一点罪吧。"说完一个个砍下了自己的脑袋，倒地而死。吴军正在疑惑之际，越军突然发起冲锋，吴军大败，吴王阖闾也被越将砍去了一个脚趾，在回国的路上因伤势过重而死。

夫差继承了王位，他发誓要报杀父之仇，让一个人专门负责提醒他，每天向他高喊几次："夫差，你忘了越王杀死了你的父亲吗？"夫差流着眼泪大声回答："不敢忘，不敢忘。"就这样过去了三年，夫差发兵越国，前去复仇。吴国首先在太湖上消灭了越国的水军，越王勾践逃到了会稽山。不得已，勾践派人到吴国讲和。得到夫差的同意后，勾践留下文种在国内维持，自己带了夫人及范蠡等人来到吴国侍奉吴王夫差。吴王让勾践夫妻俩住在石屋里给他管理马匹，范蠡做一些奴仆的工作。每当夫差上街的时候，勾践总给夫差牵着马，任人指点讥笑。三年后的一天，夫差生病，勾践扶他去大便，大便过后，勾践对夫差说："刚才我尝了大王的大便，又观其颜色，知道大王的病气已全排泄下来，您的病不久就会好的。"果然不几天夫差的病真的好了。夫差很受感动，又看勾践百依百顺，就放他们回国去了。

勾践一回国，为了不忘耻辱，他在自己的居室里铺上干草，以当被褥，在门口悬挂着一枚苦胆，每天吃饭前尝一尝。一天勾践同大臣文种商量富国强兵以灭吴国的方法。文种说了七条灭吴计策，其中一条就是送美女给吴王，诱其荒淫无道。勾践依计而行，让范蠡去找美女。范蠡说："我早就替大王找到了，她名叫西施，是越国出名的美人，她甘愿以身事吴，为国捐躯。另外我还给她找了一个帮手叫郑旦，她们一定能完成大王的使命。”于是，勾践就派人把西施和郑旦送到了吴国。

西施和郑旦来到吴国，夫差一见她们的美貌即刻着迷，从此整天沉醉于美女怀中，不理朝政之事。一年后郑旦病死，吴王更加宠幸西施了。西施知道，只靠色相迷住吴王是不够了，还得力争在参政中寻找机会祸乱吴国。一天，当吴王陪着她玩兴正浓时，西施乘机对吴王说：“英雄好汉不应该终日陪伴我们，应当驰骋疆场，为国争光。”吴王夫差听了西施的话，不禁肃然起敬。时值北方的齐国和鲁国正在交战，吴王夫差想显显威风，就帮着鲁国打齐国。结果齐国一片混乱，齐国的大夫杀了齐悼公，向吴国求和，愿意年年进贡。吴王没想到听了西施的话后能旗开得胜，这使他颇为得意，也就更加喜欢西施了。

有一年，越国为了掏空吴国的国库，勾践派大夫文种到吴国借十万石粮食。吴国的大臣们议论纷纷，在议而未决的时候，吴王就去问西施。西施旁征博引地说了一通，吴王十分佩服，当时就答应借粮食给越国。第二年，越国如数归还了粮食，并且都是颗粒饱满的稻谷。夫差下令把这些稻谷全部做种子种到地里。其实，越国已经把这些稻谷蒸过了，吴国人种上后，迟迟不发芽，再补种已经误了农时，结果这一年吴国几乎颗粒未收。勾践想掏空吴国国库的计划逐步得到实现。

勾践的富国强兵、待机攻打吴国的图谋被伍子胥知道了，伍子胥多次劝谏吴王早做提防，但吴王不听，并借机疏远了他。西施深知伍子胥的利害，虽然暂时被吴王疏远，只要不杀死他，就有复出的机会，那将对越国极为不利，她决心借此机会杀掉伍子胥。西施对夫差说：“伍子胥是什么人，他连自己的国家都想灭，连楚平王的尸首都要用鞭子抽，难道还会怕什么人吗？伍子胥主张灭掉越国，我也是个越国人，请大王先把我杀了，要不，就不能留着伍子胥。”说着说着西施的心口痛病犯了，表现出极其难过的样子。吴王夫差被西施这一番话说得下了决心，立即决定赐伍子胥属镂剑令其自杀，西施终于帮助越国除去灭吴的一大障碍。西施见到伍子胥已经除掉，又鼓励吴王北上逐鹿中原，争夺霸权，目的是进一步消耗吴国的人力、物力和财力。夫差又听信了西施的话，于公元前 484 年动用大量民工，消耗无数财力贯通长江、淮河、泗水、沂水、济水等几大水系，以至吴国坐船即可直达齐、鲁一带。不多久，吴国的国力就已衰败不堪了。

公元前 478 年，越国趁吴王夫差北上争霸、国内大旱的有利时机，举大兵伐吴，这时吴国已难抵挡越军的攻势，吴王只得退守姑苏城。越国采取了长期围困的战术，公元前473年，姑苏城破，吴王自杀，全国土地被越国据为己有。曾多年称霸南方的吴国最终中了越国的美人之计，导致灭亡。

想惩治你，攻打你，我不直接和你对抗，不正面交锋，不明火执仗，而用另一种方法，暗使手段，迎合你，腐蚀你，软化你，最终除掉你。这是谋术的精髓所在。越国选送美女西施给吴国，以此消磨其斗志，然后乘机灭之。越国之所以能转败为胜，由弱变强，就在于他们巧用谋术，掌握了谋术的精髓之所在。

孔明授三个锦囊妙计，东吴赔了夫人又折兵

《三国演义》中描写的诸葛亮是一个善于运用谋略的高手，其中刘备东吴迎亲，诸葛亮授予赵云三个锦囊妙计，就反映了他深刻的洞察力。

当时孙权拥有东吴之地，刘备已占据军事要津荆州。东吴垂涎荆州已久，但一直未能得手。恰好此时刘备之夫人去世，消息传到东吴军营，大将周瑜心生一计，说："刘备丧妻，必将续娶，主公有一妹，极其刚勇，侍婢数百，居常带刀。我今上书主公，教人去荆州为媒，劝说刘备来入赘。待他来后，乘机囚禁，然后使人去讨荆州换刘备。等他交割了荆州城池，我另有主意。"

东吴使者到达荆州，诸葛亮识破了周瑜诡计，又促成刘备前往东吴娶亲，诸葛亮说："我只略用小谋，使周瑜不能得逞，而吴侯之妹，又属主公所得，荆州也万无一失。"临行之前又制定破计之策，分别装入三个锦囊，交给赵云。令赵云护送主公，并嘱如有疑难，只需依计而行即可。

赵云护送刘备一行五百余人一到达东吴驻地，就打开第一个锦囊看了计策，便唤五百随行军士，一一吩咐如此这般，众军士领命而去，又教刘备前往见乔国老，那乔国老乃二乔之父，居于南徐。刘备牵羊担酒，前往拜见，说了吕范为媒，迎娶夫人之事。原来这正是诸葛亮的计策，诸葛亮预料孙权、周瑜的"招亲"既然只不过是一场骗局，那么便可推断孙权绝不会向东吴百姓宣传此事，更不会告诉在东吴内政方面据有实力地位的吴国太和乔国老，所以此事一旦败露，就会使孙权难以下台。因此，诸葛亮定下了大造迎亲声势的妙计，果然不出所料，在吴国太和乔国老的干预下，刘备躲过灾祸，并与孙权之妹成亲。

却说周瑜闻知弄假成真，心中大惊，又密定一计给孙权。孙权于是修整东府，广栽花木，盛设器用，请刘备与妹居住，又增女乐数十人，多送金玉好玩之物。果然刘备为声色所迷，全不想回荆州。赵云心中十分着急，于是

拆开第二个锦囊，果然是神机妙算。赵云依计而行，急入府内，佯作失惊状禀告刘备："今早孔明使人来报，说曹操要报赤壁之仇，起精兵五十万，杀奔荆州，甚是危急，请主公立即启程返回。"刘备与孙夫人商议，借祭拜先人之机，瞒着孙权，逃出城外，赵云等五百军士一路同行。这第二计正是诸葛亮料到招亲成功之后，孙权与刘备之间的矛盾并不会得到解决。孙权、周瑜在硬的一手失败后，还会使软招子，以声色犬马、奢侈生活来腐蚀刘备的斗志。而久经沙场的刘备一旦陷进安乐窝，必然不能自拔，所以诸葛亮安排了智激刘备回荆州的妙计。

正当刘备偕夫人逃出城外时，孙权得到了消息，于是令陈武、潘阿选五百精兵，不分昼夜，追赶刘备。当刘备一行逃到柴桑界首，又被周瑜早已布置的伏兵截住去路。而对前后无路的困境，刘备惊惶失措。赵云忙又取出第三个锦囊与刘备看了。刘备于是请夫人解危，孙夫人果然说："吾兄既不以我为亲骨肉，我有何面目重相见乎！今日之危，我当自解。"于是孙夫人挺立道中，斥退了吴国前追后堵的几员大将，使刘备得以逃命。当刘备到达自己驻地边界，正好被等候多时的诸葛亮以拖篷船救走，急驶而去。之后，周瑜率水陆两路伏兵追赶而至，又被预先设伏的关云长、黄忠、魏延杀得大败而去。原来诸葛亮早已料到，当刘备依第二条计策出逃后，东吴大军必定会追赶，而仅以赵云所带五百军士是难以抵御的，只有依靠孙夫人以国太之宠女、吴侯之爱妹的身份，才能镇住东吴将领，于是在第三个锦囊中陈献了借孙夫人之威退兵的计策。

由于诸葛亮善于运用谋略，把握事物发展变化的关键，所以能以三个锦囊妙计，破了周瑜假招亲以夺回荆州的诡计，使东吴赔了夫人又折兵。这也正体现了《谋术》篇中所言"变生事、事生谋""因事而裁之""事贵制人""制人者，握权也""阴道而阳取之""圣人之道，在隐与匿"的术法。

将计就计败敌军

魏景元元年，姜维听说司马昭杀了曹髦，立了曹奂，便借机第七次出兵征伐中原。大军刚到祁山下寨，便听说敌将王瓘率兵来投降。姜维令军兵阻住降兵，只放降将入帐来见。

王瓘对姜维说："我是魏国尚书王经的侄儿王瓘，我叔父一家因曹髦而受牵连被司马昭杀害。今听说将军又出师伐中原，我要借将军之威，为叔父一家报仇雪恨。"姜维一听，高兴地说："将军来降，吾十分高兴，昔日夏侯霸将军降我，被我军重用，卿也同样。现在我军中粮草转运是件大事，你可率本部军马 3000 人，去川口把几千车粮草运到祁山寨中。我用你 2000 军马做向导，去攻邓艾营寨。"王瓘本来是行诈降计的，他知道姜维借魏朝中有变，来伐中原，便投其所好，诈称自己是王经的侄子，来投降姜维，企图使姜维像信任夏侯霸那样信任他。现在见姜维这样安排，不答应吧，恐怕姜维会产生疑心；答应吧，带来的 5000 军兵一下子就分出去近一半。为了大计，只好痛快地答应了。

王瓘出营后，夏侯霸入帐对姜维说："我听说魏将王瓘来投降，将军怎么能信任他的话呢？我在朝中多年，未听说过王经有这样一个侄子，其中必然有诈。"姜维大笑说："我已经看出其中有诈了，司马昭的奸诈不亚于曹操，他既然在朝中杀了王经一家，怎么会让他的亲侄子在边关统兵呢？我之所以允许他投降，是要将计就计而行，你未见我已把他的兵势分开了吗？"夏侯霸知道姜维有了防备，便放心出营了。

姜维在王瓘率兵走后，派军兵在途中布暗哨设伏，切断王瓘与邓艾之间的联系。果然，不到 10 天，巡哨的军兵捉到王瓘派往邓艾大寨的信使。姜维见王瓘在书中约邓艾 8 月 20 日运粮到魏营，请他在坛山谷中接应。姜维把情况盘问仔细后，杀了信使。把书中8月20日改为8月15日，另派人扮成魏军把书信送给邓艾，同时做好在坛山谷伏击邓艾的准备。

邓艾得到王瓘的书信后，仔细盘问了信使，见信无伪，便如期率5万精兵向坛山谷中进发。到了谷口，邓艾登山一看，果然见坛山谷中有千余辆粮车，慢慢而来。邓艾见天色已晚，未敢贸然率兵入谷，便在谷口安营，准备在谷口处接应王瓘。

姜维见邓艾不率兵入谷，便又遣人扮作魏兵向邓艾报告说："现在粮车已经过界，被后面蜀军发现，正在追赶，王将军请邓将军速去接应。"邓艾听后，正犹豫不决，这时却听到谷中鼓声阵阵，杀声隐约传来。他以为这必是王瓘与后面追兵在厮杀，于是率军入谷去接应。

当邓艾深入谷中后，谷口顿时被截断，谷内草车瞬间燃起，伏兵一齐杀出。邓艾听到蜀军内大喊"捉住邓艾的可封万户侯"的悬赏令后，忙弃马丢盔，混在步兵中，爬山而逃，其余数万军马皆降。

这时王瓘在川口还等着准备20日举事呢，突然闻讯邓艾中计大败的消息，已知诈降行径败露，于是趁夜烧了蜀军粮草，见无路可走，便率兵向汉中方向杀去。

姜维正要继续搜寻邓艾，却听说王瓘见势不妙，往汉中杀去了。姜维怕汉中有失，立即率兵抄小路截阻王瓘。王瓘见四面受敌，无路可逃，跳江自尽了。

姜维知道了司马昭杀曹髦、立曹奂之事，便决定兵伐中原，这就是"变生事"；王瓘以诈降之计到蜀军，却被姜维识破。姜维便将计就计设下圈套，灭掉了邓艾的大军，取得了胜利，这便是"事生谋，谋生计"。

第十一章　决　篇

【题　解】

决者，决定、决断、决策也。本篇是《鬼谷子》关于决断事物的方法，善于判断情况，做出决断是万事成败的关键，“当断不断，反受其乱”。做出决断要顺应人之常情，人人都希望得到幸福，避免祸患，决断也要趋利避害，去患者可则决之，从福者可则决之。做出决断，还要参验历史，参验将来，参验现今。

勇于决者而又善于决者谋事可成。

在运用决术时，应注意以下几点：

1. 掌握决策的趋利避害原则，使这一决策给人主带来利益，避免灾祸。

2. 选择值得去做决策的课题对象，不值得的不要做。

3. 正确决断事物，要因对象的不同而所作决断有别，所使用的方法各不相同。例如，对于那些易于成功，而又事理显明的问题，可用公开的、理直气壮的方式去解决。对于那些不好张扬、不大光明正大的问题，要用暗中做手脚、背地里使用手段的方式去解决。对于那些一般性的，常规性的问题，要用“平素”的决策方式去解决，就是说要用平时常用的方式去解决。

决[1]篇第十一

原文

为[2]人凡[3]决物，必托于疑者，善其用福，恶其有患[4]。善至于诱也，终无惑[5]。偏有利焉，去其利，则不受也，[6]奇[7]之所托[8]。若有利于善者，隐托于恶，则不受矣，致疏远。故其有使失利者，有使离害者，此事之失。

注解

①决：决断。《左传·桓公十一年》："卜以决疑"。《史记·淮阴侯列传》："成败在于决断"。这里指决情定疑，果断决策。

②为：给，替。

③凡：凡是，表示概括。

④善其用福，恶其有患：喜欢有利而厌恶灾祸。

⑤惑：迷惑。

⑥去其利，则不受也：去，除去；去其利，将其利除去，即没有利。受，接受。没有利则不接受。

⑦奇：奇计。

⑧托：凭借。

译文

大凡替人解决事情时，必然托词怀疑的人，就是善于运用对方的优点，而排斥对方的缺点，即使灾害已经到达受引诱的地步，也不至于陷于迷惑。假如一方面有利益，一旦除去这种利益，对方就不会接受，这就是奇策所出之处。假如有一个对善有利的人，实际上却在暗中做坏事，那我们就可以不接受他的言行，如此就会使双方的关系疏远。所以有使对方丧失权利，和使对方远离灾害的人，这就是在决定事情上的失败。

原文

圣人所以能成其事者①有五：有以阳德之者，有以阴贼之②者，有以信诚之者，有以蔽匿之者，有以平素③之者。阳励于一言，阴励于二言，平素枢机④以用四者⑤，微而施之。于是，度以往事，验之来事⑥，参⑦之平素，可则决之；王公大人之事也，危⑧而美名者，可则决之；不用费力而易成者，可则决之；用力犯勤苦，然而不得已而为之者，可则决之；去患者，可则决之；从福者，可则决之。故夫决情定疑，万事之机⑨，以正治乱，决成败，难为者。故先王乃用蓍龟者，以自决也。

注解

①圣人：贤明聪慧之人。成，成功。这句是说圣人都能作成功的事情。

②以阴贼之：用阴道来惩治。

③平素：平时。

④枢机：枢纽，机要。

⑤四者：指一言、二言、平素、枢机。

⑥验之来事：对将来的事情进行验证。

⑦参：核对，对照，参照。

⑧危：崇高的意思。

⑨万事之机：万事的关键。

译文

圣人所以能够完成大事业的因素有五：有用道德来感化人民的，有用法律来惩罚人民的，有用信义来教化人民的，有用爱心来袒护人民的，有用廉洁来净化人民的。君道是为守常而努力，臣道是为进取而努力；君道无为而以平明为主，臣道有为而以机要为主，所以必须运用这四者小心谨慎从事。于是就猜测以前的旧事，以便和未来的新事互相验证，再参考平时的言行，如果可以就能做出决定。说到王公大臣的事：崇高而享有美名的，如果可以就能做出决定；不用费力气而轻易成功的，如果可以就能做出决定；用力气而又辛苦，但是不得已而为之的，如果可以就能做出决定；能消除忧患的，如果可以就能做出决定；追求幸福的，如果可以就能做出决定。因此解决事情断定疑虑，就变成了万事的关键所在，因为此事足可澄清治乱，预知成败，实在是一件很难做到的事。就因为“澄清治乱，预知成败”的事很难做到，所以古圣先王就用蓍草和龟甲来自己决定一切大事。

智慧应用

英明决策，成就霸业

朱元璋在应天建立战略根据地后，提出基本国策为“高筑墙，广积粮，缓称王”。此一决策对明朝初年的巩固与发展起了重大作用。

“高筑墙，广积粮，缓称王”这一重大战略决策，是老儒朱升为朱元璋谋划的。朱升提出的战略，集政治、军事于一体，用非常精辟的语言，准确、全面、深刻地指明了朱元璋在相当长一段时期内的战略方向。朱元璋闻言大喜，全盘采纳了这个战略。

高筑墙。首先是指要有一个强大和巩固的战略根据地。战争是人力、物力的较量，人力、物力的来源离不开牢固的后方补给。

因此，能否建立一个强大巩固的战略根据地，就关系到朱元璋的部队能否在元军的群雄割据势力的包围中站稳脚跟，求得发展，至少是立于不败之地的根本所在。

朱元璋选择应天及周围地区作为战略根据地来“高筑墙”是比较得当的。一是应天与淮右连成一气，唇齿相依，朱元璋及其主要将领和谋士多是淮右人，下级军官与士卒也大多来自这一地区。立应天、淮右为本，大部分将帅、士卒为保卫家乡而战，无疑可以激发参战的热情，对稳定军心十分有利。二是应天临江依山，周围多丘陵，地形十分险要，是东南地区的军事重镇，历来为兵家必争之地。据应天，可瞰制江淮和浙北。三是应天及其周围地区经济发达，物产丰富，支持战争的潜力十分巨大。

朱元璋对建设战略根据地给予了极大的关注，在采纳朱升的战略以后一年多的时间里，他在自己的势力范围边缘地带所采取的军事行动，都是从稳定、巩固应天的需要出发的。

尔后，对应天本身的城防也进行了大力加固。后来，朱元璋就是在应天以固若金汤的城防，抵挡住了比自己强大得多的陈友谅的十万舟师。

在统一战争的全过程中，以应天为中心的根据地一直没有受到严重的外来威胁，又为战争提供了极大的支持。这都说明朱元璋在建设强大的、巩固的根据地方面是非常成功的。

高筑墙，也是指必须建立一支强大的武装力量。这支武装力量不仅仅是用来防卫的，更为主要的是用来主动进攻。

其一，建设一个稳定、巩固的战略根据地，其本身就包括了必须有一支强大的武装力量。否则，在群雄割据势力的包围之下，任何根据地也是不可能存在的。因此，战略根据地的稳定和巩固，首要的、关键的条件就是必须有一支强大的武装力量，才能保障政治、经济和其他建设顺利地进行。

其二，朱元璋及其将领谋士们并不是鼠目寸光、安于现状、满足既得利益而无远大抱负的领导集团。朱升的战略之所以很快被朱元璋采纳，是因为朱元璋早就有欲图大计、平定天下的远大抱负。

那么，建立一支强大的武装力量的根本目的，就不仅仅是为了满足保卫根据地，更主要的还是为了满足战略进攻的需要。

广积粮。朱元璋占据的江淮地区盛产粮食，按理说粮食不应该成为一个问题，为什么还要广积粮呢？

元末的江淮自然灾害十分严重，而且次数较多，持续的年头又长，使这个粮仓变成了缺米之仓。许多劳动群众连自己都吃不上饭，哪里还能拿出粮食来支持起义军呢？面对这种状况，朱元璋制定了“且耕且占”制度。

他任命元军降将康茂才为都水营田使，由其负责兴修水利，要求做到高地不怕旱，洼地不怕涝。接着下令各部队都要在驻地开垦荒地，种植粮食，并且立下章程，规定以产量的多少来决定赏罚。

他要求各部队的生产除了供给自身的需要外，还要做到有存粮。经过几年的努力，终于使朱元璋彻底改变了缺乏粮草的局面。他的部队丰衣足食，对战斗力的提高起到了关键性的作用。

“且耕且占”实际上就是屯田制度，并非朱元璋独创，而是由来已久。但是这一制度被朱元璋运用得如此彻底，如此全面，如此持久，解决了如此庞大的军队的粮食所需，支持了如此持久的统一战争，可以说在朱元璋以前的历史上是绝无仅有的。

缓称王。其根本目的就是为了最大限度地减少己方独立反元的政治色彩，最大限度地降低元王朝对己方的关注程度，避免或大大减少过早与元军主力以及强劲诸侯军队决战的可能性，从而有利于保存自己，积蓄实力，求得稳步发展。

为此，朱元璋在形式上一直对小明王保持臣属关系，使用的是小明王政

权的年号，打的是红巾军的红色战旗，连斗争口号也不改变。

朱元璋担任的职务，从江南行省平章到后来的吴国公，都是小明王敕封的。

直到消灭陈友谅，北方红巾军也失败以后，他才称吴王，但发布文告，第一句话还写“皇帝圣旨，吴王令旨”，表示自己仍是小明王的臣属，免得引人注目，遭受打击。

元王朝苦于力量不足，只能对目标大、影响广的自立政权首先实施重点打击，光这类政权就有三四个，根本顾不上对付朱元璋这类附属于某一政权的势力。

朱元璋正是抓住了这种有利的客观形势，加强扩展地盘，壮大力量，成为统一战争的主宰者。缓称王不是不称王，关键在于选择有利时机。

元至正二十四年（1364 年）的军事形势对朱元璋集团十分有利：北面的小明王政权已经名存实亡，即使反目，也已不足为虑。元军主力在与宋军的决战中大伤元气，又陷入内战之中，无力南进。

反元阵营中势力最为强大的大汉政权已经被朱元璋消灭。东面的张士诚已属惊弓之鸟，处于明显的劣势。四川的明玉珍安于现状，没有远图，构不成大的威胁。依据这种客观形势，朱元璋凭借广阔的版图、强大的军队，公开表明自己的政治意图而自立为王是非常适宜的。

“高筑墙，广积粮，缓称王”，是一个非常英明正确的宏观决策，它引导朱元璋集团从胜利走向胜利。至正二十八年（1368 年）正月，就在徐达统领北伐大军攻克山东的凯歌声中，朱元璋在应天登上帝位，国号大明，建元洪武。

这正如《决术》篇中所讲，善于判断情况，做出决策，是万事成败的关键。

郑庄公妥善处理共叔段

春秋时郑国之主郑庄公可谓是一位善决断之君，他对事关生死存亡之事进行决断时，阴阳并用，平素、枢机兼施，终于战败了政敌，巩固了自己的统治。

据《左传》载：庄公即位，其母姜氏请求将制邑给庄公的弟弟共叔段，遭到拒绝后，姜氏又请求将京城给共叔段居住。庄公便派共叔段住在那里，称他为京城太叔。

对此事庄公手下大夫祭仲进谏道："现在京邑的规模不合乎法度，不是先王的制度，如此下去，君王会忍受不了的。"庄公说："姜氏要这样，有什么办法呢？"祭仲说："姜氏没有满足之时，不如早处置此事，不要任其发展，否则，将难以图谋。"庄公说："多行不义必自毙，你暂且等着吧！"不久，太叔又命令西部、北部边境两个城邑像臣属庄公一样臣属自己。公子吕说："国家忍受不了双重统治，君王怎么办？"庄公说："不用，他将自趋灭亡。"太叔又将此两邑收归自己所属，势力又扩展到廪延。公子吕又进谏说："可以动手除掉他了，一旦他势力雄厚，就会得到人民的拥护。"庄公说："对国君不义，对兄长不亲，势力再雄厚，也将垮台。”此后，太叔开始加固城池，积聚粮草，备足兵士和战车，准备偷袭郑国国都。同时还约定由姜氏负责替他们打开城门。庄公得知他们叛乱的日期后，立即命令公子吕率二百辆战车和士兵去攻打京邑。京城人背叛了共叔段，共叔段逃入鄢地，庄公又赶到鄢地去征伐，最后妥善处理了共叔段叛乱之事。《决术》篇中讲：“圣人所以能使事情成功有五种手段：有的用表面手段感化、怀柔，有的暗使手段加害对方，有的用诚信的姿态，与对方结盟而借用对方的力量，有的用蒙蔽手段迷惑对方，有的却用一般化的手段按平常程式解决问题。使用‘阳德’手段时要前后如一，讲信誉；使用‘阴贼’手段时却要真真假假，令人摸不着真意。平常手段再加上关键时刻运用的‘信诚’‘蔽匿’手段和阴阳两手这四种手段在暗地里交互运用，一般问题都可解决。解决问题时，根据过去的事加以揣度，再判断将来的事，再以平素作为参照，若可行，就做出决断。”郑庄公正是这样做的，你看他对共叔段，表面很“哥们儿”，始终如一，暗地里却在放纵他，养奸待罪；封他为京城太叔，表诚信；以此迷惑了共叔段，共叔段信以为真；平常对共叔段行为听之任之，一说了之，实际郑庄公“无为而贵智矣”。这些手段的交互运用，待共叔段闹事时机成熟了，根据过去、现在情况一考虑，若不除去，就要反受其乱，于是迅速做出了决断，妥善处理了共叔段的叛乱。

暂王汉中，待机再起

楚怀王曾经和反秦的将领们订立盟约：谁先攻入关中，就让谁做关中王。怀王身边的人认为，项羽太凶残，军队所过之处，往往屠城烧杀，不能派他入关；刘邦宽大谨慎，西进伐秦，一定能得到民众的拥护，关中一鼓可下。因此，当章邯率领秦军北上击赵，赵地告急时，楚怀王便派项羽、宋义、范增去救赵，让刘邦西取关中。

刘邦军纪严明，很受百姓欢迎，又能运用招降策略，很多秦将望风归降。

而当时秦军主力正由章邯率领，在巨鹿（今河北临漳西北）一带与项羽生死相搏，刘邦西进因此没有遭到秦军主力的阻挡。所以，当项羽迫降章邯，率军西向叩关时，刘邦已经进入关中接受了秦王子婴的投降。

汉元年（公元前206年）十二月，项羽率领四十万人马击破刘邦据守函谷关（今河南灵宝东北）的军队，气势汹汹打进关中，驻兵鸿门（今陕西临潼东北）准备一举灭掉刘邦。消息被项羽叔父项伯泄露给刘邦的谋臣张良，刘邦采用张良的建议，亲自去鸿门向项羽谢罪，终于化险为夷。

项羽虽然在鸿门宴上放过了刘邦，但不愿让他做关中王，便派人向楚怀王请示，楚怀王答复照原来的约定办。项羽恼恨怀王不让他与刘邦一起西进关中，而派他北上援赵，错过了先入关中的机会，认为天下是他和诸位将领打下来的，应该按他的意旨和诸将的战功来分封。于是，他尊楚怀王为义帝，把他架空，自封为楚霸王，主宰天下。又将天下分封给十八个王。他与范增商议：巴蜀地区道路险阻，秦朝流放百姓都是流放到蜀地，借口巴蜀也是关中地区，把刘邦分封到崇山峻岭阻隔的汉中（今陕西汉中）地区做汉王。关中则被分封给章邯、董翳、司马欣三个秦军降将，利用他们挡住刘邦东进的道路。

项羽以势压人的蛮横做法，把刘邦气坏了，他打算立即和项羽拼个你死我活。周勃、灌婴、樊哙等都极力相劝，刘邦仍然怒气不消。

这时候萧何上前劝谏刘邦说：“在汉中做王再不好，不是还胜过去找死吗？”

这一发问，振聋发聩，刘邦吃了一惊，忙问萧何：“为什么说去找死呢？”

萧何神色严肃，高声答道："如今我们的军队无论是数量还是战斗力，都不如项羽，如果和项羽开仗，肯定百战百败，不是找死又是什么呢？《周书》中说：'天予不取，反受其咎。'商汤和周武王能忍一时之气，屈居一人之下，终于扬眉吐气，居于万乘之上。臣希望大王暂且称王汉中，抚恤百姓，广招贤人，收揽民心，以巴蜀为基业，还定三秦（雍、塞、翟三大区），然后就可以统一天下了。"

萧何对形势的精辟分析，显示了他深邃的战略眼光。在当时楚强汉弱的情况下，逞匹夫之勇，图一时之快，与项羽兵戎相见，刘邦肯定会受到重大打击。只有暂时隐忍不发，寻找有利时机，再作图谋，才是明智的抉择。萧何提出的"养其民以致贤人"的政治措施，"收用巴蜀，还定三秦"的进军策略，实际上成为刘邦在楚汉战争爆发前的施政方针。

在萧何一针见血的直言劝导下，暴怒的刘邦终于平静下来，愉快地接受了萧何的建议，率领人马前往汉中。从此，萧何被任命为丞相，担负汉政权的主要行政工作。

在当时敌强我弱的形势下，为了趋利避害，萧何提出的"暂王汉中，待机而起"的决策，是颇为英明的。后来的实践证明，这一决策对刘邦以巴蜀为基业、还定三秦，然后统一天下起了重大的作用。这正如《决术》篇中所言：能去患从福者即可决之。"决情定疑，万事之机，以正治乱，决成败，难为者。"

李夫人病面却君

李夫人病重，汉武帝亲临病床前问候她。可夫人却用被子蒙上头说：“妾长时间卧床，容貌很难看，不能这个样子见皇帝。我希望把儿子哀王和兄弟托付给您。”夫人又说，“女人的容貌没有修饰好不能见丈夫和父亲。我现在面色憔悴，所以不敢与皇帝相见。”汉武帝说：“这没有关系嘛，夫人只要让我见一面，我将以千金赐予你，将来还要给你的弟弟加官增禄。”夫人说：“能不能加官是皇帝的事，不在是否能见一面。”汉武帝还是执意要见夫人一面，夫人转过脸，而不再说话了。汉武帝见此状，毫无办法地走了。皇帝走后，夫人的姐妹都过来责怪夫人：“皇帝诚心诚意地来看望你，你怎能以这样的态度来对待他呢?”夫人说：“皇上平日宠爱我，是因为我的美貌，如今我面色憔悴，皇上不见我还好，见我必然大失所望。如果我不与他相见，我原来的美貌会永久地留在他的心里而不会被忘却，他追寻往日的恩爱和我的美貌，会对我的兄弟倍加爱护。”姐妹们听完夫人的一番话，知道了她的良苦用心。果然夫人死后，汉武帝始终思念与夫人以往的恩爱和李夫人的美貌。

夫人如果与汉武帝见面，病态的面色必然使汉武帝吃惊，原来楚楚动人的面容和表情会被冲淡。所以夫人知其难而退的想法还是很有策略的。也可以说，这是一个决断，是基于对汉武帝的了解、知其有好色的特点，从趋利避害方面考虑，做出的决断。后来的事情发展证明了李夫人知其难而退的决断是很明智的。这正如《决术》篇中所讲：“决情定疑，万事之机。”

纵论十胜　频出奇策

曹操面对强敌袁绍，有心想征讨，又担心自己实力不济，便征询荀彧、郭嘉的意见。

他问郭嘉："袁绍拥有冀州兵众，又有青、并之地，地广兵强。我想讨伐他，却又担心实力不济，你认为该怎样做呢？"

郭嘉认真地为曹操分析了敌我双方的实力对比和目前的形势，他说："当年楚汉相争之时，高祖刘邦的实力远远比不上项羽，而高祖刘邦以智获胜。项羽势力很强，最终却在乌江边自杀而死。我认为，袁绍有十败，而曹公有十胜。袁绍礼仪繁多，天下民不聊生，而您却顺乎民意，社会安定，这是道胜；袁绍的举动属叛逆，而您却奉献帝之名号令天下，这是义胜；袁绍施政过于宽松，使豪强贵族有恃无恐，而您却注意抑制豪强贵族的势力，这是治胜；袁绍表面上宽宏大量，实际上气度狭小，用人又不放心，不信任，而且用人唯亲，而您却求贤若渴，广招天下英才，唯才是举，用人不疑，不分亲疏远近，这是度胜；袁绍优柔寡断，往往错失良机，而您却处事果断，善于随机应变，这是谋胜。"

郭嘉接着说，"袁绍依仗门第，高谈阔论，沽名钓誉，追随他的都是一些只图虚名而没有实际本领的人，而你曹公以仁义和诚心待人，勤俭朴素，不图虚名，对有功人员的赏赐毫不吝惜，所以天下有识之士都愿意辅佐您，这是德胜；袁绍放纵豪强，贪婪成性，民怨甚重，却只是在表现上假仁假义，而曹公您虽不拘小节，但在大事上却十分清醒，考虑周到，您注重发展生产，恢复经济，安定社会，造福百姓，与四海人士交接，恩惠有加，这是仁胜；袁绍的部属间争权夺利，谗言惑乱，而您却用人有方，内部团结，上下一心，

这是明胜；袁绍是非不分，而您却以礼和法治国，是非分明，这是文胜；袁绍喜欢虚张声势，却不知用兵之道，而您却善于以少胜多，用兵如神，全军将士都很钦佩，令敌人畏惧，这是武胜。曹将军您有此十胜，还怕不能战胜袁绍吗？”

郭嘉从袁、曹双方的政治、经济、军事、民心及个人素质等多方面做了全面的分析，曹操认为郭嘉的分析很有道理，但要想实现十胜的最终目标，还要有领先超人的智慧和艰苦的斗争。

公元196年冬，袁术与吕布联合，进攻徐州牧刘备。刘备战败，投奔曹操。谋士程昱建议除掉刘备。

郭嘉却认为不能杀害刘备。他说：“曹公现在求贤若渴，刘备也是一代英才，如果今天杀了他，曹公一定会落下嫉贤妒能的坏名声。天下有识之士也会认为投奔曹操不可靠，会重新择主而事之。到时候，谁来辅佐曹公平定天下呢？”

曹操认为郭嘉言之有理，便对刘备以礼相待，授豫州牧之职。但刘备对曹操权倾朝廷不满，伺机离开。适逢曹操拟派人阻拦袁术北上，刘备乘机承担此任。郭嘉得知此事急忙劝曹操不能放刘备出走，但成命难收，只好作罢。果然，刘备突袭徐州刺史车胄，公开反曹。

公元198年，袁绍率部攻打幽州（今北京西南）的公孙瓒。围攻易京（今河北雄县）。郭嘉向曹操建议说：“袁绍正攻打幽州，我们可乘此机会东取吕布，如果不先击败吕布，等袁绍夺取幽州后再回师南下，吕布和他互相呼应，会对我们构成很大威胁。”

曹操极为赞同这一策略，亲自率兵东征吕布三战三胜。吕布节节败退，退至下邳（今江苏睢宁县西北）相持。曹军因连续作战，军队疲乏，曹操准备撤退。

郭嘉和荀攸都加以劝阻。郭嘉对曹操说：“当年楚汉相争，项羽身经七十余战，不曾战败，但是因为一朝失势，国亡身死，这是因为他有勇无谋，现在吕布屡战屡败，内外交困。而吕布的威力远不及项羽，但所面临的困难却超过项羽。如果我们乘胜追击，吕布只有束手就擒。如果此时退兵，肯定前功尽弃。”

曹操考虑再三，采纳了郭嘉、荀攸的建议，指挥部队对下邳发起了更猛烈的攻势。并且挖掘渠道，引来沂水、泗水灌城。不久，城墙被水冲刷溃坏，敌人大都出城投降。

只有吕布率领部分残兵败将退守白门楼，结果束手就擒。郭嘉献计破城，为曹操清除了一个后患，解除了对袁绍作战的后顾之忧。

公元 200 年，曹操在官渡以少胜多，出奇兵突袭乌巢，击败了袁绍，取得了官渡之战的胜利。同年，刘备因参与图谋反曹而事发，曹操大怒之下准备东征刘备。

诸将都说：“与您曹公争夺天下的是袁绍，如今袁绍刚南来，您却置之不顾而向东出击，如果袁绍从背后袭击，又怎么办呢？”曹操举棋不定，向郭嘉问计。

郭嘉说：“袁绍性格多疑，行动迟缓，就是前来进攻，也不会太快。刘备刚起兵不久，如果迅速攻击，他一定会失败。这是关系到生死存亡的机会，千万不可错过！”

曹操采纳了郭嘉的建议，领兵讨伐刘备，刘备大败，投奔袁绍。刘备的妻子和部将关羽被曹操俘获。袁绍果然按兵不动。

郭嘉根据当时的形势提出的计策、决策，都是趋利避害的，都是经过认真的考虑分析提出来的，是符合客观实际的。

如收刘备不放刘备，斩吕布乘胜追击、讨伐刘备等建议、决策都不失为英明之决策。这正如《决术》篇中所言：善于判断情况，做出决

断，是万事成败的关键。

孙策继承了其父孙坚的遗业，驰骋疆场，东征西杀，转战数年，在江东创立了基业。

当他得知曹操与袁绍在官渡鏖战，相持不下，决定北渡长江，乘虚袭击许都，迎接献帝南渡。消息传到曹营，众人都惶恐不定，担心腹背受敌。郭嘉经过分析和推测，认为对孙策的行动不必担忧。

他说："孙策刚平定江东六郡，杀了许多英雄豪杰，这些豪杰的部下一定会替他们报仇。孙策为人轻浮，缺少戒备，虽拥兵百万，但凝聚力不强，如果遇到战争，他一定十分孤立。我认为，他一定会被人行刺而死。大家不必忧虑。"众人听了这番话都将信将疑。

吴郡太守许贡因建议汉帝召孙策回京，说他"若放于外，必作世患"。孙策听了以后十分生气，便杀了许贡。他的小儿子与门客逃了出来，藏匿在长江岸边，伺机报仇。

不久，孙策率军北伐，行至丹徒（今江苏镇江市东南），宿营驻扎。孙策平时就喜欢狩猎，这次他又单枪匹马外出游猎，与许贡的门客不期而遇，孙策虽全力拼杀，但自己仍身受重伤。

部将护送他回到了营地，因为伤势严重，当晚就死了，年方二十六岁。孙策的死讯传到曹营，人们想起郭嘉先前的话，都钦佩他料事如神。

官渡之战后，袁绍积郁成疾，吐血身亡。他的几个儿子因争权夺利而明争暗斗。郭嘉随曹操进军黎阳，征讨袁谭、袁尚。曹军连战连胜，袁氏兄弟退守邺城。

曹军众将都想乘胜再战，一举平定冀州。郭嘉建议停止进攻，撤军南征刘表。他说："袁尚与袁谭势力相当。审配、逢纪辅佐袁尚，辛平、郭图为袁谭献策。他们两个一直在争权夺利。如果我们继续进攻，会促使他们联合起来对付我们；现在我们不去理他，他们肯定又会互相争斗，发生火并。所以，我们不如大军南下，佯攻刘表，以观其变。二虎相斗，必有一伤。等他们自相残杀，力量消耗之后，我们再出兵攻打，那时，平定冀州易如反掌。"

众人都认为郭嘉见解独到，分析精辟。荀攸也支持此议。曹操称赞说"此计妙极！"公元203年8月，曹操引兵退出黎阳，南下至西平，做出进攻刘表的姿态。

袁氏兄弟见曹操退兵，南讨刘表，喜出望外。很快，就因为争夺冀州而大打出手，兵戎相见。袁谭被袁尚打败，退守平原（今山东平原县），在走投无路的情况下，派辛毗向曹操求助。

曹操见袁氏兄弟火并，心中大喜，他答应袁谭出兵替他救援，袁尚闻讯十分惊慌，放弃邺城败逃至幽州投奔袁熙。

曹操挥师北进，攻击幽州。袁熙、袁尚逃至辽西乌桓，曹操一举平定冀州。

平定冀州后，曹操因为郭嘉谋策功高，上表朝廷，封他为洧阳亭侯。他又建议曹操召见当地知名人士，给他们加官晋爵，以此收买河北地区人心，巩固了曹操在这一地区的统治。

《决术》篇中讲："度以往事，验之来事，参之平素，可则决之。"勇于决者而又善于决者，谋事可成。

郭嘉正是这样的人物，你看他对孙策的分析和判断，认为对其行动不必担忧；还有对平定冀州易如反掌的判断，都是经过认真、全面的分析得出来的，都是善决之举。

平定南方，攻心为上

诸葛亮在实现重建吴、蜀联盟的战略部署后，开始为北伐中原做准备。其关键的一步是平定南方，稳定后方。

当时，南方各郡趁蜀与吴交战失败和刘备新亡，纷纷离心离德，叛蜀自立。先是益州郡（云南省宁县东）大土豪雍闿发动叛乱，后杀死蜀益州郡太守正昂，又捉住继任太守张裔，投奔东吴。孙权封雍闿为永昌太守，诸葛亮

因刘备驾崩，后主刚继位，要先恢复吴、蜀盟约，共同对付曹魏，不便出兵镇压，便采取怀柔政策，以便安抚雍闿，和平解决南方乱事。雍闿视诸葛亮软弱可欺，不但不买账，反而变本加厉，非但自己不归顺，接连策动柯牂郡（今贵州省西部一带）太守朱褒、越巂郡（今四川省越西）首领高定和南中郡（今云南省一带）少数民族一同叛乱。其中少数民族首领孟获骁勇彪悍，实力最强。

南方乱局是蜀国心腹之患，一天不平定，便一天不安宁。问鼎中原，复兴汉室更无从谈起。剿灭叛将，平定南方，是蜀汉的当务之急，也是诸葛亮统一战略的重要组成部分。由于事关重大，诸葛亮决定亲自率领大军南征。

在诸葛亮辞朝祭旗出发后，成都令马谡紧随送行，一直送了几十里还不回去，似有心事，但欲言又止。诸葛亮见状，勒马问：“幼常（马谡字）我们共事多年，无话不说，对我这次出征，你有何良策，不妨直言。”马谡遂陈心曲：“愚有片言，望丞相察之：南蛮恃其地远山险不服久矣，虽今日破之，明日复叛。丞相大军到彼，必然平服；但班师之日，我必北伐曹丕，蛮兵若知内虚，其反必速。夫用兵之道，‘攻心为上，攻城为下；心战为上，兵战为下’。愿丞相但服其心足矣。”

在南征战略上，诸葛亮同马谡不谋而合，即对南方少数民族以攻心为主，使其心悦诚服，永久归顺。

马谡的这种“攻心”的策略实际正是诸葛亮在“隆中对策”中所说的“西和诸戎，南抚夷越”，即对少数民族只采用温和的怀柔政策，而不专凭武力的强压。所以诸葛亮采纳了马谡的建议，南征过程中，除杀掉高定、朱褒等几个首领外，对在当地汉族和少数民族中有较高威望和影响的孟获，则采取了使其心服的策略，下令对他只许生擒，不许伤害。蜀军将孟获活捉后，让他观看蜀军营阵，诸葛亮说：“你看这样的营阵怎样？”孟获并不服气，他说：“以前不知道你们的虚实，所以遭到失败，如今承蒙厚意，让我参观了贵军的战阵，看来不过如此。如能再战，我一定轻易取胜。”诸葛亮笑了笑，将孟获释放，要他再战。前后把孟获放回七次，又生擒了七次，最后诸葛亮仍将孟获释放。孟获终于佩服得五体投地，心悦诚服地对诸葛亮说：“丞相真有天威，我们南人再不会反叛了。”

诸葛亮降服孟获后又进军滇池，四郡叛乱都平定了。然后，在如何治理南中的问题上，诸葛亮再次坚持了怀柔政策，他仍然任用当地原来的首领为四郡的地方官吏。有人劝诸葛亮不要这样做，认为不可过分信任，应留蜀中汉官治理。诸葛亮解释说：“如果留外地人为官，则要驻留军队，驻留军队，则粮秣供应困难，这是第一件不易的事。这些夷族刚受过战争之苦，父兄多有死伤，怨气未消，任用外地人而不驻留军队，定有祸患，这是第二件不易的事。这些夷族叛乱分子屡次三番杀死和废掉官吏，自知有罪，与我们隔阂很深，若留下外地人为官，终究难以被他们信任，这是第三件不易的事。现在，我用夷人自治，不留军队，不转运粮食，使法令、政纪初步得以贯彻，让夷族和汉人基本安定下来就行了。”于是诸葛亮选拔了诸如孟获等当地威望甚高的少数民族首领，任命为地方官吏，加强了汉族与南中少数民族的友好关系。自此以后，终诸葛亮一生，这一地区的夷族再没有反叛。对于维护蜀汉的安定、使诸葛亮得以全力北伐，起到了很大的作用。

攻心为上、结以诚信、化敌为友，往往会收到十分独特的效果，较之单纯的军事对抗，更为有效和持久。

诸葛亮根据当时形势，从趋利避害、去患从福的角度出发，实施的“平定南方、攻心为上”的怀柔政策是颇为英明的。《决术》篇中讲，善于判断情况，趋利避害做出决断，是决定万事成败的关键。诸葛亮是足智多谋的，不愧为智慧的化身。

敌变我变，后发制人

公元238年3月，司马懿率领步骑四万，从洛阳出发，魏明帝亲自送出西明门。这一年司马懿已经五十九岁了，比当年曹操远征乌桓时还大七岁。但他老当益壮，满怀胜利信心，领兵远征燕军。

魏军一举突破辽河天险，并弃营不攻，直扑襄平，燕军将领卑衍、杨祚十分惊慌，生怕老巢空虚不保，立即率领全军回援，企图堵截魏军。司马懿待燕军行进到适当地点，迅速率兵反击。魏军士气旺盛，一连打了三个大胜仗。卑衍、杨祚率领败军，逃回襄平城内。司马懿乘胜进军，兵临襄平城下。

这时，正好赶上连日暴雨，辽河河水猛涨，淹没了两岸大片地方。襄平城四周，变成了白茫茫的水乡，有的地方水深达数尺。魏军急切不能合围，营帐全部泡在水中。有的官兵提出转移到高地扎营，司马懿传令道："有再敢言迁营者斩!"都督令史张静违反命令又要求迁营，果然被司马懿斩首示众。魏军被迫在水中，处境非常困难。公孙渊乘机令襄平城内的部队与百姓出城放牧、打柴。有的将领见有机可乘，就要求消灭掉出城的敌军，司马懿不同意。有人问他："过去打上庸时，八路并进，日夜攻打，只用了六天，就攻破了城池，杀掉了孟达。现在我军远道而来，反而不急于攻打敌人，是何道理?"司马懿笑道："那时，孟达兵少粮多，可支一年，我军人数四倍于敌而粮食不够一月，以一月图一年，怎么能不速战速决呢？以四人打一个，则是可以速战速决的，所以不计死伤，猛攻上庸，实质上是与粮食竞争。现在情况不同了，敌众我寡，敌饥我饱，又逢大雨，难以速战速决。此次出兵辽东，不怕燕军坚守，就怕燕军跑掉。目前，我军兵员虽少，粮草充足，燕军虽多，粮草将尽。如果消灭出城放牧、打柴之敌，抢走他们的牛马，在我军没有完成合围的情况下，不就等于迫使燕军逃跑吗？公孙渊依仗人数众多和雨天大水给我们带来的困难，继续坚持，不肯认输。我们何不将计就计，主动示弱，使他们安心，等雨停、水退，敌军粮尽之时，再发动攻势，不比现在捡点小便宜强得多？用兵的诀窍在于根据敌情的变化而变化啊!"大家听了都非常信服。于是司马懿率领部队，一面继续合围襄平，一面暗中赶做大批楼车、钩梯，待机攻城。

不久，雨停了，水逐渐退去，魏军完成了襄平城的包围。接着，司马懿抓住燕军粮草基本断绝之机，对襄平城发动了猛烈的攻势。为了突破城防，司马懿指挥魏军挖地道、堆土山，上下结合，配以楼车、钩梯，轮番进攻。时过不久，公孙渊支持不住，遣使出城求和，司马懿不准，他捎话给公孙渊说："既敢对阵，或战或守或走，三者都不能，就应降应死，岂有求和之理。"公孙渊无奈，只好继续抵抗。但是他们的士卒早已饥疲不堪，军心早已瓦解，大将军杨祚首先开城投降。司马懿挥军入城，一举击毙燕军七千多人，公孙渊向外围突围时，被魏军杀死于乱军之中，余将全部投降。平叛作战果然只用了三个月。第二年春，司马懿按照原定的计划，如期班师回朝。

《决术》篇中讲："度以往事，验之来事，参之平素，可则决之。"能趋利避害则决之；勇于决者而又善于决者，谋事可成。决策，是决定事物成败的关键。司马懿就是勇于决者而又善于决者。在当时那种艰难困苦的处境中，能做出坚守阵地而合围歼敌的决定，实属不易，没有勇于决断善于决断的能力是做不到这一点的。当然，他也是根据敌我双方的实际情况，又从历史、将来、现实方面分析，才做出的决定。有了这一正确的决定，司马懿才指挥若定，夺取了围城歼敌的胜利。

陈说利弊救楚国

春申君，姓黄名歇，楚国人。自幼饱读诗书，四处游历，见多识广，能言善辩，门下收养宾客上千人。楚顷襄王时，便在朝中做官。因其才智过人，楚王很赏识他，常派他出使各国。

楚怀王时，秦昭王派特使召怀王来武关相会。秦王却使人假扮自己，将怀王绑架到秦国做了人质，以要挟楚割地。楚怀王不从，最后死在秦国。怀王死，顷襄王即立。秦国趁楚王新立，拉拢韩、魏，大举进攻楚国。秦将白起率精锐之师，以少胜多，连战连捷，一举攻克鄢、郢、夷陵等数十座城池。楚王只好迁都于陈县。

秦国趁楚都立足未稳，加紧了对楚国的进攻，想一举灭亡楚国。楚王害怕，立即派春申君出使秦国，议和求安

春申君赶到秦国后，立即求见秦王，遭到拒绝。春申君见秦王不理，便给秦王写了一封信。信中说："纵观天下，秦

国最强，其次是楚。秦楚开战，如两虎相斗，得利的将是驽犬笨鸡。虽说现在秦国占了上风，得到一点好处，但楚国毕竟是拥有沃野千里、雄兵百万的泱泱大国。再战下去，秦军疲惫，孤立难支，且战线过长，后援难继，即使取胜，也难以持久。俗话说：'秋去冬来，物极必反。'今日秦国已占有半个天下，其势力之强，疆域之广，自开天辟地以来，世所罕见。大王之雄风可谓至盛之极！以臣之见，大王若此时停止攻伐，厚施仁义之道，则天下崇拜，万民敬仰，而省去后顾之忧，三王、五伯也不足与大王相比。若大王自恃兵强势众，以武力征服诸侯，恐怕后患将至。万事万物无不有始，但难有善终。小狐狸不能过大河，游到河心，就会乏力而沉。大王大力攻楚，是因为有韩魏胁从。事实上，韩魏最不可信，说不定会联合楚国从背后突袭秦军。那样的话，秦军就有全军覆灭的危险了。大王可曾记得当年智伯联合韩魏伐赵，就在智伯胜利在望的时候，韩魏却反戈一击，灭了智伯。还有，吴王轻信越人，空国伐齐，却被越夺国杀头。这些前车之鉴，可为后事之师。秦亲韩魏，韩魏未必亲秦。韩魏屡受秦军攻伐，世代战死者不计其数，岂能不生怨恨？别看表面上顺服大王，骨子里巴不得秦楚开战，以便收复失地，坐收渔利。因此，以臣之见，韩魏才是大王的隐患。秦国应与楚国修好亲善，合力对付韩魏。秦楚和善，韩魏必竭力事秦。赵国慑于大王威势，又岂能不服？那时，大王挟五国之兵，号令诸侯，谁敢不从？四海之内，莫非王土，万国之民，莫非王臣。大王的霸业不就大功告成了吗？"

秦昭王看罢春申君的书信，甚为叹服，召见了春申君，并下令撤回军队，停止攻楚，与楚国签订了和约。秦楚关系得到缓和。

秦楚签约，春申君回国，楚王大喜。按和约规定，楚国须派太子入秦做人质，以防楚国毁约变卦。楚太子在秦国期间，先与魏冉交接，后与范雎友善，秦楚两国保持着和睦友好关系。

春申君在此以书信陈说利弊说服秦王，可以看出其中的言辞都是平实的话语，没有任何的修饰与虚假。而且句句都是站在秦王的立场之上，从而使其认识到攻打楚国给秦国带来的不利后果，才使秦王下了决定撤回军队，与楚国签订了和约。

平原君舍财救赵

秦军攻打赵国，平原君去楚国求援，虽然楚王答应了出兵救援，但援兵迟迟未到。邯郸的形势迫在眉睫。秦军攻势日甚一日，步步紧逼，赵国军民奋力抵抗，终因寡不敌众，不得不收缩防线。邯郸城外尸横遍野，赵军战死者不计其数，负伤者得不到及时治疗。百姓倾家荡产，涕泣哀告，全城笼罩在一片哀伤、忧郁的气氛中。久战不决，对赵国十分不利。在内乏粮草、外援未到的情况下，不出几日，赵国就得投降。国人忧心如焚，可又无计可施。危险之际，门客李谈对平原君说："赵国也是公子之国。赵国将亡，公子不为之忧虑吗？"

平原君说："赵亡，我也不能独存，就要做秦人的俘虏了，我怎么能不忧虑呢？我曾往楚国搬救兵，可至今援兵未到，我正为此忧心忡忡呢！"

李谈说："现在邯郸的百姓，易子而食，濒临绝境，而公子的后宫累金积银，嫔妃婢妾衣食有余。前线将士刀剑用钝，削木为矛；而公子府库里钟磬如山，秋毫无损。如果邯郸失守，公子还能拥有这些东西吗？而如果邯郸解围，赵国保全，公子还担心得不到这些东西吗？现在公子若能把家人编入士卒，与百姓共同抗敌，把家中财物拿出来供应血战将士，前线将士会大受鼓舞，必誓死保卫邯郸，与敌军血战到底，公子以为然否？"

平原君本是慷慨之人，当即对李谈说："先生所言极是！为救邯郸，我愿尽遣家人为军，尽散家财助战。"

平原君听从李谈的建议，很快组织起三千人的敢死队，李谈也在其中。这支由男女老少组成的队伍，在与秦军作战中，不怕牺牲，奋勇拼杀，大乱秦军，使秦军不得不后退三十里。秦军后撤，为赵国赢得了喘息的机会。

平原君又数次写信请求魏国援助，魏国公子信陵君率八万精兵侧击秦军，楚国公子春申君也派大将景阳领兵杀到。赵、魏、楚三国联军内外夹击，秦军大败。秦将郑安平被围困数日，最后带两万人投降赵国。秦国统一天下的进程由此而减慢。

邯郸解围，赵王封赏将士。由于平原君功勋卓著，策士虞卿为平原君向赵王请赏。他面见赵王说："公子平原君国难之际，出使不辱使命，搬来楚魏援兵，解邯郸之围；又编家人入伍，散私财助战，击退秦军进攻。其心耿耿，其功无量，大王不可用其力而忘其功，请大王为赵公子加封。”

赵王听从虞卿之言，打算封平原君为相，赐给东武城。

平原君的门客公孙龙听说此事，对平原君说：“舍下听说赵王要赐封公子，舍下以为公子不宜受封。”

平原君说：“愿听先生细说。”

公孙龙说：“在保卫邯郸的战役中，赵国将士伤亡惨重，连一些王公大臣都参加了战斗。公子为赵王出使楚魏，不辱使命，当然功不可没。但论功行赏，许多人都应当受封赏，论才能也有像公子这样智勇双全的人。而赵王封公子为相，赐封公子土地，外人则会认为您是沾了王室的光。您若受封，必然损害您在赵国人心中的形象。您不受封，其他人也不好请求加封。这对大战后赵国的复兴有利，所以我认为公子还是不受封为好。”

平原君高兴地说：“先生说得极有道理，就依你之言吧。”

平原君辞功谢赏的仁义之举赢得了国人的尊重，从而使自己的威望得到了进一步的提高。

“善其用福，恶其有患”可以看作替人出谋划策的评定标准，因为每个人都是趋利避害的，平原君也不例外。他之所以接纳了李谈的建议，就是看到了赵国被灭自己也不能独活，如果舍财救赵成功，自己就可以获得更多的好处，所以才接受了李谈的建议。保卫邯郸成功后，平原君又依公孙龙之言拒绝受封，那是为了更长远的利益，暂时的放弃也使自己赢得了国人的尊重。

第十二章　符言篇

【题　解】

符，是自先秦时朝廷就使用的传达命令、调遣兵将的信物，上边多刻有文字。所谓“符言”，即传达给君王的格言。本篇讲的是作君王的奥义，君王应该具备的权术，实际上是为君主治国平天下指出的修养之术。要求为人君者必须做到：安、徐、正、静的境界；高瞻远瞩，耳聪目明；善于听取各种言辞；赏罚必正；善于统领百官，遵循为政之理；思维周密，洞察隐微。若能如此就能达到“神明”之术，高深而不可测。这些策略，也是古代统治者常用的御民治国之道。

本篇所论述的内容，从形式上看，只是为帝王执政提供方法、谋略，而实质上，在现代社会里，我们既可以视之为一种成就事业，发展自我，实现自身价值的计谋，也可把它看成是与人交往，与社会交往的一种周密、完善的方法，它从多方面论述了处世行事的策略。

要想熟练地系统掌握符言术，需要反复地研究和实践，要注意以下几点：

1. 要通晓本篇中所说的9项内容的本质含义，而不是仅限于对字面上的了解，如“主位”一段，讲述的是在位者，如果不能安、徐、正、静，他的江山就会倾覆。其实每个人为人处世也是同样，在为自己的事业奋斗时，如果做不到这一点，很可能会一败涂地。

2. 要注意具体问题具体分析，在实际生活中切忌本本主义。比如“主德”一节，要求为人谦虚、宽容，不拒绝任何前来归附的人。在实际生活中，有些人前来归附我们，可能是敬佩我们，为我们的为人所感动，来帮助我们成就事业，但也可能是因为我们有某种利用价值，想借助我们来达到他们的个人目的，甚至有的想了解我们，进而搞垮我们。所以，应因人而异，不能一概接受。

3. 本篇中的这9项内容是一套较完整的系统，所以在应用时要注意配合使用。如果不能明察秋毫，做到“主恭”，也就无法做到信赏必罚，更谈不上“主周”和“主名”。

符言[1] 第十二

原文

安、徐[2]、正、静，其柔节[3]先定。善予而不争，虚心平意[4]，以待倾损[5]。右主位[6]。

目贵明，耳贵聪，心贵智。以天下之目视者，则无不见；以天下之耳听者，则无不闻；以天下之心虑者，则无不知。辐辏并进，则明不可塞。右主明[7]。

听之术曰："勿望而许之，忽望而拒之[8]。"许之则防守[9]，拒之则闭塞[10]。高山仰之，可极，深渊度之，可测。神明之位术，正静其莫之极欤！右主听。

用赏贵信，用刑贵正。刑赏信正，验于耳目之所见闻。其所不见闻者，莫不谙化矣。诚畅于天下神明，而况奸者干君？右主赏。

注解

①符言：符是符契、符节。我国早在汉代就把有节的竹片加以中分，由两人各持一片，日后各拿这一片竹的人，只要能把两片竹完全合在一起，连竹节都能像原来那样吻合，那就证明是他本人或其代理人。到后来，改竹片而用木片或纸片等，并在上面加盖印记，而且是从印的中间切断使用，这种印就叫"骑缝印"。这里指言词与事实像符契一样吻合。还有人认为"符言"乃是"阴符之言"的简称。

②徐：缓的意思。

③节：节度，法度。

④虚心平意：使内心很谦虚，使意念很开朗。

⑤以待倾损：以备倾覆。

⑥主位：主要讲善守其位。

⑦主明：主要讲察人之明。

⑧忽望而拒之：远远看见了就拒绝。

⑨许之则防守：听信他人之言，众人就会归服而保卫君主，也就是能转危为安。

⑩拒之则闭塞：拒绝采纳进言，就使自己受到封闭。

译文

假如一个人能安、徐、正、静（淡泊明志，宁静致远）的话，那么他的人格自然能达到应有的节度是毫无问题的。假如善于合作而不能安静，就要心平气和地等待变化恢复安静。

眼睛最重要的就是明亮，耳朵最重要的就是灵敏，心神最重要的就是智慧。为人君的，假如用天下的眼睛来看，那就没有什么看不见的；假如用天下的耳朵来听，那就没有什么听不见的；假如用天下的心神来思虑，那就没有什么不知道的。假如像车轮一般并肩前进，那么君主的眼睛就不会被蒙蔽，可见君主要明察天下了解民生疾苦才行。

采纳进言的原则是："不要远远看见就答应对方，也不要远远看见就拒绝对方。"假如答应对方就要防守，假如拒绝对方就要封闭。仰望高山可以看到山顶，测量深渊可以测到渊底；然而神明的位术是正静的，所以是绝对没办法测出高深的，可见君主必须广泛采纳臣民的言论。

对臣民进行奖赏时，最重要的是必须守信；对人民处以刑罚时，最重要的是必须公正。刑罚和奖赏既然必须讲守信和公正，就要验证耳目所见闻的事物。即使无所见闻也都能收到潜移默化之功效。既然诚心要发扬天下神明的造化德意，又何惧乎奸邪之徒的冒犯君主呢？所以君主一定要赏信罚必。

原文

一曰天之，二曰地之，三曰人之。四方、上下、左右、前后，荧惑①之处安在？右主问②。

心为九窍③之治，君为五官④之长。为善者君与之赏，为非者君与之罚。君因其所以求，因与之，则不劳。圣人用之，故能掌之。因之循理，固能久长。右主因⑤。

人主不可不周⑥。人主不周，则群臣生乱。家于其无常也，内外不通，安知所开？开闭不善，不见原也⑦。右主周⑧。

注解

①荧惑：荧，火星；惑，不清楚。

②主问：多方咨询。

③九窍：窍是出入空气的小穴。人体上共有九个小穴，就是口、两耳、两眼、两鼻孔、二便孔等，但是通常都除掉二便孔而称为“七窍”。

④五官：古代五种重要官职。即司徒、司马、司空、司士、司寇。

⑤主因：主要讲遵规循理。

⑥不可不周：君主必须广泛知道世间一切道理。周，周密，细密。

⑦不见原也：不知道为善的源头。

⑧主周：主要讲遍通事理。

译文

一叫作天时，二叫作地利，三叫作人和。四方、上下、左右、前后，火星的位置究竟在哪里呢？可见君主的发问必须针对天时、地利、人和。

心是九窍的统治者，君主是五官的首长。做好事的臣民，君主会给他们赏赐；做坏事的臣民，君主会给他们惩罚。君主根据臣民来朝见的动机，斟酌实际情形而给予赏赐，如此就不会劳民伤财。圣人重用这些臣民，因此才能好好掌握他们。并且遵循道理，可见君主最重要的是服膺真理，所以才能长久。

为人君的必须广泛知道世间的一切道理，假如君主不通人情道理，那么君臣就会发生骚乱。人间寂寞，人生无常，对内对外都没有来往，怎么能够打开言路？采行开放政策或封锁政策都不好，因为如此就无法发现善政的根源所在，可见为人君者必须普遍通晓物理。

原文

一曰长目①，二曰飞耳②，三曰树明③。千里之外，隐微之中，是谓洞。天下奸，莫不谙变更。右主参④。

循名而为，⑤按实而定，名实相生，反相为情。故曰：名当则生于实，实生于理，理生于名实之德，德生于和，和生于当，右主名⑥。

注解

①长目：能看到很远的事物，犹如千里眼。

②飞耳：能听到很遥远的声音，犹如顺风耳。

③树明：明察一切事物的能力。

④主参：主要讲洞察奸邪。

⑤循名而为：采取符合名分的行动。

⑥主名：名实相符。

译文

一叫用天下之眼来观察，二叫用天下之耳来判断，三叫用天下之心来思索。在一千里之外的地方，也就是在隐隐约约渺渺茫茫之中，这就叫作洞见天下的奸邪，可见君主所用来观察天下的就是千里眼、顺风耳、万灵心。

遵循名分去做事，按照事实来决定。名实相互助长之后，反而互相有感情。所以说："名分适当就是诞生于实在，实在是诞生于真理。"真理是诞生于名实相副的道德之中，而道德是诞生于和平之中，和平诞生于富庶之中，可见君主必须采取恰如其分的技术。

智慧应用

兼听则明，偏听则暗

唐太宗经常思考这样一个问题：作为君主，在判断是非、处理政务时，如何才能符合实际情况，避免盲目，不致做出错误的决断，造成不可挽回的恶果？他带着这个问题，询问魏征："人主如何为明，如何为暗？"

魏征道："兼听则明，偏听则暗。"

"兼听则明，偏听则暗"乃千古至理名言。魏征这一绝妙高论使唐太宗为之叹服，奉为听谏决事之规。这是唐太宗所以成为一代明君的重要原因。

治事唯谨是唐太宗为政的一个重要长处和特点。这是他总结了历史上的经验教训而获得的一条成功经验。一次，太宗和魏征谈到天子的威严，他说："人言天子至高无上，无所畏惧。朕则不然，上畏皇天之监临，下畏群臣之瞻仰，兢兢业业，犹恐不合天意，未副人望。"

魏征说："此诚致治之要，愿陛下慎终如始，则善莫大焉。"

太宗向群臣说："朕观隋炀帝集，文辞奥博，也知道效法尧、舜而非桀、纣，但是所作所为恰恰相反！"

魏征答道："人君虽英明，更应虚心待人。如此，则智者献其谋，勇者竭其力。炀帝自恃其才，骄傲自满，一意孤行，虽口诵尧、舜之言而身为桀、纣之行，以致覆灭也。"

太宗叹道："朕每临朝，欲发一言，未尝不三思，唯恐为民带来危害，不敢多言。"他还说，"治国如治病，病虽愈，一定要好好保养，不可大意，万一复发，则不可救药。今日吾国刚刚得到安宁，四夷俱服，自古少见。但是朕日慎一日，唯恐不得善终，所以朕经常听取群臣的意见，尽力减少失误。”

魏征说：“内外治安，臣不以为然，唯喜陛下能居安思危耳。”

唐太宗所以能处世唯谨，兢兢业业，一个重要原因是认识到创业难，守成更难的道理。他曾问群臣：“创业与守成哪一个难？”

房玄龄说：“开始与群雄并起，中原逐鹿，最后才夺取政权，创业难矣！”

魏征说：“自古帝王，莫不得之于艰难，失之于安逸，守成难矣！”

太宗说：“玄龄与我共取天下，出百死得一生，故知创业之难。魏征与我共安天下，常恐骄奢生于富贵，祸乱生于所忽，故知守成之难。然创业之难，既已往矣；守成之难，方当与诸公慎之。”

唐太宗知道历代帝王之败，重要原因是任情使性，鱼肉人民，最后弄得官激民变，天下大乱。他曾对近臣说：“齐后主贪图享乐，盘剥百姓，最终遭败灭。这好比馋人自食其肉，肉吃光了自己也死了。这真是愚蠢至极！”

他还经常以爱民之道教育太子。看到太子吃饭，他说：“你知道农民稼穑之艰难，就能常有饭吃。”看到儿子骑马，便说：“你要知道马会疲劳的，不要使马疲劳过度，这样才能常有马骑。”看到儿子乘船，便说：“民为水，君为舟，水能载舟，亦能覆舟。应当保持平衡，不要让水将船打翻。”看到儿子在树下休息，便说：“锯木要按准绳才能取直，人君纳谏才能圣明。”

善于从历朝成败得失中，吸取经验教训，是唐太宗成功之道。他提出的“前事不远，吾属之师”一说，深刻地概括了吸取前人经验教训的重要性。一次，太宗和诸臣聊天，魏征也在座。太宗说：“最近我听到这样一件事，西域胡人到中原经商，买到一颗漂亮的珍珠，恐怕丢失，就把自己的皮肉剖开，将珍珠藏到肚子里，你们听说过吗？”

诸臣笑道：“真有这样的事。”

太宗说：“胡商这种做法，真是爱财不要命。如果做官的受贿，做皇帝的为利，到头来身败家亡，岂不是和胡商无别？”

魏征说：“从前，鲁哀公曾向孔子说：‘有的人非常健忘，搬家时忘带自

己的妻子。’孔子说：‘桀王和纣王忘性更大，连自己的身体都忘记了。’这和胡商剖腹藏珠有些类似。”

太宗叹道：“诚如先生所说。前事不远，吾属之师。朕与诸君须记取前代的教训，好自为之，不要让后人讥笑我们健忘。”

选贤任能，唯才是举，论功行赏，不徇私情，充分鼓励和发挥人才的作用，是唐太宗成就丰功伟业的重要条件和原因。唐太宗是封建君主中知人善任、重视人才的杰出典型。

贞观六年，太宗对魏征说，“古人云：王者须为官择人，不可轻率起用。朕每做一事，则为天下所见；每出一言，则为天下所闻。用一君子，则君子皆至；用一小人，则小人竞进。赏当其赏，无功者自退；罚当其罚，为恶者畏惧。由此可见，赏罚不可轻易使用，用人更须慎重选择。”

魏征答道：“用人之道，自古难事。故考绩黜陟，须察其善恶。今欲求人，须考察其品行。若品行好，然后用之。假如此人不能成就大事，只是才力尚未达到，但不会造成大的危害。若误用小人，越具有能力，所造成的危害越大。在天下大乱时，应注重人的才能，难以顾及人的品行。平定天下之后，必须德才兼备，才能任用。”

唐太宗不但重视任用人才，而且重视发掘人才，把举贤选能作为考察官员政绩的重要方面之一。因此在唐太宗之世，天下人才都归附长安。在朝廷的督率下，各级长官都纷纷推荐人才，惟大臣封德彝一无所举。太宗问及原因，封德彝答道：“不是我不尽心，但至今我所属部门，未发现一人为奇才，因此不敢妄举。”

太宗十分生气地说：“君子用人如器，发挥其长。自古人君治理国家，靠的都是当代之人。难道要从其他朝代去借人吗？患在自己不能访求，奈何轻量当世？”

为了充分调动和发挥人才的积极性，唐太宗特别重视奖掖有功之臣。奖励的原则是不分亲疏，论功行赏。为使奖励公正得当，以服人心，他十分注

重奖赏的公开性、透明度，当众公布。他在公布首次奖赏开国之勋的诏书前，

对群臣说：“对朕之决定，如有人认为不当，可廷议。”在奖封令宣读后，果然有些文武大臣争功，议论纷纷。特别是淮安王李神通，是太宗的叔父，他慷慨激昂地说：“我起兵关西，首举义旗，如今房玄龄、杜如晦等专弄刀笔之人，功居我之上，我不服气。”

太宗说：“房玄龄等运筹帷幄，坐安社稷，论功行赏，理应在叔父前面。叔父虽然首先倡导义兵，但那只是为了免除自己的祸患。等到窦建德占领山东，叔父全军覆灭；刘黑闼重新组织余部，叔父却望风北逃。叔父是国家的至亲，我对你竭力爱护，但不可以因为我们是至亲，就将你和开国元勋同功论赏。”

诸臣听了无不心悦诚服。

房玄龄说，“原秦王府（李世民称帝前之王府）人员未升官的都抱怨说：‘我们多年侍奉秦王，现在升官反落在前宫（李建成府）、齐府（李元吉府）后面。’”

太宗说：“王者至公无私，人心才服。我和你们每日所需衣食，都取之于民。设官分职，都是为民着想，一定要选择德才兼备，比原来的人强，怎能舍弃新来者而录取旧有的呢？大家对用人不论德才而发牢骚，这成何体统？这样能够把国家治好吗？”对唐太宗这种至公至理的态度，群臣感服不已。

唐太宗执政之初，群臣不知底细，不敢进言。为此，太宗问魏征：“近来朝臣为何不议论朝政？”

魏征说：“只要陛下虚心采纳，必有言者。凡一心为国而甘愿牺牲者寡，爱护自己生命者多，群臣惧怕得罪陛下，故不敢言。”

群臣上书言事，议论朝政，但在唐太宗面前，往往不敢直言。因此，他

又问魏征道："群臣上书，有不少可采纳，可是当朕将他们召来面谈时，多是吞吞吐吐，说不清楚，这是为什么？"

魏征说："据臣观察，群臣上书前，都经过数日思考。可是当他们临朝看到皇上的威严，三分不能道其一。特别是群臣要当着皇上的面拂意触忌，这就更难。陛下见到他们不要太严肃，要和颜悦色，使他们精神放松，这样，他们才能尽其所言。"此后，太宗接见群臣时，态度温和，并一再勉励说："炀帝多猜忌，临朝时群臣多不语。朕则不然，与群臣亲如一人。望众卿放胆直言，以安社稷。"

后来，太宗规定，凡官员入阁议事，一定让谏官跟随，有失则谏。为了鼓励进言，太宗还重奖直言进谏者。因此，直言进谏蔚为风气。

一次，大臣房玄龄在路上与负责行政事务的朝廷官员窦素德相遇，随便问道："北门近何营缮？"窦素德便将此事上奏太宗。太宗一听大怒，责问房玄龄："你只管南牙（地址）政事，北门的事，与你何相干？"房玄龄惶恐不已，谢罪而去。

魏征得知此事，便去觐见太宗道："臣不知陛下为何要责备房玄龄？而房玄龄为何要谢罪？房玄龄在朝内是陛下的股肱耳目，就是对于中外大事他也应该知道，对北门干什么的问题，他为何不可询问？如果陛下做得对，他询问有关人，理所当然。不知何罪面责，也不知为何罪而谢。"太宗听了很感惭愧，当即宣慰房玄龄。

濮州刺史庞相寿，曾在秦王府任职，是唐太宗的老部下，因犯贪污罪被解除职务。他利用老关系找太宗走后门以求复职，太宗念其故交，很同情他，准备让他官复原职。魏征反对说："原在秦王府任职人员，现遍布全国。如此例一开，恐怕人人皆恃私恩。若以私情用人，将会使为善者恐惧。"太宗接受魏征的意见，向庞相寿说："我昔日为秦王时，乃一府之主；今日居皇帝位，乃一国之主，不能对故人徇私。我要求大臣秉公办事，自己怎敢违背！"遂赐给他一些钱财，让他回家。

太宗的女儿长乐公主要出嫁。公主是皇后所生，太宗特别喜爱，下令资送要超过永嘉长公主（高祖女，即太宗之姑母）。魏征说，"昔日汉明帝欲封皇子，说：'我之子岂敢与先帝之子相比！'皆令半楚、淮（楚，楚王英的封国；淮，淮阳王延的封国。英、延都是光武帝之子）。今日为何资送公主反而倍于长公主！"太宗认为魏征说得对，回去告诉了皇后。皇后叹道："妾数次听陛下称赞魏征，不知其故，今观其引礼仪以抑人主之私情，乃知其社稷之臣也！妾与陛下结发为夫妇，夫妇为一体，应该直言不讳，但妾每进言必先看颜色，不敢轻犯威严；魏征与陛下乃君臣关系，能抗言如是，陛下不可不从。"皇后即传令赏魏征白银五百缗，绢四百匹。并告："闻公正直，今日才亲眼看到，故以薄礼相赏。望公常秉此心，在任何情况下都勿转移。"

长孙皇后去世后，太宗哀悼不已，除盛葬于昭陵外，为了悼念皇后，还在苑中修建层观，每天登高观望昭陵，以寄哀思。一日，太宗引魏同登，向魏征说："你看到昭陵吗？"魏征看了很久，说道："我眼神不好，看不见。"太宗用手指昭陵告魏征，魏征说："我以为陛下观望献陵（李渊陵），如果是昭陵，那我早就看到了。"太宗一听这话，立即下令拆除层观。

贞观四年，各国都遣使入贡。群臣歌颂太宗盛德，屡请封禅。太宗开始不同意，奏章连连上呈，再三请求，太宗动心。独魏征入朝劝阻，太宗问："卿不愿朕封禅，莫非朕功未高，德未厚，国未安，四夷未服，年谷未登，福瑞未至吗？"

魏征答道："陛下所说六事，似乎面面俱到，但是要明白，户口尚未恢

复，仓廪尚空虚，如果皇帝车驾东行，浩浩荡荡，沿途百姓要铺路搭桥，修建行宫，这将给百姓增加多大负担。特别是洛阳以东，灌莽满目，所有归附国家的君王都要扈从，引入腹地，自示虚弱，于国不利。任何人都有欲望，而欲望从来不会满足。为一时之虚名，使国家和人民遭受灾损，贤者不为。望陛下慎思。”太宗经他一说，即停封禅之事。

皇室决定修建洛阳宫，凿池筑山，雕饰华靡。皇甫德参上书，称：“修洛阳宫，劳役增税。俗好高髻，系是宫中所化。”太宗一看大动肝火，向侍臣说：“皇甫德参要国家不动用一个劳役，不收一斗租子，宫人都不留发，难道只有这样才合他的心意吗？”准备以诽谤罪对他进行制裁。

魏征忙解释道：“贾谊在汉文帝时上书云：‘可以痛哭者一，可为流涕者二。’自古以来上书不激切，怎能回天，所谓狂夫之言圣人择焉。陛下当谅解其忠直，切勿苛求。”

太宗满面怒气顿消，徐徐道：“是朕错怪了德参，若加罪于他，今后谁还敢说实话！”说着，即令赐绢二十匹，并拜他为监察御史。

贞观六年，岭南酋长冯盎因内部互相攻击，无暇他顾，很久没有入朝，诸州纷纷向皇上奏称：“冯盎谋反”，前后达数十次。太宗命右武卫将军蔺謩率领江、岭等十余州的大军讨伐。

魏征不同意，他向太宗提出：“国初定，岭南疾病流行，道路险阻，大军进入，困难重重，而且冯盎反状未成，不可轻易兴师。”

太宗问：“指控冯盎谋反者，不绝于道，为何说反状未成？”

魏征答道：“冯盎若谋反，必然分兵据险，攻掠州县。现在他兵不出境，就可说明。诸州既然怀疑他谋反，并接连上奏陛下。陛下从未遣使去镇抚，他怕死，自然不敢入朝。若派出使臣向他示以至诚，使他明白陛下并不怀疑他，可不动兵而使他归服。”太宗认为魏征所言有理，即下令罢兵。并派出使臣李公掩持节去安慰，冯盎见到皇上派来的使臣感激涕零，即遣其子智戴随使臣进京觐见皇帝。

太宗叹道：“魏征令我发一介之使，而岭南遂安，胜十万之师，不可不赏。”遂奖赐魏征绢五百匹。

公元628年，交州都督遂安公寿因犯贪污罪被撤职，太宗拟选派廉洁奉公的瀛州刺史卢祖尚继任其位，召见他说：“交州地势重要，一直未找到适当人选，准备派你去接替遂安公寿的职务。”卢祖尚应命拜谢而去。后来他有些反悔，借口有病不去。太宗即派人告诉他：“匹夫犹重诺言，为何你当面向皇上答应，而又后悔?”卢祖尚固辞不去。太宗很生气，把他召来亲自动员他去；卢祖尚执意不听，坚决不去。太宗大怒道：“我亲自给你说，你都不听，若大臣都像你一样，我何以为政!”立即下令推出斩首。

几日之后，太宗和朝臣议论齐文宣的为人。魏征说：“文宣狂暴，但他和人争论时，从不固执己见，只要感到别人说得在理，便服从别人。青州长史魏恺曾使于梁，回来让他到光州任长史，他不肯去，杨遵彦上奏文宣，文宣一听大怒，便召来责问，魏恺说：‘我先任大州长史，使梁而还，有劳无过，为何让我到小州去，所以我不去。’文宣看了杨遵彦一眼，道：‘他说得有道理，赦他无罪!’这是文宣的长处。”太宗听了这话面有愧色道：“是啊！卢祖尚虽失人臣之义，我将他杀死也太粗暴，由此看来我不如文宣啊!”遂厚葬卢祖尚，厚恤其遗属。

公元638年，太宗得到皇孙非常高兴，宴请五品以上官员以示庆贺。太宗说：“贞观之前，跟随朕征服天下主要是房玄龄的功劳。贞观以来，绳愆纠缪，主要是魏征的功劳。”说罢每人赠给一把佩刀。

太宗问魏征：“朕政事和往年相比怎么样?”魏征答道：“威德并加，远超过贞观之初；人心悦服，远不如当初。”

太宗问：“远方各民族慑于大唐的威力，仰慕大唐的功德，都纷纷前来归附，纳贡，若朕不如以前，他们怎么会前来?”

魏征说：“陛下从前对国家未治理好，忧心忡忡，所以想尽办法把事情办好；现在认为国家已经治理好，可以高枕无忧，所以说不如从前。”

太宗问：“现在所做的和往年相比，有何不同?”

魏征答道：“陛下在贞观之初，惟恐大家不说话，经常引导大家说话，只要别人说得对，陛下听了很高兴，虚心接受。现在则不然，就是大家说得对，也是勉强接受，且面有愠色。所以臣认为不同。”

太宗问：“你能说得具体些吗?”

魏征说：“昔日，陛下要杀元律师，孙伏伽提出，根据法律对元律师不应处死，陛下认为孙伏伽说得对，特赐以关陵公主（太宗女儿）并赏钱百万。有人提出奖赏太重，陛下说：‘朕即位以来，还没有进谏者，特予奖励。’这一做法，是引导大家说话。司户柳雄诬告隋资，陛下下令要杀他，后经戴胄劝谏，收回成命。这说明陛下很乐意接受意见。可是最近皇甫德参上书谏修洛阳宫，陛下动怒，经众臣劝解才勉强接受。”

太宗叹道：“只有你才能开诚布公向朕进言。人苦无自知之明。”

贞观十一年秋，天降暴雨，洛水流入洛阳宫，无数民居住宅被洪水冲毁，淹死六千多人。太宗下令：凡所毁坏的宫殿，略加修缮，不得过费；拆除顺德宫内的玄圃院，将院中木材送给灾民修建房屋。并命各级官员，极言朝廷过失，诸大臣纷纷上书，多切时弊。魏征上十思疏，尤其恳切，截录如下：

人主善始者多，克终者寡，岂取之易而守之难乎？盖以殷忧，必竭诚以待下，安逸则骄恣而轻物。尽下则胡越同心，轻物则六亲离德，虽震之以威怒，亦皆貌从而心不服故也。人主诚能见可欲则思知足，将兴缮则思知止，处高危则思谦降，临满盈则思挹损，遇逸乐则思撙节，在宴安则思后患，防壅蔽则思延纳，疾谗邪则正己，行爵赏则思因喜而僭，施刑罚则思因怒而滥，兼是十思，而选贤任能，固可以无为而治，又何必劳神苦体以代百司之任哉！

十思疏，高度概括了封建时代君主治国之精要，是当时为政和治国思想的最高成果，也是后世历代有为君主必览必循之经典。十思疏在唐太宗之世出现绝不是偶然的。它既是魏征深邃思想和直言极谏气魄的结晶，也是一代明君唐太宗从谏如流气度的必然结果。

在唐太宗的治理和魏征的辅佐下，全国面貌一新，国泰民安，民富国强。唐朝时的中国是世界上最文明最富强的国家之一。

唐太宗是一位雄才大略、从谏如流的英君，魏征是一位满腹经纶、直言极谏的良臣。两人同心同德、肝胆相照、鼎力合作、共创伟业，可谓鱼水相谐、璧合珠联，是封建社会君臣关系的楷模。

魏征起先在太子李建成部下任洗马之职。在李建成、李世民兄弟之间因皇位之争而发生矛盾时，魏征力劝李建成及早动手铲除李世民，因而为李世民所忌恨。后来李世民先发制人，发动玄武门事变，杀死兄弟李建成、李元吉两人，继承皇位。李世民当皇帝后，回顾魏征先前辅佐李建成同己为仇作对的情形，遗恨未消，想一了历史旧账，特将魏征召来，厉声问道："你为何要离间我们兄弟，用阴谋加害我？"魏征坦然答道："可惜当初太子不听我的话，否则，今日登上皇位的将不是陛下了。从前管仲是公子纠的大臣，曾箭射齐桓公中钩。但齐桓公并不计较一箭之仇，反以国事委于管仲。这是各为

其主，有什么可以责备的！”

唐太宗听了，深服魏征所言，转怒为喜，并拜其为詹事主簿。

李世民极为欣赏魏征之才，经常把他召到卧室，咨询军政大事和天下大势，让他直陈无遗。魏征将太宗视为知己，有相识恨晚之感，因而知无不言，言无不尽。他在深思熟虑后，就为政治国问题，写成二百多页奏章，呈唐太宗阅览。太宗反复批览，觉得都是至理名言，视为至宝，即拜魏征为丞相、谏议大夫。

唐太宗从开基立业的高度，不计前仇，以恩报怨，把从前的仇人封为第一大臣，再现了春秋时代齐桓公重用旧仇管仲，终成霸业的历史，成为千古一帝。

魏征受到皇帝重用，引起一些人的嫉妒，有人控告他任人唯亲。人言可畏，太宗生疑，即派御史大夫温彦博进行调查。结果查无实据，但温彦博还是认为魏征的行为有可指责之处。他对太宗说：“魏征身为大臣，不拘形迹，不避嫌疑，心虽无私，也应预戒。”

魏征听说后，谒见太宗说：“臣闻君臣同心，是为一体，应该相互信任。若凡事俱拘形迹，相互猜疑，实非国家之福。”

太宗听后慨然叹道：“卿言极是。”对魏征再不存疑，并抚慰有加。

魏征见状顿首道：“臣能事奉陛下，实属三生有幸。愿陛下使臣为良臣，勿使臣为忠臣。”太宗感到奇怪，问道：“忠臣与良臣有何区别？”

魏征答道：“稷契、皋陶，君臣同心，安享尊荣，便是良臣。尤逢、比干，面折廷争，身死国亡，便是忠臣。”太宗频频点头称善。

魏征知无不言，不避忌讳。唐太宗虽最善于纳谏，但有时也免不了感情失控，大动肝火。有一次在朝廷议政，魏征和太宗因意见相悖，发生争执，彼此不让。太宗实在难以忍受，下令停止早朝，起驾回宫。他见到长孙文德皇后后，怒气冲冲地说："我一定要杀掉这个乡巴佬！"

文德皇后惊问："谁触犯了陛下？"

"还能是谁！就是魏征。他经常在我面前絮叨，今日在朝廷向我诤谏，不给我留一点面子，使我下不了台。"

皇后听毕一言未发，更服盛装，立于殿前。皇上惊问："这是怎么回事？"

皇后说："妾闻主明臣直。今魏征直言极谏，说明陛下圣明，妾岂敢不贺！"

太宗一听这话，才转怒为笑，对魏征更加尊敬。

从此，魏征更加直言不讳。就是遇到皇上发怒，他也矢志不移，当谏还谏。因此皇上有时也怕他。如太宗曾得到一只鹞，爱不释手，经常放在手臂上，与鹞为戏。身为皇上，此举有失尊严。魏征得知这一情况，匆匆跑去向太宗奏事。太宗听说魏征来到，急忙将鹞藏入怀中。魏征佯作不知，故意絮陈，拖延时间，很久才去。太宗将鹞从怀中取出，已经憋死。

一次，魏征问太宗："闻陛下欲幸南山，一切准备就绪，为何迟迟不行？"太宗笑道："前日原有此意，恐卿来劝阻，临时取消了。"魏征匆忙下拜道："魏征怎敢挟制陛下？我只不过将该说的话，全部说出，陛下能爱惜物力、克制私欲，天下不足为忧了。"

贞观六年，太宗在九成宫（皇帝避暑之处）宴请朝廷重臣。席间，长孙无忌面带微笑道："从前王珪、魏征，事奉建成，陛下见到他们如遇仇敌，没想到，今日同堂欢宴。”太宗说：“魏征从前确实是我的仇人，但他今日尽心侍奉我，值得赞颂。魏征每次犯颜进谏，不允许我为非，这正是我重用他的原因。”太宗看了魏征一眼，问道，“你每次劝谏寡人，当寡人不接受你的劝谏，寡人每和你说话时，你就不表态，这是为什么？”

魏征说：“我该说的话，已经说了。如果陛下不听从，仍然要干，我则不敢附和，故不表态。”

太宗问：“你可再三解释，这有何害处？”

魏征说：“从前舜王告诫群臣：‘你们不要当面听从，背后议论。’我内心知道不对，却满口应承，这不是对待陛下的正确态度。”

太宗笑道：“人们都说魏征举目怠慢，我看他更觉得妩媚可爱，正是这缘故吧！”

魏征起身向太宗拜谢道：“正因为陛下广开言路，臣才敢进言。若陛下不接受臣的忠谏，臣岂敢触犯皇帝的尊严。”

贞观七年，太宗任命魏征接替王珪担任侍中，加封为郑国公。不久，魏征因病请求辞去侍中职务。太宗说：“朕在仇敌中将你选拔出来，让你掌握国家要害部门，你见朕有错，未尝不谏。你难道没有看见黄金在矿石之中，有何可贵？经冶炼而加工成为器皿，便被视为珍宝。朕比如金矿，你好比高明的冶炼工匠。你虽然有病，尚未衰老，怎么能告退呢？”在太宗的恳切挽留下，魏征收回辞职的请求。

后来，魏征的身体实在难以支持，再次上奏皇帝，请求辞职。奏称：“臣在隋朝，历经战乱，如臣同辈，多已死亡，臣不但安享太平，并受到器重。皇恩浩荡，虽肝脑涂地，难报万一。臣早有眼疾，近又患风疹，体力不支；时至黄昏，数步之外，难辨人影，稍一活动，就感到心慌意乱，烦闷难忍。

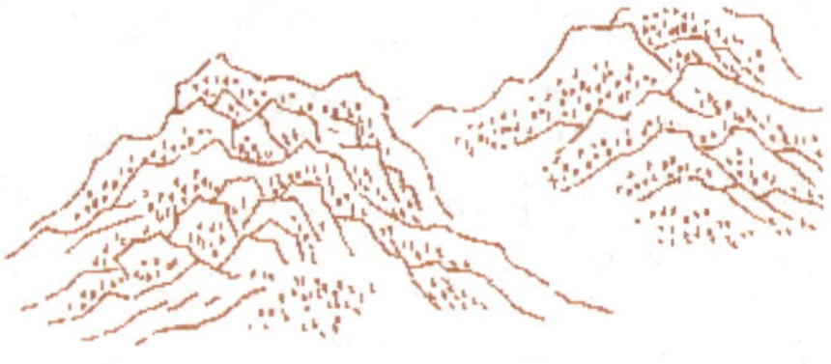

当今天下太平，人才济济，岂能容痼疾缠身之人久居要职！特请求辞去侍中职务，授臣一散官（有衔无职）即可，侍臣不离陛下左右，随时陈述己见，拾遗补缺，不敢文过饰非，此实为臣之至愿。”

太宗告：“国之安危，赖于贤人辅佐，得其人，国家就会兴隆，昌盛；失其人，国家败亡就近在眼前。公以度量容纳天下贤士，忠实侍奉朕。朕在料理国事时，多有过失，若有卿在左右，朕便可朝夕咨询，况且公所患疾病，并非严重，今日要拂袖高居，不但违背朕意，众臣也都认为不可。”

魏征只得再次打消辞意。有时魏征因病不能上朝，太宗经常给他手诏，到床前征求他的意见。

唐太宗器重魏征的才识道德，不但自己遇事必问，还决定拜他为太傅，请他做太子之尊师。太宗向群臣说：“方今群臣忠直，没人超过魏征，我要让他做太子的良师，弼成潜德，以副众望。”遂诏令魏征为太子太师。魏征说：“我年老多病，自顾不暇，难当此重任。”太宗握其手安慰道：“周幽晋献，废嫡立庶，危国亡家。汉高祖几废太子，幸得四皓相助，然后得安。你就是四皓中的一人，请勿固辞！即使玉体欠安，也可卧床赐教，这样可使朕解除忧虑。”魏征无词推辞，只好勉强受职。

不到一年，魏征体力日衰，以至卧床不起，生命垂危。太宗经常派出御医上门诊断送药，并派出专人留宿魏府，日奏病情。后来魏征病情加重，太宗接连几次登门看望，并将太子带去，听他临终遗教。最后一次偕公主，同至榻前，指公主告：“我决定将此女嫁给你的儿子叔玉，你能睁开眼看你儿媳一眼吗?”魏征流涕难言不能答谢。太宗哽咽，泣不成声。

第二天，天刚拂晓，即有人入报，魏征谢世。太宗当下匆匆前去，抚棺诀别，不觉失声悲号。哭罢回朝，即令太子在西华堂设灵堂，且诏各级官员尽行赴丧。又赐给羽葆鼓吹，陪葬昭陵。魏征夫人裴氏说：“魏征生平节俭，今安葬用羽仪，这不合魏征的愿望。”太宗决定用布车载柩而葬。临葬时，太宗登上长安禁苑的西楼，遥望魏征的灵车哭泣尽哀，既而自制碑文，并为书石，向群臣叹道：“以铜为镜，可正衣冠；以古为镜，可见兴替；以人为镜，可知得失。魏征殁，朕亡一镜矣！”

《符言术》篇中讲：“主听权术的关键，是广采众论，不拒绝任何意见。允许别人提意见，就会增强对方的参与意识，众心成城，增强我方力量；反之，拒绝别人提意见，就闭塞了自己的视听。若能博听众论，只可仰视而不可到顶的高山也能逾越；广采众议，无底的深渊也可测到它的底。神明般的主听之术，在于以严正详静的容色对待众人意见。这样，就没有人能比得上我们。”

唐太宗李世民之所以能成为圣明的君主，就是因为他善于纳谏，从谏如流。他处世惟慎，兢兢业业，常听取群臣的意见；爱民、爱人才，使天下人才归附长安；重奖有功之臣，重奖直言进谏者，重视魏征，重奖魏征；安详从容正直沉静，“柔节先定”。从某种意义上，可以这样讲，没有魏征的进谏，就没有唐太宗的“圣明”。当然，这也与唐太宗李世民本人的素质与修养有关，正如魏征所言：“正因为陛下广开言路，臣才敢进言；若陛下不接受臣的忠谏，臣岂敢触犯皇帝的尊严。”

信诚术

“信诚术”是指靠信誉获取成功。信誉是商品销售的“生命”，所以，各厂家都拼命抓商品信誉，保商品信誉。而击败竞争对手，也有用破坏对手的商品信誉为手段的。

"信诚"还有一个范围问题，对某些人"信诚"，必对某些人欺诈。三国时，曹军与孙、刘联军在赤壁对阵时，孙、刘联军一方需要一个前去曹营诈降以点火烧船的人。但曹操以多疑著称，一般诈降是不会被接受的。故忠心向吴的孙吴将领黄盖与周瑜密谋下"苦肉计"。第二天，周瑜升帐议事，要各将领取三十天军粮，以破曹操。黄盖出队答道："曹军人多势众，莫说三十日，三十月也破不了，倒不如投降。"周瑜大怒，以惑乱军心罪令人推出去斩首。众将求情，才减为一百军棍，直把黄盖打得皮开肉绽，昏死过去，回帐便派使者去曹营约降。曹操半信半疑，直到接到打入孙吴大营的奸细蔡中、蔡和的密信，才相信了，与黄盖约下投降日期。投降那天，黄盖军队驾着装满硫磺、火种的船以投降为名，得以顺利接触曹军的战船，演出了"火烧赤壁"的历史性一幕。黄盖以"信诚"为名，实对曹操欺瞒、用诈。黄盖表面上背叛东吴，不"信诚"，实是忠心耿耿，十分信诚。这就是"信诚术"的活用。

蔽匿术

"蔽匿术"，即用欺骗手段把事情办成功。

明朝时，一位御史得罪了某位属员，这位属员怀恨在心，图谋报复，便派了一位乖巧的童子前去服侍这位御史，乘机把御史的大印偷走了。御史发现丢了大印，大吃一惊。古代社会中，官吏丢了印是要被处以死罪的。御史琢磨来琢磨去，怀疑是那位属员干的，但又苦无证据，不好贸然审问；又怕张扬出去，让上司知道了治罪。于是便施展缓兵之计，托病暂不理事。一位以智谋著称的朋友来看他，他讲出真情，请这位朋友帮忙。依朋友谋划，当天晚上，御史派人到厨房放了一把火，一瞬间，火映红了半边天，属员们见状忙去前厅集合救火，御史乘机把空印盒交给所怀疑的那位属员保管，其他人都去救火。等救完火回来看时，印盒中已有大印了。这就是用欺骗手段制服窃贼的例子。

用蔽匿术还可治病。唐代，京城中有位名医，医术高明，手到病除。某日，一位从岭南回来的官员前来请到他家中为夫人治病。岭南一带气候温暖，虫子很多。这位夫人吃饭时吃下了一只虫子，自此便怀疑肚子中有虫子，常恶心呕吐，吃不下饭，请了多少名医也未治好。京城名医看后，说：“一剂药就可以治好。”于是他开了一剂吐药，派人去抓来，并找来夫人身边的贴身丫环，告诉她，夫人是心病，要治好，必须如此如此。于是，药煎好后，丫环把预先抓来的一只小蛤蟆藏在袖子中，等夫人呕吐时，递上痰盂，趁夫人呕吐不注意时，把那只小蛤蟆放入痰盂中。夫人吐完，瞥了痰盂一眼，见呕吐物中有东西在动，便以为肚子里的虫子吐出来了，病立时就好了。

平素术

“平素术”，是利用人们的思维定势来做成事情。

宋真宗行将驾崩，宰相李迪与其他执政大臣守候在宫中，一来等待处理后事，二来为年幼的太子保驾。这时，颇有权势、素怀二心的八大王赵元俨也守在宫中不走，想等皇上驾崩后乘机左右太子，独揽国事。大臣们很是忧虑，但又不能明言赶他走。这天，翰林司的人捧着一金盂开水进宫。李迪问干什么？那人说八大王要开水喝。李迪心生一计，拿起书案上的毛笔把金盂中的开水搅黑，并教给那人应对之辞。八大王见开水送来，刚要喝，却见水

已变色，便疑心有人要暗害他，害怕留在这里有生命之虞，忙上轿离宫，回府去了。这是用人们“水变色必有毒”的思维定势以成事。明武宗时，宁王朱宸濠叛乱，王守仁前去平叛。两军交战，明军失利。王守仁督军死战，两军混战成一团，分不出敌我。王守仁心生一计，命人高高挂起一块牌，上面写着：“宁王已被擒获，我军切勿滥杀。”明军见了，士气大振；叛军见了，以为主帅被擒，军心涣散，无心恋战，被王守仁打得大败。这是用人们“反叛主谋必严惩，胁从多被赦免”的思维定势，制造假情况，扰乱敌人的军心。

根据所求而给与

在《庄子》和《列子》两部古典中，有“朝三暮四”这样一则寓言故事。

有一个很喜欢猴的人养了很多猴，他非常了解猴的心理，而猴也跟主人很亲密。然而主人家非常穷，甚至节省自食来喂猴，但是最后仍然不得不减少猴所吃的橡实。“假如减少猴的饲料，那猴一定会发怒，如此就会发生严重后果。”某日主人就毅然决然集合猴来商谈：

“早晨给你们三粒橡实，晚上给你们四粒橡实，你们能不能忍耐呢？”

当主人战战兢兢说出这话之后，猴子们就一齐站起来发怒，这时主人大惊失色地说：“那么就早上给你们四粒橡实，晚上给你们三粒橡实吧！”经主人如此“让步”以后，猴子们都很高兴地接受了。人类岂不是跟这猴子相同吗？

罚惩严明，杀一儆百

一天早晨，孙武正在客馆等候召见，没料到吴王亲自来登门拜访。

见面以后，吴王称赞说："先生的兵法，寡人已经逐篇拜读，实是耳目一新，受益不浅。"孙武谦逊地说："草野之人，学疏才浅。承蒙君王夸奖，实不敢当。"吴王说："先生不必过谦，你的兵法确是前所未见的，但不知实行起来如何，可否用它小规模地演练一下，让我们见识见识？"孙武回答说："可以。"吴王又问道："先生打算用什么样的人去演练？"孙武回答说："随君王的意愿，用什么样的人都可以。不管是高贵的还是低贱的，也不论是男的还是女的，都行。"吴王想给孙武出个难题，便问道："用宫女可以吧？"孙武回答道："可以。"接着又补充说："练兵是件苦差事，用宫女操练，恐怕君王于心不忍。如果出了什么差错，还请君王不要见怪。"吴王点头同意，下令去挑选宫女，并同孙武约定了练兵的时间。

中午的时候，孙武来到宫后的练兵场，把挑选来的一百八十名宫女分为左右二队，指定吴王最为宠爱的两位美姬为左右队长，让她们带领宫女们进行训练。同时指派自己的驾车人和陪乘担任军吏，负责执行军法。

分派已定，孙武站在指挥台上，认真宣讲操练要领。他问道："你们都知道自己的前心、后背和左右手吧？"众宫女觉得问得可笑，便心不在焉地回答："知——道。"孙武接着说："向前，目视前方；向左，视左手；向右，视右手；向后，视后背。一切行动，都以鼓声为准。你们听明白了吗？"宫女们回答："听明白了。"孙武宣讲完毕，就命令军吏扛来执法的大斧，竖立在练兵场的一侧，并指着大斧，反复申明军法。准备妥当以后，孙武这才派人禀报吴王。

吴王来到看台上，见宫女们一个个头戴兜鍪，身披铠甲，手持剑盾，站在练兵场上。自己的两个美姬，也扶住长长的画戟，立在队前。吴王既觉得好笑，又有点得意，心想：这些宫女从没见过战阵，我看你孙武如何摆布。

吴王漫不经心地向大臣们指东说西，耳边忽然响起一阵鼓声。这是命令“士卒”向右方前进。宫女们从没见过这样的阵势，听到鼓声，只觉得有趣、好玩，一个个掩口而笑，哪里还管什么号令不号令。孙武见了，便严肃地说：“我规定的不明确，你们对号令不熟悉。这是我的错。”说罢，又把军法军令和操练的要领细细交代一遍。然后又特意训示两位队长，要求她们带头听从号令，带好队伍。然后，孙武亲自操槌击鼓，命令“士卒”向左方前进。两队队长和宫女们你推我搡，笑得前仰后合，有的丢了剑盾，有的撞歪了兜鍪，队形大乱。孙武一见，心中大怒，厉声说道：“既然我已经宣讲明白，你们还明知故犯，就是你们的罪过。”说罢，就要按军法行事，下令处死两名队长。

坐在看台上的吴王，见孙武要杀掉自己的爱姬，大为惊骇，马上派人传命说：“寡人已经知道将军能用兵了。没有这两个美人的侍候，寡人吃饭也没有味道，请将军赦免他们。”孙武毫不留情地说：“臣既然受命为将，将在军，君命有所不受。”执意要杀掉两位队长。吴王不忍心看着美人被处死，又不好发作，一气之下，拂袖而去。

孙武把吴王的两位爱姬枭首示众以后，又命令两队的排头充当队长，继续练兵。宫女们如同换了个人一样，鼓声命左，就一齐向左，鼓声令右，便一齐向右。不管鼓声如何指令，众宫女前后左右，进退回旋，跪爬滚起，全都合乎规矩。人人都全神贯注，紧张严肃；个个目不斜视，口不出声。孙武见已训练整齐，就派人进宫去报告吴王说：“队伍已经训练好了，请君王前去检阅。这样的军队，君王愿意怎么支配都行。就是让他们赴汤蹈火，也不成问题。”吴王怒气未消，没好气地说：“让他们回去休息，我不愿再去看了！”孙武听了回话，淡然一笑，说：“君王只是喜好兵法上的词句，并不想真正去实行。”

吴王一连六天，没有再去过问孙武的事。孙武住在客馆，十分没趣，便宣扬说：“吴王如果听从我的计谋，指挥作战一定胜利，我也就留下来；吴王如果不听从我的计谋，指挥作战一定失败，我便马上告辞。”伍子胥得知孙武要走，立即跑进宫去，劝谏吴王说：“臣闻知，军旅是件凶险的事情，练兵总是要有罚惩的。为将的不能执法，就难以治军。君王正在用人之际，如果放走了孙武这样少有的将才，依靠谁去率兵伐楚，争霸天下呢？”经过伍子胥的开导，吴王又去亲自挽留孙武。

见面以后，孙武先是向吴王谢罪，接着便申述杀姬的理由。他说：“令行禁止，赏罚分明，这是兵家的常法，为将治军的通则。用众以威，责吏从严，只有三军遵纪守法，听从号令，才能克敌制胜。”听了孙武的一番解释，吴王怒气消散，便丢掉杀姬之恨，拜孙武为将军。在孙武的严格教导下，吴军很快便成为一支纪律严明、训练有素的部队。

《符言术》篇中讲，“循名而为实”“用刑贵义”。意思是，遵循名分实际去做；惩罚下属贵在义然执行。孙武正是这样做的。“你吴王既然授予我将军，那我就按将军之职行使军令军规军法。军无戏言，对敢触犯者，立斩不赦。”

吴王爱姬违犯了军法，就按军法行事，下令处死了。真正做到了“循名而为实”“用刑贵义”。

曹操赏谏，驭众有术

公元207年，曹操打败袁绍之后，正准备北伐攻打乌桓和辽东。出征前，他的部下中有几位将领却反对这次出兵，认为他这样做是孤军作战，很可能遭到失败。曹操执意要出征北伐，当然不会采纳反对意见。

曹操领兵北伐途中，历尽艰险，由于连日阴雨，道路泥泞，加之路口均有敌军设卡，只得凿山填谷，绕道而行；又由于缺水断粮，不得已只好忍痛杀掉几千匹战马借以充饥。正当好容易接近乌桓时，又遭逢敌军主力阻击。

在这紧急关头，幸好曹操亲临指挥督战，终于化险为夷，取得了胜利。

在庆功会上，曹操首先问道："这次出征前是哪几位将军劝我不要北伐的?"众人一听，心中暗想：曹操是个无毒不丈夫的铁腕人物，看来今天不知又要拿谁来开刀。众人鸦雀无声，但见此时有几位将军急忙出队跪下请罪，曹见此，仰天大笑，忙说："几位将军请起，老夫今天非但不会加罪于你们，反而要大大奖赏你们。当时你们劝阻我不要北伐，实践证明你们的意见是正确的。老夫因未听你们的意见，险些全军覆没，今日不过是侥幸取胜而已。"这几位将军感动得热泪盈眶，众将士对曹操这种秉公无私、及时行赏的做法无不称赞。

在正确运用奖赏制度治军方面，曹操的确是一个了不起的军事家，他不仅行赏及时，而且赏罚分明。据说，他每次带兵出战，凡攻下一城所获得的贵重东西，都要全部拿出来，按将士们的功劳大小分别奖赏，对于那些无功者，他是坚决不给的。因此，调动了将士们的积极性，提高了部队的战斗力。虽然在《三国演义》中，把他塑造成"奸雄"，似乎不及"贤相"诸葛亮，然而，在真实的历史上，曹魏的强大势力和为统一三国而建立西晋的贡献，不是东吴和蜀汉能相比的。就曹操在军事、政治以及其子曹丕、曹植在文学史上的地位，同诸葛亮相比，恐有过之而无不及。

《符言术》篇中讲："刑赏信正，必验于耳目之所见闻。"其大意是说，有了功劳，一定要给以赏赐，曹操正是这样，北伐脱险后，想起当初劝谏的将军该是有功劳的，便予以奖赏；每次带兵打仗获胜，总是要以缴获的贵重东西奖赏将士们。这是曹操调动将士们积极性、提高部队战斗力的一个重要方面。

汉昭帝善辨忠奸

汉武帝去世的时候，他所立的太子即后来的汉昭帝，年龄才 8 岁。汉武帝并不放心，就把他托付给霍光、金日磾、上官桀、桑弘羊四位大臣，让四人辅佐昭帝。四人之中，霍光是大司马、大将军，掌握着朝廷军政大权，地位最高。

霍光为人正直，又忠心耿耿辅佐汉昭帝，把国家大事处理得有条有理，因此，威望日益增高。但是正因为他为人耿直，做事不讲情面，得罪了不少人，其中就有上官桀、桑弘羊、盖长公主等人。

当时燕王刘旦（汉昭帝的哥哥）因为自己没有做成皇帝，一心想废掉昭帝，但又畏惧霍光，于是他便和上官桀勾结起来，想设计除掉霍光。

于是，在汉昭帝 14 岁那年，上官桀趁朝廷让霍光休假的机会，伪造了一封刘旦的亲笔书信，又派人冒充刘旦的使者，把这封信送给了汉昭帝。

汉昭帝打开信一看，只见上面写道："霍光外出检阅御林军时，擅自使用皇上专用的仪仗。而且他经常不守法度，不经皇上批准，擅自向大将军府增调武官，这都有据可查。他简直是独断专行，根本不把皇上放在眼里！我担心他有阴谋，对皇上不利，因此我愿意辞去王位，到宫里保护皇上，以提防奸臣作乱。"

送完信后，上官桀等人做好一切准备，只等汉昭帝发布命令，就把霍光捉拿起来，谁知汉昭帝看完信后毫无动静。

第二天，霍光前去上朝，听说了这件事，就在偏殿中等候发落。

汉昭帝在朝堂上没有看见霍光，便问道："大将军在哪里？"

上官桀回答道："大将军因为被燕王告发，所以不敢进来。"

于是，汉昭帝派人请霍光上殿。霍光来到殿前，摘掉帽子，磕头请罪。

汉昭帝说："大将军只管戴上帽子。我知道那封信是假的，你没有罪。"

霍光既高兴又迷惑不解，问："皇上是怎么知道的啊？"

汉昭帝说："大将军检阅御林军只是最近几天的事情，增调武官校尉到现在也不过 10 天，燕王远在北方，他怎么知道得如此之快啊？如果将军要作乱，也不必依靠校尉。"

上官桀等人和文武百官听了都大吃一惊。

汉昭帝又说："这件事只需问问送信人就可以弄明白！不过，我想他肯定早已逃跑了。”

左右下属连忙命人去找送信人，送信人果然逃跑了。

一计不成，上官桀等人又生一计，他们经常在汉昭帝面前说霍光的坏话。最后，汉昭帝大怒，对他们说：

“大将军是忠臣，先帝嘱托他辅佐我，以后谁再敢诬蔑大将军，我就治谁的罪！”

上官桀等人看到这个方法不行，就密谋让盖长公主出面请霍光喝酒，然后借机杀掉他，废掉汉昭帝，立燕王刘旦为帝。但他们的阴谋还没来得及施行，就被汉昭帝和霍光发觉，全部被杀。

君主只有耳聪、目明、心智，才能做到明察秋毫，而不至于被事物的外在假象蒙蔽了眼睛。霍光如果碰上一个昏庸的皇上，恐怕早已被斩首了。而昭帝从信中的时间准确地推算出燕王不可能知道近期发生的事，而且又令人去追查送信之人。他这样做的目的只是想给诬陷霍光的人一个威吓，上官桀果然吓得半死。更为可悲的是，上官桀等人仍不死心，意图谋反，最终落得身首异处的下场。

乾隆帝收买人心

乾隆皇帝当政时，以宽仁为本，对南部新疆问题，他一直抱和平解决的愿望，但最后他不得不使用军事力量。

在平定准噶尔后，回部何去何从？

起初，清朝希望和平解决，采取措施，减轻贡赋，给予较大的自治权力和优惠政策。但后来的发展事与愿违，由于和卓兄弟发动叛乱，阴谋分裂，清廷不得不诉诸武力。

乾隆二十三年，朝廷以雅尔哈善为靖逆将军，率满汉官兵一万余人，向库车进发。征讨之前，乾隆下谕宣示大小和卓的罪状，其文至情至理，赢得了老百姓的拥护和支持。

谕旨中这样说：

“布拉尼敦、霍集占兄弟在噶尔丹策动时被拘禁，我们第一次平定伊犁时，放出二人，并命令他们做了你们的首领。朝廷正要对和卓二兄弟加恩赐爵、授予良田时，没料到二人乘厄鲁特变乱之机，率领伊犁人逃往叶尔羌、喀什噶尔，拥兵自重。朕原以为他二人或许是惧怕厄鲁特的骚扰，暂时避开，休养生息，因此没有发兵责难。后来见他二人仍然没有回归之意，就派遣使节前去招抚，没想到二人竟戕杀使臣，僭称巴图尔汗，情节尤其可恶。"

乾隆帝在谕旨中还说：

"朕以为，倘若朝廷听之任之，不擒拿主犯，那么回族百姓终不得安生。因此，特发大兵，声罪致讨。这次兴师，只为霍集占一人。因朕听说霍集占起义倡乱，布拉尼敦是被迫从行的，所以朕已命分别处理。像大小和卓兄弟至亲，朕尚且视其情节轻重，加以处理，更何况你们全无涉及，岂有被株连之理？朕是不会将尔等无罪之人与叛逆之徒一并诛戮的。"

谕旨最后说：

"你等若将霍集占缚获献上，自会安居乐业，永享殊恩。若执迷不悟，听从逆贼指使，大兵所至，即不再分善恶，全被剿除，悔之晚矣！希望你们熟思利害，不要贻误终生。"

从这道谕旨中，可以清楚地看出乾隆顺应民意的基本策略。在谕旨中，乾隆帝依据情理，对准极少数，保护大多数。一方面指责和卓兄弟忘恩负义，尤其是霍集占，申明这次征伐的正当理由；一方面解除各方面的忧虑，说明平回的矛头只对准霍集占一人，绝不株连扰害金族。一般人民，连大和卓布拉尼敦也会宽大处理。

这道谕旨的发布，有利于瓦解叛军的意志，分化其内部的凝聚力，为最后平定回部大小和卓叛乱的胜利打下了坚实的基础。

乾隆在平定大小和卓叛乱的过程中，以审时度势的眼光分析其利弊关系。为了趋利避害，不但以宽容之心对待叛逆者，还以最小的投入取得了最佳的效果，真可谓事半功倍。其成功之处与乾隆帝敏锐的观察力、正确的判断力和英明的决断力是分不开的。

乾隆下达的谕旨既解除了百姓的顾虑和担忧，又大大鼓舞了受压迫百姓反抗的决心，达到了分化敌军营垒，争取广大群众，减轻进军阻力的目的。可以说，这道谕旨的作用绝不亚于单纯的军事进军，为最终的胜利奠定了基础。

虚心听劝成霸主

公元前636年，晋公子回国当上国君，是为晋文公。他当上国君后，开始征发百姓，组织军队，训练作战。两年后，晋文公便准备用训练的百姓称霸诸侯。

大臣子犯劝阻说："百姓虽然经过训练，身体强健，但还不懂得义，还没能各居其位，不能用。"

晋文公觉得有道理，他便想办法让百姓懂得义。正在这时，周朝发生了"昭叔之难"。

昭叔是周惠王的儿子，他和他的哥哥襄王之后狄隗密谋叛乱，襄王知道后，便将狄隗废掉。这件事触怒了狄隗的娘家，他们派重兵进攻周朝，周襄王被迫逃到郑国。

周朝在当时名义上是各诸侯国的宗主，晋文公决定帮助周襄王返回周朝并用此事教育晋国的百姓什么是义。

他派出左右两军，右军攻打昭叔，左军去郑国迎接周襄王返国。事成之后，周襄王为表彰晋文公的功劳，以天子的礼仪迎接晋文公。

晋文公却推辞说："这是臣下分内之事。"

他帮助襄王返国后，又回国致力于便利百姓，使百姓安居乐业。他认为可以使用百姓了。

子犯又出来阻拦说："百姓虽然懂得了义，但还不知道信是什么，还不能用。"

晋文公听了，觉得有道理。

他率领军队攻打原国，命令士兵携带三天的口粮。军队围困原国城池整整三天，士兵们的粮食全部吃完了，而原国还坚守城池不出。于是晋文公下令退兵，正当晋军刚退兵时，间谍从城里出来报告说："原国已经准备投降了。"

有人主张再坚持一下，等待原国投降。晋文公坚决地说：“当初带三天军粮，就是准备攻打三天的；如今已下令退兵，就应该说话算数。如果不退兵，即使得到原国，也会失去信用，得失相比哪个多呢？”

由于晋文公利用攻打原国教育百姓知道信，所以国内民风大变，凡事以信为本，他们做生意不求暴利，不贪不骗。

做完这些后，晋文公问子犯：“这回行了吧？”

子犯回答：“百姓虽知信、义，还不知道礼，还没有养成恭敬的风范。”

于是，晋文公又在让百姓知礼方面下苦功。他举行盛大的阅兵仪式，每个环节都依照军礼执行，使百姓看到礼仪；他又规定百官的等级及职责，使百姓知道对什么职官行什么礼仪。百姓们不但如此，还知道根据礼来判断一件事的是非。这时，子犯笑着说：“可以用民了。”

于是，晋文公开始伐曹，攻卫，取得齐国之地，大败楚军于城濮，成为春秋五霸之一。

晋文公，虽时刻想着称霸，但他并不冒进，而是虚心三次听从子犯的建议，并且不遗余力地去完成。其结果不但教化百姓明白了信、义，还使百姓懂得了礼仪，最终成为春秋五霸之一。

诚意求谏修德政

战国时期，魏国国君魏文侯听说吴起廉洁公正，善于用兵，颇得将士推崇，便拜吴起为西河（魏郡名，辖境在今陕西东部黄河西岸地区）郡守，以抵御秦国和韩国的进犯。

魏文侯死后，吴起便继续辅佐他的儿子魏武侯。

公元前 395 年，武侯来到西河，乘船顺河而下，察看地形。途中，武侯见高山大河，险要奇伟，感慨不已，回首对吴起道：

“山河环抱，形势险要，恰似一道一夫当关，万夫莫开的防线，阻挡着敌人的入侵。这真是魏国的荣幸啊！”

吴起听后，摇了摇头，

劝谏武侯说：

“国家的兴盛衰败，在德不在山河之险。”

武侯看到吴起不同意他的观点，便问道：

“这是什么原因呢？”

于是，吴起援引历史上许多国家山川地势险要，却不注意治理国家，不施恩德于民，终遭失败的例子。

他又劝谏武侯说：

“国家的兴盛衰败，在于是否施德于民，不能只依赖山川的险峻。从前，三苗氏（相传古部落名）所居之地，左有洞庭湖，右有鄱阳湖，地势险要。可是由于没有德言，不讲信义，被夏禹（相传古部落联盟首领）灭亡了。夏朝末代的君主桀的驻地，左有黄河、济水，右有泰山、华山，北有太行山，南有龙门山，地势更险要，可由于不施仁政，被商汤打败了。商朝末代纣王的国都，左倚孟门山，右靠太行山，北有恒山，南临黄河，同样因政治腐败，不施德政，被周所灭。从这些事实来看，治国在于有好的政策法令，给人民以恩德，而不在于地形的险要！如果您不施德政，恐怕船上的人都有可能是你的敌人。”

武侯听罢，敬佩地说：

“你说得很对。”

由于魏武侯及时纳谏，内修德政，外练强兵，并支持吴起变法，改革兵制，从而建立起一支精锐骁勇的“魏武卒”，称雄一方。

贤明的君主不但善于纳谏，还不耻下问，以求自身不断得到进步。魏武侯虚心求教于吴起，以探求左右事物变化发展的各种因素，足见其真诚的求贤之心。管子曾说：“天下不患无臣，患无君以使之；天下不患无财，患无人以分之。”其意是说天下人才有的是，但能用才者却不多。所以只有使手下人才的才能得以充分施展发挥，才算得上用才。魏武侯及时纳谏，内修德政，就表明了他是善于纳谏的一代明君。

苻坚拒谏败淝水

西晋末年，南北分裂。南方司马睿在建康称帝，建立东晋王朝；在北方，匈奴、鲜卑、羯、氐、羌等少数民族首领也纷纷称王称帝，占据关中一带的氐族统治者以长安为都城，建立了前秦政权。公元357年，苻坚即位，他重用汉族知识分子，推行一系列改革措施，在一定程度上使前秦实现了兵强国富的局面。

在这基础上，苻坚积极向外扩张势力，初步统一了北方地区。接着攻打江南，企图统一南北。东晋太元八年（公元383年）八月，苻坚亲率百万大军，水陆并进，南下攻晋。东晋王朝在强敌压境、面临生死存亡的紧急关头，决意奋起抵抗。他们一方面缓解内部矛盾，另一方面积极部署兵力，制定正确的战略战术方针，以抗击前秦军队的进犯。

十月十八日，苻融率领前秦军前锋攻占寿阳，慕容垂部攻占了郧城，接着攻打硖石。胡彬困守硖石，粮草乏绝，难以支撑，便写信请求谢石驰援。可是此信却被前秦军所截获，苻坚决定迅速开进，以防晋军逃遁得报，便把大部队留在坎城，亲率骑兵八千驰抵寿阳。并派遣原东晋襄阳守将朱序到晋军中劝降。朱序到了晋军营阵后，不但没有劝降，反而向谢石等人密告了前秦军的情况。并建议谢石乘前秦军各路人马尚未集中的机会，主动出击。

谢石及时改变作战方针，决定转守为攻，派刘牢之率精兵五千迅速奔赴洛涧，与前秦梁成列阵迎击。刘牢之大败梁成，取得洛涧遭遇战的胜利，这挫抑了前秦军的兵锋，极大地鼓舞了晋军的士气。谢石乘机命诸军水陆并进，直逼前秦军。苻坚站在寿阳城上，看到晋军部阵严整，又望见淝水东面八公山上的草和树木，以为也是晋兵，心中顿生惧意，对苻融说："这明明是强敌，你怎么说他们弱不堪击呢？”

前秦军洛涧之战失利后，沿淝水西岸布阵，企图从容与晋军交战。谢玄知己方兵力较弱，利于速决而不利于持久，于是便派遣使者激将苻融说：“将军率领军队深入晋地，却沿着淝水布阵，这是想打持久战，不是速战速决的方法。如果您能让前秦兵稍稍后撤，空出一块地方，使晋军能够渡过淝水，两军一决胜负，这不是很好吗？”

前秦军诸将都认为这是晋军的诡计，劝苻坚不可上当。但苻坚却说：“只引兵略微后退，待他们一半渡河，一半未渡之际，再用精锐骑兵冲杀，便可以取得胜利。”于是苻融便答应了谢玄的要求，指挥秦军后撤。前秦军本来就士气低落，内部不稳，阵势混乱，指挥不灵，这一撤更造成阵脚大乱。朱序乘机在前秦军阵后大喊：“秦军败了！秦军败了！”前秦军听了信以为真，遂纷纷狂跑，争相逃命。

东晋军队在谢玄的指挥下，乘势抢渡淝水，展开猛烈的攻击。苻融被杀，前秦军全线崩溃，完全丧失了战斗力，晋军乘胜追击，一直到达青冈。前秦军人马相踏而死者，满山遍野，堵塞大河。活着的人听到风声鹤唳，以为是晋兵追来，更没命地拔脚向北逃窜。淝水之战，前秦军被歼灭的十有八九，苻坚本人也中箭负伤，仓皇逃至淮北。

苻坚在位时励精图治，不但开创了前秦的盛世，还统一了北方，是少数民族政权中较为有实力的。然而使人遗憾的是过于好大喜功、崇尚武力。由于刚愎自用，不能虚心听取群臣的建议，而最终导致了兵败淝水，遗恨千古。

第十三章　转丸篇

【题　解】

本章讲究的是，如何借助对方的话转之而攻其意识，以彼之矛攻彼之盾的具体详细论述，中间应该有，“以彼之矛攻彼之盾”的具体做法，以及敌人的层次境界，应该采用什么样的方法和技巧，如：攻击正人者最不易找起矛盾利用，该如何采用方法；攻击小人最易发现其矛盾而加以利用，类似其他篇幅中的具体技巧，还讲了游说要靠巧辞，要对什么人说什么话，说什么话就要采用什么办法和说辞。不要简单直言，要研究讲话的对象，讲究讲话的技巧。

转丸[1] 第十三

原文

说者[2]，说之也；说之者，资[3]之也。饰言[4]者，假[5]之也；假之者，益损[6]也。应对[7]者，利辞[8]也；利辞者，轻论[9]也。成义者[10]，明之也；明之者，符验也。难言者，却论也；却论者，钓几也。佞言者，谄而于忠；谀言者，博而于智；平言者，决而于勇；戚言者，权而于言；静言者，反而于胜。先意承欲者，谄也；繁称文辞者，博也；策选进谋者，权也。纵舍不疑者，决也；先分不足而窒非者，反也。

注解

①转丸：灵活，婉转。《文心雕龙·论说》："转丸骋其巧辞，飞钳伏其精术。"《草堂诗笺》："应对如转丸，疏通略文字。"这里指巧言善辩。

②说者：游说的人。

③资：供给，资助。

④饰言：有修饰的语言，也就是很好听的话。

⑤假：借，引申为凭借、借助。

⑥益损：增减的意思。

⑦应对：应酬，答对。

⑧利辞：伶俐的言辞。

⑨轻论：轻浮、不庄重的言论。

⑩成义者：建立信义的言辞。

译文

"游说"，就是说服别人；要能说服别人，就要给人以帮助。凡是经过修饰的言辞，都是被借以达到某种目的，凡是被借用的东西，都既有好处，也有害处，凡要进行应酬和答对，必须掌握伶俐的外交辞令。凡是伶俐的外交辞令，都是不实在的言论。要树立起信誉，就要光明正大，光明正大就是为了让人检验复核。凡是难于启齿的话，都是反面的议论，凡是反面的议论，都是诱导对方秘密的说辞。说奸佞话的人，由于会谄媚，反而变成"忠厚"；说阿谀话的人，由于会吹嘘，反而变成"智慧"；说平庸话的人，由于果决，反而变成了"勇敢"；说忧伤话的人，由于善权衡，反而变成"守信"；说平静话的人，由于习惯逆向思维，反而变成"胜利"。为实现自己的意图而应和他人欲望的，就是谄媚；用很多美丽的词语去奉承他人，就是吹嘘；根据他人喜好而进献计谋的人，就是玩权术；即使有所牺牲也不动摇的，就是有决心；能揭示缺陷，敢于责难过失的就是敢反抗。

原文

故口者，机关也，[①]所以关闭情意也。耳目者，心之佐助也，[②]所以窥间奸邪[③]。故曰："参[④]调而应，利道[⑤]而动。"故繁言而不乱，翱翔[⑥]而不迷，变易而不危者，观要得理。故无目者不可示以五色。无耳者，不可告以五音[⑦]。故不可以往者，无所开之也；不可以来者，无所受之也。物有不通者，故不事[⑧]也。古人有言曰："口可以食，不可以言。"言有讳忌也；"众口铄金"[⑨]，言有曲故也。人之情，出言则欲听，举事则欲成。是故智者不用其所短，而用愚人之所长；不用其所拙，而用愚人之所巧，故不困也。言其有利者，从其所长也；言其有害者，避其所短也。故介虫[⑩]之捍也，必以坚厚。螫虫之动也，必以毒螫。故禽兽知用其所长，而谈者知用其用也。

注解

①口者，机关也：嘴好像是机器开关。

②耳目者，心之佐助也：耳目是帮助心汇集情报的助手。

③奸邪：奸，恶，邪，不正。

④参：同三。指心、眼、耳三种器官。

⑤利道：有利的途径。

⑥翱翔：翱是鸟在高空上下飞舞的姿势，翔是鹞鹰等在高空中展翅划圆飞舞的姿态。

⑦五音：又叫“五声”。古乐五声音阶的五个阶名：宫、商、角、徵、羽。

⑧不事：不侍奉，不做。

⑨众口铄金：比喻流言蜚语作用之大。

⑩介虫：介，甲或盔甲。介虫是带有甲壳的昆虫。

译文

人的嘴是关键，是用来打开和关闭感情和心意的。耳朵和眼睛是心灵的辅佐和助手，是用来侦察奸邪的器官。只要心、眼、耳三者协调呼应，就能沿着有利的轨道运动。使用一些烦琐的语言也不会发生混乱；自由驰骋地议论也不会迷失方向；改变议论主题也不会发生失利的危险。这就是因为看清了事物的要领。把握了事物的规律。

没有视力的人，没有办法向他展示五彩颜色；没有听力的人，没有办法跟他讲音乐上的感受。不该去的地方，是那里没有可以开导的对象；不该来

的地方，是因为这里没有能接受你游说的人。有些事情是行不通的，所以不要做这种事。古人有这样的说法："口可以用来吃饭，但不能用它讲话"。因为说话容易犯忌。"众人的口可以熔化金属"，这是说凡是言论都有复杂的背景和原因。

一般人的常情是，说出话就希望别人听从，做事情就希望成功。所以聪明的人不用自己的短处，而宁可用愚人的长处；不用自己笨拙，而宁可用愚人的技巧，因此才不至陷于困境。说到别人有利的地方，就要顺从其所长，说到别人的短处，就要避其所短。甲虫自卫时，一定是依靠坚硬和厚实的甲壳；螫虫的攻击，一定会用它的毒针去螫对手。所以说，连禽兽都知道用其所长，游说者也应该知道运用其所该运用的一切手段。

原文

故曰："辞言五，曰病、曰恐、曰忧、曰怒、曰喜。"病者，感衰气而不神也；恐者，肠绝而无主也；忧者，闭塞而不泄也；怒者，妄动而不治也；喜者，宣散而无要也。此五者，精则用之，利则行之。故与智者言，依于博[①]；与博者言；依于辨，与辨[②]者言，依于要[③]；与贵者言，依于势；与富者言，依于豪[④]；与贫者言，依于利；与贱者言，依于谦；与勇者言，依于敢[⑤]；与愚者言，依于锐。此其术也，而人常反之。是故与智者言，将此以明之；与不智者言，将此以教之；而甚难为也。故言多类，事多变，故终日言，不失其类，故事不乱。终日变，而不失其主，故智贵不妄。听贵聪，智贵明，辞贵奇。[⑥]

注解

①博：博学多闻。

②辨：同"辩"。辩论，雄辩。

③要：扼要。

④豪：立足点高。

⑤敢：勇猛的气概。

⑥听贵聪，智贵明，辞贵奇：聪，听觉灵敏；明，明白，清楚；辞，言辞；奇，出人意料，变幻莫测。

译文

因此，游说辞令有五种，即病、怨、忧、怒、喜。病，是指底气不足，没有精神；怨，是指极度伤心，没有主意；忧，是指闭塞压抑，无法宣泄；怒，是指狂躁妄动，不能自制；喜，是指任意发挥，没有重点。以上五种游说辞令，精通之后就可以运用，对自己有利时就可以实行。因此与聪明的人谈话，就要依靠广博的知识；与知识广博的人谈话，就要依靠善于雄辩；与善辩的人谈话要依靠简明扼要；与地位显赫的人谈话，就要依靠宏大的气势；与富有的人谈话，就要依靠高屋建瓴；与贫穷的人谈话，就要以利益相诱惑；与卑贱的人谈话，要依靠谦敬；与勇猛的人谈话，要依靠果敢；与愚昧的人谈话，要依靠敏锐。所有这些都是游说的方法，而人们的作为经常与此相反。与聪明的人谈话就要让他明白这些方法，与不聪明的人谈话，就要把这些方法教给他，而这样做是很困难的。游说辞令有许多类，所说之事又随时变化。如果整天游说，能不脱离原则，事情就不出乱子。如果一天从早到晚不变更方向，就不会违背宗旨。所以最重要的是不妄加评论。对于听觉来说，最宝贵的是清楚，对于思维来说，最宝贵的是是非分明；对于言辞来说，最宝贵的是出奇制胜。

智慧应用

陆逊明进暗退

公元234年，孙权亲自率兵十万，去攻魏的合肥新城（今安徽合肥西北），派陆逊、诸葛瑾领一小部分兵马去打魏的襄阳（今湖北襄樊）。

但围攻不久，吴兵却多染时疾，魏明帝又亲率大兵增援合肥，故孙权无奈撤兵而回，同时派使者通知陆逊、诸葛瑾。哪知使者半路上被魏兵掳去。诸葛瑾闻知大惊，忙派人告诉陆逊，赶紧撤兵。

陆逊接到信后，毫无动静，依旧催促手下种植生长周期短的蔓菁以供军队食用，依旧和手下众将下棋玩乐。诸葛瑾不知就里，忙亲自来见陆逊。陆逊说：“要退，也得用计撤退。魏兵知大帝退去，必全力对付我们。我们若落荒而逃，必被全歼。”当下，陆逊命诸葛瑾率人督管战船，陆逊不但没撤，反而率兵拔营，向襄阳进逼。

魏兵久已畏惧这位曾出奇谋火烧刘备阵营七百里的大将，见吴军逼来，不知玩什么花招，忙退守城里。这时，诸葛瑾已派人沿江排开战船，吴军有秩序地登上战船，安全撤走了。

这就是“环转退却术”，实要退，表面上却在进攻，让敌人摸不清真实意图，不敢贸然围击。

吴帅陆逊就是这样凭借了计谋才得以安全撤兵的。

阳德术

当真理在你一方时，你可用“阳德”手法解决问题，理直气壮，公开斥责。

公元前500年夏，鲁定公和齐景公在夹谷（即祝其，今山东莱芜东南）相会，鲁国由孔丘相礼。会盟前，犁弥对齐景公说：“孔丘是个文人，只懂得礼，而缺乏霸气，如果派当地的莱夷人用武力威胁鲁君一定可以如愿以偿。”齐景公听他的计谋，会盟时让当地的莱夷人上场手持武器，表演原始的武力舞蹈。孔丘看出齐国的目的，站出来斥责齐侯说：“战士应该用到战场上，两国君主会盟，让夷人表演这样的舞蹈，搅乱会盟，用意何在？再说，夷族人不能搅和华夏人的事，武力不能逼迫友好，否则，神灵便不保佑，德行道义便会丧失，这不是明君的做法。”齐景公听后无言以对，只好让莱夷人走开。这就是用公开手段处理问题。应该说，“阳德术”还有一种含义，即在公开场合做手脚，而达到暗中的目的。

东汉桓帝时，宦官张让把持朝政，权倾朝野，很多达官贵人都争相巴结他。有位富商叫孟佗，来到京师，打听到张府上有位主持家务的管家，很得张让信任，故有不少人走他的门路。孟佗设法与他交往，将自己带来的全部金银珠宝都花在他身上，使这位管家很过意不去。管家感激不尽，便问孟佗有什么事需要自己办理，到时候一定尽力。孟佗说："我别无他求，只希望你在人多时对我一拜。"管家本是奴才出身，拜了不知有多少人，花了人家这么多钱，只是一拜，那有何不可？故而满口答应。这天，孟佗来到张让门前，但见人头攒动，拥挤不堪，根本过不去。管家望见孟佗到来，不食前言，忙拨开众人，率领手下人跪下迎接，将孟佗让进府里说话。门外的达官贵人见状大惊，心想：往日鼻孔朝天的管家今天却对孟佗这般恭敬，那孟佗肯定与张让交情不浅，否则哪能有此殊荣。于是，投张让之门不得进的那些人便纷纷来找孟佗，送来大批金银。没几天，孟佗便回收了自己带来京师的十倍财宝。待属下以礼，用公开手段收买人心，也属于此"阳德术"的范畴。三国蜀主刘备堪称这方面的楷模。

刘备、关羽、张飞桃园结拜，此三人形成了刘备集团的核心。刘备三顾茅庐，以赤诚之情感动了诸葛亮，出山辅助刘氏集团，做了军师。其他大将，如赵云、马超、黄忠、姜维等，刘备都是以"仁德、诚心"感化他们，使他们自愿为刘氏集团卖命。所以在后代人的传说中，便有了曹操占"天时"、孙权占"地利"、刘备占"人和"的说法。这种"动之以情、结之以诚"的"阳德"领导术，确实值得当今领导者吸取。

阴贼术

有些事情不宜公开处理，就要使用"阴贼术"，暗中使用手段去解决问题。

东晋时，卢循的姐夫始兴太守徐道覆与卢循密谋起兵反晋，准备筹集木

材以备建造战舰之用，于是派人到南康山（在今广东韶关）上砍伐树木。这木材的用外不好公开宣扬，便说伐木材运到下游贩卖。等到砍伐了一大批之后，又说人手少，无力运到下游，便在当地减价出售。当地人贪图便宜，争相购买，贮在家中以备用。如此反复了几次，当地人家中便贮下足够建造相当数量战舰的木材。后来，徐道履与卢循起兵造反，徐道履便命手下人按售出木材时的票券按户收取木材，命人拼装战舰，只用了十天功夫，便造出了所需要的战舰。

以诈术对诈术，以暗手段对付暗手段，也是“阴贼术”的一种。宋仁宗时，赵元昊称帝，建立西夏国（今宁夏银川一带）。赵元昊手下有两名心腹将领野利王和天都王，能征惯战，对宋王朝威胁很大，守边宋将种世衡决心除掉他们。

野利王为了窃取宋军情报，便派浪里、赏乞、媚娘三人打入宋军内部。种世衡知道他们是奸细，便决心利用他们一下，于是让他们为官，让他们负责监税。自此，种世衡便留意物色打入敌方的人物。不久，便找到一位叫法嵩的和尚。种世衡命他前去诈降野利王，而放口风让浪里他们知道。走前，种世衡写了一封约野利王投降的密信，让法嵩藏在身上，又画了一幅红枣和乌龟的书让法嵩送给野利王。他人没到野利王那里，消息早由奸细传给了野利王。野利王张下罗网等候，法嵩一到便把他抓了起来。见了那幅画野利王不知其中寓意，为邀功，便把他押到赵元昊那里。赵元昊一见，是暗喻野利王“早归”，便追问还带来了什么东西。法嵩假说没什么。赵元昊便动用酷刑，法嵩也没招认，直到最后说要杀了他，才假装怕死，交出了种世衡给野利王的信。赵元昊见他受了这么多苦才交出，便不认

为其中有诈，反而真怀疑野利王有二心。为了慎重起见，他派亲信冒充野利王的人，秘密到种世衡那边去探听虚实。使者到了宋营，种世衡先让人把他们安排住下，然后派擒获来的西夏兵从门缝中辨认。等确认他们是赵元昊的人后，种世衡便佯装不知，把他们当作野利王的使者招待，并与他们密谋了造反计划。这批使者回去后，赵元昊便把野利王杀掉了。

种世衡又在宋、夏边境上设祭坛，书写祭文于木板上，上写野利王、天都王有意降宋，结果功败垂成，故十分可惜，吊祭亡灵云云。西夏将领听说种世衡在边境上有事，便率兵杀来。种世衡装作慌慌张张，将文木板夹在纸钱中焚烧，迅速撤离。西夏兵赶来，扑灭纸钱火，将木板呈献给赵元昊。不久，天都王也被杀掉了。

以沙充粮巧退兵

南北朝刘宋文帝元嘉七年（公元四三年），到彦之率兵北伐，把北魏打得大败。宋文帝又派大将檀道济率兵接应，二十余日连胜三十余阵，深入历城（今山东济南东）。但因补给线太长，北魏出兵截烧宋军运粮路，终使宋军陷入困境，只得退兵。

正在这时，一名逃兵跑到北魏大营，说宋军粮草已尽，准备逃命。北魏马上出兵追赶。宋军将士人心惶惶，不知计出何处。

入夜，檀道济命手下人用斗量沙子，并口喊数目。最后，又将所剩军粮覆在沙堆上。北魏一见宋军还有这么多粮，以为中了计，忙把那逃兵当奸细杀掉，撤回原地固守。檀道济得以全军撤回。

以假象吸引对方的注意力，以便逃走，或虚张声势制造假象，以便蒙蔽对方，是撤退计谋的一招。

刑贵正田穰苴重权立威

春秋时期，各诸侯国征战不休。有一年齐国连吃败仗，齐景公很着急，很想找到一位得力的将领来扭转局面。

齐景公根据正卿晏婴的推荐，决定令用穰苴为将军，领兵开赴前线回击敌军。田穰苴原来只是一名下级官吏，他拜谢景公后，诚恳地提出一条请求，说："君王，我一向地位卑微，现在您一下子把我从卒伍之间提拔到将军之位，我担心士卒们不听我的，百官不信我的，这是因为人微权轻。我请求您派一位高贵的大臣，做我的监军，以助士气。"齐景公说："这好办。"当即派他的宠臣庄贾走一趟。田穰苴与庄贾约定好第二天中午在军门外会合出发。

第二天，田穰苴很早就带领部队来到军门外，列好队伍，等候庄贾。可是到了傍晚，庄贾才大摇大摆地来到军门。田穰苴很生气地厉声喝问："庄大人为什么这么晚才来？"

庄贾因受景公宠爱，一向狂妄骄横，他哪里把小小的田穰苴放在眼里，就傲慢地说："亲朋饯行，多饮了几杯……"田穰苴说："眼下敌军入侵，大王寝不安席，食不甘味，士卒战死在边境，百姓的性命难保，你却为酒宴而违犯军法……"庄贾毫不在乎地说："你不要太神气，才当了几天将军就教训起我来了。"田穰苴毫不示弱，厉声吼道："违犯军法该当何罪？斩！"说时迟，那时快，田穰苴刚刚下令，庄贾的脑袋就被砍了下来。

田穰苴的举动，威震三军，将士们俯首帖耳地听从他的指挥。

几个月后，击退了敌人，田穰苴率军凯旋，齐景公亲自迎接，后提升他为大司马。

庞统巧献连环计

三国时，吴蜀联军与曹魏大军在赤壁长江边对峙。

曹魏军士系北方人，不习水战，在战船上摇摆不稳，减弱了战斗力。曹操为此事甚为担忧，思谋良策。

吴军谋士庞统得其“情”，决定因此情而制曹军，便借曹军谋士蒋干之力，混入曹营，向曹操献上“连环计”：将大小战船分排分列，用铁环紧扣，船与船间铺上木板，联体战船便成了平地，此可解决军士不习水战之事。

曹操上当中计，结果火烧赤壁，曹军元气大伤，造成了中国历史上“三足鼎立”的局面。

庞统得到了对方的“情”，因对方之“情”而施计制之。

严明赏罚奏奇效

春秋末期，鲁国国都北边的一片丛林着火，天刮北风，火势向南蔓延，快要危及国都。国君鲁哀公亲自救火，但他旁边只有几名随从，许多人都去追赶被火逼出来的野兽，却不去救火。鲁哀公很生气，把孔子召来，问他应该怎么办。孔子说：“那些追赶野兽的人又快活又不受处罚，而救火的人又

劳苦又没有奖赏，这就是救火的人少的原因。”鲁哀公说：“你的意见很好，应该赏罚分明。”孔子说：“现在是危急时刻，来不及去赏救火的人，再说，凡是救了火的人都要奖赏，国家的花费就很大，您只要用刑罚就管事。”于是，鲁哀公下令说：“不救火的人，与战争中投降叛逃者同罪；追赶野兽的，与擅入禁地的同罪。”这道命令颁布后，火很快就被扑灭了。

汉灵帝熹平三年（公元174年），曹操举孝廉进京为官。皇帝看他文武双全，就派他担任洛阳北部尉，掌管京都北城治安。这是个苦差事，因为洛阳北城住的都是皇亲国戚、达官豪强，不好管理，历任北部尉，都不敢去捅这个马蜂窝。

曹操有心计，上任头一天，他就找匠人做了十根粗细适中的棒子，点染五色，号称“五色棒”，十个兵丁各持一根，分列衙门两侧。

过路的百姓不知他葫芦里卖的什么药，曹操就贴出告示：为整顿北城秩序，严防歹徒扰民，今日起宵禁！违者，五色棒伺候！百姓看了都笑起来：这种告示，见得多了，当官的谁怕呀？顶个屁用！曹操也不吭声，只管带兵巡夜。

这天夜里，天上乌云遮月，洛阳城很寂静，忽听一人喊“救命”，曹操连忙带兵应声寻来，只见一匹高头大马上坐着一个老头，正拈须微笑呢。再看，几个大汉拽着一个年轻女人，似在抢人。曹操不觉大怒，拔剑怒喝：“住手！”老头冷笑道：“你知道我是谁吗？”曹操说：“我巡夜查禁，管你是谁！给我拿下！”

哪知曹操一声令下，手下兵丁竟无一人动手。班头过来悄悄地说：“此人乃当朝蹇硕大人的亲叔叔，拿不得。”曹操说：“王子犯法，与庶民同罪，拿下！”兵丁们见曹操与以往的北部尉不同，敢于碰硬，便齐吼一声，上前就把这群恶棍捆住了。百姓见曹操动真格的了，家家开门，人人助威。

话说曹操捉了蹇硕的叔叔，连夜升堂取证，百姓也纷纷指控。曹操重责蹇硕的叔叔，把他拉到大街上，扒掉裤子，用五色棒狠狠地打了五十下。蹇硕的叔叔疼得大叫，百姓拍手叫好！

从那以后，北城豪强一听曹操二字，脊梁骨就发紧，一见五色大棒，浑身起鸡皮疙瘩，再也不敢祸害老百姓了。

第十四章　却乱篇

原文已失传

第十五章　本经阴符篇

盛　神

原　文

盛神法五龙。盛神中有五气，神为之长，心为之舍，德为之人。养神之所，归诸道。道者，天地之始，一其纪也，物之所造，天之所生，包宏无形化气。先天地而成，莫见其形，莫知其名，谓之神灵。故道者，神明之源，一其化端。是以德养五气，心能得一，乃有其术。术者，心气之道所由舍者，神乃为之使。九窍、十二舍者，气之门户，心之总摄也。生受之天，谓之真人。真人者，与天为一。而知之者，内修炼而知之，谓之圣人。圣人者，以类知之。故人与生一，出于化物。知类在窍，有所疑惑，通于心术。术必有不通。其通也，五气得养，务在舍神，此之谓化。化有五气者，志也，思也，神也，德也，神其一长也。静和者，养气，养气得其和。四者不衰，四边威势。无不为，存而舍之，是谓神化，归于身，谓之真人。真人者，同天而合道，执一而养产万类，怀天心，施德养，无为以包志虑、思意，而行威势者也。士者，通达之，神盛乃能养志。

译文

如果使人的意志和精神旺盛，便要效法五行中的龙仙。旺盛的精神中包含着神、魂、魄、精、志五气。其中神气是居于首位的，心灵是五气所住的地方，德是为人的根本。养神的途径，归于道。所谓道，就是天地万物的初始，一是道的开端。万物的创造，天地的生成，都由道中衍生而来。其中包容无形化育万物之气。在天地生成之前就形成的这种气，无法知其形，无法道其名，于是称之为神灵。所以说道是神明的源泉，一是其变化的开端。因此，德能滋养五气，心能得到其纯一，而后便在自然中孕育了术。术是心气运行的通道和居住的地方，神气是心的使者，沟通内外。口、鼻、眼、耳、二便等九窍，目、耳、鼻、舌、身、意、色、声、香、味、触、事等十二舍，是五脏之气出入的门户，其中心为总管。道本由上天传授至人间，那些得道存养本性的就被称为真人。真人与天地融为一体。明白道术的人，是通过自身修炼而获知的，这就是圣人。圣人是通过类推悟道的。所以人初生于天地间时的本性是一样的，只不过后来随事物、环境的变化而有了区别。人根据九窍知晓事物，如还有疑惑的，那是术不通的缘故。一旦相通了，五脏之气就会得以滋养，并努力使神气停留体内，这就是化育。化育五气，就是指志气、思气、神气、德气而言，神气是五气的根本。静和安静，就是养气，从而可使五气和顺。志、思、神、德四气不衰，四边形成的威势就无所不能，并把五气存于体内，能把道存养于本性自身的，就是真人。真人，与天同体，与道相合，执守“一”而养育万物，包容天道自然之心，布施道德以滋养五气，以无为之法包育志意、思虑，而施行威盛之势。士人通达此道，神气强盛就能养育心志。

养志

原文

养志法灵龟。养志者，心气之思不达也。有所欲，志存而思之。志者，欲之使也。欲多则心散，心散则志衰，志衰则思不达也。故心气一则欲不徨，欲不徨则志意不衰，志意不衰则思理达矣，理达则和通，和通则乱气不烦于胸中。故内以养志，外以知人。养志则心通矣，知人则职分明矣。将欲用之于人，必先知其养气志。知人气盛衰，而养其气志，察其所安，以知其所能。志不养则心气不固，心气不固则思虑不达，思虑不达则志意不实，志意不实则应对不猛，应对不猛则志失而心气虚，志失而心气虚则丧其神矣。神丧则仿佛，仿佛则参会不一。养志之始，务在安己；已安则志意实坚；志意实坚，则威势不分。神明常固守，乃能分之。

译文

培养心志要效法有灵性的龟。养志是由于心气不通达的缘故。人有了欲望，就要存于心中去思想。心志是会被欲望所驱使的。欲望多则心气散；心气散，志气就会衰弱；志气衰弱，思想就不能通达。所以心气专一，欲望就会减少；欲望减少，意志就不会消沉；意志不消沉，思想就会通达；思想通达，就会和顺畅通；和顺畅通，乱气就不会淤积胸中。所以自身要培养心志，对外要了解他人。养志就会心气畅通，知人就会职分明确。如想用来考察人，就应首先了解他的养志功夫，知道他五气的盛衰，而后才可培养其五气和心志，考察其安详程度，以了解他的才能。心志不培养，就不能得到巩固；心气不巩固，思虑就不通达；思虑不通达，意志就不坚实；意志不坚实，应对就不果断；应对不果断，就易丧失心志，心气就会虚弱；丧失心志，心气又虚弱，神气也会随之丧失；神气丧失，就会恍惚不精明；意志恍惚不精明，志、心、神三气交会就不纯一。养志的开始，务必安定自身；安定自身，才会意志坚定；意志坚定，威势就不散。神明就会经常存于心中，这样就可以分散对手的威胁。

实意

原文

实意法螣蛇。实意者，气之虑也。心欲安静，虑欲深远。心安静则神明荣，虑深远则计谋成；神明荣则志不可乱，计谋成则功不可间。意虑定则心遂安，心遂安则其所行不错，神自得矣，得则凝。识气寄，奸邪得而倚之，诈谋得而惑之，言无由心矣。故信心术，守真一而不化，待人意虑之交会，听之候之也。计谋者，存亡之枢机。虑不会，则听不审矣，候之不得。计谋失矣。则意无所信，虚而无实。故计谋之虑，务在实意，实意必从心术始。无为而求安静五脏，和通六腑，精神魂魄固守不动，乃能内视、反听、定志，思之太虚，待神往来。以观天地开闭，知万物所造化，见阴阳之终始，原人事之政理，不出户而知天下，不窥牖而见天道，不见而命，不行而至，是谓道。知以通神明，应于无方而神宿矣。

译文

坚实意志，要效法传说中的神蛇。坚实意志，气就会变得平和，思虑就会详明。心气安静稳重，思虑就深远。心气安静，精神就会饱满而有生机；思虑深远，计谋就能成功运用。精神饱满有生机，心志就不会紊乱；计谋成功，所建功绩就难以侵犯。意虑安定，心绪就会随之安定；心绪安定，行为就不会出现错乱，神气就会安详，事业就会成功。五气有所依附却不能集中，就会给奸邪之气以可乘之机，就易被诈谋迷惑，言语不会发自内心。所以要使心术诚实，紧守专一而不变化，这就要求待人接物要诚心诚意，倾心交流，善于纳言，而后才能获知详情、计谋。计谋是成败的关键。思虑不交流，就不会得到明确的情况，等待也是徒劳。计谋失败了，意志无所相信，就会变得虚而不实。所以计谋务必思虑周全，思考得当，但做到这些还得从心术专一开始。自然无为要求安静五脏、和通六腑，精气、神气、魂气、魄气固守不动，才不会使心气外散，以求内省自察，安神宁气。思绪进入虚幻之中，就等待神灵的往来。以此可以观察天地开闭，知晓万物的造化，发现阴阳运行的始终，推究人事治国的道理，不出门便可知天下，不出窗便知自然变化的规律，不用见就能发出命令，不用行就能达到目的，这就叫“道”。明白了“道”，心就可与神明相通，应和各方需要而神明永驻。

分威

原文

分威法伏熊。分威者，神之覆也。故静固志意，神归其舍，则威覆盛矣。威覆盛，则内实坚；内实坚，则莫当；莫当，则能以分人之威，而动其势，如其天。以实取虚，以有取无，若以镒称铢。故动者必随，唱者必和。挠其一指，观其余次，动变见形，无能间者。审于唱和，以间见间，动变明而威可分。将欲动变，必先养志，伏意以视间。知其固实者，自养也。让己者，养人也。故神存兵亡，乃为之形势。

译文

如要分布威势，就应效法蓄积待发的伏熊。分布威势，就是要使神气覆盖，也就是充沛和涵养自己的精神。所以应当使自己的思虑坚固安定，那么使神气凝聚于心，从而就可使威势更加强大。威势强大，心中的意志就会更坚实；内在意志坚实，就不可阻挡；不可阻挡，就能分散他人威力，震慑他人气势，如天覆盖四野一样。这样用实来取虚，用有来取无，就好比用镒来称铢。所以一举动就会有人跟随，一倡导就会有人应和。弯曲一指，观察其余，所有的运动和变化都能发现，没有能够干扰的。仔细观察唱和的情况，以离间的办法发现间隙，这样行动就能明了，威势就可分布并壮大。如有动作，必先培养心志、隐藏意图，来观察对方的漏洞，寻找有利时机。懂得自我巩固充实意志的人，就能自我修炼。自己谦让，就可养他人之气。神气存养了，武力对抗就会得以化解，这就是自己的威势。

散　势

原文

散势法鸷鸟。散势者，神之使也。用之，必循间而动。威肃、内盛，推间而行之，则势散。夫散势者，心虚志溢。意衰威失，精神不专，其言外而多变。故观其志意为度数，乃以揣说图事，尽圆方，齐长短。无间则不散势，散势者，待间而动，动而势分矣。故善思间者，必内精五气，外视虚实，动而不失分散之实。动则随其志意，知其计谋。势者，利害之决，权变之威。势败者，不以神肃察也。

译文

分散自己的威势，就要效法凶猛的鸷鸟。分散势力要靠精神的驱使。用这种方法，必须乘间隙与时机运用。威壮整肃，内气强盛，推测时机而采取行动，那么威势就会自然向外分散。分散威势的人，内心谦虚，意志饱满。意志衰弱、精神不专一，言语就会容易暴露而多变。所以需观察对方意志作为揣度的标准，而后才可以根据情况图谋行事，尽圆方自然之理，使长短各有其用。时机不具备就不能分散威势。分散威势的人，一定要等待时机去采取行动，这样才能够把威势分散开来。所以善于判断时机的人，一定要精通蓄积体内五气，探察外在虚实，行动而不失分散威势的作用。采取行动就要了解对方志意，知道对方计谋。威势，决定着利害关系，是权变发挥威力的所在。威势一旦衰弱，就不能再以心神去观察了。

转　圆

原文

转圆法猛兽。转圆者，无穷之计也。无穷者，必有圣人之心，以原不测之智，以不测之智而通心术。而神道混沌为一，以变论万类，说义无穷。智略计谋，各有形容，或圆或方，或阴或阳，或吉或凶，事类不同。故圣人怀此之用，转圆而求其合。故兴造化者，为始，动作无不包大道，以观神明之域。天地无极，人事无穷，各以成其类。见其计谋，必知其吉凶、成败之所终也。转圆者，或转而吉，或转而凶。圣人以道先知存亡，乃知转圆而从方。圆者，所以合语；方者，所以错事；转化者，所以观计谋；接物者，所以观进退之意。皆见其会，乃为要结，以接其说也。

译文

想使智慧如转动的圆一样没有穷尽，就要效法威猛无穷的猛兽。转圆，就是没有穷尽的计谋。无穷的计谋，必要有圣人般博大的胸怀，去追究探求深不可测的智慧，再以不可测度的智慧去通达心术。而神妙难测的造化使自然浑然一体，需要去议论万事万物的变化，去阐发没有穷尽的玄机。智慧谋略，各有各自的形象和状态，或圆或方，或阴或阳，或吉或凶，根据事物差别各不一样。所以圣人依靠这种方法，像转动圆体一样顺应事理。所以圣人从教化的开始，其行为就包容着合乎自然的大道，以观察神明的领域。天地是没有极限的，人事是不会穷尽的，各分为不同种类。由计谋可得知吉凶成败的结果。转圆也有不同的结果，有的转而成吉，有的转而成凶。圣人因通达事理便可预先推知存亡，所以能够转圆成方，转凶成吉。圆是变化无穷的，所以言辞也可自由旋转。求方，是为确立四方求得安稳以便处事；转化，是为了观察计谋的优劣；接物，是为了观察事物的进退原则。以上这些，都可了解他们的交会，而后才能得其要领，以便沟通和接续他们的学说。

损兑

原文

损兑法灵蓍。损兑者，几危之决也。事有适然，物有成败。几危之动，不可不察。故圣人以无为待有德，言察辞合于事。兑者，知之也；损者，行之也。损之说之，物有不可者，圣人不为辞也。故智者不以言失人之言，故辞不烦，而心不虚，志不乱，而意不邪。当其难易，而后为之谋，因自然之道以为实。圆者不行，方者不止，是谓大功。益之损之，皆为之辞。用分威散势之权，以见其兑，威其机危，乃为之决。故善损兑者，譬如决水于千仞之堤，转圆石于万仞之谷。而能行此者，形势不得不然也。

译文

要想了解损益得失，就要效法能预测吉凶的蓍草。所谓损兑，就是损益，是指对危险的判断依据。凡事都有偶然，凡物都有成败。危险的征兆，不可不认真观察。所以圣人以无为对待有德之士，谈话时观察对方言辞，看是否合乎事理。兑，是了解事物；损，是排除其他观念，以求实行。排除之后再行说服，事物有不可行，圣人就不再过多加以辩说。所以聪明的人绝不会因为自己能言善辩就抛弃他人的观点，言辞不烦琐，内心不虚伪，心志不迷乱，思虑无邪念。当事物遇到难易的关键时刻，就要进行谋划，以事物发展的自然之道作为内容。对方用圆的计谋，令其不能实行；对方用方的计谋，令其不能停止，这就称为大的成就。计谋的增减，都要以言辞论其得失。用分威、散势中的权变方法，使其危机暴露，而后就可抓住机会，处理事务。所以善于运用损益方法的人，就好比在千丈堤防上决堤，又像在万丈深谷中旋转圆石，真是威力无比呀！

持枢

原文

持枢，谓春生、夏长、秋收、冬藏，天之正也，不可干而逆之。逆之者，虽成必败。故人君亦有天枢，生养成藏，亦复不可干而逆之。逆之者，虽盛必衰。此天道，人君之大纲也。

译文

所谓持枢，即指春季万物萌生，夏日万物成长，秋时万物收获，冬季万物储藏，这是自然运行的正常法则，不可干扰、违背它。若违背了这种法则，即使暂时成功也必然最终失败。所以说人君治世也有一定法则，应顺应万民的生长、养育，事业的成功与收获，也同样不可违背。如违背了，即使暂时强大，也终归要衰弱下去。这是社会的基本法则，也是君主治国的基本纲领。

中经

原文

中经，谓振穷趋急，施之能言厚德之人。救拘执，穷者不忘恩也。能言者，俦善博惠；施德者，依道；而救拘执者，养使小人。

盖士，当世异时，或当因免阗坑。或当伐害能言，或当破德为雄，或当抑拘成罪，或当戚戚自善。或当败败自立。故道贵制人，不贵制于人也；制人者握权，制于人者失命。是以见形为容。象体为貌，闻声和音，解仇斗郄，缀去，却语，摄心，守义。本经纪事者纪道数，其变要在《持枢》《中经》。

译文

所谓“中经”，就是赈救穷窘，趋人急难。能做到这些的，一定是那些能言善辩、道德深厚的人。救援那些被拘执而身陷囹圄的人，被救的人是不会忘记救援者的恩德的。能言善辩的人，必定能够多做善事，广施恩惠；广施厚德的人，必定能凭依大道；救人出囹圄的人，必定能够豢养、驱使那些被援救的人。即使是小人，救而养之，也能够让其为己做事。士人生逢乱世，遭遇危难之时，有的人能在战乱中免于死亡；有的人能言善辩却遭谗害；有的人弃文从武，据兵称雄；有的人横遭拘系，无辜获罪；有的人心事重重而能固守善道；有的人危败之中却仍能自强自立。所以为人处世之道，贵在控制他人，而不是受控于人。控制别人的人能够牢握主动权；受人控制的人，命运就掌握在了别人手中。所以，在此介绍一些为人处世的技巧，也就是“见形为容，象体为貌”“闻声和音”“解仇斗郄”“缀去”“却语”“摄心”“守义”等方法。《本经阴符七篇》讲述的是一般的处世道理和原理，至于具体的方法，都在《持枢》、《中经》之中。

原文

见形为容，象体为貌者，谓爻为之生也，可以影响、形容、象貌而得之也。有守之人，目不视非，耳不听邪，言必《诗》《书》，行不僻淫，以道为形，以德为容，貌庄色温，不可象貌而得也。如是隐情塞郄而去之。

译文

“见形为容、象体为貌”，讲的是像在占卦时看到卦爻就可推测吉凶一样，可以从一个人的言语行事、外在形貌体态等方面探知他的内心世界。但是，用此术对付那些有操守的人却不行。有操守的人目不斜视，耳不旁听，言语必是《诗经》、《尚书》中礼义，行为既不过度也不邪僻，以道为外形，以德为面容，无法用体貌形态去判断他们的内心世界。遇到这种情况，就不如隐藏自己的真情，避免自己言语出现漏洞，早早离他们而去。

原文

闻声和音，谓声气不同，则恩爱不接。故商、角不二合，徵、羽不相配。能为四声主者，其唯宫乎？故音不和则悲，是以声散伤丑害者，言必逆于耳也。虽有美行盛誉，不可比目，合翼相须也，此乃气不合、音不调者也。

解仇斗郄，谓解羸微之仇。斗郄，斗强也。强郄既斗，称胜者，高其功，盛其势。弱者哀其负，伤其卑，污其名，耻其宗。故胜者，斗其攻势，苟进而不知退。弱者闻哀其负。见其伤则强大力倍，死而是也。郄无极大，御无强大，则皆可胁而并。

缀去者，谓缀己之系言，使有余思也。故接贞信者，称其行，厉其志，言可为可复，会之期喜。以他人之庶。引验以结往。明疑疑而去之。

译文

所谓“闻声和音”，说的是人与人如果言语不合、意气不投，就不会相互恩爱友善。这就像五音中商音、角音不能相合，徵音、羽音不能相配，而能协调以上四音的，只有宫音一样。所以五音不和谐，声调必然悲怆。因此当

出现像散、伤、丑、害诸音时，言语必然逆耳不中听。即使人有美好的操行、盛誉，也依旧不能像比目鱼、比翼鸟那样亲密无间，互相帮助，这就是因为意气不投、言语不合的缘故。

“解仇斗郄”，说的是调解微小的仇斗。斗郄，说的是令有嫌隙的强者相斗，获胜方就会夸耀他的声势，失败的一方则会哀怜自己的落败，觉得名声受到玷污，祖宗受到侮辱。这样，胜方听到人们的称道便只知进攻而不知适可而止；而败者听到人们的哀叹，见到自己被损伤，就必然拼力忘死而战。这样，敌人内部的间隙就会进一步扩大，防御的力量也不够强大，那么就可以趁这一弱点用武力去胁迫、吞并他。

“缀去”，说的是向即将离去的人倾吐挽留的言语，使对方走了还十分留恋。所以，对正直诚信的君子，要称赞他的品行，激励他的意志，赞美他的品行，告诉他还会见面。这样以他人的希冀，结合以往的经验，阐明疑虑，疑虑则自然就会化解，并最终消失。

原文

却语者，察伺短也。故言多必有数短之处，议其短验之。动以忌讳，示以时禁；然后结信以安其心，收语盖藏而却之，无见己之所不能于多方之人。

摄心者，谓逢好学伎术者，则为之称远；方验之，惊以奇怪，人系其心于己。效之于人，验去乱其前，吾归诚于己。遭淫色酒者，为之术，音乐动之，以为必死，生日少之忧，喜以自所不见之事，终可以观漫澜之命，使有后会。

守义者，谓守以人义，探心在内以合也。探心深得其主也。从外制内，事有系由而随也。故小人比人，则左道而用之，至能败家夺国。非贤智，不能守家以义，不能守国以道。圣人所贵道微妙者，诚以其可以转危为安，救亡使存也。

译文

“却语”，说的是要善于考察、窥伺对方的短处。所以对方话多了，必有失言之处，把对方的短处记在心里。必要时以此作为反驳他的证据。这样就可以用其所犯的忌讳触动他，使他十分恐惧；然后以诚信的姿态与他结交，以安慰他的内心。继而巧妙地隐藏掩饰方才的言语，再诚恳地劝告和批评对方，不可轻易将个人的短处暴露于众人面前。

“摄心”，说的是碰到喜欢学习、技艺有长的人，就要替他扬名，使远近皆知。然后去检验他学到的技艺道术，做出正确的评价，使他惊讶于我们知识的广博和看法的高明，从而内心深处便会佩服我们。然后帮他检验不足之处，使其心悦诚服地归附。若遇到沉湎于酒色的人，先用音乐、道术使他猛然醒来，再陈说利害使其认识到严重后果。然后用他未见的美好事物使他高兴起来，指出他的光明前程，使他对我们感激不尽，喜与我们再次相会。

“守义”，说的是用仁义道德去探求对方的内心世界，去迎合对方。探求对方内心世界，就要深入了解他的本性。用相应的权术从外部控制他的内心，使其心意有所牵挂，从而必然会迎合我们。所以小人以其心来度君子之心，就会运用旁门左道，致使人们家破国亡。不是大智圣贤之士，是不能用仁义守家，不能用大道守国的。圣贤之人之所以看重微妙的道术，就是因为运用它们可以转危为安，拯救亡难。

智慧应用

元桢设宴威震南蛮

南北朝时，北魏元祯胆气过人，文武双全，被任命为南豫州（今安徽寿县一带）刺史。当时，南豫州附近大胡山的少数民族常到附近州县抢掠骚扰。进山围剿，花费太大；听任不管，又苦了百姓。元祯苦思良策，想起了古人讲的“分威伏熊术”，便按计行事。先派人去大胡山请一些少数民族的头领来赴宴，并请他们观看射箭比赛。

元祯预先从侍卫中选出二十名神箭手，又让一名死囚穿上军服，混在其中。宴会开始后，传令从兵士中随便叫二十余人来射箭比赛助兴。少数民族一向自恃箭术高明而瞧不起汉兵射箭，于是头领们都冷笑着准备看笑话。哪知汉兵们个个举弓射出，箭箭中标，把那些头目看得大惊。只有最后那个囚犯，当然一箭也未中。元祯装作大怒，喝道：“平时不多练，拖出去杀死！”头领们一见元祯治军这么严，认为他手下军士必定个个是射箭能手，心中十分害怕。元祯又预先提出十来个死囚，换上少数民族服装，把他们押到远处。在宴会间，一阵微风吹来，元祯嗅了嗅，说：“这风中有凶气，必定是有歹人在抢掠侵扰。”又嗅了嗅说：“不远，就在西南方十里处，有十来个。”令快骑去捕，不一会儿果然抓来了那十多个穿了少数民族服装的囚犯。元祯当着那些喝酒的少数民族头领的面，下令把那十来个“入侵者”杀掉。那些少数民族首领见元祯这般料事如神，心中畏服，自此，再也不敢带人下山抢掠了。

元祯就这样设计迷惑敌手，制造自己的威势，吓住了敌手。

马隆用计伏鲜卑

西晋初年，正当晋武帝准备大举伐吴，统一中原时，凉州鲜卑首领秃发树机能起兵反晋，攻陷凉州治所武威（今甘肃武威），使武帝有西线之忧。

军将马隆请战，被任命为武威太守，募集了3500名士兵西征。但鲜卑士兵却十分骁勇，个个穿着重装铁铠，刀箭难以穿透。马隆苦思良策，想起了“分威伏熊术”，便命一部分将士在一狭窄的山间谷道两旁偷偷堆下许多磁矿石，然后命令另一部分将士换上皮制的甲胄前去诱敌，只准败不准胜，引敌来追。将士们分批依计而行，负责诱敌的将士跑进一条峡谷。秃发树机能眼

见煮熟的鸭子又要飞掉，十分不甘心。可要追进峡谷吧，又怕中了埋伏。但又一想，我的将士都穿重铠，中了埋伏也不怕箭射枪刺，于是挥军进入峡谷。两旁伏军没有射箭，只是留下许多磁矿石来。磁矿石把鲜卑兵牢牢吸住，跑也跑不掉。穿皮甲的晋兵返回头来，一刀一个，统统把他们砍断脖颈，消灭了这股鲜卑兵。

军将马隆用“分威伏熊术”，使鲜卑首领再也不敢小瞧中原，归顺了晋武帝。

牵着敌人的鼻子走

春秋时期，吴越交兵，隔江对峙。黄昏时刻，越王把自己的军队分为三股，一股去上游乘船鸣鼓顺流而下；一股从下游乘船鸣鼓逆流而上；主力藏在正面大营中。时辰一到，上下游的越军鸣鼓进发，装作要包抄吴军。吴军见状，兵分两路，分头迎击。待吴军船队走远，越军主力悄然杀过江，占据了吴军大营，再分两路杀到吴军屁股后，前后夹击，大败吴军。越军就这样设计使吴军自己分散了兵力，减弱了威势，取得了胜利，战胜了强大的吴军。

散敌之威的关键在于牵着敌手的鼻子走，使敌人落入圈套，自己分散了自己的威势。

范雎的远交近攻计

战国后期，秦国在商鞅变法之后，推行法家“耕战政策”，赏有功，奖耕作，充分调动了士兵、百姓的积极性，因而国势大盛，大有吞并关东六国之势，吓得关东六国联合起来，合众弱以对付一强，这便是“合纵”之术。但是，这“合纵”联合阵线并非铁板一块，而是各有打算，唯利为求，见利忘义。秦国瞅准了这一漏洞，便施展出“远交近攻”的“连横”策略，破坏六国合纵，散其联合威势，而各个击破。

出此计者是策士范雎。范雎是魏国人，受大夫须贾迫害，折臂摺齿，装疯卖傻，靠朋友帮助，逃出魏国，又躲过了善猜忌的国相穰侯的搜查，终于来到秦国，瞅准机会，见到秦昭襄王。他分析了秦国地理上的优势和军事上的优势，又分析了多年未能借此优势取胜的原因是在于战略上的错误。秦国不应去盲目攻打远国，吓得那些远国向秦的近国求救，使它们都心怀恐怖，联合起来，而是应执行“远交近攻”策略，与远国联好，使它安于现状，觉得我们对他鞭长莫及，遂苟且偷安，我们再去攻打近国，那远国暂时又无威胁，故近国向它求救时，它也不会真卖力。这样，我们就能散六国合纵的威势，而各个击破之，最终取得天下了。

秦昭襄王听后大喜，坚定不移地执行这一策略，经过几代努力，终于统一了全中国。

秦国遵从纵横策士之计，破坏六国联合之势，转不利局势为有利局势，就是采用了“散势鸷鸟术”，瞅准六国联合的缝隙去动手的。

张辽的分化瓦解计

东汉末年，曹操平定了袁绍、袁术之后，派张辽去长社（今河南长葛东）屯兵，以防备荆州刘表。

张辽会集手下众将，集合出发。可出发的头天晚上，军营中有人谋反，一时火光冲天，人声呐喊，声势惊人。张辽沉着地分析了形势，决定用分化瓦解之术破叛兵威势。他高声大喊："肯定是少数人谋反，不反的都老实坐下！"顿时坐下了不少人。陆陆续续，兵士大多坐下了，少数谋反的主使者便孤立起来，张辽派亲兵把他们一个个绑起来正法了。

散敌之势，分化瓦解之，要抓住一个关键：敌人并非铁板一块，而是各有各的利益。利益不同，故可分其为左、中、右派。区别左、中、右三派，利用左派，拉拢中派，孤立打击右派，才能分化敌人，瓦解敌人，制服敌人。

司马懿的固守待时计

三国时期，诸葛亮兵出祁山，率兵北伐，行至五丈原，遇曹兵。

两军对垒，司马懿料定蜀军远出征战，粮草难以接济，必定速战速决，以其凶猛之势打败自己，便令手下坚闭营垒，不与交战，以挫蜀军锐气。诸葛亮多次派人出阵挑战叫骂，司马懿就是不上当，坚闭不出战。后来，诸葛亮派人送来妇人衣帽，以此讥讽司马懿缩手缩脚，不敢交战。气得司马懿的部将大怒，就要杀出去。司马懿哈哈大笑，接过妇人衣帽穿戴起来，就是不出战。诸葛亮终于技穷，无奈退兵。

坚闭固守，等待时机，也是一种散敌威势的好办法。此法尤其适于对付那些因形势所迫急于速战速决的敌人。

第十六章　纵横家

纵横家

纵横即合纵连横。

战国时以从事政治外交活动为主的一派，主要人物是鬼谷子。《汉书·艺文志》列为“九流”之一。《韩非子》说：“纵者，合众弱以攻一强也；横者，事一强以攻众弱也。”他们朝秦暮楚，事无定主，反复无常，设策划谋多从主观的政治要求出发。合纵派的主要代表是苏秦，连横派的主要代表是张仪。最后苏秦失败了，张仪胜利了。

纵横家的产生

纵横家出现于战国至秦汉之际，多为策辩之士，可称为中国五千年中最早也最特殊的外交政治家。他们的出现主要是因为当时割据纷争，王权不能稳固统一，需要在国力富足的基础上利用联合、排斥、威逼、利诱或辅之以兵法不战而胜，或以较少的损失获得最大的收益。他们的智谋、思想、手段、策

略基本上是当时处理国与国之间问题的最好办法，是世界史上独一无二的历史阶段，其在历史条件下所创造的智慧是后世任何一个朝代都无法超越的。纵横家人物多出身贫贱，他们以布衣之身说诸侯，可以以三寸之舌退百万雄师，也可以以纵横之术解不测之危。苏秦佩六国相印，连六国逼秦废弃帝位；张仪雄才大略，以片言得楚六百里；唐雎机智勇敢，直斥秦王存孟尝封地；相如虽非武将，但浩然正气直逼秦王，不仅完璧归赵，而且不使赵国受辱。纵横之士智能双全，其中不乏仁义之辈，其人其事对于当代，也有很大的借鉴意义。

纵横家代表人物

鬼谷子

〔人物介绍〕

鬼谷子，姓王名诩，卫国（今河南鹤壁市淇县）人。常入云梦山（在河南鹤壁市淇县境内）采药修道。因隐居清溪之鬼谷，故自称鬼谷子。

鬼谷子为纵横家之鼻祖，苏秦与张仪为其最杰出的两个弟子〔见《战国策》〕。另有孙膑与庞涓亦为其弟子之说〔见《孙庞演义》〕。

鬼谷子的主要著作有《鬼谷子》及《本经阴符七术》。《鬼谷子》侧重于权谋策略及言谈辩论技巧，《本经阴符七术》则集中于养神蓄锐之道。

《鬼谷子》共有十四篇。《鬼谷子》的版本，常见者有道藏本及嘉庆十年江都秦氏刊本。《本经阴符七术》之前三篇说明如何充实意志，涵养精神。后四篇讨论如何将内在的精神运用于外，如何以内在的心神去处理外在的事物。

《鬼谷子》一书，从主要内容来看，是针对谈判游说活动而言的，但是由于其中涉及大量的谋略问题，与军事问题触类旁通，也被称为兵书。书以功利主义思想，认为一切合理手段都可以运用。它讲述了作为弱者的一无所有的纵横家们，运用谋略口才如何进行游说，进而控制作为强者、握有一国政治、经济、军事大权的诸侯国君主。

此书，是一部研究社会政治斗争谋略权术的书，因此可以说，《鬼谷子》的智慧也就是一部“治人兵法”。

鬼谷子是中国古代著名的谋略家，最后他教出了孙膑、庞涓、苏秦及张仪等高徒。鬼谷子特别钟爱为人诚恳真挚的孙膑，将自己毕生绝学倾囊相授给了孙膑。

〔鬼谷子传说〕

鬼谷子出世

相传，鬼谷子是村夫庆隆和东海龙女的儿子。庆隆和龙女虽被东海龙王压死在云梦山中，化作一道山岭和龙泉，但阴魂不散，要借体繁衍，为后人造福。

两千多年前，朝歌城南王庄王员外的夫人怀孕三年之久而不分娩。初春一天之夜，突然狂风骤起，电闪雷鸣，大雨如注。人们都为这不正常的天象说长道短，蓦地从空中飞来一个火球，直飞到王夫人床前，正反各转三圈，变作一条小花蛇，慢悠悠钻入王夫人的被窝，随之听到婴儿的呱呱哭泣。家人掀开被窝，王夫人生下一个满头红发，容貌丑陋的丫头。王员外十分沮丧，长叹一声，拂袖而去。王夫人见老爷如此烦恼，也暗暗抽泣。正在这时，小女婴突然坐起，拉着王夫人的手细声细语地说：“妈妈，别难过，我会变美丽的。”话音刚落，这女婴就倒下咽了气。王夫人赶紧边捋脖子，口中边

不住喊叫：“儿呀，快醒醒，娘不嫌你长得丑。快醒醒吧！”拍了一次又一次，捋了一遍又一遍，眼泪哭干了，嗓子喊哑了，整整折腾了一个夜晚。黎明时分，只听女婴“哇”的一声苏醒过来。王夫人喜出望外，定睛一看，小女满

头黑发，唇红齿白，十分可爱。王夫人忙让丫环请来老爷。王员外一见大吃一惊，心中不住思忖：三年不坠，火球助催，紫气东来，丑女变美，是大福大贵之兆，王家的好气数。想着想着，不禁大笑不止，走到床前说："夫人，晨曦吉辰，迎霞聚瑞，我看女儿必有大福大贵，咱就取名霞瑞，你看如何?"夫人点头称是。

岁月流逝，转眼十八个冬春过去，霞瑞姑娘身居闺房，学习针线，攻读诗文。她越长越俊俏，白皙的杏仁脸上嵌着一双水灵灵的眼睛，两个酒窝之间夹着一个樱桃小嘴，令人喜爱。但她性格倔强，不拘于旧的礼节，善于言谈，又敢于讲理，对于父母的话也不是百依百顺。日渐厌恶闺中生活，常常在丫环小云陪伴下到花园嬉戏。有时还背着父母到田间去问农桑。是年朝歌奇旱，河溪断流，水井干枯，大地龟裂，五谷不收。王员外家一块三顷地的谷子，只留下一棵禾苗，但长势却十分喜人，谷杆如芦苇，叶子赛高粱，谷穗像狼尾，沉甸甸，金灿灿，微风吹拂，点头摇曳，而且还散发出阵阵香味。霞瑞姑娘听说自家地里长了这棵奇谷，就让家奴收来，放到绣楼，顿时闺房之内香气四溢，使人陶醉。姑娘对丫环说："如此好的谷子，要好好保存起来，来年多种一些。"丫环把谷穗放在手中揉搓着变成了一颗熠熠透明的珠子，而且香味更加浓郁。姑娘接过珠子，正想闻一下，这珠子一下钻进口中，欲吐出，又溜进喉咙。霞瑞咽下珠子不久，顿觉腹内舒畅，筋骨酥软，浑身乏困，一头倒下就睡着了。

一个月之后，姑娘不思饭食，身体渐渐消瘦。主仆二人都不知何故。快嘴的丫环告诉了夫人，王夫人见女儿如此消瘦，心疼万分，问明情由，忙着请名医调理。连吃两个月草药，仍不见效，却见女儿的肚子一天天大起来。王员外得知消息，恰似五雷轰顶，把夫人叫到客厅，怒气冲天地说："你养的好女儿，竟如此伤风败俗，我乃赫赫大户，叫我如何做人?"夫人忙赔笑脸："老爷息怒，家丑不可外扬，你要想个两全之策才是呀!"两人如此这般商量半天，决定把女儿连夜赶出家门，免得事后别人说三道四。

霞瑞姑娘，蒙冤受屈，在丫环陪同下，毅然离开家门。路漫漫何处奔走，天苍苍哪里安身?姑娘看看丫环，丫环望望姑娘，两人心如火焚，悲愤交加。姑娘紧咬嘴唇："云妹，咱们走，走到天涯海角，让天下人知道我王霞瑞是清白之人。"主仆二人离开王家庄，朝着北斗星的方向走去。

两个弱小女子，哪里经历过这样的风霜。尤其是霞瑞姑娘，腹中已有三月的婴儿，行走更是艰难，双脚都磨成血泡，走走歇歇，歇歇走走。一天中午，她们走到黄河边，又饥又渴，寸步不想挪动，就坐在河边歇息。刚一坐下，就进入梦乡。待她们一觉醒来，面前站着一位和善可亲的老太太，篮子里盛着热腾腾的白蒸馍，没等她们开口，老太太就把馍送到她们手中。二人连个“谢”字都没来得及说，就狼吞虎咽地吃起来。老太太坐下来问道：“两位女子如何这样狼狈，你们要到哪里去？”霞瑞摇摇头，没说话，直爽的小云把姑娘的隐情一五一十讲了出来。老太太启唇一笑：“这就是了。你们既然对我讲了真话，我也把真话告诉你们。我乃西天老母，在这里等候多时，专门来点化你们。霞瑞姑娘，你虽是母亲所生，但不是你母亲的骨血，而是东海龙王女儿的化身。你和庆隆相爱，情真意切，虽未遂愿，上天有眼，来世相逢。你所吞食的珠子正是庆隆的精髓。腹中婴儿就是你和庆隆的后代。”霞瑞和小云双膝跪地，连连叩头，感谢西天老母的指点。快嘴的小云又问：“既是这样，请问老母，我们主仆该到哪里存身才好？”老母没有正面回答，信口念了小诗一首让小云琢磨：

朝曦昊天似血染，
歌舞升平谁人欢？
云海滚滚来天半，
梦境滋滋润丹田。

小云半天没有品出味道，原来这是首藏头诗。姑娘把四句诗的头四个字一连，即为“朝歌云梦”。虽说知道了老母指点的去处，但又不愿到云梦隐身，于是又恳求说：“再求老母点化，那里离我家乡太近，鉴于父母盛怒，眼下我实在不能从命。”老母思忖片刻：“也罢。你们可先到临漳谷子村寄身，日后再作道理。”主仆二人连声道谢，抬头却不见了老母。

不一日，她们来到谷子村，却见一村妇在村头迎接。村妇像接闺女似的把她们接入家中。从此，她们老少三个女性组成了一个家庭，朝朝暮暮，形影不离，勤快的小云，把村妇和姑娘照料得十分如意。转眼六个月过去了。冬去春来，夏天又到了。一天，姑娘正在院里给未来的孩子做衣服，顿觉腹内疼痛难忍，村妇和小云忙把姑娘扶进屋，让她躺在床上，一眨眼村妇变成了老母模样，慈祥地说：“霞瑞姑娘，我们该走了，不到云梦山，你的孩子不会出生的。”说话间，只听一声巨响，狂风骤起，老母忙让小云也上到床上，闭上眼睛。那床慢悠悠飘了起来，不知不觉来到云梦上空，左转三圈右转三圈，悠然地落到地上。姑娘睁眼一看，好像来到人间仙境。峰峦叠翠，林木葱郁，云雾潆潆，气象万千，泉水潺潺，百鸟齐鸣，野花争妍斗艳，主仆看得眼花缭乱。西天老母把她们带到水帘洞口："姑娘请进，这就是你的安身之处。"举目一看，青山参天，野藤漫漫，野花芬芳，蝶飞燕舞，串串晶莹的水珠从洞口滴落，恰似一幅珠帘悬于洞口，顿觉心旷神怡，正要向西天老母说声谢谢，却不见了她的踪影。她们二人漫步向洞中走去，只见洞顶琳琅满目的钟乳石千姿百态，景象奇特。洞的尽头有一水潭，清澈见底，小云舀了一瓢水，递与姑娘，这水甘甜可口，姑娘一饮而尽，顿觉清爽。霞瑞对这个安身之地十分满意，主仆二人拍手称好。正值暑日，知了声声，真所谓"蝉噪林愈静"。正当她俩欣赏这幽静的环境时，霞瑞又觉腹内疼痛，小云忙搀扶姑娘回到洞内，姑娘一阵头晕目眩，腹中的婴儿就呱呱坠地了。一看是个白胖的男孩，霞瑞、小云喜出望外，热泪盈眶。满月之后，霞瑞把小云叫到跟前甜甜地问道："云妹，这孩子该姓什么，叫什么呢？""我说就姓你的姓，孩子降生时知了叫得正欢，取名叫蝉如何？"霞瑞一听十分高兴："小云，你说到我心坎上了。不过，我因吞食奇谷而生子，就叫鬼谷子吧！"因此后人有叫他鬼谷子的，也有叫他王蝉的。在他成年以后也有叫他王禅的。

龙女引泉

相传很古很古的时候，云梦山区久旱不雨，大地龟裂，树死草枯，五谷不收，瘟病蔓延，民不聊生。往昔山清水秀的云梦山一时变得荒凉不堪，路断人稀。山下刘庄有个叫庆隆的青年，从小失去父母，在邻里的照顾下长大成人。贫寒的家境，使其养成了克俭、忠厚、恻隐的性格。面对乡邻的疾苦，他心急如焚，彻夜难眠。为了给乡邻排忧解难，有一天他跑到云梦山巅，向镇山祖师乞求消灾驱祸。他双膝跪地，顶礼膜拜："祖师爷，我要报答众乡邻的恩德，如能赐我消灾驱祸之法，我就是粉身碎骨也心甘情愿。"一连祈祷三日，镇山祖师终于开了口："只要找到龙泉水，就会祸去福来，了却你的心愿！"

庆隆按照镇山祖师的点化，冒着炎炎烈日，忍着腹中饥渴，攀悬崖，跋沟壑，找遍七七四十九道沟，翻越七七四十九道梁，也没有找到仙水泉。他有点心灰意冷了，可一想起乡邻对水的渴求，旋即两腿生风，精神百倍，又沿着山谷继续寻找。突然发现山谷尽头有一个即将干枯的水池中，有一条奄奄一息的五色金鱼。庆隆轻轻捉起金鱼，只见她小嘴圆张，双目淌泪，顿生恻隐之心，遂把金鱼放入小池，连忙解下腰中葫芦，把仅有的半葫芦水倾入池中。金鱼得水，鱼尾连摆三下，自由自在游了起来。庆隆见状，欣喜不已。突然金鱼不见了，

正欲定睛寻找，面前传来娓娓细语："多谢小哥救命之恩。"庆隆抬头一望，面前站着一位如花似玉的少女，使他大吃一惊。姑娘施礼道："小哥不必害怕，我就是你刚才救活的小金鱼。我是东海龙王的小女，瞒着父王来云梦山水帘洞游玩观景。因贪玩迟归，父王发怒，停雨降灾，将我困于此地，也使这里百姓受到连累，小女子深感有罪！"庆隆还礼道："龙女公主，千万别这么说。我是村夫庆隆，为给乡邻寻水，费尽周折。你既是龙王之女，就该助我一臂之力，降雨除灾。我求你啦！"说着庆隆又施一礼。龙女忙还礼说："小哥救命之恩未报，何讲'求我'二字，为民消灾除难是我等本分。只是我有一事倒求小哥你啦，小哥若能答应我，我愿与你同舟同济。""公主请讲！""我看你心底坦荡无私，勇敢善良，我愿与你结百年之好，也好报答你的救命之恩。""不，不，你乃龙王公主，我是村野小民，岂敢有此奢望；再则仙泉没找到，旱魔未消除，又怎能谈儿女私情。谢谢您的美意，村夫实难从命。"龙女双膝跪地乞求说："庆隆哥哥只要答应我的恳求。一定在三日内把四海水送至云梦山，解救乡邻。"无奈，庆隆只好从命。龙女化作金鱼跳入池中，转眼不知去向。

龙女回到东海，不敢朝拜父亲，只向众姐妹说明来意，命虾兵蟹将，从东海向云梦山钻了个海眼，把海水引过来。庆隆紧守池边，等候龙女的佳音。他守了一天又一天，昏过一次又一次。第三天中午，昏迷中的庆隆只听有人呼唤，睁眼一看，只见龙女从池中跃出，接着一股清泉溢出池外，潺潺流动。庆隆欣喜若狂，拉着龙女，手舞足蹈，顾不得饮上一口，便跑到山顶向四方高喊："乡亲们，泉水找到啦，快来取水吧！"乡亲们闻讯欢喜若狂，手捧盆盆罐罐，纷纷前来取水。

不久，龙女送水的事被东海龙王发现了。不顾父女之情的龙王，惩罚不

守规矩的女儿。龙王驾起乌云，盘旋在云梦上空，祭起狂风，夹带沙石，企图砸死龙女，埋没泉水。龙女被砸翻在地，再也没有爬起，眼泪汇入涓涓泉水。庆隆见此情景，为保住泉水，便奋不顾身地横卧在泉水北侧，以身躯挡住飞沙滚石。风越刮越大，滚石越集越高，庆隆的身躯越伸越长，成了一道山岭，即今天的庆隆背（青龙背）。龙女的身躯化作现今的龙泉。

洞府真仙

传说鬼谷子本是道教的洞府真仙，位居第四座左位第十三人。被尊为玄微真人，又号玄微子。

洞府就是洞天，是神仙住的名山圣境，又称洞天福地。传说有“十大洞天”“三十六小洞天”和“七十二福地”。《道藏》中有一部专写洞天福地的书叫作《洞天福地岳渎名山记》。浙江余杭县境内的“洞霄宫”就是三十六小洞天和七十二福地之一，被称为“大涤洞天”。元代的邓牧专有《洞霄图志》六卷，记叙该宫胜景。

真仙又称真人，只有得道成仙后方可称为真人。庄子称老子为“博大真人”；唐玄宗称庄子为“南华真人”，称文子为“通玄真人”，称列子为“冲虚真人”，称庚桑子为“洞虚真人”；宋代道士张伯瑞被称为“紫阳真人”；元太祖封丘处机为“长春真人”。

玄微真人鬼谷子住在鬼谷洞天，是为了在凡间度几位仙人去洞天。无奈苏、张、孙、庞诸弟子皆尘缘未尽，凡心未了。鬼谷子只好在暗中关注弟子，不时助正抑邪。

相传鬼谷子有隐形藏体之术，混天移地之法；会投胎换骨，超脱生死；撒豆为兵，斩草为马；揣情摩意，纵横捭阖。

井中相会

相传，鬼谷子的母亲是天上彩霞星，托生在朝歌城南王家庄王员外家中，取名曰霞瑞。因食奇谷怀孕，被逐在云梦山中生子，取名鬼谷子。

鬼谷子晚年归隐云梦山，一则聚徒讲学，二则孝敬老母。一日，王霞瑞把鬼谷子叫到跟前，语重心长地说："娘为你饱受人间疾苦，如今为娘两鬓斑白，风烛残年，娘无他求，我死后，只求你把我葬在九龙汇聚的地方。儿若想娘，就在我墓旁挖一口井，从井水中可以看到为娘的身影。"话刚说完，就谢世归天了。

鬼谷子悲痛不已，眼含热泪在九龙汇聚之处安葬了母亲。为早日再见慈母的尊容，便率弟子在母亲墓旁挖井不止。整整挖了九九八十一日，方才把井凿成。果然井水中映出了他母亲的容颜。朝看母亲十八九，暮观老母鬓如霜。从此鬼谷子朝朝暮暮都跑到井边瞻仰母亲的遗容。斗转星移，天长日久，鬼谷子又发现了此井的一个奥秘，根据井中的水位升降，可以洞察天气阴晴变化。井水上升，天阴有雨，井水下降，则无雨天晴，因此这口井又被称为"井中洞天"。

此井是鬼谷子为怀念其母而凿，故曰"鬼谷井"。

太白山收天杰地灵

鬼谷子是个奇人，满腹经纶，无术不通。他在鬼谷将兵法传授给孙膑、庞涓；将说服术传授给苏秦、张仪；将长生术传授给茅蒙；将经商术传授给计然。可占卜术还未有合适人选可传授。有一天心血来潮，掐指一算，东南方向大海之滨有二弟兄善占卜，已初有根基，需要点化。于是，鬼谷子便云游东南。宁波的鄞县东有座太白山，山清水秀，景色宜人，好一个去处。鬼谷子暗下云端，落到山顶，寻一幽静之地住下了。

鄞县有二兄弟，哥哥叫吴杰，弟弟叫土灵，从小就喜欢听别人讲阴阳占卜的故事，而且过耳不忘。十几岁后兄弟俩就开始游历各地，虚心向占卜先生求教。由于天资聪明，又能融众家卜术为一体，阴阳之道无所不通，凡有来占卜者，不管是占生老病死、天地阴阳之事，只要经兄弟俩一合计，没有不灵验的。因此，在鄞县很有名气。但是有一件事可让兄弟俩丢了人，现了眼。

一天，一位贵妇丢了金钗，前去吴杰处占问。吴杰卜后告以"豆萝"。贵

妇回到家里把所有的豆萝找遍，也不见金钗。又去向土灵问卜，土灵卜后，告以“麦萝”。贵妇人回到家中还是没找到。贵妇将吴杰、土灵都请到家中，请二位先生同占金钗下落。二人再占，仍各持己见，都说所占无误。可女主人仍找不到金钗。

找不到金钗，贵妇翻脸了，要回卜卦钱还不算，还到处宣扬他俩卜卦不灵了，骗人钱财，一时间闹得满城风雨。弟兄俩没有心思待在家里，决定去外地行卜。

有一天路过一个村庄，见一家造屋，正在上梁。二人一算，当日是火日，这家新屋必要遭火灾。便去问东家：“此上梁之日是哪位先生所择？”主人答：“鬼谷子先生所择。”兄弟俩对东家说：“今日是火日，不能上梁，不然要遭火灾。”东家很生气，骂道“你们家的房才遭火灾呢！”他俩又反复劝东家不要今日上梁，东家火了，把他俩赶走了。有一老者看到这一情景，就对他俩说：“你们两个真不知趣，鬼谷子先生是太白山上新来的一位仙人，知人生死，能治百病，那家造房是仙人定的上梁之日，还错得了，快去吧，免得惹是非。”兄弟俩不信，想看个究竟，在庄上待了一天，果然无事。兄弟俩对鬼谷子非常佩服，加上两件事都未算灵，心中甚为纳闷。二人决定上山找鬼谷子先生请教。

兄弟俩一路打听，好不容易找到了鬼谷子的住处，可大门紧闭，门上留着一条，条上写道：“吴杰土灵今日来，火日上梁水日开，金钗落在酱缸里，何用豆麦两处猜。”二人恍然大悟：“原来酱是由豆子和麦子两种原料做的，我们各人只卜对一半。”“他竟能算定我们俩今日来他这里？鬼谷子真仙人也。”

于是，二人已不思回家，一心拜鬼谷子为师。鬼谷子回来时，见兄弟俩坐在门前，心中甚是欢喜，收了这两个徒弟，带回云梦山，住在北桃园的云梦石屋中。

鬼谷子先生按两人的兴趣，兄主学“阴道”，弟主学“阳道”。在写两人名字时，把“吴”字上面的“口”去掉了，从此“吴杰”变成了“天杰”。

又在“土灵”的“土”字边加一“也”字，从此“土灵”变成了“地灵”。鬼谷子向天杰、地灵讲授《周易》，教他们观天象、星相、面相、推命诸法。并送天杰《鬼谷子观气色出相图》、《鬼谷子天隋灵文》各一卷，送给地灵《鬼谷子先生五命》、《鬼谷子天甲兵常禳术》。以后“天杰”“地灵”将所学传给司马季主，又一代一代传给李虚中，因此历代占卜名人都称鬼谷子为先师。

鬼谷洞与云梦豆腐

当初孙膑、庞涓一块来到云梦山拜鬼谷子为师，每天练武习文，倒也不错，可后来慢慢地显出差别来了。孙膑是敬师如敬父，吃苦耐劳，毫无怨言。庞涓呢，光想着下山当官拿俸禄，学到一星半点本领，就觉得了不起，因此练武偷懒，干活耍滑，所以鬼谷子喜欢孙膑，讨厌庞涓。可庞涓不从自己身上找原因，倒怨恨起孙膑来了，常找孙膑的茬，陷害孙膑。

有一天，师父生病了，吃不下饭，躺在水帘洞里呻吟不止。孙膑着急了，得想个法子让老师吃点新鲜东西，可山上有啥呀，五谷杂粮，煮煮蒸蒸，都吃腻了。想个啥法，叫它变变样呢？哎，不如把这黄豆青豆磨磨，叫老师喝碗豆浆变变口味儿。说干就干，他找了两块石头，把豆子磨成了浆，放在洞口外一口锅里煮。不一会儿，煮了一锅热气腾腾的豆浆。孙膑望着豆浆锅，心想，可别凉了。干脆我连锅端进洞里，叫师父趁热喝吧。

孙膑端着一锅浆就往山洞里走去。到洞口那儿，端不动了，就放下锅喘喘气。谁知洞口崖上晾着他平时淋的盐，夜间露水大，湿了。露水经盐一过滴到锅里，一霎时，那豆浆结成了块。孙膑看了，十分惊奇。咦，这是咋回事呀？天也不算太冷，豆浆咋冻了？要说冻了吧，还冒着热气呢。再仔细一看原来是崖顶盐上的露水滴进锅里。噢，是“盐露”呀！那不要紧，盐是食中宝，甘露是仙人餐，这说不定是天赐的佳肴珍馐呢。孙膑把凝聚的豆浆端进洞里，盛了一碗，请师父品尝，果然松软鲜嫩。师父一连喝了三碗，喝饱了才问：“徒儿，今天给为师做的是什么东西啊？”

孙膑随口答道：“师父，这是‘豆腐肉’哎！好吃吗？”

“嗯，好吃，好吃!”“好吃，明儿我还给你做。”

从那以后，孙膑就每天给师父做一锅“豆腐肉”吃。不几天，师父的病就好了。

师父这次病好后，对孙膑更好了，背着庞涓多教给孙膑好多绝技。孙膑的能耐就越来越大了。

庞涓呢，见师父常常当着他的面夸奖孙膑，又常背着自己单教孙膑，甭提多恼恨了。他想，非得坑你们一次不行，叫你们俩也尝尝我的苦头。

这天夜里，庞涓悄悄起来，来到洞口外边，把崖上的盐巴拉一边，弄些白石膏面放上，泼上水，就不辞而别，独自下山走了。

第二天一早，孙膑又起来煮了一锅豆浆，端到山洞口接盐露水，哪知，流下来的不是盐露水，而是冲下来的白石粉呀。不过，说也奇怪，那豆浆照样结成了块。孙膑端过去让老师一吃，也还不错，不过吃完之后，稍微有点“苦头”。原来，这都是在师父预料之中的事，师父是有意用这法考验两个徒弟的。

后来，这事传到了民间，民间就有了做豆腐的行业。豆腐就是“豆腐肉”的简称。因为做豆腐的分别是孙膑、庞涓两个人教的，所以点豆腐有两种方法。一种是用卤水，另一种是用石膏。这两种方法点出来的豆腐大家都爱吃。不过，细品起来还是有差别。卤水点的豆腐有一股子甜味，石膏点的豆腐总有那么一点苦头。不信，你就仔细品尝品尝。

鬼谷墟死考仪秦

张仪、苏秦上山不久，鬼谷子询问他们想学什么学问。苏秦说：“我从小就喜欢与人斗嘴，愿意学成一张利口，可周游列国，横行于天下。”

张仪说：“弟子与苏兄情同手足，志趣相同。”

鬼谷子说：“你二人的心思和我想的一样。那么好，就传与你俩纵横之术。”鬼谷子停顿了一下，接着说：“纵横之术具体说就是口舌之术。可别小看了这小小的口舌，若习得上乘功夫，可口若悬河，滔滔不绝。古今上下，旁征博引，使人想不愿想之想，行不愿行之事。三寸不烂舌可周游天下，两片朱红嘴横行九州。

成也于斯，败也于斯。有道是：纵成为霸，横成必王是也。”

苏秦和张仪惊异万分：“没想到这小小的口舌竟会有如此的神力。”

“此乃五行相生相克之道也。麻雀虽小，五脏俱全，秤砣不大，可抵万斤。口舌之中，容天下万物，心中所思，得包罗万象。你二人若能认真学习，刻苦锻炼，今后自有成功之时。”

苏秦看了一眼张仪，张仪也看了一眼苏秦，两人的眼里分明是兴奋的光芒。

鬼谷子接着说：“这纵横之术可谓普天之下，无所不有，率土之滨，无所不包，可谓细致万分，但此术也有其精髓之处。只要认真领会其精髓，再演绎而致其末梢，将有形的书写文字，化为无形的随身技能，则可游刃于群雄之中而得其乐也。纵横之术可大致分为捭阖、钩钳和揣摩三大招法。捭者，料其情也。就是要了解对方的意图，度量对方的智慧，测算对方的能力，估计对方的技巧，从而心中有数；阖者，结其诚也。就是要使对方封闭起来，接近对方，使对方相信自己而无疑，从而坚定了对方的诚意。捭阖之术，乃阴阳之道也，有阴阳必有捭阖。钩者，利而诱之，阻而疏之，顺而随之，势而导之，威而胁之。就是要引诱对方说出自己的真实想法，从而掌握对方；钳者，掌握对方者也。就是要抓住对方的弱点，掌握对方的意图，控制对方，使对方按照我方的想法行事。既可将对方引向西，也可引向东，可引向反，也可引向正。总而言之，将对方不露声色地引向自己的圈套中。揣者，测其情也。就是要测算对方的实力、对方的民情、对方的能力、对方的各种关系；摩者，揣之术也。就是有目的、有计划地去了解对方的各种情况。正如钓鱼一样，必须先投鱼饵，才能钓上大鱼。这三大招法，乃是纵横之术的精华所在。你们二人若要学成此技，除潜心琢磨此术之精华外，仍需遍及细节，方能练成真功。”

“弟子领教了。”

此后，苏秦和张仪在鬼谷子的教导下，苦练纵横之术，自觉学问大长，与往日不可同日而语，心中无比高兴。

这一天，鬼谷子派人将苏秦和张仪叫来。苏秦和张仪心想：先生叫我们，一定又有什么新的学问要教了。两人高高兴兴地来到鬼谷洞，看见先生正站在洞中沉思，他俩不知道先生又有什么花招，于是相互嘀嘀咕咕：“先生今天是不是要教我们轻功呀？”

两人来到先生的面前，一起施礼：“先生。”

“噢。”

两人一听，先生的声音不对。抬头一看，见先生脸色阴沉，甚至有点怒气冲冲。两人傻眼了，不知是怎么回事。先生很少发火，但这次看样子火气还蛮大，谁也不敢做声了。先生说话了：“你们两个跟我来。”先生把他们带到洞旁两个大坑边，说：“给我下到坑里去！一人一个，快！”

苏秦和张仪面面相觑，这是演的什么鬼把戏？想问吧，看看先生怒气冲冲的脸，又不敢问，只好乖乖地跳入坑里。“你们干的好事！”先生发话了，“没羞耻的东西！”苏秦和张仪战战兢兢地回答：“弟子们不曾干什么。”

“还敢嘴硬！你们干了什么，你们自己知道。为了澄清鬼谷子的名声，我今天要清理门户。有什么后话现在赶紧说，说完你们就要葬身坑中了。”

苏秦和张仪吓得魂飞魄散，连忙跪在坑内磕头：“不知弟子做错了什么事？”

“这样的丑事难道还要我说出口吗？”鬼谷子呵斥着。

苏秦一看，这样和先生僵下去也不好，眉头一皱，计上心来，他边磕头边向鬼谷子说：“先生，即使是我们的不是，您念我们无知，怎么惩罚我们都行。我们跟您这么长的时间，情同父子。一旦相离，您就不心疼？”

鬼谷子一听，叹了口气：“你说的也有道理，我怎么能舍得呢？可是这家法……”鬼谷子沉思了一会儿，“这样吧，从现在起，你们就开始说。谁要能说哭了我，我就饶了他的死罪。若是说不哭我，就别怪先生我无情了。”

苏秦一听，有门儿。忙噙着眼泪对张仪说：“师兄，先生说了，谁说哭了他，就免谁的死罪。我就先说，我若是说不哭先生，我死之后，你就再接再厉，一定会说哭先生的。”

张仪也噙着眼泪说：“师弟，还是让我先说！”

苏秦拦住他说：“师兄，别争了，就让我先说吧！”两个人争执起来。

鬼谷子看在眼里，心里好笑。原来这是他考核学生的特殊方法：置之死地而后生。他见苏秦和张仪还在争执，就说："你们别争了，苏秦先说。"

苏秦深情地望了一眼张仪，向着先生就说了起来。开始，鬼谷子只是有心无心地听着。半个时辰过去了，鬼谷子有点动容了。又半个时辰过去了，鬼谷子的眼角和嘴角都往下咧。又是半个时辰过去了，鬼谷子的眼泪在眼眶里打转转。又是一个时辰过去了，鬼谷子已是热泪沾襟，放声痛哭了。苏秦这才停住，他已是汗流浃背，口干舌燥了。

张仪看见师兄说哭了先生，自己也有了信心。三个时辰过去后，鬼谷子也只有掩面呜咽了。

鬼谷子很高兴，大声说："很好，你们俩都通过考核了。"

苏秦和张仪这才明白先生这是在考核自己。

又过了几天，庞涓下山去了，苏秦和张仪十分羡慕。一年后，孙膑也下山了，苏秦和张仪更坐不住了。他们商议好了，一起来和先生辞行。鬼谷子说："天下最难得聪明之人，以你们二人的品质，如果一心一意地修道，都可以成为神仙。为什么还要到凡尘中忙忙碌碌，为功名利禄而奔波呢？"

苏秦和张仪齐声说："良材不终朽于岩下，良剑不终秘于匣中。我二人跟随先生学习，就是要找时机建功立业，扬名后世呀！"

"你二人中就没有一个人愿意留下来陪伴我吗？"

苏秦和张仪对视了一眼，没有回答。鬼谷子叹了口气说："没想到仙才如此难得？既然你们都要走，我也给你们各占上一课。苏秦先吉后凶，张仪先凶后吉。苏秦的学说先流行，张仪的学说后贯彻。我看孙膑和庞涓情势所迫，恐怕难以顾及兄弟情谊。二虎相争，必有闪失。你二人今后一定要互相推让，互相帮助，不要忘兄弟情谊。"鬼谷子从怀中掏出两卷书，分赠给了苏秦和张仪二人。苏秦和张仪一看，是姜太公的《阴符》，很是诧异："此书弟子们早已熟读，不知为什么先生今天还要赠给我们？"

鬼谷子说："你们虽然熟读，但还不能完全掌握其精华。他日一旦不得志，就拿出来再研究，自然会有收益。"

仙师托梦

这一天，鬼谷子正在谷中闲坐，忽闻飒飒风声，犹如侃侃雄辩，不觉心潮滚滚。掐指算来，不禁欣然跃起，大呼难得。心说：天下诸侯不兴于此二人之手，也将覆灭于此二人之手。于是命徒弟们刻苦攻读，自己腾云而去。

鬼谷子为什么事如此兴奋呢？原来他在静坐之中，发现了两个旷世奇才。一个是魏国人，名叫张仪，另一个是东周洛阳人氏，名叫苏秦。这两个人可不得了，在此后的战国时期，此二人可说是翻手为云，覆手为雨，仅凭着一条三寸不烂之舌，两片说活死人之嘴，就搅得各国团团乱转，天地为之震动。尽管此时二人还只是两个穷困潦倒的青年，但鬼谷子已经感到了此二人的灵性，因此特别从鬼谷出来，收此二人为徒，加以点化，助此二人成其大业。

正当鬼谷子从云梦山腾云而出的时候，苏秦和张仪已从路上拣到了不少食物，正在一棵大树下，边吃着，边讨论着问题。

苏秦和张仪本来来自不同的国家，因为都胸怀大志，要建一番丰功伟业，四处云游，访贤求道，这才相遇。两人各吐胸中抱负，深感默契，于是结伴而行，结为兄弟。他们十分穷困，不得不轮流剪下头发卖钱相依为命，或者在大路上找些他人抛弃的食物充饥。但两人非常好学，而且目光很高，不是大智大勇的人的书，他们都不认真读。偶尔遇到经典著作，在旅途上无处可写，他们也要写在手上或大腿上，晚上住下来再誊抄。他们没有钱买竹简，只好自己动手，每天把竹子劈开做竹简。有时遇到好的树皮也撕下来代替竹简，以便抄写天下的好书。

两人吃完了东西，就在大树下打个盹。朦胧中，苏秦看见一位相貌奇特的老人向自己走来，问："你们为什么这样辛苦？"

苏秦没有回答，而是反问老人说："您是哪国人？"

老人笑着说："我哪国人也不是，我生在鬼谷，长在鬼谷，人叫鬼谷子。"

苏秦觉得很是惊异。老人接着说："我看你们虽然衣不遮体，食不果腹，但似乎还有点学问。不知是否想学一些高深的学问呀？"

"当然想学！"苏秦回答。

"那好！"老人说着，从怀中取出两卷书，一是《阴符》，另一是《揣摩》。苏秦接过来读了几行，似有所悟。又读了几行，觉得茅塞顿开。还要再看时，老人伸手将书收了回去，装入怀中，接着就消失了。迷茫中，苏秦似乎听到这样一句话："若要书，上鬼谷。"

"老丈，老丈！"苏秦大声叫着，一睁眼，原来是南柯一梦。正觉得奇怪，只听得身边有人大喊："老丈慢走！"是张仪在说梦话。

苏秦把张仪推醒问："你是否梦见一个老人？"

"是。"张仪揉揉眼睛，回答说。

"老人是否叫鬼谷子？"

"对！"张仪感到奇怪了。

"老人是否给你看了两卷书？"

"没错！"

"还记得书的名字吗？"

"一本叫……《阴符》，一本叫……《揣摩》。"两人异口同声地说。说完，两人都怔了一下，接着就哈哈大笑。张仪问："秦兄如何得知？莫非我说梦话了？"

"并不是你说梦话，而是我也做了同样的梦。"

"那就奇怪了。难道是……"

苏秦抢过来说："难道是我们的诚心感动了上天，派世外高人来点化我们？"。

"说得对！不管怎么样，我们要去鬼谷！"

"对，去鬼谷！"

两人下定了决心，要到云梦山的鬼谷去找鬼谷先生。

两人经过千辛万苦，一路行乞问路，终于来到了鬼谷井，沿清溪而上。眼见着绿水青山，鸟语花香，真乃仙境也！两人不住地感叹。一路行去，也不知有多少情趣。走着走着前面一座大山挡住去路。脚下是湍湍流水，两旁是陡峭的岩壁。路到哪里去了？两人正思忖着，只见一大群飞鸟从悬崖边上

飞出来，顺着鸟飞的方向再走几步，便发现沿山脚又一条小路，峰回路转。待绕过小路，柳暗花明，天地豁然开朗。岩壁上，书写着两个朱红大字“鬼谷”。当他们来到鬼谷洞见到鬼谷先生就是梦中之人时，更是佩服得五体投地，连忙跪下礼拜，口称：先生。

鬼谷子心里高兴，接受了二人的礼拜，又让他们和孙膑、庞涓等师兄弟见了面。

夜识无字天书

相传，鬼谷子的师傅升仙而去时，曾留下一卷竹简，简上书“天书”二字。打开看时，从头至尾竟无一字，鬼谷子一时心中纳闷。与师父相依为命九年时光，感情日笃，今天师父突然离去，一时觉得无着无落，心中空空荡荡的，无心茶饭，钻进自己的洞室倒头便睡。可又如何睡得着，辗转反侧，老是想着那卷无字天书竹简，直折腾到黑，那竹简仍在眼前铺开卷起，卷起铺开，百思不得其解。索性爬将起来，点着松明火把，借着灯光一看，吓得他跳了起来，竹简上竟闪出道道金光，一行行蝌蚪文闪闪发光，鬼谷子叹道：“莫非这就是世传‘金书’。”

一时兴致倍增，一口气读将下去，从头至尾背之成诵。原来上面录着一部纵横家书，尽讲些捭阖、反应、内揵、抵巇、飞箝之术。共十三篇。

第一篇大意是说：与人辩论，要先抑制一下对方的势头，诱使对手反驳，以试探对方实力。有时也可以信口开河，以让对方放松警惕，倾吐衷肠；有时专听对方陈说，以考察其诚意。要反驳别人就要抓牢证据，要不让人抓到证据，就要滴水不漏。对付对手有时要开放，有时要封锁，能把放开与封锁灵活运用就可以滔滔不绝，变化多端。只有这样才可以说人，可以说家，可以说国，可以说天下。

第二篇大意是说：与人辩论，要运用反复的手法。反过去可以知其过去，复回来可知其现今。如果反反复复地试探，没有摸不到的底细。有时可以运用反辞来试探对手，要想听到声音就先沉默，要想张开，就先关闭；要想升高，就先下降；要想夺取，就先给予。

第三篇大意是说：要掌握进退的诀窍，这诀窍就是抓住君主的爱好，只要抓住了就可以随心所欲，独往独来。如能顺着君主的情绪去引导或提出建议，就能随机应变，说服君主。

第四篇大意说：凡事都不是铁板一块，都是有裂痕的。在辩论中要能利用别人的裂痕，同时，还要防止自己一方的裂痕。秋毫一样的裂痕，可以发展为泰山那样大。所以当裂痕小时要补住，大点时要切断裂缝，当大到不可收拾时就干脆将其打破，裂痕也就消灭了。

第五篇大意说：与人雄辩要设法勾出对方的意图，用飞箝之法套出对方的真话，再用钳子钳住，使其不得缩回，只好被牵着走。这样就可纵可横，可南可北，可东可西，可反可复。

第六篇大意说：要想说服他人，必先衡量一下自己的才能长短，比较优劣，自身才质不如他人，就不可能战胜他人。

第七篇大意说：要游说天下人君，必须会揣测诸侯真情，当人极度兴奋时，就无法隐瞒真情，当人极度恐惧时也无法隐瞒真情。在这时才能有效地游说和说服人。

第八篇大意说：善于摩意的人就像钓鱼一样不动声色，让鱼自动上钩，“摩”的目的就是刺激对方，让他不由自主地上你的钩。把事情办成功，使人不知不觉。

第九篇大意说：要游说人主，就要量天人之权，要比较各诸侯国的地形、谋略、财货、宾客、天时、安危，然后才能去游说。

第十篇大意说：要做大事，就要有一个向导，就像指南针一样，游说的向导是谋略，要先策划好，再按着策划的目的去游说。

第十一篇大意说：游说要先解疑，解疑的好办法是让对方道出实情。

第十二篇大意说：耳朵要善于听，眼睛要善于看，用天下之耳听，则无不闻；以天下之目看，则无不明；以天下之心虑，则无不知，只有对事情了如指掌，才能言无不验，言无不听。

第十三篇大意是：游说要靠巧辞，要对什么人说什么话，说什么话就要采用什么办法和说辞。不要简单直言，要研究讲话的对象，讲究讲话的技巧。

读完这十三篇，鬼谷子不禁拍案叫绝，平素与真人辩论从未有主动之时，原来真人有如此金书，不知者怎可与之争强。不禁想起与师父一起生活研习的时光，一股股暖流，一阵阵的心酸，不时又加几分孤寂。于是，熄了明火，钻进被窝睡去。夜间少不得梦见金书在手游说天下。

第二天醒来觉得十分困顿，但还是放心不下金书，又打开想细细推敲，不料书中又一字皆无。鬼谷子从头翻至书尾还是一字不见，更觉此书乃师父至宝，要十分珍重，走进内洞将其摊在卧榻之上。然后走出洞门照师父所嘱练功、作法，一日三餐虽不香甜，倒也好打发日子。不觉日落偏西，黑夜又至，鬼谷子走入内洞上榻休息，只见金书闪着金光，字迹依稀可见，鬼谷子越觉奇了，原来月光从天窗射进来照在金书上，至此鬼谷子发现这金书原属阴性，见日则不显，在月光，灯光下才显其缕缕金文，真乃旷世奇书。

鬼谷子走出内洞，到石桌边，掌上烛明火把，又读将起来。

怎么换了文章，昨天读的本是纵横之言，如今怎么成了兵法？于是把竹简细细翻一遍，还是兵法，并无纵横之术。这书更加奇了。于是一口气读将下去，仍然是十三篇。

第一篇大意说：纵横捭阖乃万物之先，是方略、圆略、出入的门户。治世安民，一统天下，并非良策。拥力而避战，交言而弭兵，不战而屈人之兵，以战而止战才为上策。

第二篇大意是说：兵机大事在知己知彼，要有制胜之谋，必须审其情，定其基。掌握敌情要快、要全，暴露给敌人的要少、要慢，阴谋与阳谋，阳谋与阴谋，方略与圆略，圆略与方略，要交替运用，不可固守一端。兵无定

策，策无定形，使人无可乘之机，这就是“天神”。

第三篇大意说：君臣上下之事，有亲有疏，有远有近，君臣之间远远听到声音就思念，那是因为计谋相同，等待他来决策大事。在这种情况下君主要重用，将帅就要出仕，建功立业。如果在君主近前不被任用，那是计谋不合，在这个时候解甲归田才是上策。

第四篇大意说：合久必分，分久必合，这是自然的。圣明君主，见到世事有了裂痕，就要设法去抵住，而抵法有几种，世可治则抵而塞之，不可治则抵而得之。五帝的政权就要夺取，诸侯之间的征伐是不可胜数的，这时参与争霸才是上策。

第五篇大意说：凡要决定远近征伐，就要权衡力量优劣。要考虑敌我双方的财力、外交、环境、上下关系，那些有隐患的就可征服。征服的上策，是靠实力去威慑。然后，令其或纵或横，或南或北，或东或西，或反或复，听我摆布。

第六篇大意说：各国之间或联合，或对抗，要成就大业，需有全面计谋。要能携四海包诸侯。不是圣明君子，不能通过深层的智谋，则不能统帅国家，没有智慧的人不能主持用兵。要正确确立联合谁，打击谁，关键在于自己要有才能智慧，比较双方长短远近，然后才能可进、可退、可纵、可横，把兵法运用自如。

第七篇大意说：要策划国家大事，就必须会揣测他国的想法，如果不会揣情，虽有先王之道，圣智之谋，也是没用的。揣情是计谋的根本。

第八篇大意说：主持练兵，使军队能打胜仗而士兵又没畏惧感，使军队

常在不动兵器、不花费钱物的情况下就能取得胜利，这才算“神明”。而要做到这一点，关键在于谋略，而谋略是否成功，关键又在于周密。

第九篇大意说：善于争霸天下的人，必须权衡天下各方的力量，要度量各国的土地人口、财富、地形、谋略、团结、外交、天时、人才、民心等国事。然后才能做出重大决策。

第十篇大意说：凡兵谋都有一定规律。事生谋，谋生计，计生议，议生说，说生进，进生退，退生制。计谋之用，公不如私，私不如法，正不如奇，奇流而不止。

第十一篇大意说：凡是要做出决断，都是因为有所疑惑，在一般情况下是可以通过分析来决断的。而军中大事，各方面头绪十分复杂，难于决断时，可以用占筮的方法决断大事。

第十二篇大意说：在用兵将之时要赏罚严明，用赏最重要的是公正。赏罚严明才能无往不胜。

第十三篇大意说：举事欲成乃人之常情，为此，有智慧的人不用自己的短处，而宁可用愚人的长处，不用自己笨拙的方面，而宁用愚人所擅长之处，只有这样才不会穷困。

鬼谷子的这十三篇兵法与后世所传孙子兵法十三篇，一文一武互为表里，相辅相成，鬼谷子所传为文兵法，而孙武所传为武兵法。鬼谷子主张以圆略致强兵，孙子则主张以方略而致全胜。两部兵法都主张不战而屈人之兵。

鬼谷子从发现了金书的奥秘以后，每夜读一遍，则每夜可得一书。

第三夜得的是致富奇书，里面讲些养殖方法，贸易原则，讲“将欲取之必先予之”，讲“世无可抵则深隐以待时”。此法由鬼谷子传给计然、范蠡（即陶朱公）及吕不韦、白圭等人。

第四夜读到的是《养性修真大法》，里面主要讲述《本经阴符七术》，讲盛神靠五气，神为之长，心为之术。五气要靠志、思、神、德等精神因素。这四者不衰，静和养气才能成为真人。鬼谷子以此秘诀传茅蒙、徐福，以后又传陶宏景诸人。

第五夜读到推命相面术，里面讲天武经；命数、面相及人生祸福，此法亦由鬼谷子传给茅蒙，以后又传给司马季主、李虚中等人。

第六夜、第七夜……鬼谷子每夜必读一遍，每次一部新书，天上人间、治国安邦、仕途经济、天文地理、星命术数、丹药养生，无所不有，取之不尽用之不竭。鬼谷子视为珍宝，爱不释手。

孙膑、庞涓

〔孙　膑〕

孙膑（？—前316年），其本名不传，是中国战国时期军事家。齐国阿人（今山东阳谷人），孙武后代，身长七尺（约为1.86米）（其实孙膑没有那么高，秦朝的长度不正确）与庞涓同学兵法，后庞涓为魏惠王将军，诳他到魏，处以膑刑（去膝盖骨），故称孙膑。后经齐国使者秘密接回，被齐威王任命为军师，马陵之战，身居辎车，计杀庞涓，大败魏军。著作有《孙膑兵法》，久已失传。于1972年在山东临沂银雀山出土，有一万一千余字。

孙膑，中国军事家。战国中期齐国人。少时孤苦，年长后从师鬼谷子学习《孙子兵法》，显示了惊人的军事才能，不料，他却因此遭人暗算……

樵夫做鞋报孙膑

过去，鞋匠们都敬孙膑，称他为孙祖。祖师庙里还有孙祖殿，每逢过年过节，鞋匠们都来敬祀一番。为什么呢？据说鞋匠们用的鞋砧子就是孙膑的脚。

早年间，人们都是穿自家做的鞋，没有给人家做鞋的，现在做鞋这一行都是因为孙膑才兴起的。传说，孙膑在鬼谷山上修成了半仙之体。这一日下山走到半路上，遇见一位樵夫，被毒蛇咬了双脚，疼得躺在地上直打滚。孙膑过去一看，樵夫的脚肿得像发面馒头一样，满头大汗，脸色蜡黄，眼看就不行了。他急中生智，一剑把那樵夫的双脚给砍了下来。这一砍，不要紧，那樵夫立时就昏了过去。孙膑连忙从自己身上撕下一块布给樵夫包扎双腿。心想，这下蛇毒攻不到心上，樵夫的命就可以保住了。果然，不一会儿，樵夫就苏醒过来。他睁眼一看，自己的双脚没了，急得大哭。孙膑只好安慰他说："是我把你的双脚砍掉了。要不然，你的命也保不住了。"

谁知樵夫听了孙膑的话，不但没有感谢他，反而埋怨说："哎呀，这你哪是在救我呀，还不如让我死了好呢！"

"你怎么这样说话呢？难道我救你不对吗？"

"不是的。你也是好心。可是，你想想，我是个打柴的，打柴的没了双脚，还有什么活路呀。这回我们全家老小只好等着饿死了！"打柴人说着竟哭了起来。

孙膑一想，也是啊！人家是个樵夫，没有了双脚怎么行呢？唉，救人救到底，我不如把自己的双脚给了他吧。于是，心一横，眼一闭，咬紧牙关，"喀嚓"一剑便把自己的双脚砍了下来，然后，爬过去把两只脚接到了樵夫的腿上。说也奇怪，刚接上去，樵夫就能站起来走路。这回樵夫可真受感动了，冲着孙膑直磕响头。口中说道："恩人啊，这可怎么得了啊！您没有双脚可怎么走路呢，您叫什么名字家住哪儿？要到哪儿去呀？"

樵夫问个没完没了，孙膑忍着剧痛，强打精神，笑着说："没什么，没什么。我要下山，你把脚上的鞋脱下来给我安上吧！"

"这，能行吗？"

"能行。你只管脱吧！"

"嗯，好好。"

樵夫忙把孙膑的鞋从自己脚上脱下来，给孙膑安到了腿上。刚一安好，孙膑就不觉着痛啦。接着就从地上站了起来，轻轻地跺了跺，就听见"噗噗"两声，像是两只空鞋声音。不过，孙膑既然能站住，也不觉着疼，樵夫也就放心了。

孙膑看樵夫没事了，就捡起宝剑朝山下走去。樵夫跟着一直送了很远，到了山根，两人才分了手。等孙膑走的没影了，樵夫突然想起："哎呀！怎么连恩人的名字和住处也没问问清楚呀！唉，我真糊涂！再往前追吧，天已经黑了，恩人也不知是朝哪个方向走的。"无奈，只好返回家中。

樵夫回到家里把今天遇见的事儿一说，老婆孩子都埋怨他。说他不该让恩人就这样走了，说啥也该把恩人领回家里住几天养养伤啊。樵夫自己心里也老不是滋味，两手抱住头蹲在地上一声不吭，直怨恨自己。

这时，樵夫的老婆说："别难过啦，后悔也晚了。俗话说，滴水之恩，当以涌泉相报。人家救了咱全家的命，怎么也得报答人家的大恩大德呀。我看这样吧，咱赶紧照着恩人的脚样给他做鞋，不然恩人脚上的鞋磨破了，又该受罪了。"

一句话提醒了樵夫，他刚要站起来，一想又蹲下了。"唉，不行啊！"樵夫捶着自己的脑袋说，"我忘了问恩人的名字和住处了，做好了鞋也送不到恩人手里呀！"

"哎，有心大海能捞针，无心小事也难成。只要咱下决心报答人家，早晚有一天能把鞋送到恩人手里。"

樵夫一听这话，浑身充满了力量，"好，你说的对，你做鞋，我去送。"

从此以后，樵夫的老婆孩子每天赶做鞋，让樵夫捎下山去。

开始，樵夫见人就打听恩人的下落，后来实在打听不到就又想：不如把鞋送给人们穿。只要大家都穿上我家做的鞋，恩人也就不例外了。

可是，樵夫哪里想得到，孙膑下山之后，就被庞涓给坑害，把两只脚给锯掉了，可那双脚本来就是假的。孙膑为了报仇，想麻痹庞涓，就再也不穿鞋，再也不走路了。

因此，樵夫的鞋始终没送到孙膑手里。樵夫见不到孙膑，不知道他已经不需要穿鞋了，就一直不停地做鞋，做了鞋就送给人们穿。后来他死的时候，还把儿孙们叫来，再三叮嘱说："当年救我的恩人，是位大好人，一定会长生不老的。你们等我死后，要把我的双脚留下来，继续照样做鞋。这样恩人就能不受罪啦。你们可一定得听我的话呀！"儿孙们连连答应。

就这样樵夫死后，这一家人还是照样做鞋送人。天长日久，人们都感激这家人家，谁穿了他家做的鞋，就送些钱粮给他们。还有的人家深受感动，也帮着他们为大家做鞋。从此，鞋匠这一行就兴起来了。

后来，鞋匠们才知道原来当年的大恩人就是孙膑，于是就敬奉孙膑为自己的行业祖师了。

青牛偷吞灵芝草

云梦山北桃园北坡百丈悬崖上，均匀地并排着三道大深沟。从崖顶直通到崖底，很像是耩地耧镬出来的沟。人们都叫它“耧腿沟”。说起耧腿沟，还有一段有趣的传说呢。

当年，孙膑在云梦山学艺时，勤奋好学，不仅深得师父鬼谷子的宠爱，而且也受到王母娘娘的赏识，因此委派他看守桃园北山崖上的灵芝草。

孙膑在学艺之暇，每天带着道童来山崖巡视，同时牵上青牛，在北桃园耩一种叫随耧秀的谷子。所谓随耧秀，就是前面耩下种子，后面的谷子随时就秀出谷穗成熟了。小道童跟在耧后收打着成熟的谷子。

日子长了，小道童觉得耩谷子、使唤青牛也没啥巧艺，自己也想试一试。一天又到桃园耩谷子，小道童对孙膑说：“师傅，能让我扶耧试试吗？”孙膑指着山崖下说：“这山崖半腰有王母娘娘种的一颗千年灵芝草，让我来看护。这青牛脾气很犟，怕你管不住它，一不小心，让它吞吃了灵芝草，王母娘娘怪罪下来，我可怎么交代！”从此小道童再不同师傅说学耩地的事了。

一天，孙膑有事外出，临行前，再三嘱咐小道童要好好看门，不准乱跑乱动。小道童看着师傅驾着祥云走远了，心里痒痒地光想去试试自己耩地的技巧。可又想起师傅的话，也不敢擅自行动。

那青牛好像猜透了小道童的心思，忽然开口说道：“道童小弟，师傅不在家，今天可是你试试耩地的好时机。”小道童一听，高兴地问：“青牛伙计，你愿意陪我前去吗？”青牛立即回答：“当然愿意。”迟疑了一会，又说：“不过你得答应我两个条件。”道童问：“哪两个条件？”青牛说：“第一，耕地时你不能施展法术。”小道童说：“这容易，我还不会施法术哩。”“第二件，你不能扯我的鼻索。”这两个条件小道童统统答应了。那青牛高兴得朝天“哞哞”直叫。

就这样，小道童扛着耧、牵着牛，沿着青龙背，直奔北桃园。学着师傅的样子，把青牛套上，顺着垄沟自南往北耩起来。

那青牛原是天上一头神牛，因它在天庭里不守规矩，玉皇大帝罚它到云梦山为孙膑耕田抵罪。它早就知道王母娘娘在云梦山种有灵芝草，一想起这颗灵芝草，就馋得直流口水，怎奈孙膑耩地时，一边紧紧牵着它的鼻索。一边还施展法术，所以他一点也不敢胡来。今天耩地之前，小道童就许诺了两个条件，它决心要把这颗千年灵芝吃掉。一到北崖边，那青牛将头一梗，脖子一伸，舌头往崖半腰一探，正好舔住那棵灵芝草。一使劲，连根吞下，咽进肚里。

这一咽不要紧，青牛顿觉浑身上下又热又燥，干渴难忍，犄角不停地摇摆，燥得哞哞乱叫。忽然想起山下断王湖里的泉水来。它不顾小道童的再三劝阻，带着耩地耧，顺着北崖“呼”的一声就奔下去啦。三条耧腿上的铁耧铧，镬住山崖，竟然镬出三道深沟。

青牛一口气跑到断王湖边，一气把湖水喝了个精光。但是还不能解渴，一时又想不起什么地方有水，干渴难耐，渐渐地渴得瘫卧在断王湖边站不起来了。

青牛被活活渴死了，化作一个山包，就是今天的金牛岭。

［庞　涓］

战国时（公元前 475—前 221 年），魏国人。在魏国任大将。公元前 354 年，庞涓率大军包围赵都邯郸。赵国向齐国求救。齐王命孙膑为军师，率军救赵。孙膑乘魏国内部空虚，率军直捣魏都大梁（今河南开封）。庞涓撤军回救。疲惫不堪的魏军走到桂陵（今河南长垣北）遇到埋伏在那里的齐军。齐军以逸待劳，大破魏军。“围魏救赵”的桂陵之战，成为历史上的著名战例。

十多年后，魏国又进攻韩国，韩国也向齐国求援。齐国仍用孙膑出兵救韩。魏国又派庞涓带兵十万迎战。孙膑用减灶计诱敌深入。庞涓中计，轻敌猛进，在马陵遭到埋伏。齐军万箭齐发，魏军主力被歼，庞涓自杀。

［孙庞演义］

本书讲述了孙膑与庞涓的恩恩怨怨。

孙膑是齐国人，吴国大将孙武的后代。他少年时与庞涓同师于著名高人鬼谷子。庞涓为魏惠王将军，因忌妒孙膑才能，将其骗至魏国，施以膑刑（摘去膝盖骨），故称孙膑。后为齐使者秘密带回齐国，经将军田忌举荐，被齐威王重用为军师。在齐、魏争雄具有决定意义的桂陵之战、马陵之战中，孙膑指挥齐军两次击败魏军，迫使庞涓自杀，使齐国成为强国之一。孙膑功成身退，隐居山林。

孙膑，中国军事家。战国中期齐国人。少时孤苦，年长后从师鬼谷子学习《孙子兵法》，显示了惊人的军事才能，不料，他却因此遭人暗算……

孙膑和庞涓是同学，拜鬼谷子先生为师一起学习兵法。同学期间，两人情谊甚厚，并结拜为兄弟，孙膑稍年长，为兄，庞涓为弟。

有一年，当听到魏国国君以优厚待遇招求天下贤才到魏国做将相时，庞涓再耐不住深山学艺的艰苦与寂寞，决定下山，谋求富贵。

孙膑则觉得自己学业尚未精熟，还想进一步深造；另外，也舍不得离开老师，就表示先不出山。

于是庞涓一个人先走了。临行，对孙膑说："我们弟兄有八拜之交，情同手足。这一去，如果我能获得魏国重用，一定迎取孙兄，共同建功立业，也不枉来一回人世。"

两人长时紧握双手，最后洒泪而别。

庞涓到了魏国后，又是送礼，又是托人说情，很快见到了魏王。魏王问他治国安邦、统兵打仗等方面的才能、见识。庞涓倾尽胸中所有，滔滔不绝地讲了很长时间，并保证说："若用我为大将，则六国就可以在我的把握之中，我可以随心所欲统兵横行天下，战必胜，攻必克，魏国则必成为七国之首，乃至最终兼并其余六国！"

魏王听了，很兴奋，便任命他为元帅、执掌魏国兵权。庞涓确有本领，不久便侵入魏国周围的诸侯小国，连连得胜，使宋、鲁、卫、郑的国君纷纷来到魏朝贺，表示归属。不仅如此，庞涓还领兵打败了当时很是强大的齐国军队！这一仗更提高了他的声威与地位，魏国君臣百姓，都十分尊重他、崇拜他。而庞涓自己，也认为取得了盖世大功，不时向人夸耀，大有普天之下、舍我其谁的气势了。

这期间，孙膑却仍在山中跟随先生学习。他原来就比庞涓学得扎实，加上先生见他为人诚挚正派，又把秘不传人的孙武子兵法十三篇细细地让他学习、领会，因此，孙膑此刻的才能更远远超过庞涓了。

有一天，从山下来了魏国大臣，礼节周全、礼物丰厚，代表魏王迎取孙膑下山。孙膑以为是学弟庞涓以魏王名义请他共创大业，很高兴两人的情谊并没有失去；但又顾恋自己的老师。鬼谷子先生见魏国使者很真诚热情、务必要请孙膑下山，也就劝孙膑："学本领固然不为谋个人富贵，但若有为国家百姓效力的可能，还是应施展自己才能的，你去吧！"

孙膑于是秉承师命，随魏国使臣下山。

其实，请孙膑到了魏国，并非出于庞涓的推荐；而是一个了解孙膑才能的人向魏王讲述后，魏王自己决定的。

孙膑到魏国，先去看望庞涓，并住在他府里。庞涓表面表示欢迎，但心里很是不安、不快，唯恐孙膑抢夺他一人独尊独霸的位置。又得知自己下山后，孙膑在先生教诲下，学问才能更高于从前，十分嫉妒。

第二天两人上朝。魏王对孙膑很敬重，"听人讲先生独得孙武子秘传兵法，才能非凡。我盼您来，几乎到了如饥似渴的程度。今天您终于来到敝国，我太高兴啦！"接着问庞涓："我想封孙膑先生为副军师，与卿同掌兵权，卿以为如何？"

庞涓最忌讳的就是这种情况，暗自咬牙。表面上却说："臣与孙膑，同窗结义，孙膑是臣的兄长，怎么能屈居副职、在我之下？不如先拜为客卿，待建立功绩、获得国人尊敬后，直接封为军师。那时，我愿让位，甘居孙兄之下。"

魏王听罢，很满意庞涓的处世为人，便同意了。

其实，这不过是庞涓防范孙膑与他争权的计谋：客卿，半为宾客，半为臣属，不算真正的魏臣——于是自然没有实权，只空享一种较高的礼遇而已。

从此孙膑与庞涓朝夕相处。两人论谈兵法，庞涓时时因学识粗浅而无话可答，而孙膑却诚心诚意为他讲解介绍。庞涓知是孙膑学过孙子兵法所致，就故意叹气自责："愚弟当年也经先生传授，但近年忙于政务，几乎遗忘了。

能不能把孙子兵书借我复习一遍？”

“此书经先生讲解后，只让我看了三天，就收了回去，并无手本在此。”孙膑诚恳地说。

“吾兄还能全部忆出吗？”庞涓问。

“基本能背下来。”

庞涓心里巴不得让孙膑告诉他，但一时又不好开口、硬逼。

有一天，魏王要试验一下孙膑的才能，就在演武场，让孙庞二人表演阵法。庞涓之阵，孙膑一眼就能看懂，并指出如何攻破。而孙膑排成一阵，庞涓却茫然不识。为怕失面子，忙偷偷问孙膑，孙膑一五一十告诉了他。庞涓听罢，赶忙走到魏王面前讲：“这叫八门阵，又可以中途变为长蛇阵。”待孙膑布置完毕来到魏王前，所回答自然与刚才庞涓所说一样。

“两卿才能并称杰出，真是魏国大幸！”魏王十分高兴。

但庞涓经过这事，便有了一种危机感。于是下决心：必须除掉孙膑！否则，日后必然屈居其下了！他心生一计，便在一次私下聚谈时，问：“吾兄宗族都在齐国，现在我们二人已在魏国为官。为什么不把兄长家属宗族也接来一起享福呢？”

孙膑一听，掉下泪来：“天灾战乱，我家亲属宗族早消亡殆尽了。当年，我只是由叔叔和峡谷的两个堂兄孙平、孙卓带到外地流浪。后来我被放在一人家当佣工，叔叔、堂兄也不知去向了！再后来我单身从师鬼谷先生，已多年没跟故乡、亲人联络，连仅有的叔叔、堂兄怕也已不在人间了吧！”

“那么，兄长就不想念故乡吗？”

“人非草木，谁能忘本？只是现在既已做了魏臣，这事就不必提起了吧。”孙膑有些伤感地说。孙膑是齐国人，而齐魏两国一直敌对，所以孙膑只有隐忍思乡之情。

“兄长说得有理，大丈夫随地立功，又何必非在故土？”庞涓安慰说。

半年之后，孙膑早把这次谈话忘了。有一天，忽然有山东口音的汉子来找他。及问，那人说叫丁乙，是齐国人，有孙膑堂兄孙平的书信带来。孙膑忙接过信。信中以孙平口气，讲述了兄弟情谊，告诉了叔叔已去世。堂兄两人已回到齐国，希望孙膑也回到故乡，把几近消亡的孙氏家庭重新建立起来。信中语气恳切、情感深重，最后再一次盼望孙膑早日归来。

孙膑看罢，不觉流下泪来。然后热情招待传信人丁乙，并写了回信请他带回去。信中讲：自己十分思念故乡，但目前已成为魏国臣子，不能很快回去。待为魏国建立了功勋，年老后，一定与两堂兄在齐地故乡相聚、欢度晚年。

不料丁乙根本不是齐国乡亲，而是庞涓的心腹家人。庞涓骗到孙膑回信，又仿其笔迹，在关键处涂改了几句："仕魏乃不得已、碍于情面。不久一定回国，为齐王效力！"然后将此信交给魏王："孙膑久有背魏向齐之心。近日又私通齐国使者。臣为忠于大王，忍痛割舍兄弟之情，现截取孙膑家信一封，请大王过目。"

"你看该怎么处理？"魏王问。

"孙膑才能不低于我，若放他归齐，将对魏国霸业不利。所以……"庞涓没说下去。

"杀掉他？"魏王一语道破。

"我与他毕竟是同学、兄弟，还是让我再劝劝他。要同意留下来，最好。若不想留，仍要归齐与我国为敌，请大王把他发到我府中，由我监管、处置，您看怎么样？"庞涓一副为朋友尽情尽义的神色。

魏王虽气恼孙膑，但在庞涓请求下，还是同意了。

庞涓当晚见孙膑："听说兄长接到了家书？"

孙膑对朋友毫不隐瞒："是。要我回乡。可我怎能辜负魏王及兄弟待我的深情？让我辞回了。"

"兄长真的不想念故乡？"

"久别故乡，怎能不想？只目前不能回去。"孙膑叹道。

庞涓深表同情，说："兄长是不是请魏王准一两个月的假期，让兄长回乡扫扫亲人之墓，然后再归来？"

“恐怕魏王会怀疑我去而不归，不会答应的。”

“兄长明天试试看。我在旁边为兄长再说几句。以兄长为人品行，谅魏王会相信的！”庞涓道。

孙膑很感动：“全仗贤弟促成了！一旦扫墓归来，我一定全身心报效魏王，再无别意！”

庞涓辞别孙膑，当夜就入见魏王：“臣奉大王之命劝他回心转意。但他不但不改，反怨恨大王。他明天还要当面以请假之名，要求回齐国！我真是爱莫能助了！”庞涓一脸无可奈何。

第二天，孙膑上朝，很奇怪没见到庞涓，因为昨晚说好一起对魏王说的。以为因事耽搁，就先对魏王讲出要请假回齐之事。不料话刚一开口，魏王就大发雷霆，不容半句解释，就令武士把他抓起来，押到军师府问罪！

见到孙膑被捆绑进军师府，庞涓装作一怔：“我因事耽误一会儿，正要上朝。怎么回事?!”

押解官员宣布魏王命令：“孙膑私通齐使，要叛魏投齐，请军师问罪！”

庞涓大惊失色，忙对孙膑说：“不要着急，我去魏王面前替你求情去！”说罢，急惶惶离家上朝。

及见魏王，庞涓道：“孙膑虽有私通齐使之罪，但罪不至死。以臣愚见，不如让他成为不能行走、面有罪记的废人。这样，既成全我们弟兄的情分，又无后患，您看怎么样?”

“照你意思办吧。”魏王道。

庞涓回府，流下泪来，对孙膑说：“大王盛怒，判兄死罪。我力争苦求，才免于一死。但要受膑刑及黥面。”说罢，唏嘘不已。

孙膑叹了一口气：“总算保住了性命，这全赖贤弟救助愚兄了！以后我定要报答的。”

庞涓于是掩面跑出大厅。不一会儿，来了行刑的刽子手，把孙膑绑起来按在地上，用尖刀剜剔下孙膑的两个膝盖骨。孙膑惨叫一声，立刻昏了过去，在他昏迷中，脸上被用黑墨刺上“私通敌国”四字。

这时，庞涓泪流满面走进来，亲自为孙膑上药、包裹，把他抱进卧室，百般抚慰，无微不至地照料。

一个月之后，孙膑伤口基本愈合，但再不能走路，只能盘腿坐在床上，真成了废人。

此时，庞涓对孙膑更是关心体贴，一日三餐，极其丰盛。倒使孙膑很过意不去了，总想尽自己所能为庞涓做点什么。开始庞涓什么也不让他干，后来孙膑再三要求，才说："兄坐于床间，就把鬼谷先生所传的孙子兵法十三篇及注释讲解写出来吧，这也是对后世有益的善事，也可因此使吾兄扬名于万代千秋呢！"

孙膑知道庞涓也想全面学习这十三篇兵法，就高兴地答应；而且从那天起，日以继夜地在木简上写起来，日复一日，忘食废寝，以致人都劳累变了形。

一个照顾孙膑起居的小男孩儿为孙膑拼命工作的精神所感动，便对庞涓一贴身卫士讲，是否求庞将军让孙先生休息几天，那个卫士道："你知道吗？庞将军只等孙膑写完兵书，就要饿死他呢！还会让他休息？"

小男孩儿一听，大惊，偷偷把这消息告诉了孙膑。犹如一盆凉水从头浇下，孙膑身心一下子凉透了。原来如此！原来如此啊！

第二天，正要继续写书的孙膑，当着小孩儿及两个卫士的面，他忽然大叫一声，昏倒在地，大呕大吐，两眼翻白、四肢乱颤。过了一会儿，醒过来，却神态恍惚，无端发怒，立起眼睛大骂："你们为什么要用毒药害我?!"骂着，推翻了书案桌椅，扫掉了烛台文具，接着，抓起花费心血好不容易写成的部分孙子兵法，一齐扔到火盆里。立时，烈焰升起。孙膑则把身子扑向火，头发胡子都烧着了。

人们慌忙把他救起，他仍神志不清地又哭又骂。那些书简则已化成灰烬，抢救不及。

小男孩儿赶忙向庞涓报告。

庞涓急慌慌跑来，只见孙膑满脸吐出之物，脏不忍睹；又趴在地上，忽而磕头求饶、忽而哈哈大笑，完全一副疯癫状态。见庞涓进来，孙膑爬上前，紧揪住他的衣服，连连磕头："鬼谷先生救我！鬼谷先生救我!!"

“我是庞涓，你别认错了！”

“鬼谷先生！鬼谷先生，我要回山！救我回山！”孙膑仍旧揪住庞涓，满嘴白沫地大叫。

庞涓使劲甩开他脏兮兮的痉挛的手，心里疑惑。仔细打量孙膑半天，又问侍卫及男孩儿：“谁对他说什么了没有？”

侍卫及男孩儿连连摇头。

庞涓仍怀疑孙膑是装疯，就命令把他拽到猪圈里。孙膑浑身污秽不堪，披头散发，全然不觉地在猪圈泥水中滚倒，直怔怔瞪着两眼，又哭、又笑……

庞涓又派人在夜晚、四周别无他人时，悄悄送食物给孙膑：“我是庞府下人，深知先生冤屈，实在同情您。请您悄悄吃点东西，别让庞将军知道！”

孙膑一把打翻食物，狰狞起面孔，厉声大骂：“你又要毒死我吗？！”

来人气极，就捡起猪粪、泥块给他。孙膑接过来就往嘴里塞，毫无感觉的模样。

于是来人回报庞涓：孙膑是真疯了。

庞涓这时才有些相信，从此任孙膑满身粪水的到处乱爬，有时睡在街上，有时躺在马棚、猪圈里。也不管白天还是黑夜，孙膑困了就睡，醒了就又哭又笑、又骂又唱。庞涓终于放下心来，但仍命令：无论孙膑在什么地方，当天必须向他报告。

这时，真正知道孙膑是装疯避祸的只有一个人，就是当初了解孙膑的才能与智谋、向魏王推荐孙膑的人。这个人就是赫赫有名的墨子墨翟。

他把孙膑的境遇告诉了齐国大将田忌，又讲述了孙膑的杰出才能。田忌把情况报告了齐威王，齐威王要他无论用什么方法，也要把孙膑救出来，为齐国效力。

于是，田忌派人到魏国，趁庞涓的疏忽，在一个夜晚，先用一人扮作疯了的孙膑把真孙膑换出来，脱离庞涓的监视，然后快马加鞭迅速载着孙膑逃出了魏国。直到此时，假孙膑才突然失踪。庞涓发现时，已经晚了。

孙膑到了齐国，齐王十分敬重。田忌更是礼遇有加。在一件小事上孙膑表现出的智谋，尤其令齐国君臣叹服。

田忌喜欢赛马，但却时常输掉。有一次，他又与齐威王赛马，马分上、中、下三等，对等竞赛，三场全输，田忌好不丧气。这时恰巧孙膑在场，便给田忌出主意说："待到明天，你听我的方法，保证您能获胜。"田忌一听，当即与齐王约定赛马，并一注千金。第二天，观众达千人。齐王的骏马耀武扬威，十分剽悍。田忌有些不安，问孙膑："先生有什么办法，使我一定取胜呢？"

孙膑道："齐国最好的马，自然都集中在齐王身边。我昨天看过，赛马共分三个等级，而每一级的马，都是您的比齐王稍逊一筹。若按等级比赛，您自然三场皆输。可我们可以这样安排：以您第三等的马与齐王一等的马比赛，必然大输。但接下来，以您一等马与齐王二等马、以您二等马与齐王三等马去赛，就可保证胜利。因此从总结果看，二比一，您不就获胜了吗？！"

田忌一拍额头："我怎么就不会动脑筋呢？！"于是按孙膑的话去做，果然赢了齐王千金。

只这一件小事，足以体现孙膑的聪明智谋。齐国上下无不交口称赞。

再讲庞涓。庞涓在魏国掌军权，总想靠打仗提高身份与威望。在孙膑逃走不久，他又兴兵进攻赵国，打败了赵国军队，并围住赵的都城邯郸。赵国派人到齐国求救。

齐王知孙膑有大将之才，要拜他为主将。孙膑道："我是残疾人，当大将会令敌人耻笑。还是请田忌为将，才好。"于是齐王命田忌为将；孙膑不公开身份，只暗中协助田忌，为他出谋划策。

田忌起兵，要直奔邯郸解赵国之围。孙膑劝止，道："我远途解赵国之围，将士劳累，而魏军以逸待劳。而且赵将不是庞涓对手，等我们赶到，邯郸可能已被攻破。不如直袭魏国的大梁，而且一路有意宣扬让庞涓得知。他必弃赵而自救。这样，我则以逸待劳，形势就大不同了！"

田忌觉得有理，便按计行事。

结果，不费吹灰之力使邯郸脱离了危险；又在庞涓率部回救途中，正疲惫不堪时，大胜魏军，使之死伤两万余人。直到这时，庞涓才知道孙膑果然在齐国与自己为敌。

十多年后，庞涓又带领10万大军、1000辆兵车，分三路进攻韩国，韩国

自知不能取胜，派人到齐国求救。

听到韩国求救之事，齐国君臣忙在朝堂议事。威王问众臣：救还是不救？

邹忌主张：不救。让这两邻国自相残杀，于齐国有利；田忌等人则极力要求去救：不救，一旦韩被魏吞并，魏国力大增，必要进攻齐国。那时就危险了！

此时，只有孙膑含笑不语。

齐威王问他该怎么办。孙膑道："这两种意见都不好。我们应该'救而不救，不救而救'。"

众人都不明白。

孙膑解释："不救，则魏灭韩，必危及我国；救，则魏兵必先与我军开战，等于我们代韩国打仗，韩国安危无恙；但我国无论胜败，都要大伤元气。所以这两种意见都不很好。我认为大王应采取这样方针：答应救韩，以安其心。韩国必然努力坚持与魏国死战。等到两国都疲惫之极，马上要分胜负时，我们再真正出兵击魏，这样，攻击已筋疲力尽的魏军，不用大力；救解已快失败的韩国之危，他们也必定感激。于是，少出力而建功多，不更好吗?!"

齐威王一听，佩服得鼓起掌来："太好了！"便命田忌、孙膑统兵，伺机救韩。

到了韩魏已打了段时间后，齐军又按孙膑谋划：不救韩，而袭魏国首都大梁。

庞涓闻讯，暴跳如雷，大骂孙膑狡猾，发誓与齐军决一死战，于是气冲冲率师迎战齐军。孙膑知庞涓兵来，制止田忌迎敌的打算。

田忌不解："以逸待劳，不是上次成功战法吗?"

"此次不同，庞涓怀忿怒、挟气势而来，若正面交锋，我军纵胜，损失亦大。不如如此这般……"孙膑小声说出计策。

庞涓提兵赶到魏国，齐军已撤离。庞涓决心与孙膑拼个你死我活，拼命追击。追击前，他派人去数齐军营垒中的灶迹，一听竟有十万之多，吃了一惊："齐军人多，我们不可轻敌！"待追了一天，再数齐军遗下灶迹，只剩五万了。庞涓大喜："齐兵厌战，更闻风丧胆，逃亡过半了！快追！"及第三天，齐军只有三万个灶了。庞涓再也抑制不住冲动，下令："不顾一切，尽快赶过去，务必活捉孙膑!!"自己更披甲执戈，亲自率二万轻骑，日夜兼程追击齐军。

再说孙膑，在计算日程、地点后，他在马陵道设下埋伏。马陵道，是夹在两山间的峡谷，进易出难。孙膑又让人在道中一棵大树上刮下大片树皮，用墨写上六个大字："庞涓死此树下！"然后在附近安排五千弓弩手，命令："只看树下火把点亮，就一齐放箭！"

庞涓赶到马陵道，已黄昏时分。士兵报告："前面谷口，有断树乱石堵住道路了！"庞涓大喜："这说明敌军畏惧，而且马上要追上他们了！快，搬开障碍，冲锋！"说罢，一马当先，率部队冲入峡谷。

正快速前进，忽然被一棵大树挡住去路，隐约见到树身有字迹。此时天色已黑，无星无月，只有冷风飕飕，山鸟惊啼。庞涓令人点亮火把，亲自上前辨认树上之字。及看清，立刻大惊失色："我中计了！"话音未落，一声锣响，万弩齐发，箭如骤雨，庞涓浑身上下像刺猬一样，扑通栽倒在地，呜呼身亡。

但时任齐国相国的邹忌，曾多次讽谏齐威王。邹忌身高八尺，相貌堂堂，却心胸狭窄，私心极重。齐对魏两次大战之前，他都坚决反对出兵。待田忌、孙膑凯旋之时，他心中的醋意可想而知。

随着孙膑、田忌威望的提高，邹忌担心自己的相位不稳，因此欲除掉田忌、孙膑而后快。

可能因为孙膑是个残疾人，同邹忌争夺相位的可能性不大，所以邹忌将目标首先对准了风头甚劲的田忌。

马陵之战结束不久，邹忌便找来亲信谋划如何除掉田忌。其亲信公孙阅出了个主意："公何不令人操十金卜于市，曰：'我田忌之人也，吾三战而三胜，声威天下，欲为大事，亦吉乎不吉乎？'卜者出，因令人捕为之卜者，验其辞于王之所。"

邹忌闻计大喜，便派人到市中找卖卜者算卦，扬言是田忌派他去算的，要算算田忌如果要谋反，是吉还是凶。邹忌则随后派人将此人抓获，送到齐威王那里。

齐威王这时年纪大了，有点老糊涂了。他本来就对田忌手握重兵心有疑惧，听了邹忌的话，遂相信田忌有谋反的意图。而这时田忌正率兵在外，于是齐威王遣使召田忌回临淄，准备等田忌回到临淄后再审问此事。

孙膑此时也在田忌军中。他对齐国的政局及邹忌、田忌之间的矛盾洞若观火，及见齐威王无缘无故忽然派人来召田忌回临淄，感觉齐威王一定是听信了邹忌的谗言，认为田忌如果回到临淄，将凶多吉少。

田忌在孙膑最艰难的时候曾助其一臂之力，而且长期以来，二人合作得非常好，孙膑实在不忍田忌自投罗网，乃提醒田忌说，齐王一定听信了邹忌的谗言，千万不要自己贸然回临淄。情急之下，他建议田忌率军回临淄驱逐邹忌，说："若是，则齐君可正，成侯邹忌可走。不然，将军不得入于齐矣。"

孙膑此言，实是要田忌举兵"清君侧"。与其成为邹忌案板上的肉，不如孤注一掷，与邹忌一决高低，这样，倒还可能死中求生、反败为胜。

田忌对孙膑早已佩服得五体投地，对他言听计从。他依孙膑之言，率兵攻打临淄。但邹忌也不是等闲之辈，早已做好了守城准备，田忌攻城不胜，眼见各地勤王之兵大集，只好弃军逃亡到了楚国。

而孙膑于田忌攻临淄之时就已不知去向。传说他找了一处清静的地方，招收几个学生，总结、研究早年所学兵法知识和自己的作战经验，撰成《孙膑兵法》89 篇，另附作战图 4 卷。

打这以后，孙膑的名气传遍了各诸侯国。他写的《孙膑兵法》大概在东汉末年便已失传。1972 年在山东临沂银雀山西汉墓中又重新发现。有一万一千余字。

白猿猴偷桃送天书

传说战国时朝歌一带的山林中，住着一户人家，母子二人相依为命，儿子满身白毛，颇像猿猴。母亲给儿子取名小白，外人送号"白猿猴"。

小白打记事起，就很孝敬母亲，对母亲的衣食住行照料得无微不至。日

月穿梭，岁序更新，母子过得倒也顺心。忽有一日，小白的母亲身染重病，汤水不进，卧床不起。很懂孝道的小白四处求医为母亲治疗，却不见效，急得小白抓耳挠腮，坐卧不宁。

一天夜里，奄奄一息的老母似睡非睡，见一仙翁飘然而至，从窗户伸进手来把一颗鲜红的大桃递给她说："这是王母娘娘的仙桃，吃下你的病就可痊愈!"她似信非信，接过桃子勉强启口，啃了两下，立刻觉得满身舒服，下床梳洗一番，试着走了几步，竟一如往常。正在高兴之时，一声炸雷把她惊醒，抬目一望，自己却仍昏沉于病榻。这时她才醒悟，原来是做了一个梦。

第二天，她把梦幻告诉儿子。小白喜不自禁，连声高喊："母亲的病有救了!"母亲不解地问："为娘病到这步田地，我儿为何如此高兴?"小白兴冲冲地说："昨天打柴时遇到一位老翁，他告诉我孙膑在云梦山为王母娘娘种了两个桃园，专为蟠桃盛会所用。母亲既然梦中遇老翁指点吃仙桃病愈，我若能到云梦山中盗颗仙桃，母亲的病不是有救了吗！孩儿咋能不喜呢!""儿呀，梦中之事全属虚幻，怎能信以为真呢?"小白为母治病心切，好说歹说，终于说服了母亲，连夜赶往云梦山。

他披星戴月，日夜兼程，跋山涉水，经过千辛万苦终于来到了云梦山巅的桃园，只见那棵棵桃树枝繁叶茂，果实累累，树距错落有序，恰似摆兵布阵。喜得小白手舞足蹈，兴冲冲地向桃园深处走去。忽然面前出现一棵果实硕大的桃树，串串桃子压弯了枝条，溢发出一股股诱人的清香，小白涎水欲滴，摘下一个大口大口吃进肚子，边吃边道："真好吃！这桃肯定能治好我娘的病。"看着四处无人，便攀上桃树，拣最大的桃子摘了几个，赶快返回。可他走了好半天，定睛一看却又回到原来的地方，他恨自己记性太坏，又向来的方向走去，走呀走呀，似进了迷宫，怎么也走不出桃园，急得号啕大哭起来："娘啊，不孝的孩子害了你，你的病难治了！"这时走来一位慈祥的老翁，就是这桃园的主人孙膑，用温和而严肃的口气说："你这顽皮的猴子休哭！谁让你闯进我这桃园盗窃王母娘娘的仙桃，你不说个明白，休想离开！"小白停住了哭泣，上下打量老翁：他身着舒袖长衫，腰系皂色综绦，头绾牛心发髻，足蹬云履，严肃而又慈善。小白施礼打躬双膝跪地，把母亲如何患病，如何求医难治，老翁如何指点求仙桃，一五一十告诉孙膑。孙膑恻隐之心油然而生，忙把小白搀起说；"你如此孝敬老母，实在可敬！但你可知道，指点你来摘桃子的老翁就是拯救人们苦难的南极星呀！"小白一听不禁惊喜，连忙打躬道："如此说来您就是孙膑先生啦？"孙膑微微一笑说："不必多问，医治你母亲的病要紧。快把桃子带上，我送你下山！"小白再次跪下，连声道谢："多谢师父救命之恩！"

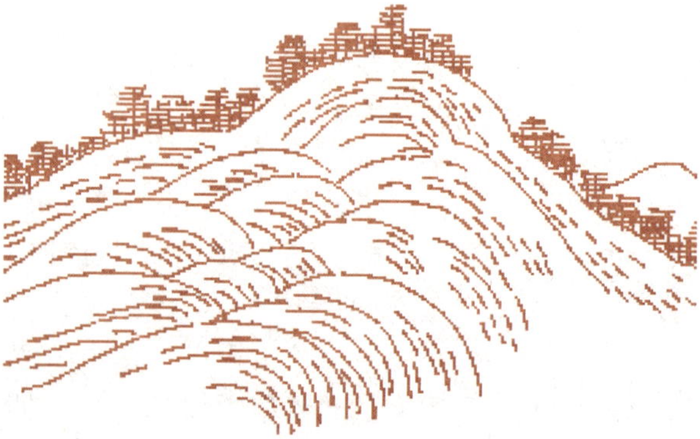

小白的母亲吃了三颗仙桃，三天后病痊愈了。为了报答孙膑救命之恩，小白母亲把珍藏几代的祖传天书献给了孙膑。相传，孙膑得到天书之后，用兵之术更臻奇绝，后来在桂陵、马陵道轻击庞涓。

苏　秦

〔人物介绍〕

苏秦，字季子，东周洛阳轩里人（今洛阳东郊太平庄一带），战国时期的韩国人，是与张仪齐名的纵横家。可谓"一怒而天下惧，安居而天下息"。他出身农家，素有大志，曾随鬼谷子学习纵横捭阖之术多年。

与赵奉阳君共谋，发动韩、赵、燕、魏、齐诸国合纵，迫使秦国废帝退地。《汉书·艺文志》著录有《苏子》三十一篇，今佚。帛书《战国策》残卷中，存有其游说辞及书信十六篇，与《史记》所载有出入。

〔生平介绍〕

苏秦以合纵

苏秦很想有所作为，曾求见周天子，却没有引见之路，一气之下，变卖了家产到别的国家找出路去了。但是他东奔西跑了好几年，也没做成官。后来钱用光了，衣服也穿破了，只好回家。家里人看到他趿拉着草鞋，挑副破担子，一副狼狈样。他父母狠狠地骂了他一顿；他妻子坐在织机上织帛，连看也没看他一眼；他求嫂子给他做饭吃，嫂子不理他扭身走开了。苏秦受了很大刺激，决心争一口气。从此以后，他发奋读书，钻研“周书阴符”，天天到深夜。有时候读书读到半夜，又累又困，他就用锥子扎自己的大腿，虽然很疼，但精神却来了，他就接着读下去。传说，他晚上念书的时候还把头发用带子系起来拴到房梁上，一打瞌睡，头向下栽，揪得头皮疼，他就清醒过来了。这就是后来人们说的“头悬梁，锥刺股”，用来表示读书刻苦的精神。就这样用了一年多的工夫，他的知识比以前丰富多了。在有所收获后，重新出游。至秦，不被用。正好遇见燕昭王广招天下贤士，苏秦入燕，深受燕昭王信任。苏秦认为，燕国欲报强齐之仇，必须先向齐表示屈服顺从，将复仇的愿望掩饰，赢得振兴燕国所需的时间。其次，要鼓动齐国不断进攻其他国家，以防止齐国攻燕，并消耗其国力，为此，他劝说齐王伐宋，合纵攻秦。公元前285年，苏秦到齐国，挑拨齐赵关系，取得齐湣王的信任，被任为齐相，暗地却仍在为燕国谋划。齐湣王不明真相，依然任命苏秦率兵抗御燕军。齐燕之军交战时，苏秦有意使齐军失败，五万人死亡。他使齐国群臣不和，百姓离心，为乐毅五国联军攻破齐国奠定了基础。之后，苏秦又说服赵国联合韩、魏、齐、楚、燕攻打秦，赵国国君很高兴，赏给苏秦很多宝物。苏秦得到赵国的帮助，又到韩，游说韩宣王；到魏，游说魏襄王；至齐，游说齐宣王；又往楚，游说楚威王。诸侯都赞同苏秦之计划，于是六国达成联合的盟约，苏秦为纵约长，并任六国相。回到赵国后，赵王封他为武安君。秦知道这个消息

后大吃一惊。此后十五年，秦兵不敢图谋向函谷关内进攻。

苏秦先仕于燕，其主要活动是，离间齐、赵关系，以减轻齐对燕的压力。又和赵李兑共同联合五国以攻秦，后来他又离燕至齐，受到齐滑王的重用，但苏秦仍忠于燕，暗中为燕效劳。他所采取的策略是劝齐攻宋，以转移齐对燕的注意力。于是燕昭王派乐毅突然出兵以攻齐，齐因措手不及而败于燕。苏秦因与燕谋齐的活动至此而败露，齐处之以车裂之刑，这在战国晚期是轰动一时的事件，在许多当时人著述中都有反映，如山东银雀山出土的竹简本《孙子兵法·用间》，里面有“燕之兴也，苏秦在齐”的话，又如《吕氏春秋·知度》，说“齐用苏秦而天下知其亡”。这些记载表明，战国时人都知道苏秦为燕而仕齐，最后使齐亡而兴燕，但他自己也为燕而做出牺牲。苏秦在战国晚期名声颇大，《荀子·臣道》把“齐之苏秦”和“楚之州侯”“秦之张仪”相提并论。西汉时，苏秦仍受人称道，如《史记·邹阳传》赞扬他能成为燕的忠臣。《淮南子》也多处提到他，并肯定他有知权谋的长处。司马迁以为苏秦在“连六国从亲”的过程中，显示出他的才智过人。

说齐归燕地

燕王哙年，让位给大臣子之，引起国内大乱。齐国趁机派兵攻燕，仅五十余天就占领燕国全境。燕国因此残破。赵武灵王护送燕公子职回国，立为燕昭王。

燕昭王广纳贤士，积极准备对齐国进行大规模的军事报复行动。苏秦在这时来到燕国。昭王派他到齐国交涉仍被齐占领的燕国土地。苏秦到齐，对齐宣王说：“燕昭王是秦穆公的女婿，有强秦作后盾。齐占燕地，必然是燕和秦都不满于齐。如果大王能把所占的燕国十城之地交还燕国，那么燕和秦反而会感激大王的恩德。大王即可以秦燕为支持，号令天下。天下亦莫敢不从，则齐国霸业可成。”宣王大喜，归还燕国旧地。苏秦归燕。受到燕昭王的重用。

劝齐王伐宋

苏秦洞察了昭王想攻齐的意图，献计于昭王道："我们虽然收回了被齐占的土地。然而当年亡国之恨不可以不报。如果使齐西劳于宋，南疲于楚，我们即可趁机发动进攻，一举灭齐。我请求到齐国说宣王攻宋。"燕昭王遂拜苏秦为上卿，出使齐国。

秦国一向与宋国交好，齐伐宋就必须与秦绝交，恰好秦派人到齐国商议共同称帝的事，苏秦趁机劝说齐王："齐秦并立为帝，天下人是尊齐还是尊秦?"齐王说："当然是尊秦了!""那么齐放弃帝号，天下是爱齐呢，还是爱秦?""当然是爱齐了!""两帝并立，共约伐赵，与齐军独攻宋，哪一个更有利呢?"齐王回答："当然伐宋有利!"苏秦接着劝齐王道："如果我们同秦一样称帝，天下只尊秦国，如果我们放弃帝号，天下就爱齐而称强秦，共约伐赵又不如单独伐宋。所以，我主张放弃帝号以顺应天下。"

齐王听从苏秦建议，联合赵国在阿地会盟，约定共同抗秦，秦齐关系恶化。苏秦趁机劝齐王攻宋："宋国国君荒淫无度，天下共愤，如果我们挥师西击宋，正是奉天讨罪的壮举，大王必然贤名震于诸侯，且可得到实际的利益，使齐雄踞东方，成为中原诸侯之长。"齐于是攻宋。燕为了取得齐的信任，派兵协助齐国。宋在联军攻击下，割淮北地求和，而齐国实力也因战而衰弱。

合纵攻强秦

苏秦在齐国，继续作削弱齐的工作。他劝齐王大兴土木，纵情享乐，对外则大肆战争，广树仇敌。齐秦关系恶化，再加上齐攻宋国，秦王非常震怒。

苏秦劝齐王先采取军事行动，以打击遏制秦势力的发展。同时也想使齐的力量进一步被消耗。

齐王对燕怀有顾虑。苏秦为燕辩解说："燕国国小力弱，一向依附于强齐，而齐之所以能号令天下，也正是有了燕的支持。这种友好关系是燕国人心所向，怎么会对齐有异心?"齐王释然。于是，苏秦出使，为齐王合纵攻秦而奔走。

苏秦分别游说韩赵魏燕四国国君，各自出军兵粮草，以攻秦国，推选赵国宰相奉阳君为合纵长，而齐国实际上却是合纵的真正组织者和指挥者。齐国名义上合纵攻秦，其实不过是借此制秦，使其不能抽身救宋，齐好再次攻宋。苏秦极力主张强攻秦国，然而齐既不卖力，赵韩魏燕自然也都互相推让而逡巡不进。因此联军始终未与秦发生大规模的战争。尽管如此，齐劳师袭远，仍然大损国力。

合纵反攻齐

齐王发动攻秦的同时，展开了对宋的第二次进攻。这实际上使其他四国联军陷入进退维谷的境地，既无法合力攻秦，又不能马上撤兵回国。于是各国对齐都暗怀不满。本来苏秦此时南下，明着合纵攻秦，暗中却在积极为燕联系反齐的同盟军。苏秦见各国离心，便暗中劝在魏国的孟尝君："昔日您在齐国时，为齐立下盖世之功，而齐王暗昧，不但不重用，而且使您背井离乡，远来归魏。今又弃信义于不顾，玩弄联军各国。燕军有攻齐意，赵国也早对齐怀恨，如果联合起来东击齐国，则中原势大，魏和先生您也定会名震天下。"孟尝君答应了苏秦的建议。

苏秦又劝说齐王同秦求和："魏赵距秦近而齐地距秦远，如果我们五国合纵不能击败秦，魏赵为了保存国家就肯定要向秦求和，秦一旦同其他国家联合，定会连横来攻打齐。望大王早作准备，先与秦谈和，以免形势被动。"齐王以为苏秦说得很有道理，便抢先与秦做出友好的表示，并打算用亲秦的韩聂做宰相。

赵国奉阳君正忙于合纵攻秦，见齐王未商量就先与秦交好，大为恼怒，便联合魏燕要对正忙于攻宋的齐国开战。齐王慌忙从宋撤军，并答应送给奉阳君土地，奉阳君才停止了攻齐的行动。

苏秦拘于赵

奉阳君得到齐王关于土地的许诺，与齐的关系又和好起来，而苏秦在暗中进行的对燕赵关系的离间活动，也被奉阳君察觉。于是奉阳君把苏秦拘留在赵国，限制其行动。

苏秦向燕王求救，并打算继续进行离间活动。燕王向赵奉阳君提出严重抗议，奉阳君释放苏秦，然而苏秦却再也不能找到机会在赵活动。他想去见齐派至赵的使臣，赵不许。苏秦无奈，离开赵入齐。

自陈功与过

苏秦入齐之后，燕昭王对他产生了怀疑，因为他以时机未到为辞，几次劝阻燕昭王对齐的进攻，于是昭王打算让别人替换苏秦回国。苏秦感到非常委屈，向燕王写信申辩。这封信可以说是他对自己一生功过的一个评说。他说：燕和齐仇恨由来已久。我为燕齐的邦交奔走，本来就难以获得各方面的信任。齐是燕国的心腹大患，我在齐国，大可使齐不谋攻燕，小可使齐赵关系破裂，以此为大王的大事作准备。五国伐秦，燕虽然出兵出粮，但一来免去齐称帝燕称臣的耻辱，二来没有齐赵攻燕的祸患。后来奉阳君接受齐的封地，将我扣在赵国。大王救臣下出于水火，现在齐赵都不谋攻燕，燕得以复兴燕国，我虽无功，但自以为可以免罪了。我作为燕臣，在齐国活动，本来就会有流言蜚语。我如在齐显贵，燕国大夫就不信任我，我在齐作践，世人就看不起我。我如受齐王重用，燕大夫就会对我抱有希望，希望达不到又徒增埋怨。齐国如有不利于燕的地方，就把责任都归到我头上，天下人不攻齐，就说我善于为齐谋划。我的处境也可以说是够危险的了。我不畏死报效于大王，大王却怀疑怪罪于臣下，我实在感到恐惧。尽管我自以为可以列于天下公卿之中也无可愧疚，如大王只是重用有才的贤人，我愿在齐与他认真合作；如大王不放心我，我就回燕侍奉大王，以宽解大王的忧虑。燕昭王终于没有撤换苏秦。

生报死仇

燕易王的母亲，是燕文侯的夫人，与苏秦私通。燕易王知道这件事，却对苏秦的待遇更加优厚。苏秦恐怕被杀，就劝说燕王："我留在燕国，不能使燕国的地位提高，假如我在齐国，就一定能提高燕国的地位。"燕王说："一切听任先生去做吧。"于是，苏秦假装得罪了燕王而逃跑到齐国。齐宣王便任用他为客卿。

齐宣王去世，齐湣王继位后，齐国大夫中有许多人和苏秦争夺国君的宠信，因而派人刺杀苏秦，苏秦当时没死，带着致命的伤逃跑了。齐王派人捉拿凶手，然而没有抓到。苏秦将要死去，便对齐王说："我马上就要死了，请您在人口集中的街市上把我五马分尸示众，就说：'苏秦为了燕国在齐国谋乱，这样做，刺杀我的凶手一定可以抓到。'"当时，齐王就按照他的话做了，那个刺杀苏秦的凶手，为了邀功，果然自动出头露面了，齐王因而就抓捕他杀了。燕王听到这个消息说："齐国为苏先生报仇，作法也太过分啦。"苏秦死后不久，他为燕国破坏齐国的一些事实才泄露出来。

张　仪

〔人物介绍〕

张仪，魏国（今河南开封）人，生年不详，卒于秦武王元年（公元前310年），一说秦武王二年（前309年）。魏国贵族后裔，曾随鬼谷子学习纵横之术。其主要活动应在苏秦之后，是战国时期著名的政治家、外交家和谋略家。

战国时，列国林立，诸侯争霸，割据战争频繁。各诸侯国在外交和军事上，纷纷采取"合纵连横"的策略。或"合纵"，"合众弱以攻一强"，防止强国的兼并；或"连横"，"事一强以攻众弱"，达到兼并土地的目的。张仪正是作为杰出的纵横家出现在战国的政治舞台上，对列国兼并战争形势的变化产生了较大的影响。据《华阳国志》记载，公元前316年，“秦惠文王遣张仪灭巴，城江州”。这就是说，张仪曾下令筑江州（今重庆市渝中区）城。尽管张仪本人第二年便离开了江州，但经向楚考证，张仪筑江州城之事应属信史（见民国《巴县志》）。由于“明清之际，图经荡灭，民鲜土著，故老无征”，因而现在已无从确知张仪所筑之江州城的具体位置。不过，从西汉扬雄《蜀都赋》描述江州城曰“分川并注，合乎江州”来看，其城大概就在今重庆主城区朝天门、望龙门、千厮门、小什字之间。

［生平介绍］

秦惠文君九年（前329年），张仪由赵国西入秦国，凭借出众的才智被秦惠王任为客卿，筹划谋略攻伐之事。次年，秦国仿效三晋的官僚机构开始设置相位，称相邦或相国，张仪出任此职。他是秦国置相后的第一任相国，位居百官之首，参与军政要务及外交活动。从此开始了他的政治、外交和军事生涯。

张仪拜相后，积极为秦国谋划。他采用连横术迫使韩、魏太子来秦朝拜，并与公子华（桑）攻取魏国蒲阳（今山西隰县）。又游说魏惠王，不用一兵一卒，使得魏国把上郡15县，包括少梁（今陕西韩城南）一起献给秦国。秦惠文君十三年（前325年），张仪又率军攻取魏国的陕县（今河南陕县）。这样，黄河天险为秦所占有。随着秦国威势的不断增长，张仪辅佐秦惠文君于同年称王，秦国国势日益强盛。

秦惠文王更元二年（前323年），秦国为了对抗魏惠王的合纵政策，进而达到兼并魏国国土的目的，张仪运用连横策略，与齐、楚大臣会于啮桑（今江苏沛县西南）以消除秦国东进的忧虑。张仪从啮桑回到秦国，被免去相位。秦惠文王更元三年，魏国由于惠施联齐、楚没有结果，不得不改用张仪为相，企图连秦、韩而攻齐楚。其实张仪的最终目的是想让魏国做依附秦国的带头羊。由于连横威胁各国，秦惠文王更元六年（前319年）魏国人公孙衍受齐、楚、韩、赵、燕等国的支持，出任魏相，张仪被驱逐回秦。秦惠文王更元八年（前 317 年）张仪再次任秦相国。九年，秦惠文王接受司马错的建议，遣张仪、司马错等人率兵伐蜀，取得胜利，旋即又灭巴、苴两国。这样秦国占据了富饶的天府之国，有了巩固的大后方，为秦国的经济发展和军事战争，提供了有利条件。

秦惠文王更元十二年（前 313 年）秦惠文王想攻伐齐国，但忧虑齐、楚结成联盟，便派张仪入楚游说楚怀王。张仪利诱楚怀王说："楚诚能绝齐，秦愿献商于之地六百里。"楚怀王听信此言，与齐断绝关系，并派人入秦受地，张仪对楚使说："仪与王约六里，不闻六百里。"楚国的使臣返回楚国，把张仪的话告诉了楚怀王，楚怀王一怒之下，兴兵攻打秦国。秦惠文王更元十三年（前 312 年）秦兵大败楚军于丹阳（今豫西南丹水之北），虏楚将屈匄等 70 多人，攻占了楚的汉中，取地 600 里，置汉中郡（今陕西汉中东）。这样秦国的巴蜀与汉中连成一片，既排除了楚国对秦国本土的威胁，也使秦国的疆土更加扩大，国力更加强盛。《史记·张仪列传》中说："三晋多权变之士，夫言纵横强秦者大抵皆三晋之人也。"无疑张仪是其中最杰出的一个。

张仪诳楚之后，又于秦惠文王更元十四年（前 311 年）前往楚、韩、齐、赵，燕等国进行游说，使得五国连横事秦。同一年，张仪因功封得五邑，封号为武信君。

张仪在商鞅变法的基础上，"外连衡而斗诸侯"，与秦国的耕战政策相配合，运用雄辩的口才，诡谲的谋略，纵横捭阖，游说诸侯，建立了诸多功绩，在秦国的政治、外交和军事上成为举足轻重的人物。他在风云多变的险恶环境中，主要凭借外交手段，采用连横策略，"散六国之从，使之西面事秦"，使秦国的国威大张，在诸侯国中产生了巨大的威慑作用。孟子的弟子景春称赞说："公孙衍、张仪，岂不诚大丈夫哉！一怒而诸侯惧，安居而天下息。"张仪使用军事和外交手段，使得秦国"东拔三川之地，西并巴、蜀，北收上郡，南取汉中"，这为秦国的霸业和将来的统一起了积极的作用。秦惠文王更元十四年（前 311 年），秦惠文王卒，子秦武王即位。张仪素为秦武王不满，离秦赴魏，卒于魏。

〔生平事迹　“连横之父”——张仪〕

一、系出名门

张仪，苏秦的同窗好友，据传说，是战国时期魏国贵族之后。与苏秦一同拜于鬼谷子先生门下。苏秦创合纵之法，游说六国合纵抗秦之后，张仪则施以连横之术，游说六国亲秦，拆散合纵。与张仪一同演绎战国末期，群雄“混乱”的场面。

二、初试锋芒

张仪出道较苏秦稍晚，也没有像苏秦那样先“碰钉子”，相对来说，仕途比较顺利。传说苏秦挂六国相印之后。张仪去见苏秦，要求与之共事。苏秦说道：“你我才能相当，现在我已挂六国相印，你来投靠，必然不会受到重用，再说，我二人若是帮助六国灭秦，必将因为功劳太大而被别人嫉妒。现在你应当去投靠秦国，与我的合纵相对。”当然传说并不可信，但我们从中也可以看出苏、张二人的影响有多大。

在苏秦挂六国相印之后，张仪西去投秦受到秦惠文王的重用，颇有政绩。公元前328年，张仪正式出任秦相，并开始实行“连横”的战略。他与秦王商定，由自己先去魏国任相，设法使魏国首先背离合纵之约，与秦国结好。到魏国之后，他向魏王指出，就算是亲兄弟，也尚且会争夺财产，更何况六国各有“计谋”，同盟不可能长久。魏国处于各国包围之中，地势平坦，无险可守，只有依靠秦国，才能保证安全。但是魏王并没有采纳他的建议，于是张仪暗告秦王发兵攻魏。在他软硬兼施、打拉结合的策略下，魏王终于背弃合纵之约，转与秦国结盟。

三、以“横”破“纵”

张仪回到秦国之后，又主动向秦王要求出使楚国，以拆散齐、楚联盟。晋见楚王时，他说道，当今七雄之中，以秦、楚、齐最为强大，三者之中，又以秦国最强，齐、楚两国相当。如果楚国与秦国联盟，则楚国就比齐国强大；反之，如果齐国先与秦国联盟，则齐国就比楚国强大。所以，楚国最好的出路就是与秦联盟。他又许诺在楚国与齐国断交，同秦国结盟之后，秦国会把商于之地六百余里归还楚国。楚王被眼前的利益所动，不顾众大臣的反对，授张仪相印，与齐国断交，并且派一名将军随张仪回秦国取回商于之地。

谁知张仪回秦之后，佯装摔伤了脚，三个月不露面。楚王得知之后，竟以为是因为自己与齐国绝交不够，于是又派人到齐国大骂齐王，齐王大怒遂决定与秦结盟。这是，张仪告诉随行的楚国将领，自己答应楚王的，不是六百里商于之地，而是自己的奉邑六里。楚王得知此事大怒，起兵十万攻秦，却被齐、秦联军击败，折兵八万！并被秦国夺走丹阳、汉中之地。楚王不甘失败，又调举国之兵攻秦，再次大败，只好再割两座城池与秦国讲和。秦王提出用商于之地换取楚国黔中之地，楚王竟然答复，只要得到张仪并亲自诛之，愿将黔中之地奉送。张仪不顾个人安危，只身赴楚，买通宠臣靳尚和夫人郑袖，使楚王改变了对自己的态度。之后，他向楚王提出，他可以向秦王建议不要黔中之地，两国太子互为人质，永结亲盟。楚王对此十分高兴。于是，就这样，齐楚两国也背离了“合纵”与秦国结盟。

张仪回秦之后，马上又出使其余几国，使他们纷纷由合纵抗秦转变为连横亲秦。他也因此被秦王封为武信君。秦惠文王死后，因为即位的秦武王在当太子的时候就不喜欢张仪，张仪出逃魏国，并出任魏相，一年后去世。

张仪凭借着高超的智谋和说辩之术，瓦解了苏秦生前所创的六国合纵。在他死后，虽然六国背离连横恢复合纵的情况，但是以无法持久。可以说，张仪的连横之术成为后来秦灭六国、统一天下的基本战略。

范　睢

〔人物介绍〕

范睢（？—前255），也叫范且（这是汉代石刻中的错误）（《史记》中是“睢”字，有书为“睢”字，评书家多读此音），字叔。战国时魏人，著名政治家、军事谋略家。他同商鞅、张仪、李斯先后任秦国丞相，对秦的强大和统一天下起了重大作用。早年家境贫寒，后出使齐国为魏中大夫须贾所诬，历经磨难后辗转入秦。公元前266年出任秦相，辅佐秦昭王。他上承孝公、商鞅变法图强之志，下开秦皇、李斯统一帝业，是秦国历史上继往开来的一代名相，也是我国古代在政治、外交等方面极有建树的谋略家。李斯在《谏逐客书》中曾高度评价范睢对秦国的建树和贡献：“昭王得范睢，强公室，杜私门，蚕食诸侯，使秦成帝业。”

范睢当初想为魏国建立功业，因家贫无法得见魏王，投在中大夫须贾门下当门客。魏昭王让须贾出使齐国，范睢随往，凭雄辩之才深得齐王敬重。齐王欲留他任客卿，并赠黄金十斤，牛、酒等物，均谢绝。须贾回国，不仅不赞扬他的高风亮节，反向相国魏齐诬告他私受贿赂，出卖情报。魏齐将他拷打得肋折齿落，体无完肤，又用席裹弃于茅厕，让宾客往上撒尿。范睢装死，被抛于郊外。返家后即托好友郑安平将自己藏匿，化名张禄，并让家人为自己举丧，使魏齐深信自己已死不疑。

半年后，秦昭王派使臣王稽访魏。郑安平设法让范睢暗同王稽会面。经交谈，王稽发现范睢是难得之才，将他和郑安平带回秦国。时值秦昭王三十六年（前271年），秦国势强盛，但朝政被昭王生母宣太后和舅舅穰侯、华阳君和两个弟弟泾阳君、高陵君所把持，排斥异己，对来自各国的宾客和辩士不太欢迎。王稽虽多方努力，范睢仍得不到昭王的召见。只好强捺焦躁，

等待时机。

过了一年，穰侯魏冉为扩大自己封地，欲率兵经韩、魏去攻打齐国。范雎抓住这一良机上书昭王，请求面谈。昭王用车把他接入宫中。在这次见面谈话中，他首先用“秦国人只知有太后、穰侯，不知有秦王”触及了昭王有苦难言的心病。然后指出秦国内政弊端，即昭王上畏于太后之威严，下惑于臣的谄诈，身居深宫，陷于包围之中，终身迷惑，无法辨明是非善恶。长此下去，大则国家覆灭，小则自身难保。范雎慷慨直言，得到了昭王信任，当即表示，今后无论大小事，上及太后，下至群臣，该怎么办，要范雎尽管赐教，不要有任何顾虑。范雎接着告诉昭王，穰侯跨越韩、魏攻齐非正确决策。出兵少不足以败齐，出兵多使秦国受害。打败了，为秦之大辱；打胜了，所占地无法管理，只会让韩、魏从中渔利。伐齐于秦有百害而无一利。

第二天上朝，昭王即拜范雎为客卿，下令撤回伐齐之兵。从此，范雎跻身于秦廷，开始施展他的全部谋略。

对外，为达到兼并六国，范雎提出了“远交近攻”的战略思想。对齐、楚等距秦较远的国家先行交好，稳住他们不干预秦攻打邻近诸国之事。魏、韩两国地处中原，有如天下之枢纽，离秦又近，应首先攻打，以除心腹之患。魏、韩臣服，则北可慑赵、南能伐楚，最后再攻齐。这样由近及远，得一城是一城，逐步向外扩张，好比蚕食桑叶一样，必能统一天下。昭王三十九年（前268年），昭王用范雎谋，派兵伐魏，攻占怀（今河南武陟西南）。两年后又攻占邢丘（今河南温县东）。昭王四十二年（前265年），范雎又为昭王谋划攻打韩国，首先攻占地处韩国咽喉的荥阳，将韩断为三截，致使韩处于危亡之中，不得不听命于秦。经过一系列征战，秦国势越来越强，各国无不震动。

对内，昭王又按范雎的谋划，实行“固干削枝”的政策，坚决剥夺亲贵手中之大权，于四十一年（前266年）收回穰侯的相印，令其回封地养老。拜范雎为丞相，封为应侯。接着又把华阳君、泾阳君、高陵君驱逐到关外，将宣太后安置于深宫，不准再干预朝政。通过这些变革，消除了内部隐患，使权力集中于以秦昭王为首的中央手中，政权更加巩固。

秦国在慑服魏、韩和整顿内政后，开始把攻击矛头指向赵国。秦昭王四十七年（前260年），昭王派大将王龁率兵伐赵。赵大将廉颇经验丰富，在长平（今山西高平县西北）深沟高垒，拒不出战（参见长平之战）。王龁围攻四个多月不下，粮草不济，派人向昭王告急。范雎用反间之计，派人潜入赵都邯郸用重金收买了一些大臣，散布廉颇年老怯战、秦国最怕赵奢之子赵括出战的流言。赵王中计，起用毫无作战经验、只会纸上谈兵的赵括替换廉颇任主帅。秦昭王又按范雎之计，派武安君白起为上将军，连夜秘密赶往长平。不久，白起大败赵括，消灭赵军45万，赵括死于乱军之中。经长平之战，赵国一蹶不起，秦国则更加强大。长平之战后，遂围赵都邯郸。白起本拟乘胜灭赵。昭王四十八年十月，秦再次平定了上党，后军分二路：一路由王龁率领，进攻皮牢（今河北武安）；一路由司马梗攻占太原。而白起自将围攻邯郸。韩国和赵国惊恐万分，派苏代用重金贿赂秦相应侯范雎说："白起擒杀赵括，围攻邯郸，赵国一亡，秦就可以称帝，白起也将封为三公，他为秦攻拔七十多城，南定鄢、郢、汉中，北擒赵括之军，虽周公、召公、吕望之功也不能超过他。现在如果赵国灭亡，秦王称王，那白起必为三公，您能在白起之下吗？即使您不愿处在他的下位，那也办不到。秦曾经攻韩、围邢丘，困上党，上党百姓皆奔赵国，天下人不乐为秦民已很久。今灭掉赵国，秦的疆土北到燕国，东到齐国，南到韩魏，但秦所得的百姓，却没多少。还不如让韩、赵割地求和，不让白起再得灭赵之功。"于是范雎以秦兵疲惫，亟待休养为由，请求允许韩、赵割地求和。昭王应允。韩割垣雍，赵割六城以求和，正月皆休兵。白起闻知此事，从此与范雎结下仇怨。后白起被迫自杀。

〔生平介绍〕

一、使齐蒙诬惨遭横祸

周赧王三十二年（公元前283年），燕将乐毅率燕、楚、魏、赵、韩五国兵马攻破齐国都城临淄，并一举略定齐国七十余座城池，齐国仅剩下即墨和莒两座城池尚未攻破。齐湣王逃亡，被楚淖齿所杀。齐襄王在这内外交困、岌岌可危的国势下，仓促在莒即位。后齐将田单力挽狂澜，智摆火牛阵，大败联军，力复70城，齐国这才免遭亡国，得以复兴。齐国蒸蒸日上的国势使当初随燕破齐的魏王坐卧不安，生恐齐襄王寻机报复。于是，魏王遣中大夫须贾出使齐国，议和修好。

齐襄王对魏使臣须贾很不礼貌，责问魏国反复无常，并说先王之死与魏有关，令人切齿痛心。须贾嚅嚅而无言，不能应对。这时，须贾身后站出一人，义正辞严地辩驳道："齐湣王骄暴无餍；五国同仇，岂独魏国？今大王光武盖世，应思重振齐桓公、齐威王之余烈，如果斤斤计较齐湣王时的恩恩怨怨，但知责人而不知自责，恐怕又要重蹈齐湣王的覆辙了。"齐襄王听完这番不卑不亢、鞭辟入里的雄辩，不但没有发怒，反而心中暗自赞叹此人的胆识和辩才。他仔细地打量了一番眼前这个年轻人，什么也没有说。

此人便是范雎。战国时期是一个游士和谋略家纵横捭阖的时代，游说成为当时士人升迁的重要途径。范雎虽欲周行天下，游说诸侯，一展平生所学，却因家境贫寒，既无钱作旅途之资，也没有托人引见之费。只好先在魏国中大夫须贾门下奔走效力，以此静观时变，等待时机，再谋出头之日。此番以随从舍人的身份随须贾前往齐国，见须贾被齐襄王数落得嚅嚅无言以对，这才挺身而出，仗义执言，一来替主人须贾解围，二来维护魏国尊严。谁知祸从口出；范雎这番话给他带来了难以想象的灾难，以致险些送掉性命。

再说齐襄王退朝以后，脑海里总也抹不去朝廷之上仗义执言的那个年轻人的身影。当晚，他便派人劝说范雎留在齐国，以客卿相处。范雎义正辞严地拒绝道："臣与使者同出，而不与同入，不信无义，何以为人？"齐襄王闻知，心中甚为敬重，特赐予范雎黄金十斤以及牛、酒诸物。范雎身在异国，肩负通使重命，岂敢擅自受用私馈之物，一再坚辞不纳。须贾身为正使，遭遇冷落，而随从却备受优惠，心中很不是滋味。范雎据实以告后，须贾令他封还黄金而留下牛、酒。范雎唯命是从。

回到魏国后，须贾对这事越想越生气，他把这次出使齐国之所以受到冷

遇，全部归罪于范雎，并把范雎在齐国受到齐王厚赐的情况报告了魏相魏齐。魏齐大怒，命人将范雎抓来，严刑拷打。把范雎打得遍体鳞伤，血肉模糊，肋折齿落，惨不忍睹。范雎唯恐性命难保，便屏息僵卧，直挺挺在血泊中不动，佯装死去。舍人误以为范雎已死，便去禀告正在饮酒的魏相。这时，魏相正喝得面红耳热，便命仆人用苇席裹尸，弃于茅厕之中，让家中宾客轮番向席中撒尿，故意凌辱范雎，以戒后人。范雎知是小不忍则乱大谋，只得咬牙强挺。待到天色已晚，范雎从苇席中张目偷看，见只有一名卒吏在旁看守，便悄悄地说："吾伤重至此，虽暂醒，决无生理。你如果能让我死于家中，以便殡殓，异日定当重金酬谢。"卒吏见其可怜，又贪利，便谎报魏齐，说范雎早已死去。酒酣中魏齐命仆人将范雎尸体扔到荒郊野外。范雎这才得以脱身。他乘夜爬回家中，让家人将苇席置于野外，以掩人之目；同时派人通知好友郑安平，帮助他藏匿在民间，后化名张禄，并嘱家人明日发丧。范雎果然没有估计错，第二天魏齐酒醒后，便疑心范雎未死，见野外仅存苇席，便派人至其家搜查，恰逢举家发哀戴孝，方信范雎的尸身为犬豕衔去，从此不疑。

二、夜通秦使 下车避祸

周赧王四十四年（公元前271年），秦昭王派使臣王稽出访魏国。此时的秦国，由于孝公、商鞅变法奠定了富国强兵的坚实基础，又经惠文王、武王、昭王几代人的不懈努力，国势日益强盛。秦国有个传统政策，荐贤者与之同赏，举不肖者与之同罪连坐。因此，秦国的有识之士，都随时留意，访求人才。

郑安平听说秦使臣来魏，认为时机已到，便身充贱役，去服侍王稽，想从中代为范雎通融。郑安平尽心侍奉，应对敏捷，没过几天便深得王稽的欢心。一天，郑安平想寻机试探王稽，借故来到王稽的房间；正巧王稽唤他近前讲话，郑安平不知何意，缓缓地走过去，王稽悄悄地问他："魏国是否有贤人，愿与我一起归秦？"郑安平喜出望外，忙答道："我乡里有个张禄先生，想要拜访使君，论述天下兴亡之事。只是有仇家在此，不敢白日造访。"王稽

也不介意，连忙道："白日不便，可在夜里来见。"

当天夜里，郑安平让张禄也扮作仆人模样，悄悄来到公馆，拜见王稽。两人就座，促膝畅谈天下大势，范雎指点江山，如在目前。未待范雎把话说尽，王稽已确认范雎是个少有的贤才，便与他相约，道："我归国之日，先生可在魏国京郊三亭岗之南等候。"约罢而散。

几天后，王稽完成使命后辞别魏王和群臣，驱车回国；当行至三亭岗南面时，忽见林中钻出二人。正是张禄和郑安平。王稽大喜，以车载之，西驰而去。

王稽一行驱车行至秦国湖县时，远远望见前方尘土飞扬，一队车骑急驰而来。范雎是个有心人，见状忙问："来者何人？"王稽认得前驱，若有所思地回答："这是当朝丞相穰侯魏冉，像是东行巡察县邑。"范雎虽然身处陋室，却始终关注着时局动态，对秦国政局多有了解。眼前的穰侯魏冉乃宣太后之弟，秦昭王之舅；把持朝政，专国用事，是秦国头号权臣，与华阳君、泾阳君、高陵君并称"四贵"。他每年都要带着大队车马，代其王周行全国，巡察官吏，省视城池，校阅车马，扬威作福。权位已经登峰造极，炙手可热。秦昭王虽然不满，但心畏太后，也只好听之任之。范雎对魏冉当然早有所闻，忙说："我听说穰侯专权弄国，妒贤嫉能，厌恶招纳诸侯宾客；我如与他会面，恐其见辱。我且藏匿于车厢之中，免生意外。"王稽依言安排。

不一会儿，穰侯车马赶到，王稽连忙下车迎拜，穰侯也下车相见，例行公事地寒暄慰勉之后，穰侯来到王稽车前，问道："关东情况怎样？诸侯有何事变？"王稽鞠躬回答："没有。"穰侯目视车中，又察看了一下随行人员，接着问道："车中是否带来诸侯宾客？这些人实属无益之人，只能扰乱我秦国而已。”王稽连称：“不敢!”穰侯没有发现什么可疑之处，不便久久盘查，遂率众东去。

一场虚惊过后，王稽连忙扬鞭策马。他正在暗赞范雎神机妙算，却见范雎从车厢里钻出来说道：“据我所知，穰侯这个人，性疑而见事迟，刚才已疑车厢有人隐藏。忘记搜查。事后必然悔悟，势必掉马来追，我还是再避一下为好。”于是，范雎下车，从小路步行而去。果然，王稽车马才行10余里，忽听背后马铃声响，穰侯遣二十余骑从东飞驰而来，声称奉丞相之命前来搜查，遍索车中，见并无外国之人，方才转身离去。王稽暗自叹道：“张先生真智士，吾不及也!”于是催车前行，遇上张禄，邀其登车，一同向秦都咸阳进发。从此，范雎得到了一展才华的大舞台。

三、巧进说词 语激昭王

范雎入秦时，秦昭王在位已36年，国势强盛。秦军南伐楚国，力拔鄢、郢两座重镇，幽死楚怀王于秦；又挥师东指，连连大败强齐；并数困魏、韩、赵“三晋”之兵，使魏、韩二君俯首听命。秦廷上下虽人才济济，但“四贵”掌权，排斥异己；秦昭王深居宫中，又被权臣贵戚所包围，再加上活跃在战国时期政治舞台上的谋士说客多如过江之鲫，难免鱼龙混杂、良莠不分。一时之间，在秦国上层统治集团中对来自诸侯各国的宾客辩士并没有多少好的印象，以为无信者居多。因而，尽管范雎用尽心机，还是难以跻身秦廷，向秦昭王陈述安邦治国的大计。

有一次，范雎求人向秦昭王举报家门，说道：“现有魏国张禄（范雎）先生；智谋出众，为天下辩士；他要拜见大王，声称：‘秦国势如累卵，失张禄则危，得张禄则安。’然其言只可面陈，不可代传。”显然，范雎此举分明是故作危言，耸人听闻，意在引起秦昭王的重视。然而秦昭王却以天下策士辩客，往往如此，并不去理睬，任你千条妙策，他就是不闻不问。就这样，范雎住在下等客舍，粗茶淡饭，在焦虑烦躁中挨过了二年的时光。周赧王四十五年（公元前270年），秦丞相穰侯魏冉举兵跨韩、魏而攻齐，夺取刚、寿二地，以扩大自己的封邑陶，从而进一步增强自己的实力。这就给范雎攻击政敌提供了借题发挥的机会。他在一年来对昭王内心世界的了解、分析和判断的基础上，果断而大胆地再次上书昭王，阐明大义，直刺时弊而又紧紧抓住昭王的心病。

他在信中说道：“我听说英明的君主执政，对有功于国者给予赏赐，有能力的人委以重任；功大者禄厚，才高者爵尊。故不能者不敢当职，有能者也不得蔽隐。而昏庸的君主则不然，赏其所爱而罚其所恶，全凭一时感情使然。……我听说善于使自己殷富者大多取之于国，善于使国家殷富者大多取之于诸侯。天下有了英明的君主，那么诸侯便不能专权专利，这是为什么呢？因为明主善于分割诸侯的权力。良医可以预知病人之死生，而明主可以预知国事的成败。利则行之，害则舍之，疑则少尝之，即使是舜禹再生，也不能改变呀。有些话，在这封信里我是不便深说的，说浅了又不足以引起大王的注意。……我希望大王能牺牲一点游玩的时间，准我望见龙颜。如果我所讲的对于治国兴邦之大业无效，我愿接受最严厉的惩罚。”

范雎的这篇说词，表达了两点颇为可贵的思想。其一，他力主选贤任能，奖励军功、事功，反对用贵任亲。这在血缘关系纽带又粗又长的早期封建社会里，无疑是闪光的思想。其二，他抨击了权贵专权专利的现象，指出了枝繁干弱的危害广泛，这对于加强中央集权，巩固君王的统治地位，无疑是极有见地的。而且，此语击中了秦昭王的心病。秦昭王处在宗亲贵戚的包围中，贵族私家富厚日趋重于王室，早有如芒刺在背之感，对这样的谏词自然十分关切，尤其值得一提的是，范雎在信末所说“语之至者，臣不敢载之以收”，故作含蓄隐秘之语，诱使秦昭王浮想联翩，吊起他的胃口；紧接着又信誓旦旦地宣扬其言的绝妙效用，足以振聋发聩，迫使秦昭王不得不召见他。由此可见，范雎不仅胸藏治国韬略，而且工于心计。

果然，秦昭王见信大喜，立谢王稽荐贤之功，传命用专车召见范雎。

范雎进入秦宫，早已成竹在胸，佯装不知地径直闯进宫闱禁地“永巷”。见秦昭王从对面被人簇拥而来，他故意不趋不避。一个宦官见状，快步趋前，怒斥道：“大王已到，为何还不回避！”范雎并不惧怕，反而反唇相讥道：“秦国何时有王，独有太后和穰侯！”说罢，继续前行不顾。范雎此举，是要冒一

定风险的。然而，范雎这一句表面上颇似冒犯的话，恰恰击中了昭王的要害，收到了出奇制胜的效果。昭王听出弦外之音，非但不怒，反而将他引入内宫密室，屏退左右，待之以上宾之礼，单独倾谈。范雎颇善虚实之道，并能恰到好处地一张一弛。秦昭王越是急切地请教高见，范雎越是慢条斯理地故弄玄虚。秦昭王毕恭毕敬地问道："先生何以教诲寡人?"范雎却一再避实就虚，"唯唯"连声，避而不答。如此者三次。最后，秦昭王深施大礼，苦苦祈求道："先生难道终不愿赐教吗?"

范雎见昭王求教心切，态度诚恳，这才婉言作答："臣非敢如此。当年吕尚见周文王，所以先栖身为渔父，垂钓于渭水之滨，在于自知与周王交情疏浅；及至同载而归，立为太师，才肯言及深意。其后，文王得功于吕尚，而最终得以王天下。假使文王疏于吕尚，不与之深言，那是周无天子之德，而文王、武王难与之共建王业。"范雎有意把眼前的秦昭王与古代的圣贤相连，既满足了秦昭王的虚荣心，又激励他礼贤下士。范雎还以吕尚自况，把自己置于贤相的位置。昭王却之，即等于自贬到桀纣行列，这无疑能使对方就范，谈话自然会按着他的意思进行下去。接着，范雎谈到自己，说道："臣为羁旅之臣，交疏于王，而所陈之词皆匡君之事。处人骨肉之间，虽然愿效愚忠，却未见大王之心，所以大王三问而不敢作答。臣非畏死而不进言，即使今日言之于前，明日伏诛于后，也在所不辞。然而，大王信臣，用臣之言，可以有补于秦国，臣死不足以为患，亡不足以为忧，漆身为癞、披发为狂不足以为耻。臣独怕天下人见臣尽忠身死，从此杜口不语，裹足不前，莫肯心向秦国。"这番慷慨悲壮之词更进一层，先是披肝沥胆，以情来感召昭王，接着说以利害，以杀贤误国震慑昭王，给自己的人身、地位争取了更大的安全系数。

经过充分的铺垫，范雎最后才接触到实质问题，点出了秦国的弊端隐患："大王上畏太后之严，下惑奸臣之谄。居深宫之中，不离阿保之手，终身迷

惑，难以明断善恶。长此以往，大者宗庙倾覆，小者自身孤危。这是臣最恐惧的。”

其实，上述之弊端虽确有之，但并非治理秦国的当务之急。范雎所以要大论此事，意在用“强干弱枝”来迎合昭王。与此同时，也借以推翻范雎将来立足秦廷的政敌，从而确立自己在秦廷的地位。只要地位确定了，其他一切都可以顺理成章。谋略家们的良苦用心，由此可见一斑。

正因如此，才使范雎言必有中。秦昭王推心置腹地答道：“秦国僻远，寡人愚下。如今得以受命于先生。真是三生有幸。自此以后，事无大小，上至太后，下及大臣，愿先生悉教寡人，万勿疑虑。”

四、远交近攻 强干弱枝

范雎虽已取信于秦昭王，但因初入秦廷，尚不敢深涉内政，仅只纵论外事，借观秦王俯仰。不久，范雎再次晋见秦昭王，他首先分析了秦国的优势，说道：“秦地之险，天下莫及。雄兵百万，战车千乘，其甲兵之利天下亦莫能敌。以秦卒之勇，车骑之众，用以治诸侯，如同良犬搏兔。然而兼并之谋不就，霸王之业不成，莫非是秦之大臣计有所失吗？”范雎所言，即使秦昭王感到欣慰，也使他感到警怵，因而没等范雎说完，秦昭王便恭恭敬敬地说：“寡人愿闻其详。”范雎接

着说道："臣闻穰侯将越韩、魏而攻齐国，非计也。少出师则不足以伤齐，多出师则害于秦，大王不如远交而近攻，得寸则王之寸也，得尺亦王之尺也。今王释此而远攻，不亦谬乎！"

在这段奏议里，范雎明确地提出了"远交近攻"的战略思想，这是范雎对秦国的杰出贡献。这个原则不仅为秦逐个兼并六国最后统一中国奠定了战略基础，而且对后世也有着深远的影响，为中国政治、外交思想史增添了光辉的一页。范雎还为这一战略原则拟定了具体的实施步骤。第一，就近重创韩、魏，以解除心腹之患，壮大秦国势力；第二，北谋赵，南谋楚，扶弱国，抑强敌，争夺中间地带，遏制各国的发展；第三，韩、魏、赵、楚依附于秦之后，携五国之重，进而威逼最远且是当时最强的对手齐国，使其回避与秦国的竞争；第四，在压倒各国的优势下，最后逐一消灭韩、魏诸国，最后灭齐，统一天下。

秦昭王闻罢大悦，高兴地说："寡人敬闻命矣。"于是拜范雎为客卿，参与军国大政，主谋兵事。

周赧王四十七年（公元前268年），秦昭王用范雎谋，派五大夫绾率兵伐魏，攻克怀（今河南武涉西南）。两年后，又举兵攻占邢丘（今河南温县东）。在此形势下，范雎又及时地为秦昭王谋划"收韩"之策，他首先向秦昭王分析了"收韩"的战略意义。他说："秦韩之地形，交织相错如同锦绣。秦之有韩，譬如木之有蠹，人之有心腹之病也。天下无变则已，一旦有变，其为秦患者孰大于韩乎？因此大王应首先收韩。"秦昭王问："吾若欲收韩，韩不听，为之奈何？"范雎从容答道："如果大王派兵首先攻打并占领韩国政治、经济、交通、军事的咽喉要塞荥阳，便可使巩、成皋之地不通，北断太行之道，上党之韩军不得而下，一举可将韩国拦腰斩为三截。如此，韩国还能不听命归附于秦吗？"秦昭王依计而行。

秦昭王四十二年（公元前265年），秦军发兵，先后占领韩国少曲（今河南济源东北）、高平（今山西境内）、陉城（今山西曲沃东北）、南阳、野王（今河南沁阳）等地。至此，已将韩国拦腰斩断，使整个上党地区完全孤立起

来。在秦军雷霆万钧般的打击下，韩国步步败退，摇摇欲坠。而秦国则在战争中获得了人力、物力等方面的巨大补偿，实力更其强盛，因而东进步伐大大加速，扩大了对赵楚两国的战争规模。

随着秦国军事上的节节胜利，范雎也日益受到秦昭王的赏识，地位也日益得到巩固。于是，在周赧王四十九年（公元前266年），范雎开始在内政方面实施变革，推行“强干弱枝”的方针，加强中央王权。他向秦昭王奏议道：“臣居山东时，闻齐只有孟尝君，不闻有齐王；闻秦有太后、穰侯，不闻有秦王。夫擅国之谓王，能利害之谓王，制杀生之威之谓王。今太后擅行不顾，穰侯出使不报，华阳、泾阳等击断无讳，高陵进退不请。四贵备而国不危者，未之有也。为此四贵者下，乃所谓无王也。然则权安得不倾，令安得从王出乎？臣闻善治国者，乃内固其威而外重其权。”接着他又进一步指出：“今穰侯内仗太后之势，外窃大王之重，用兵则诸侯震恐，解甲则列国感恩，广置耳目，布王左右，恐千岁万岁后，有秦国者，非王之子孙也！”

秦昭王闻言惊觉，因自己早就对宗亲贵戚的专权和势力的膨胀嫉恨在心，此番听了范雎义正辞严的宏论，终于下定了决心。当年，昭王便罢免了穰侯魏冉的相位，命其回到封邑。后又驱逐其他“三贵”，安置太后于深宫，不许与闻政事。又拜范雎为丞相，封之于应城（今河南鲁山之东），号为应侯。至此，以秦昭王为首的中央政权更为集中了。

范雎推行“固干削枝”的方针，致力于确立和强化秦国中央集权制度，促进封建割据走向封建大一统，这对秦国中央集权制度的完善和最终完成统一中国的大业则有着不容忽视的功勋，是顺应历史发展的一次重大社会变革。

五、巧施离间 智赚长平

周赧王五十五年（公元前260年），秦军大举北进，进攻赵国。老将廉颇率赵兵迎敌，秦、赵两军相持于长平。秦兵虽然勇武善战，怎奈廉颇行军持重，坚筑营垒，等待时机与变化，迟迟不与秦兵决战。如此一来，两军相持近两年，仍难分胜负。秦国君臣将士个个焦躁万分，却又束手无策。秦昭王问计于范雎，说：“廉颇多智，知秦军强而不轻易出战。秦兵劳师袭远，难以持久，战事如此久拖不决，秦军必将深陷泥淖，无力自拔，为之奈何?”范雎早已清醒地认识到问题的严重性，作为出色的谋略家，他很快找到了问题的症结。他对赵国文臣武将的优劣了如指掌，深知秦军若想速战速决，必须设计除掉廉颇。于是，他沉吟片刻，向昭王献了一条奇妙的反间计。

范雎遣一心腹门客，从便道进入赵国都城邯郸，用千金贿赂赵王左右亲近之人，散布流言道：“秦军最惧怕的是赵将赵奢之子赵括，年轻有为且精通兵法，如若为将，恐难胜之。廉颇老而怯，屡战屡败，现已不敢出战，又为秦兵所迫，不日即降。”

赵王闻之，将信将疑。派人催战，廉颇仍行“坚壁”之谋，不肯出战。赵王对廉颇先前损兵折将本已不满，今派人催战，却又固守不战，又不能驱敌于国门之外。于是轻信流言，顿时疑心大起，竟不辨真伪，匆忙拜赵括为上将，赐以黄金彩帛，增调20万精兵，持节前往以代廉颇。

赵括虽为赵国名将赵奢之子，确也精通兵法。但徒读经文书传，不知变通，只会坐而论道，纸上谈兵，而且骄傲自大。一旦代将，立即东向而朝，威临军吏，致使将士无敢仰视者。他还把赵王所赐黄金、财物悉数藏于家中，日日寻思购买便利田宅。

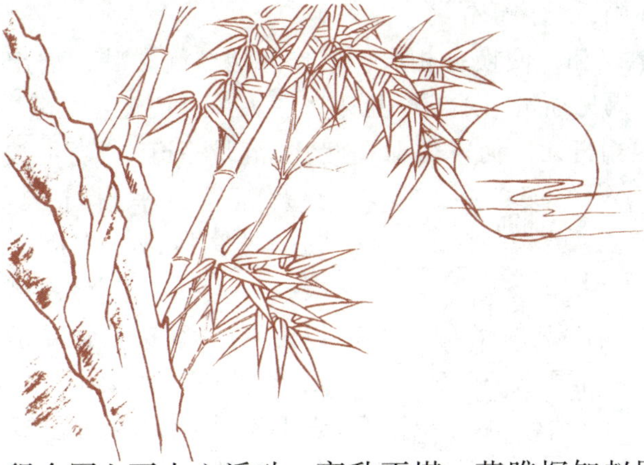

赵括来到长平前线，尽改廉颇往日约束，易置将校，调换防位，一时弄得全军上下人心浮动，紊乱不堪。范雎探知赵国已入圈套，便与昭王奏议，暗派武安君白起为上将军，火速驰往长平，并约令军中：“有敢泄露武安君为将者斩!”

这白起是战国时期无与伦比的久经沙场的名将，一向能征惯战、智勇双全。论帅才，赵括远不能与白起相比；论兵力，赵军绝难与秦兵抗衡。范雎之所以秘行其事，目的就是使敌方松懈其志，以期出奇制胜。两军交战，白起佯败，赵括大喜过望，率兵努追不舍，结果被秦军左右包抄，断了粮草，团团围困于长平。秦昭王闻报，亲自来到长平附近；尽发农家壮丁，分路掠夺赵人粮草；遏绝救兵。赵军陷于重围达46天，粮尽援绝，士兵自相杀戮以取食，惨不忍睹。赵括迫不得已，把全军分为四队，轮番突围，均被秦军乱箭击退，赵括本人也被乱箭射死。长平一战，秦军获得了空前的胜利，俘虏赵兵40万，除年老年幼者240人放还外，其余全部坑杀。这次战役，秦军先后消灭赵军45万，大大挫伤了雄踞北方的赵国的元气，使其从此一蹶不振。战后，秦军乘胜进围赵都邯郸。虽曾有赵国名士毛遂自荐，赴楚征援，又有魏国信陵君窃符救赵，也只能是争一时之生存，无法挽回赵国败亡的厄运。

长平之战，在秦国历史上具有划时代的意义。秦与关东六国的战争，如果说秦惠文王时还处于战略相持阶段的话，至此则进入了战略反攻阶段。此后，虽有庞缓组织的最后一次赵、魏、韩、楚、燕五国合纵抗秦，但也仅仅是困兽犹斗而已。

六、廷辱须贾 妒杀白起

周赧王三十九年（公元前276年），魏安釐王封弟无忌为信陵君。当是时，魏王闻知秦昭王用范雎之谋，将要东伐韩魏，急召群臣商议。信陵君无忌力主发兵迎敌，相国魏齐则认为秦强魏弱，主张遣使求和。于是，魏王派中大夫须贾赴秦议和，直奔咸阳，下榻于馆驿。

范雎闻知魏王遣须贾来秦议和，便换去相服，装作寒酸落魄之状，潜出府门，来到馆驿，徐步而入，谒见须贾。须贾一见来人，大惊，说道："范先生固无恙乎？我以为先生被魏相打死，何以得命在此？"范雎答道："当年被

弃尸荒郊，幸得苏醒，为一过客所救，亡命于秦，为人打工糊口，聊以为生。"须贾不觉动了哀怜之情，留之同坐，索得食物赐之。时值隆冬，范雎衣薄而破，战栗不已，须贾见状叹道："范叔一寒如此！"命从人拿出一件缯袍披在范雎的身上。接着问道："当今秦国丞相张禄，权势盛大，我欲拜见他，可是无人引见。先生在秦日久，能为我通融一下吗？"范雎谎说自己的主人与张丞相关系甚好，自己也常出入相府，可以为其引见，并同意为须贾借得大车驷马，供其驱使。

街市上，范雎亲自为须贾执辔御之。街市之人，见丞相驾车而来，纷纷疾走回避。须贾颇感惊异。既至相府，范雎转身对须贾说道："大夫少待于此，容我先去通报一下。"须贾下车，立于门外，候之良久亦无消息，便走近

守门者，悄声问道："我的故人范叔入府通报，久而不出，您能为我招呼一下吗？"守门者好生奇怪，这里并没有什么"范叔"。当须贾得知范雎即是张禄，乃当今秦之丞相时，如梦中忽闻霹雳，心坎突突乱跳，于是脱袍解带，跪于门外，托守门者报告说："魏国罪人须贾在外领死！"范雎在鸣鼓之中，缓步而出，威风凛凛，坐于堂上。须贾跪伏不起，连称有罪。范雎历数须贾三大罪状后说道："你今至此，本该断头沥血，以酬前恨。然而考虑到你还念旧情，以缯袍相赠，所以苟全了你的性命。"须贾叩头称谢，匍匐而出。

范雎入见秦王，将往事一一禀报；并说魏国惧秦，遣使求和。秦王大喜，依范雎言，准魏求和，须贾之事，任其处理发落。

几天以后，范雎在丞相府大宴诸侯之使，宾客济济一堂，觥筹交错，很是热闹。唯独将须贾安排在阶下，并派两个黥徒夹之以坐，席上只备些炒熟的料豆，两黥徒手捧喂之，如同喂马一般。众宾客甚以为怪，范雎便将旧事诉说一遍，然后对须贾厉声喝道："秦王虽然许和，但魏齐之仇不可不报，留你一条蚁命归告魏王，速将魏齐人头送来。否则，我将率兵屠戮大梁，那时悔之晚矣。"须贾早吓得魂不附体，诺诺连声而出。

须贾归魏，将此事告知魏王。魏相魏齐闻知十分恐惧，弃了相印，星夜逃往赵国，私藏于平原君赵胜家中。秦昭王闻知，欲为范雎报仇，设计诱骗平原君入秦，并扣为人质。声称，若不送魏齐人头至秦，将不准平原君归赵。魏齐走投无路，怒而自刎。

范雎报仇雪恨之后，并没忘记自己的恩人王稽和郑安平。一天，他晋见秦昭王，奏道："臣本魏一亡命之人，如果不是王稽忠于大王而纳臣于秦，如果不是大王英明圣哲，臣安能富贵如此。然王稽至今仅为谒者，当年救臣于水火之中的郑安平亦未重用，请大王恩赐。"秦昭王念范雎功劳，准其奏请，任命王稽为河东太守，任命郑安平为将军。

范雎廷辱须贾、赚杀魏齐，都反映了他的胸怀不够宽广，但在生产力低下、社会狭小、私有至上的时代，人们囿于私利，往往于胸中深构城府，陷入无形，

这就酿成了无数的历史悲剧。司马迁在为范雎作传行文至此时，曾有一句颇为有名的感慨：“一饭之德必偿，睚眦之怨必报。”这既是对范雎的褒扬也是对范雎狭小心胸刻薄的概括。由于范雎势炎日隆，一人之下，万人之上，他那本来就狭小的心胸最后发展到了嫉贤妒能的程度，给他的形象抹上了一层难以洗刷的阴影。妒杀白起便是典型的一例。

周赧王五十六年（公元前259年），秦军复定上党，再取太原，威震三晋。韩、赵两国惊恐万分，忙用厚币去求救苏代。苏代乃大纵横家苏秦之弟，也是一位胸中蓄积千般诡计，颠倒黑白，截长续短，驾轻就熟的说客。他受命来到咸阳，径直入丞相府，问范雎：“武安君擒获马服子赵括否?”范雎不知何意，答道：“是。”苏代又问：“武安君进围邯郸否?”答道：“是。”苏代说：“赵国灭亡，则秦王为帝，武安君为三公。武安君为秦战胜攻取，略定七十余城；南定鄢、郢、汉中，北破赵括全军，虽周朝的周公、召公和吕望，功绩也不加于彼。君能甘居白起之下吗?到那时，你虽不欲屈尊，也无能为力了。昔日秦攻韩，围邢丘，困上党。然而，上党之民却甘心附赵。可见天下之民不乐为秦民由来已久。如今灭亡赵国；赵北部国土必然入于燕国，东部国土必然入于齐国，南部国土必然入于韩、魏。如此，君所得土地人民能有几何?由此看来，不如允许韩、赵割地以和，勿使武安君再建功勋。”

苏代鼓动巧舌利口，极言攻韩、赵之弊，恰恰击中了范雎的难言之隐，于是他进谏昭王：“秦兵劳苦，请许韩、赵割地以和，且休士卒。”秦昭王准请，于是当年正月罢兵。至此，白起与范雎结怨。

数月之后，范雎复命王陵攻赵都邯郸。王陵因赵国军民顽强抵抗，屡屡受挫，损兵折将。一年后，秦昭王再用白起取代王陵进兵赵国。谁知白起竟不计后果，决不肯行。一则有病在身，二则心怨范雎先前掣肘，三则自思长平战后秦国伤痍者未起，故拒不接受王命，这就潜下了杀身之祸。

其后，秦昭王只好派王龁替代王陵，进攻赵都。而王绝非白起一类出色的将才，仍然迟迟不能攻下邯郸。后遇楚国春申君、魏国信陵君率数十万大军救援邯郸，大败秦军。秦昭王闻秦军大败，损失惨重，心中正自烦恼，白起却自负先见之明，凑过来说道：“不听臣计，今日如何!”昭王一听自然恼怒，于是再命白起为将，怎奈白起自称有病，就是不肯应命。一气之下，秦昭王革去了白起的军职，将其削为平民，逐出咸阳。

白起行至杜邮，范雎对秦昭王道：“白起左迁，怏怏不服，口有余言，恐为后患!”于是，秦昭王急差使者追赶白起，赐予一柄利剑，令其自裁。就这样，这位被司马迁称赞为“料敌合变，出奇无穷，声震天下”，征战沙场达37年之久的一代名将，饮血黄沙，成了统治阶级互相倾轧的牺牲品。

七、功成身退 荐贤而终

周赧王五十八年（公元前257年），范雎廷辱须贾、智赚魏齐、妒杀白起后便遣亲将郑安平率兵进攻赵国。魏国信陵君无忌大破秦军于邯郸城下，郑安平率2万士卒降赵。依照秦法“任人而所任不善者，各以其罪罪之。”范雎当株连降敌大罪，受三族连坐之治。秦昭王念其功大，法外施仁，不但没有治范雎的罪，反而加赐食物，慰勉范雎。谁知，事隔仅两年，即公元前255年，范雎的另一亲信王稽，身为河东太守却与诸侯私通，事败后被赐以弃市重刑。范雎接连涉嫌，秦昭王虽未深究，然范雎心中自是别样滋味，言行举止格外小心谨慎。一天，秦昭王临朝兴叹：“现今武安君既死，郑安平、王稽等或叛或降，外多强敌而内无良将，吾恐楚国铁剑利而将士勇，倡优拙而思虑远，借以图秦，实堪忧虑！”范雎听出弦外之音，情知失宠，地位岌岌可危，且惭且惧，不得不思谋退身之计。于是，借病退避，闲居家中，不肯上朝。

就在范雎进退维谷之时，燕人蔡泽来到秦国。此人其貌不扬，而且身无分文，然而才华横溢，尤擅辩才。他曾广游列国，屡以其学干政，可惜久久怀才不遇，此时获悉范雎失意，连忙赶到相府。如同当年语激秦昭王一样，他扬言：“燕客蔡泽，为天下雄辩之士，倘能一见秦王，必可夺取范雎相位。”范雎闻知此言，自然很想见识一番这位口出狂言大语者。于是，他马上召见了蔡泽，傲然问道：“先生有何术竟能夺我相位？”蔡泽不慌不忙地答道：“君侯见识何其晚！众所周知，君明正直为举国大福，父慈子孝、夫信妻贞为一家大幸。然而，比干忠正却不能存于殷，申生孝敬却不能完于晋。原因何在？身与名俱全者，最上；名可旌而身死者，居中；身存而名辱者，最下。商鞅、吴起、文种诸人，竭力尽忠，功高盖世，然而却惨遭诛戮，不得身名俱全，甚为可悲。现以君侯而论，声名功绩不如上述三子，然而禄位贵盛、私家富厚却有过之而无不及。再看秦王信君侯，又不如秦孝公信商鞅，楚悼王信吴

起、越王勾践信文种。当此之时，尚不知进退之术，我诚恐君祸患深于商鞅等人。君岂不知：天地万物，四时之序，无功者来，成功者去，这是浅易之理；日中则移，月满则亏，物盛则衰，这是天地常数；进退盈缩，与时变化，这是圣人大道。可惜凡夫俗子，惑于私利，以致昏聩不悟。正如鸿鹄、犀、象，所居之处本远离险地，但为香饵引诱，终不免于死。书中有言：成功之下，不可久处。君侯相秦，计不下座席，谋不出廊庙，坐制诸侯，利施三川，以实宜阳；决羊肠之险，塞太行之道，斩断三秦通途，令六国不得合纵；栈道千里通于蜀汉，使天下皆畏秦。秦之欲已得，君之功至极，正当秦国分劝之时，却不思退避，则有商鞅、吴起、文种之祸。君何不让归相印，择贤者而授之。”

蔡泽论人事、谈安危，语语动人，字字惊心。范雎到底是位智者，心有灵犀，一点即通。于是，他忙奏请昭王，盛赞蔡泽之贤，荐其代己为相。秦昭王五十二年（公元前255年），范雎称病辞去相位，不久死于其封地应城。

八、一世英名　毁于贪欲

范雎不仅是秦国历史上智谋深远的名相，也是我国古代不可多得的政治谋略家。范雎是战国时期秦国名相，他为秦统一天下发挥过巨大的作用。然而，就是这样一位对秦国有巨大贡献者，却为了一己私利，在用人问题上一步步走上了腐败的道路，犯下了不可饶恕的罪过。

罪过之一：妒杀白起。白起是秦国著名大将，有“常胜将军”之称。特别是长平之战，一举歼灭赵国主力军45万之众。当然，长平之战之所以全胜，也有范雎的功劳，因为正是他用反间计，使赵王临阵换掉名将廉颇，代之以只会纸上谈兵的赵括。然而战役之后，正当白起欲乘胜追击时，范雎却嫉贤妒能，害怕白起的功劳超过自己，于是，花言巧语说服秦昭王收兵。白起获知范雎暗中作梗后，便与之结怨。后来，在范雎的挑拨下，秦昭王先将白起贬为士卒，随后又令其自杀。

罪过之二：提拔亲信。范雎是魏国人，曾被魏中大夫须贾所诬，受到相国魏齐的迫害，后来在好友郑安平和秦国使者王稽的帮助下，才逃到秦国。范雎得志后，就利用职权报私仇，先廷辱须贾、后计杀魏齐，对王稽与郑安平他却十分关心。在他的精心安排下，王稽被任命为河东太守、郑安平被任命为将军，他还安排郑安平接替白起率兵攻赵，结果不但被赵国打得大败，郑安平还率两万士兵投降了赵国。当时，要按照秦律，范雎用人失察应受到株连，并祸及三族，只不过秦昭王念其功劳大，未加追究。他的另一亲信王稽也不争气，竟“里通外国”。尽管秦昭王仍未追究范雎的责任，但范雎深深感到了害怕，因为白起的死与王稽、郑安平的被提拔重用，都是他一手策划的。此后，他考虑再三，不得不放弃荣华与权力，称病辞去相位，退出政治舞台。

范雎的腐败，关键在于，其在干部的使用上不是以国家利益为重，而是以自己为核心。司马迁如此评价范雎：“一饭之德必偿，睚眦之怨必报。”所以说，大权在握的领导干部，过多考虑个人恩怨，就难免在干部的任免与使用上走上腐败的道路。

毛　遂

〔人物介绍〕

毛遂，战国时薛（今山东省枣庄市）人，据《滕县志》记载：“光绪三十四年，建官桥火车站站房发现毛遂墓址。”其身为赵公子平原君赵胜的门客，居平原君处三年未得崭露锋芒。然而，公元前 257 年，也就是赵孝成王九年，他自荐出使楚国，促成楚、赵合纵，声威大振，并获得了“三寸之舌，强于百万之师”的美誉。

〔生平介绍〕

求人说楚合纵

公元前 260 年，赵王中了秦的反间之计，以只能纸上谈兵的赵括代替廉颇守卫重地长平，使得赵四十万大军被困长平，最后全部为秦白起坑杀，精锐丧失殆尽。次年，秦乘胜围攻赵都城邯郸。邯郸震动，赵王急召平原君商议退敌救国之策。平原君道：“为今之计，只有求救于诸侯。魏与在下有姻亲

关系。关系素善，求之则发救兵。楚乃大国，且路途遥远，唯有以‘合纵’之策促其发兵，臣愿亲往。”赵王依之。

平原君乃战国四君子之一，此四君子皆以礼贤下士闻名于世。平原君有门客三千，毛遂位居末列。平原君回至府中，急招门客，言明使楚合纵之事，并欲选拔二十人随同前往。平原君道：“此次合纵定约之事，关系到邯郸得失，赵之存亡，干系甚大，故势在必得。倘若和谈不能成功，则须以武力相威胁，迫使楚王歃血订盟。故所选二十人必是文武俱全之士。诸位皆当今贤士，且事情紧急，二十人便出自各位当中了。”然三千人中，能文者不能武，能武者又不能文，最后只选得十九人，最后一人竟无从可得。平原君不禁慨叹：“想我赵胜相士数十年。门下宾客三千，不料挑选二十人竟如此难！”

毛遂自荐

正值此际，毛遂于下座挺身而起，道：“毛遂不才愿往。”平原君见毛遂面生，又不曾听左右提起过毛遂，便有意试探：“先生居胜之门下几时了？”毛遂答道：“已有三年。”平原君遂生轻视之意：“贤主处于世间，恰似尖锥处于囊中，其锋芒亦现，今先生居此已有三年，却未曾听左右提起过，可见先生文不成、武不就，且出使楚国乃关系赵国存亡之大计，先生恐怕不能胜任，还是留下吧。”毛遂并无退却之意，立刻答道：“君子言之有理。贤士处世当展其才德，然欲逞才能须有表现机会，君子以贤达仁义、礼贤下士闻名于世，然君子若无赵公子之名分，地位安能显其贤达乎？毛遂之所以未能崭露锋芒是因无处于囊中的机会，否则，早已脱颖而出，不单单是只露锋芒的问题了。”平原君对毛遂之对答深感奇异，且事紧急，便同意毛遂同行。其余十九人虽听了毛遂适才的一番言论，仍不以为意，皆以为毛遂只不过徒逞口舌罢了，彼此相视而笑。十九人皆自以为学富五车，一路之上常是高谈阔论，毛遂不言则已，言必惊人，总能一语中的。到了楚国时，十九人皆已折服。

楚廷约纵

楚国已至。平原君不敢怠慢，第二日一早，太阳刚刚升起，便上朝与楚考烈王商议合纵之事。楚王道："合纵之事，当初先由赵国发起，后张仪游说各国，联盟未能牢固。当年先是（楚）怀王为纵约长，率诸侯伐秦而不克；后又由齐滑王为纵约长，而列国皆背信弃义，合纵又败。时至今日，各国皆以约纵为讳，六国合纵联盟只不过一盘散沙，无济于事。况且秦国今日之强六国皆不能敌，唯有诸国各自安保方为上策。再者，秦楚新近通好。楚若与赵合纵，岂不是背信弃义，自惹刀兵之苦，代赵受怨吗？合纵之事还是算了吧！"平原君从容对答，陈说利害，但楚王终因惧怕强秦，犹豫不决。

毛遂等二十人于朝下等候，眼见日上中天，约纵仍未成功。十九人便对毛遂道："先生上。"

毛遂亦不答话，按剑拾阶而上，昂首走上朝来堂。对平原君说："合纵之事，只要言明利害，三言五语便可解决，却为何自日出谈至日中，仍未商定？"

楚王见有人竟敢按剑直闯朝堂，且出言不逊，不觉怒起心头，但又不明此人底细，且慑于毛遂之威严，便转身先问平原君道："此是何人？"平原君道："此乃胜之门客毛遂。"

楚王便高声叱喝道："大胆狂徒，本王与你家主人谈话合纵之事，岂有你说话之地，还不退下？"

毛遂毫无惧色，按剑直前，说道："合纵乃天下之事，天下人皆可议之，况在我家主人面前，你叱者何来？仗你人多势重罢了。然如今你我相距仅十步之遥，你的性命便握于毛遂手中，还逞得什么威风！当年商汤凭借七十里之地而王天下，周文王仅凭百里地，却使天下诸侯臣服，又有哪一个凭借了势众人多呢？"楚王脸色稍和，问道："先生有何话说？"

毛遂道："先前，楚西有黔中、巫郡，东有夏州、海阳，南有洞庭、苍梧，北有陉塞、郇阳，地方五千里，带甲百万，车千乘，骑万匹，此乃霸王之资，天下诸侯哪个能当？然一泱泱大国竟为一乳臭未干之竖子白起率区区之数万人连连挫败，一战丢鄢、邓等五城，郢都划为秦郡，再战而烧夷陵，三战则为秦兵毁先王之宗庙，辱没先人，此乃百世之仇怨，赵国都为之羞愧，可大王却偏安于一隅，但求苟安，不求报仇复地，怎对得起列祖列宗在天之灵呢？合纵之事，对楚实是有百益而无一害。想那秦国久存虎狼之心，并吞天下之意早已昭然若揭，赵亡，楚亦不会长久。想当年，苏秦首倡合纵，六国结为兄弟，致秦十五年不敢东进一步。今秦虽围邯郸年余，二十万精兵日夜进攻，却未能损邯郸毫厘。且魏素交好与赵，必遣救兵，若楚赵合纵成功，联合魏、韩，灭秦精锐于邯郸城下，乘势西进，则楚可报先仇，收复失地，重振楚威，如此百利而无一害之事却犹犹豫豫不能定夺，到底为了何故？”言罢，毛遂双手按定佩剑，怒目而视楚王。

楚王立刻连连称是，道：“就依先生，就依先生。”毛遂问：“主意拿定了吗？”楚王道：“定矣！定矣！”毛遂便呼楚王左右：“取鸡狗马血来！”左右取铜盘至。毛遂双手托住铜盘，跪献楚王道：“大王当献血为盟，正式合纵之约，大王先饮，我家主人次之，毛遂再次。”于是于朝堂之上歃血定盟，合纵事成。

毛遂左手托定铜盘，右手招呼朝下十九人道：“诸位就于朝堂下共同歃血吧！你们这些庸碌之辈，所谓‘因人成事’者，不就是这样吗？”

真人难识

平原君回至赵国，感叹道：“我一向自以为能够识得天下贤士豪杰，不会看错怠慢一人。可毛先生居门下三年，竟未能识得其才。毛先生于楚朝堂之上，唇枪舌剑，豪气冲天，不独促成约纵，且不失赵之尊严，大长赵之威风，使赵重于九鼎之吕，毛先生以三寸之舌，而强于百万之师。胜再不敢以能相天下之士自居了。”遂待毛遂为上客。

有一首诗评道：

橹樯空大随人转，称锤虽小压千斤。

利锥不与囊中处，文武纷纷十九人。

合纵已成，楚王遣春申君黄歇率兵八万往救邯郸。魏信陵君亦窃得兵符，夺晋鄙十万军来救赵国。秦二十万大军围邯郸已有两年，仍不能克，长平之战，秦兵亦损失过半，国内空虚，且救兵已至。秦昭王虽欲强攻，但迫于形势亦只得息战而退。邯郸围解，终于避免了又一“杀人盈城”惨象的发生。此后公元前256年，燕国趁赵国大战方停喘气之机，派遣大将栗腹攻打赵国，

派谁挂帅出征以敌强敌？赵王便想起了敢于自荐的毛遂，欲提拔毛遂为帅，统兵御燕。毛遂听到这个消息，大吃一惊，赶忙到赵王那里去，不是去“推荐”自己，而是去“推辞”自己：“不是我怕死，是我德薄能低，不堪此任，我可披坚当马前卒，不能挂袍任帅印官，如是，则上可保国之江山社稷，中可保您知人之明，下可保我毛遂不为国家罪人。”当年自荐，意气风发；此时自辞，何其乃尔？一个毛遂，判若两人，简直让人难以置信。赵王很是不解：“先生去年自荐，才情高迈，真伟丈夫；如今脱颖而出，正是建功立业之时，怎么忸怩如小女子？”毛遂说：“尺有所短，寸有所长。骐骥一日千里，捕捉老鼠不如蛇猫。逞三寸舌我当仁不让，仗三尺剑实非我能，岂敢以家国安危来试验我之不才之处。”按说，毛遂此话说得入情入理，但赵王却为了展示自己求贤若渴，怎么也不听毛遂之言，硬是要他挂帅迎敌。一个靠三寸不烂之舌生活的人，哪里是人家金戈铁马的对手？尽管毛遂身先士卒，冲锋陷阵，但也无力抗敌，被打得落花流水。被赵国精心树立起来的“人才”榜样，是这么个样子？有何面目回去见“江东父老”，除了以死谢罪，别无他途。于是毛遂避开众人，到一个山林子里，拔剑自刎，鲜血淋漓地倒在“毛遂自荐”的神话里。

毛遂拜孙膑

毛遂自从自荐随平原君到楚国求援以后，便在赵国问职辅佐政事。但在实践过程中，他处处感到力不从心。后来，他得知齐国军师孙膑隐退云梦山，

便想投师学艺，学好武艺可更好地报效国家。一天，他把自己的心事告诉国君，赵王欣然同意了。

毛遂经过一路跋涉，风餐露宿，历尽千辛万苦，终于来到了云梦山。经过一番周折，见到了孙膑。孙膑虽然双腿残疾，盘座在水帘洞口倒也威严。头绾牛心发髻，竹簪别顶，剑眉似霜、银须似雪、满面红光，身着皂色道袍，腰系丝绦，足覆云鞋，双目紧闭。毛遂肃然起敬，双膝跪地，大礼相拜："师父在上，弟子毛遂叩见师父。"孙膑微睁双目，只见毛遂发髻蓬乱，满面汗迹，袒着胸怀，顿生疑义。多年的戎马生涯，特别是与庞涓共事的前鉴，使他顿生戒备之心。问道："你可是随平原君赴楚求援的毛遂？""正是弟子。""你乃赵国栋梁，然何弃国来到这里？"毛遂诚心地诉说来意之后，再三恳求收他为徒。孙膑却不冷不热地说："您的大名早有所闻，您的才华、胆略、口才都令我敬佩。只是我年事已高，又是个残废，拜我为师实不敢当，您还是另寻高门吧。"毛遂一听，连忙说道："师父，我乃草莽之人，若有失言，还望师父指教。我虽有拳拳之心，但没有报国之术，今日前来投师，是我终生所望，日后也好报效国家，请师父不吝赐教，收我为徒吧！"

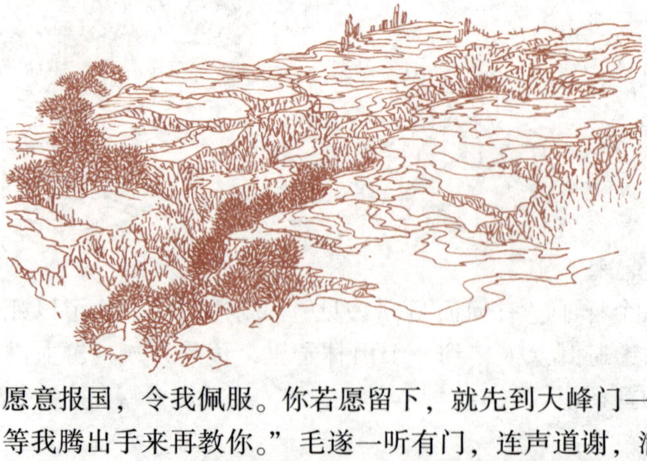

孙膑听其所言，倒也感动，思忖片刻又觉不妥：当年庞涓请他下山，说的也是甜言蜜语，到头来还是遭人暗算，罢罢罢，人言不可轻信。害人之心不可有，防人之心不可无。于是他说："请起来！愿意报国，令我佩服。你若愿留下，就先到大峰门一边放牛，一边把守关口，等我腾出手来再教你。"毛遂一听有门，连声道谢，满口应承。

从此之后，毛遂整天早出晚归，在大峰门站岗放牛，风雨无阻。一转眼几个月过去了。孙膑没听到毛遂说一句叫苦喊累的话。牛养壮了，大峰门山口也没一个恶人敢来捣乱。而毛遂却消瘦了好多。孙膑暗暗佩服毛遂心诚志坚，老实敦厚。毛遂常在大峰门边的一块青石板上躺卧休息，后人叫这块石板为毛遂炕，目前仍存。

一天夜里，孙膑把毛遂叫到榻前，语重心长地说："这些日子辛苦你了，你的感觉如何？"毛遂连忙躬身叩见："师父的良苦用心，我完全明白，我绝不做像庞涓那样的小人。师父，我在平原君门下作食客，受到多少人的奚落，我并不介意。只要能在师父门下为徒，我做牛做马也心甘情愿。"孙膑朗朗大笑，拍着毛遂的肩膀说："知我者，毛遂也！"从此，孙膑正式收毛遂为徒。师父教得认真，徒弟学得刻苦，从鬼谷子的"捭阖之术"，"内揵之道"，一直讲到"飞箝之谋"，从自己的作战经验讲到如何摆兵布阵，有时还挑灯夜谈。闲暇时刻，师徒还下棋对弈，切磋技艺。

蒯　通

〔人物介绍〕

蒯通，本名蒯彻，因为避汉武帝之讳而改为通。有人从楚汉时期记载蒯通的言论以及《史记·田儋列传》："从蒯通者，善为长短说，论战国之权变，为八十一首。"《汉书·蒯伍江息夫传》："通论战国时说士权变，亦自序其说，凡八十一首，号曰《隽永》。"认为《战国策》为其所著。

蒯通第一次出现在历史的舞台上是秦二世元年八月，当时武臣授命于陈涉北上扫荡赵地。眼光老到，善为长短之说的他立刻游说范阳县令徐公，为其分析当前形势，解说利害关系说服徐公降赵王武臣，又以三寸不烂之舌说动赵王武臣接受范阳县令徐公投降，传檄千里，不战而下三十余城。可见其言之利！到蒯彻再一次出现在历史舞台上的时候，五年的光阴已经一晃而去了，楚汉相争的历史大剧已经接近尾声。令人迷惑不解的是这五年间风云起伏，波澜壮阔，而蒯彻却丝毫没有任何事迹显示他参与这段令人热血沸腾的历史进程中去。

〔生平介绍〕

一、乱齐之策

汉四年十月，也就是五年后，蒯通再一次出现在历史舞台，也是韩信的帐下，当时韩信授命于刘邦引兵，进攻齐国，还未渡平原就听到郦食其已经说服齐王投降。韩信正要退兵，蒯通鼓动其偷袭齐国，说“将军受诏击齐，而汉独发间使下齐，宁有诏止将军乎？何以得毋行也！且郦生一士，伏轼掉三寸之舌，下齐七十余城，将军将数万众，岁馀乃下赵五十馀，为将数岁，反不如一竖儒之功乎？”韩信听其计，趁齐国不备，一举攻克齐国都城临淄。

这里是后世认为蒯通为韩信谋士的依据，但是司马迁在史记用的是“范阳辩士蒯通说信曰”，这里没有明确说明蒯通为韩信谋士，反而从这里看，蒯通仅仅是来说策的说客。司马迁对此评价为“甚矣蒯通之谋，乱齐骄淮阴，其卒亡此两人！”班固也认为“蒯通一说而丧三俊”。

蒯通之谋就有必要追究一番，蒯通究竟为何出此谋？此谋究竟对谁有利？这里可以有三种解释：一、蒯通为韩信以后自立而打定基础，临时小施手段辅助韩信成就大业，可以说深谋远虑。二、唯恐天下不乱，借此来实现自己翻手为云，覆手为雨的纵横家本色。三、为其他人而谋，蒯通施展手段借此以乱齐汉联盟。因为后来有蒯通说韩信自立，所以一般后人皆认为是第一种原因。

但是笔者却倾向第三种，史记有这么一段话：“通善齐人安期生，安期生尝干项羽，项羽不能用其策。已而项羽欲封此两人，两人终不肯受，亡去。”从这段可以推测蒯通曾经为项羽客卿，联系到蒯通五年内毫无动静，很可能因为无明主辅助，而楚汉期间唯有项羽刘邦双雄并立，余者皆不足论。而刘邦项羽都有高参辅助，蒯通投靠亦不能尽展所学，是亦未曾前去辅助。但是在汉三年却有了转机，项羽中陈平反间计而痛失高参范增，处于缺乏谋士辅助的尴尬境地。而此时蒯通以及好友安期生趁此辅助项羽施展抱负亦合情合理，项羽欲封他们必然他们有一定功劳出过计策才可，这里笔者以为“乱齐”

就是蒯通为项羽而谋，项羽因此而分封之。

但是前一种也有很大的可能，亦合情合理，或项羽不能用其策，而转投韩信，试图辅助韩信三分天下而谋之。第二种则可能性不大，如果蒯通仅仅是显示自己的手段，这乱齐相比说徐公降赵王武臣显然谈不上什么手段，不过蛊惑之策耳！唯恐天下不乱也不能成立，从蒯通前后事迹来看不是那种仅卖弄口舌而毫无目的之士。

究竟是哪种情况的可能性更大，我们从零散的资料来看这段历史。

二、韩信伐齐与郦食其使齐

汉三年六月，项羽拔荥阳，诛周苛、枞公，虏韩王信，围成皋，汉王刘邦与滕公夏侯婴从成皋主战场逃跑至韩信、张耳军中。趁张耳、韩信未起，自称使者夺其印符，召诸将开了一个军事会议。会议后刘邦夺两人军队，令张耳镇守赵地。授命韩信为相国，带领剩余军队进攻齐国。在这里刘邦命韩信进攻齐国除了实现对西楚的战略迂回，战略包围，还有一点是预防韩信、张耳在赵地势力膨胀，尾大不掉。所以夺两人兵权，又分开两人，用无兵权的张耳镇守赵地，使韩信带剩余的赵军进攻齐国。又派自己的亲信曹参，灌婴率领部队以及蓼侯孔熙，费侯陈贺作为副手进行牵制。

韩信正式攻齐发生在汉四年十月，也就是四个月后的事情了。在这段时间，郦食其因为向刘邦出了馊主义（建议刘邦分封诸侯，被张良所止）而戴罪立功游说齐王投降刘邦。郦食其不负所望，说服齐王降汉。本来皆大欢喜，韩信却受蒯通蛊惑，偷袭齐国，引发齐国背汉而联楚。

考察其中的关键部分，有助于更好的理解蒯通和韩信的关系。

对韩信的背约偷袭行为菜九段先生认为是“击齐一事是汉精心布置的战争行动。郦生是注定要牺牲掉的一粒棋子”。原因在于汉将柴武不属于韩信参加了击齐战斗；吕泽这个独立军团参加了作战（手下丁复参与破龙且之战）韩信在战斗中所能指挥的也只有曹灌等人，而曹灌也是刚加入韩信部。不属于韩信而参加对齐作战的还有高陵侯王周“以都尉破田横龙且”，肥如侯蔡寅“以车骑都尉破龙且及彭城”。对此我们要详细分析，首先对刘邦来说齐国是

肯定要拿下的。而派郦食其游说齐王正如郦食其分析："今田广据千里之齐，田间将二十万之众，军于历城，诸田宗族，负海阻河济，南近楚，人多变诈，足下虽遣数十万师，未可以岁月破也。臣请得奉明诏说齐王，使为汉而称东掮。"显然刘邦是做两手准备，一手通过武力；一手通过外交。对外交是否可以成功是个未知数，自然不能因为派了使者而放弃武力进攻（武力压迫也是外交可以成功的一个条件）。再对于韩信攻齐，将在外君令有所不受。战场战机瞬息万变，刘邦自然明白放权于将的必要性。所以刘邦没有授命韩信停战算不上牺牲郦食其。关于其他部将参战说明韩信受制于刘邦而偷袭齐国亦不妥。吕泽等不属于韩信的军团是参与的潍水破齐楚联军之战。而偷袭齐国则是韩信以及手下曹灌所为。"信引兵东，未渡平原，闻汉王使郦食其已说下齐，韩信欲止。"《史记》这段记载清楚地表明，韩信不但知道郦食其说齐的事情，而且对齐之战有全权处理的权利。所以偷袭齐国可以说是韩信受了蒯通的蛊惑才为之。而不能视为刘邦精心布置。

蒯通的蛊惑司马迁称之"乱齐"，可以理解为破坏齐汉联盟。而蒯通蛊惑韩信却抓住了刘邦诏韩信击齐，又独发间使下齐，却未有诏止韩信的漏洞，以争功劳打动韩信去偷袭"友邦"。而蒯通的乱齐之计谋，有必要考证其对当时天下大势的影响，以及最大受益人。

蒯通的计策最大的受害者是刘邦，在当时的情况下，主战场刘邦被项羽

围困，随时有生命危险。齐投降于刘邦，可以和韩信合力南下击楚，解决自己的困境。这样的话楚汉之争或可早一年解决。而齐是属于田家还是韩信，对刘邦来说并不重要，当时田氏掌握齐国当然不利于刘邦以后统治，但是同样由韩信掌握齐国亦会出现功高盖主。而后来差点三分天下以及刘邦被迫封韩信为齐王，割地请战亦是证明此点。

蒯通的计策却是有两个受益者，韩信不用说，借此扩大功绩，又独占齐地，拥兵自重，割据一方。但是最大的受益者却不是韩信而是项羽，我们着重分析。汉三年末四年初，项羽在荥阳虽然处于攻势，却一直未击破刘邦主力。而自己的粮道一直面临彭越的骚扰却无计可施。北面的齐国处于对楚后方威胁，却因为旧恨难平而彼此虎视眈眈。因为齐国并不强大，且抱着坐山观虎斗的心理才彼此相安无事。如果这个平衡被打破，齐投降汉合兵与韩信进攻楚大后方，楚地必然危机。韩信破齐楚联军项羽恐慌，派使者游说韩信亦是明证。而韩信偷袭“友邦”，使齐反而投向楚合力抗汉，无疑是个巨大的转机。项羽派龙且救齐无疑是不但可以解救此次危机，亦是对汉的一个强有力的反击。

联系蒯通曾经仕项羽，可以大胆推断蒯通为项羽设计出一石二鸟之计策，而项羽欲封估计也是因为此计的大功。

三、潍水之战和三分天下

但是此计的结局却因为韩信潍水之战而破灭，后世因为结局而忽视结局前的探索。但是我们不得不承认潍水之前的形式的确为楚国掌握着战争主动。韩信偷袭“友邦”后，齐完全倒向楚，齐楚联军的实力占优势，又拥有天时地利，正如龙且手下献计“不如深壁，令齐王使其信臣招所亡城，亡城闻其王在，楚来救，必反汉。汉兵两千里客居，齐城皆反之，其势无所得食，可无战而降也。”

面临这样的局势，刘邦亦看出齐地战事的重要性派出多路军队支援韩信，这就是多路不属于韩信而参与破齐楚之战的缘故。最终韩信出色的战术能力以及龙且贪功冒进使蒯通乱齐之计化为乌有。

刘邦派大军援助齐地战事，使得项羽松了口气，自己亲自平定彭越之乱。虽然彭越之乱严重影响了楚的主战场进展，使得项羽不得不亲自消灭这个隐患。但是亦有可能是刘邦兵力大量援助齐地，以至于项羽放心带兵剿灭彭越。

司马错

〔人物介绍〕

司马错，生卒年不详，战国中后期秦国名将。

仕秦惠文王、武王、昭王三世。司马错伐蜀是秦统一中国之前的一个重大的军事举措，在秦史上是不可或缺的。商鞅变法为秦统一中国奠定了经济基础，司马错伐蜀则为秦统一中国打下军事基础，二者在某种意义上具有同等之功的。本文尝试分析司马错军事路线的形成，运用及作用。

〔生平介绍〕

秦惠文王九年（公元前316年）巴蜀相攻，秦惠文王欲趁机灭蜀，却因韩侵秦而举棋不定。张仪主张先攻韩，司马错力排张仪之议，认为伐韩将导致诸侯合纵对秦，伐蜀则既可得其人力物力以充实军备，又可占据有利地势顺水而下攻楚。这议为秦王采纳。同年秋，即与张仪、都尉墨等率军从石牛道伐蜀，与蜀王之师战于葭萌（今四川广元昭化镇），蜀王败逃至武阴（今彭山东），冬，灭蜀。继而又灭巴、苴。秦惠文王十四年陈庄杀蜀侯，后归降。秦武王元年（公元前310年），因蜀相陈庄叛秦，司马错受命协助平定蜀乱，甘茂诛陈庄。秦昭王六年（公元前301年），蜀侯辉反，司马错平叛，并诛郎中令等27人，平定蜀中。昭王十六年，司马错担任客卿，受命攻魏，取轵（今河南济原南），攻韩，取邓（今孟县西）。十八年，司马错与白起等又攻取魏国六十一座城邑。秦昭王二十七年（前280年），率陇西兵及巴蜀兵十万人，从蜀地沿江而下，攻楚黔中（今湖南西部及贵州东北部），迫楚献出汉北及上庸地（今湖北西北部）于秦，实践了他得蜀即得楚的部分预言。

秦国平定蜀国：秦国南方是汉中，可以知道在秦躁公前442年时，秦国已经控制了包括南郑等地的汉中，《六国年表》记载在前441年，南郑叛乱。秦惠公十三年，前387年蜀国侵占了秦国的南郑，控制了汉中，以后数十年，都是蜀国控制汉中，秦惠文王即位的前337年，蜀国还派人来朝贺，秦国是了解进入汉中蜀国的褒斜道路的，张仪传也是说秦王觉得道路凶险难走到，才犹豫，可见流传广泛的所谓"金牛伐蜀"的故事，仅仅是一个传说故事，不是客观历史事实。蜀国在秦国南方是大国，就像司马错说的，还是戎、狄首领，当时在西南

地区还有巴、丹、犁、苴、滇等国，其中蜀国最大，唐朝的《正义集解》《括地志》都是受东晋时期的地方志《华阳国志》的影响，把"金牛伐蜀"一类故事作为历史记录下来。但是《华阳国志》也记载了一些可信的史料，比如"蜀王封其弟于汉中，号曰苴侯"，当时秦国的汉中确实是被蜀国占领，该书记载的苴侯同巴国联合，被蜀王战败逃亡巴国，向秦国求援，无法确定，《史记》只是记载了蜀和苴相互攻打，都来向秦国告急，随后就发生了秦国历史上著名的辩论，相国张仪主张攻打韩国，反对出兵蜀国，司马错主张攻打蜀国，并且提出："蜀国乱政，我们占领了天下不会认为我们残暴，取得巨大的利益人们也不会认为是贪婪，是名实一举两得，还有平定残暴的声望，比攻打韩国，劫天子的结果有利。"最终秦惠文王赞同司马错的意见，对蜀国用兵。司马错指挥平定蜀国的经过在史书中没有详细记载，张守节的《正义集解》选用了《华阳国志》张仪统领、指挥灭蜀战争的史料，还说蜀王被张仪在武阳追杀，根本就没说司马错伐蜀，这些都是不可信的，攻打蜀国应该是司马错指挥的，《史记》记载司马错在秦惠文王九年的前316年十月平定了蜀国，蜀王也没有像《华阳国志》等说的被张仪所杀，而是被秦国贬号为侯，直到两年以后，十一年，才由秦公子通取代原蜀王，担任蜀侯。《史记》中没有记载张仪在伐蜀战争中的作用，作为相国的张仪是著名的纵横家，外交才

能出众，不是军事家，又反对攻打蜀国，秦惠文王是不会让他担任统帅的，但不排除战后张仪主持投降仪式。十四年丹、犁两国臣服秦国，同年，蜀相陈庄杀蜀侯来降，秦国任命公子辉为蜀侯。秦武王元年，蜀侯和蜀相再次谋反，派楚人甘茂前往杀了蜀相陈庄。这年丹、犁两国叛乱。秦昭王六年，蜀侯叛，派司马错前往平定，考虑到《华阳国志》对司马氏的反感，其记载的蜀侯公子辉被后母陷害，司马错前去赐死也不大可信。甘茂是楚国纵横家，不是军事家，在《战国策》中记载他攻打宜阳就可以看出，作战失利，接受了秦国人左成等的建议才侥幸获胜，他前往蜀地去赐死归降的陈庄还可信，司马错是统领军队作战的统帅，六年蜀侯的叛乱，让司马错前往必然是军事平叛行动。司马错在蜀国把蜀王降号为侯的做法在三国时期的政权交替和统一中被借鉴和仿效。

乐　毅

〔人物介绍〕

乐毅，生卒年不详，中山灵寿（今河北灵寿西北）人。战国后期杰出的军事家，拜燕上将军，受封昌国君，辅佐燕昭王振兴燕国，报了强燕伐齐之仇。

乐毅先祖乐羊为魏文侯（魏斯，魏国开国君主）手下的将领。曾率兵攻取中山，因功被封在灵寿，乐羊死后，葬于灵寿，从此乐氏子孙便世代定居在这里。中山复国后，又被赵武灵王（？—前295年）所灭，乐毅也就成了赵国人。

〔生平介绍〕

乐毅少年聪颖，喜好兵法。深得赵人推崇。赵武灵王时，因避沙丘之乱来到魏国都城大梁（今河南开封西北）当了大夫。

此时，燕昭王因为子之之乱而被齐国打得大败，燕昭王时刻不忘为燕国雪耻。但燕国弱小又地处僻远，昭王自忖力量不足以克敌制胜，于是便屈己礼贤，延聘贤能之士相佐。首先礼待郭隗，借此招揽天下英才。乐毅适于此时替魏出使到燕国，燕昭王用客礼厚待乐毅。乐毅谦辞退让，最后终于被昭王诚意所动，答应委身为臣，燕昭王封乐毅为亚卿（仅次于上卿的高官）。

当时齐国非常强大，齐湣王率齐军南败楚相唐昧于重丘，西摧三晋的势力于观津，接着与三晋攻秦，助赵国灭中山，打败宋国。扩地千余里，诸侯各国在强大的齐国面前都表示臣服，齐湣王因此而骄矜自满。由于齐湣王的骄横自恣，加上对内欺民而失其信，对外结怨于诸侯，造成齐国政治局势不稳，形势恶化。

燕昭王认为时机成熟，欲兴兵伐齐，遂问计于乐毅。乐毅回答说；“齐国系霸主之余业，地广人多，根基较深，且熟习兵法，善于攻战。对于这样一个大国，虽有内患，仅由我们一国单独去攻打它，恐怕很难取胜。如果大王一定要去攻伐齐国，必须联合楚、魏、赵、韩诸国，使齐国陷于孤立的被动地位，方可制胜。”这就是所谓“举天下而攻之”的伐齐方略。

燕昭王接受了乐毅的建议，便派乐毅去赵同惠王盟约攻齐，并请赵国以伐齐之利诱说秦国，予以援助。又派剧辛为使又分别到楚国和魏国进行联络。当时各国都因厌恶齐湣王骄暴，听说联兵伐齐，均表赞同。

乐毅返燕后，燕昭王在公元前284年派乐毅为上将军，同时赵惠王也把相印交予乐毅，乐毅率全国之兵会同赵、楚、韩、魏、燕五国之军兴师伐齐。齐湣王闻报，亲率齐军主力迎于济水（在今山东省济南西北）之西。两军相遇，乐毅亲临前敌，率五国联军向齐军发起猛攻。齐湣王大败，率残军逃回齐国都城临淄。乐毅遣还远道参战的各诸侯军队，拟亲率燕军直捣临淄，一举灭齐。谋士剧辛认为燕军不能独立灭齐，反对长驱直入。乐毅则认为齐军精锐已失，国内纷乱，燕弱齐强形势已经逆转，坚持率燕军乘胜追击。

乐毅率燕军乘胜追击齐军至齐都临淄。齐湣王见都城临淄孤城难守，遂率少数臣僚逃往莒城（今山东省莒县）固守。乐毅用连续进攻，分路出击的战法，陷城夺地，攻入齐都临淄后，尽收齐国珍宝、财物、祭器运往燕国。燕昭王大为欣喜，亲自到济水前来犒赏、宴飨士兵，为酬谢乐毅的功劳，将昌国（在今山东省淄川县东南）城封给乐毅，号昌国君。

乐毅率燕军半年内连下齐国七十余城，仅剩聊城、莒城、即墨（今山东省平度县东南）3 城仍顽强抵抗，久攻不下。其余全部并入燕的版图，燕前所未有地强盛起来。乐毅认为单靠武力，破其城而不能服其心，民心不服，就是全部占领了齐国，也无法巩固。所以他对莒城、即墨采取了围而不攻的方针，对已攻占的地区实行减赋税，废苛政，尊重当地风俗习惯，保护齐国的固有文化，优待地方名流等收服人心的政策，欲从根本上瓦解齐国。

乐毅攻齐五年，攻齐 70 余城，皆为燕地，唯独莒、即墨未攻下。前 278 年，燕昭王死，太子乐资即位，称燕惠王。燕惠王做太子时，就与乐毅有隙，所以当他即位以后，对乐毅用而不信。齐国大将田单探知此种情况，乘机进行反间，派人到燕国散布说："除莒城和即墨两处之外，齐国大片土地全在燕国军队手里。乐毅能在短时攻下齐国 70 余城，难道用几年工夫还打不下莒城与即墨吗？其实他是想用恩德收服齐人之心，为他叛燕自立做准备。"燕惠王本来就猜疑乐毅，听了这些话信以为真，于是下令派骑劫为大将去齐接替乐毅。乐毅深知燕惠王收回他的兵权，意味着听信谣言，欲加罪于自己。他认为"善作者不必善成，善始者不必善终"，决定拒绝回燕而西向去赵。赵惠王见乐毅归赵，隆重地接待了他，并封他为望观津（在今河南省商丘东），号望诸君。赵王这样尊宠乐毅，是借以警惕燕、齐，使他们不敢轻举妄动。

骑劫寡思少谋而又骄狂自大。乐毅奔赵后，他来到齐国，一反乐毅原来的战略部署和争取齐人的正确政策，而施之以残暴，激起了齐国军民的强烈反抗。田单设谋诳骗燕军，在即墨城用火牛阵大破燕军，杀死骑劫，转而追歼燕军到黄河边上，收复齐国所失之城邑，将燕军逐出齐境，从莒迎齐襄王（愍王死，襄王立于莒）归临淄。

惠王后悔派骑劫代替乐毅，以致军队被打败，将军被杀死，曾经占领的齐国土地又丢失了，但又怨恨乐毅奔赵，恐怕赵用乐毅乘燕吃了败仗的时候进攻燕国。于是惠王派人责难乐毅，而且向他道歉说："先王曾以举国之兵托付将军，将军为燕大败齐军，报先王之仇，天下人为之震动，我也时刻记着你的功绩。可是刚逢先王去世，我又初立，听信于左右而误国。我之所以派骑劫代替将军，为的是将军经年累月的暴露于荒郊野外，怕你太辛苦，所以

请你回来调息，并想同你共议国事。将军却误听传言，和我产生怨隙，弃燕降赵。将军为自己打算，这样做是合宜的，可你如何报先王的知遇之恩呢？”于是乐毅慷慨地写下了著名的《报燕惠王书》，书中针对惠王的无理指责和虚伪粉饰，表明自己对先王的一片忠心，与先王之间的相知相得，驳斥惠王对自己的种种责难、误解，抒发功败垂成的愤慨，并以伍子胥“善作者不必善成，善始者不必善终”的历史教训申明自己不为昏主效愚忠，不学冤鬼屈死，故而出走的抗争精神。这才打消了燕惠王对乐毅的某些偏见，便封乐毅之子乐间为昌国君。尽管乐毅受到不公，但乐毅也并不因个人得失而说赵伐燕，以泄私恨，而是居赵、燕两国客卿的位置，往来通好，乐毅最后卒于赵国。太史公曰：始齐之蒯通及主父偃读乐毅之报燕王书，未尝不废书而泣也。乐臣公学黄帝、老子，其本师号曰河上丈人，不知其所出。河上丈人教安期生，安期生教毛翕公，毛翕公教乐瑕公，乐瑕公教乐臣公，乐臣公教盖公。盖公教于齐高密、胶西，为曹相国师。

邹　忌

战国时政治家。邹忌（约公元前385—前319年）战国时齐国大臣。以鼓琴游说齐威王，被任相国，封于下邳（今江苏邳县西南），称成侯。劝说威王奖励群臣吏民进谏，主张革新政治，修订法律，

选拔人才，奖励贤臣，处罚奸吏，并选荐得力大臣坚守四境。从此齐国渐强。

邹忌，《史记》作驺忌子，齐人。齐桓公时就任大臣，威王时为相，封于下邳（今江苏邳县西南），号成侯。后又事齐宣王。

齐威王立志改革，思贤若渴。鼓琴自荐，被任为相国，封于下邳（今江苏邳县西南），称成侯。劝说威王奖励群臣吏民进谏，主张修订法律，监督官吏，严明赏罚，并选荐得力大臣坚守四境。曾献计围魏救赵，取得桂陵（今

河南长垣西北）之战的胜利。推行的改革，使齐国力渐强。时势造就英雄，邹忌有才华有才干，大度颇有君子风范，是齐威王的得力助手，帮助他持政，出谋划策。

此外，邹忌还以相貌著称，品德也受人夸赞。

郦食其

郦食其（？—前203年），秦朝陈留县高阳乡（陈留，今河南开封市开封县东南。高阳，今河南开封杞县西南）人，少年时就嗜好饮酒，常混迹于酒肆中，自称为高阳酒徒。

一天，刘邦正在洗脚，忽报乡里有位儒生要求见。刘邦一向轻视儒生，曾经拿儒生的帽子当尿盆，此来污辱儒生。今天忽听有儒生求见，非常愤怒，他说："我以天下大事为重，没有时间接见读书人。"在外等候已久的郦食其瞪大眼睛，手握利剑，叱骂看门人说："你再进去对沛公说，我是高阳酒徒，不是读书人！"看门人报告刘邦，刘邦一听是高阳酒徒，连脚都来不及擦，赶忙起身迎接，赐酒款待。

郦食其见了沛公，只是拱一拱手说："你不是想要诛暴秦吗？为何用这样傲慢的态度对待长者？你是想助秦攻诸侯呢，还是率领诸侯破秦？"刘邦被责问得不知所措，马上谢罪说："过去听人说过先生的容貌，今天见面才知先生的来意，不知如何破秦？"这位高阳酒徒慷慨激昂地说："你带领的乌合之众，还不到一万，现在竟然要攻打强秦，这不过是羊入虎口罢了。陈留这个地方，是天下的要冲，交通四通八达。城中又积了很多粮食。我又认识县令，让我来劝说他投降，如不投降，你可以举兵攻打，我做内应，大事就可成功。"刘邦觉得有理，就采纳了郦食其的建议。

郦食其回到县城，向县令陈说利害，希望他能投降刘邦。县令因惧怕秦法的苛重，不敢贸然从事，予以拒绝。就在当天，郦食其率众杀死了县令，并将县令人头抛到城下。一面又派人报告刘邦。刘邦见大事已成，就引兵攻打县城并大声疾呼："将士们赶忙投降，你们的县令已被砍头了！要不然，你们也要被砍头的。”城上守军见县令已死，无意再守，遂开城投降。刘邦进城，得到了许多兵器和粮食，投降的士兵也有一万多，这样，为刘邦西进，提供了物质条件，这全是高阳酒徒郦食其的功劳。

公元前204年楚汉相争时，郦食其又建议刘邦说：“楚汉相争久持不下，这样百姓骚动，海内动荡，人心不安。希望你急速进兵，收取荥阳，有了粮食，并且占据了险要地方，天下就归属于你了。”并说自己愿意去说服兵众将广、割据一方的齐王田广。高阳酒徒的这一建议，成为刘邦夺取天下的战略思想。

郦食其到了齐地，向齐王晓以利害，齐王欣然同意。罢兵守城，天天和郦食其纵酒谈心。这时由于韩信乘机攻齐，为田广所误解，认为这是郦食其出卖了他，遂将郦食其烹杀。临死前，田广对他说：“你能阻止汉军，我就放了你。”郦食其说：“举行大事，就不要顾及细小的事，大的德行，我不会推辞，你也不必多说了。”说罢就慷慨就义。郦食其为汉朝立下了汗马功劳，他的名字却往往不为人所知道，但只要一提起“高阳酒徒”，无不家喻户晓。

茅　蒙

〔人物介绍〕

茅蒙字初成，是陕西咸阳南关人，是东卿茅君盈的高祖。茅蒙性情慈悲良善，平日常积德行善，俭朴素净，博学多闻。他预见周朝将越来越衰败，所以从来不到诸侯那里求官作。他常常感慨于人生转眼即逝，要抓住适当的时机自己处理好自身的事。于是他拜北城鬼谷子为师，跟他学习长生之术和仙丹秘方。后来他又进入华山，远离尘世静心修炼，修道炼丹，后来乘龙驾云，百日成仙升天。在他成仙之前都城里就流传着一首歌谣：“神仙得者茅初成，驾龙上升入太清。时下玄洲戏赤城，继世而往在我盈。帝若学之腊嘉平（嘉平是腊月的一种叫法）。”秦始皇听说后，就把腊月改名叫“嘉平”了。

〔生平介绍〕

茅蒙仿生修真

茅蒙听说云梦山来了个世外高人，便走出了殷实的家庭来向鬼谷子求师。鬼谷子教茅蒙养性长生之术。茅蒙住在云梦山太阳洞中，除了每日烧水做饭，打扫庭院外，只是让他每日清晨、每日傍晚对着竹林长呼、长吸各七七四十九次。鬼谷子心里有数，此人今后终能成仙，但目前身体虚弱，不可急功近利，只可循序渐进，否则极易走火入魔。

茅蒙倒也实在，每日里勤勤恳恳，认认真真，严格遵照先生的要求去做。该呼吸七七四十九次，他绝不呼吸四十八次。渐渐地，茅蒙感觉到过去腹中的下坠感已经消失，身体也比以前轻松多了。

这一天，鬼谷子将茅蒙叫到树林中一块草坪上说："连日来，让你练吐故纳新之法，练得如何了？"

茅蒙说："先生所言，莫非指每日两次的呼吸？"

"正是。"

"弟子练此已半年有余，已觉腹中平静清爽，四肢也强健有力了。"

"你要清楚，这吐故纳新之功，乃是万功之母。不会呼吸，则不能取天地造化之精华，不能去身体污浊之糟粕，又何能化天道、地道、人道为一体，溶天功、地功、人功于一身？此功若炼到精深处，呼时飞沙走石；吸时树木为之仰俯。你仍须多下功夫，练好此功。"

"是，先生。"

"你既已有吐纳之功的基础，我今日传与你另一上乘修身养性之功法——'仿生功'，这'仿生功'乃是为师仿照龙、龟、蛇、熊、鸷等鸟兽的动作演化而成，其一招一式，均模仿这五种禽类。它贯通天地，融汇人禽，集自然之精华与人之灵性为一身。常练此功，即可强身健体，不生百病。若要练到精深处，则可脱胎换骨，体轻如燕，跑跳自如，飞身腾跃，且可延年益寿，长生不老，夺天地之造化，享自然之不朽。不知此功可愿学？"

"弟子愿学。"

"既然如此，俯耳上来。"

鬼谷子在茅蒙耳畔如此这般这般地说了一番，茅蒙不住地点头。

此后，每日清晨，茅蒙早早地就起身，先对着竹林练吐纳功，再练上一通仿生功，天天如此。

又过了十几天，鬼谷子将茅蒙叫到身边，问："近日仿生功练得如何了？"

"弟子遵照先生的教诲，刻苦练习，已有进展。"

"如此说来，练一招'鸷击长空'来我看。"

茅蒙在鬼谷子面前练了起来，鬼谷子看了连连摇头。一招还没练完，就一口喝住："练了这么长的时间，你的动作怎么如此柔软，这哪里是什么鸷，分明是只母鸡！像你这样愚钝，还练得什么仿生功，还想什么长生。从今天起，你也不要练什么仿生功了，以后就上山采药吧。"说着，恨恨地拂袖而去。

茅蒙像挨了一闷棍似的跪在地上站不起来。他不怨恨先生，他只怨恨自己，恨自己为什么就不能练好先生所教的功夫。他不灰心，他心里想，跟这样好的先生学艺，就是采一辈子药也心甘情愿。

第二天，茅蒙就上山采药了。上山采药不是件容易的事，要攀悬崖，爬石壁，对外行而言，这是很危险的活。茅蒙没有采过草药，他的胆子又小。一爬上悬崖，望下一看，下面是高深莫测的峡谷，大脑就"嗡"的一下旋转起来，心怦怦跳。可是茅蒙对先生很敬重，先生交给的事他一定要想方设法完成。开始，他只是在低处或安全的地方采药。渐渐地茅蒙对高度也不怎么害怕了，就到较为险要的地方去。时间过得很快，茅蒙慢慢适应了采药的生活，他不再对高度感到恐惧，而在悬崖上翻跳倒成了他的一种乐趣。这天，茅蒙采药累了，坐在崖头上休息。突然，一个黑影快速从眼前掠过。茅蒙定睛一看，原来是一只秃鹫在天空盘旋翱翔。它伸展着双翅，十分雄健地盘旋在天空中，双目炯炯有神地注视着地面。突然它如利箭一般一个猛子扎下来，抓住地面上的一物，腾空而去。茅蒙仔细一看，原来是一只羊羔。茅蒙心中若有所动，马上立起身来，模仿起那秃鹫的动作来。

此后，茅蒙每天上山都要遇见这只秃鹫，每天他都要模仿秃鹫的动作。

三个月过去了，鬼谷子突然来到茅蒙的身边。茅蒙不知有什么事，但从脸色上看，先生挺高兴的。

茅蒙忙问："先生到此，有何指教？"

"你把仿生功鸷鹰功练给我看。"

茅蒙感到很吃惊，想把真情对先生说吧，又怕先生说他不遵师命，他只好说："先生，弟子从那日先生不许我练五禽戏后，再未练过。"

"你已偷练了三个月，快练给我看，再若嚼舌，为师我就恼了。"

茅蒙没有办法，只好将自己在悬崖之上偷练的鹰功练了一番。鬼谷子看了十分满意，不住点头。

茅蒙做完收式，忙跪下对鬼谷子说："弟子偷练有罪，望先生恕罪。"

"你决心练功，何罪之有？"

"弟子的动作均是模仿而来，多不规范，望先生指点。"

鬼谷子说："不然，我所创仿生功本是模仿而来，本无规范可言。更何况为徒要青出于蓝而胜于蓝，不突破条条框框，怎能有长足进步？你练仿生功之初，我见你性格懦弱，得仿生功之形而难得其神，以特地逼你上山采药，一来练你胆子；二来给你机会实地演练。你果然不负为师的期望，如今已有过之而无不及了，的确让为师高兴。今日我再授你一炼丹之术。此术乃修身养性法之绝学，非一时之功所能达到也。其方法如下：取纯净五色石，辅以灵芝、虫草、人参等，以真气鼓三昧真火炼之，不计年月，功到金丹自成，此丹乃个人精神与天地融合之产物，取而食之，立时成仙登天。"

"弟子记下了。"

"炼丹术有三点须注意：心术不正者不得丹；三心二意者不得丹；中气不足者不得丹。此三点务必要切记！"

"是，先生。"

鬼谷子停顿了一会儿，又说："如今，我所能教给你的，都已经教出了。你也应该出山了。"

"什么？"茅蒙大惊失色，"先生您不要我了？"

鬼谷子笑了笑说："你目前学了这许多功夫，但功底依然很浅，尚须寻找一清静之处勤加修炼，方能练成正果。若在我这里，你必然分心他事，精力难以集中。这就辜负了我的授教之心了。"茅蒙磕头再三："弟子宁愿成不了仙，也愿侍奉先生一辈子。"

"胡说！如果如此，我收你为徒又有何意义？再若胡言，我绝不认你这个徒弟！"

茅蒙看先生如此坚决，只好磕头，流泪下山去了。

"临行，鬼谷子先生从怀中掏出一卷书，递与茅蒙，茅蒙一看书上本无一字，正纳闷，鬼谷先生说："此乃无字天书，只有在月光下才能显出金文。"

当晚，茅蒙在月亮下打开一看，扉页上书有"鬼谷子养性修真大法"九个金光闪闪的大字。此书茅蒙传给茅盈、徐福等人，以后经陶宏景传之后世。

蔡　泽

燕国人。曾周游列国从师学习并向许多大小诸侯谋求官职，但没有得到重用。有一次他请唐举相面，说："我听说先生给李兑相面，说'一百天内将掌握一国的大权'，有这事吗?"唐举回答说："有这事。"蔡泽说："像我这样的人你看怎么样?"唐举仔细地看了一番便笑着说："先生是朝天鼻，端肩膀，凸额头，塌鼻梁，罗圈腿。我听说圣人不在貌相，大概说的是先生吧?"

蔡泽知道唐举是跟自己开玩笑，就说："富贵那是我本来就有的，我所不知道的是寿命的长短，希望听听你的说法。"唐举说："先生的寿命，从今以后还有四十三岁。"蔡泽笑着表示感谢便走开了，随后对他的车夫说："我端着米饭吃肥肉，赶着马车奔驰，手抱黄金大印，腰系紫色丝带，在人主面前备受尊重，享受荣华富贵，四十三年该满足了。"便离开燕国到了赵国，但被赵国赶了出来。随即前去韩国、魏国，路上遇着强盗抢走了他的锅鼎之类的炊具。他听说应侯举荐的郑安平和王稽都在秦国犯下大罪，应侯内心惭愧抬不起头来，蔡泽向西来到秦国。

他准备去拜见秦昭王，先派人在应侯面前扬言一番来激怒应侯说："燕国来的宾客蔡泽，那是个天下见识超群，极富辩才的智谋之士。他只要一见秦王，秦王必定使您处于困境而剥夺您的权位。"应侯听这些话，说："五帝三代的事理，诸子百家的学说，我是都通晓的，许多人的巧言雄辩，我都能折服他们，这个人怎么能使我难堪而夺取我的权位呢?"于是就派人去召蔡泽来。蔡泽进来了，只向应侯作了个揖。应侯本来就不痛快，等见了蔡泽，看他又如此傲慢，应侯就斥责他说："你曾扬言要取代我做秦相，可曾有这种事吗?"蔡泽回答说："有的。"应侯说："让我听听你的说法。"蔡泽说："呦！您认识问题怎么这么迟钝啊！一年之中春、夏、秋、冬四季更替，各自完成了它的使命就自动退去。人的身体各个部分都很健壮，手脚灵活，耳朵听得清，眼睛看得明，心神聪慧，这难道不是士人的愿望吗?"应侯说："是的。"蔡泽说："以仁为本，主持正义，推行正道，广施恩德，愿在天下实现自己的志向，天下人拥护爱戴而尊敬仰慕他，都希望让他做君主，这难道不是善辩明智之士所期望的吗?"应侯说："是的。"蔡泽又说："位居富贵显赫荣耀，治理一切事物，使它们都能各得其所；性命活得长久，平安度过一生而不会夭折；天下都继承他的传统，固守他的事业，并永远流传下去；名声与实际相符完美无缺，恩泽远施千里之外，世世代代称赞他永不断绝，与天地一样长久，这难道不是推行正道广施恩德的效果而圣人所说的吉祥善事的吗？”应侯说：“是的。”

蔡泽说：“至于说到秦国的商鞅，楚国的吴起，越国的大夫文种，他们的悲惨结局也可羡慕吗？”应侯知道蔡泽要用这些话来堵自己的嘴，从而说服自己，便故意狡辩说：“为什么不可以？那个公孙鞅奉事秦孝公，终身没有二心，一心为公家而毫不顾念自身；设置刀锯酷刑来禁绝奸诈邪恶，切实论赏行罚以达到国家太平；剖露忠心，昭示真情，蒙受着怨恨指责，诱骗老朋友，捉住魏公子昂，使秦国的国家安定，百姓获利，终于为秦国擒敌将，破敌军，开拓了千里之遥的疆域。吴起奉事楚悼王，使私人不能损害公家，奸佞谗言不能蔽塞忠臣，议论不随声附和，办事不苟且保身，不因危险而改变自己的行动，坚持大义不躲避灾难。就是这样为了使君主成就霸业，使国家强盛，决不躲避殃祸凶险。大夫文种奉事越王，君主即使遭困受辱，仍然竭尽忠心和毫不懈怠，君主即使面临断嗣亡国，也仍然竭尽全力挽救而不离开，越王复国大功告成而不骄傲自夸，自己富贵也不放纵轻慢。像这三位先生，本来就是道德大义的标准，忠诚气节的榜样。因此君子为了大义遭难而死，视死如归；活着受辱不如死了光荣。士人本就该具有牺牲性命来成就名声的志向，只要是为了大义的存在，即使死了也没有什么遗憾的。为什么不可以呢？”

蔡泽说：“君主圣明，臣子贤能，这是天下的大福；国君明智，臣子正直，这是一国的福气；父亲慈爱，儿子孝顺，丈夫诚实，妻子忠贞，这是一家的福分。所以比干忠诚却不能保住殷朝，子胥多谋却不能保全吴国；申生孝顺可是晋国大乱。这些都是有忠诚的臣子、孝顺的儿子，反而国家灭亡、大乱的事例，这是为什么呢？是因为没有明智的国君、贤能的父亲听取他们的声音，因此天下人都认为这样的国君和父亲是可耻的，而怜惜同情他们的臣子和儿子。现在看来，商鞅、吴起、大夫文种作为臣子，他们是正确的；

他们的国君，是错误的。所以世人称说这三位先生建立了功绩却不得好报，难道是羡慕他们不被国君体察而无辜死去吗？如果只有用死才可以树立忠诚的美名，那么微子就不能称为仁人，孔子不能称为圣人，管仲也不能称为伟大人物了。人们要建功立业，难道不期望功成人在吗？自身性命与功业名声都能保全的，这是上等。功名可让后世效法而自身性命不能保全的，这是次等。名声被人诟辱而自身性命得以保全的，这是下等。”说到这里，应侯称赞讲得好。

蔡泽抓住了应侯“称善”的这个缝隙，趁势说：“商鞅、吴起、大夫文种，他们作为臣子竭尽忠诚建立功绩那是令人仰慕的，闳夭奉事周文王，周公辅佐周成王，难道不也是竭尽忠诚极富智慧吗？按君臣的关系而论，商鞅、吴起、大夫文种他们令人仰慕比起闳夭、周公来怎么样呢？”应侯说：“商君、吴起、大夫文种比不上闳夭、周公。”蔡泽说：“既然这样，那么您的人主慈爱仁义信用忠臣，厚道诚实不忘旧情，贤能智慧跟那些有才能明大理的人士关系极为密切，情义深厚不背弃功臣，在这些方面比起秦孝公、楚悼王、越王来怎么样呢？”应侯不便回答就说：“不知道怎么样。”蔡泽说：“如今您的人主亲近忠臣，是超不过秦孝公、楚悼王、越王的，您施展才能，努力替人主解决危难，整治国家，平定叛乱，增强兵力，排除祸患，消除灾难，拓宽疆域，增种谷物，使国家富强，百姓富足，加强人主的权力提高国家的地位，显示王族的高贵，天下诸侯没有哪一个敢于侵凌冒犯自己的人主，人主的威势压倒一切诸侯，震动海内四方，功劳显扬于万里以外的地方，声名光辉灿烂，流传千秋万代，在这些方面您比起商鞅、吴起、大夫文种来怎么样？”应侯说：“我比不上。”蔡泽说：“如今您的人主亲近忠臣，不忘旧情比不上秦孝公、楚悼王、越王勾践，而您的功绩以及受到的信任、宠爱又比不上商鞅、吴起、大夫文种，可是您的官职爵位显贵至大，自家的富有超过了他们三位，而自己不知引退，恐怕您遭到祸患要比他们三位更惨重，我私下替您感到危险。俗话说‘太阳升到正中就要逐渐偏斜，月亮达到圆满就要开始亏缺’。事物发展到鼎盛就要衰败，这是天地间万事万物的常规。进退伸缩，符合时势的变化，这是圣人恪守的常理。所以

‘国家政治清明就出来做官，国家政治黑暗就隐退不干’。圣人说‘明君在位，有作为的人就应当辅佐以施展抱负’。‘用不正当的手段得到的富贵，在我看来就如同浮云一样’。现在您的怨仇已经报复，恩德已经报答，心愿满足了，可是却没有应变的谋划，我私下认为您不该采取这种态度。再说了，翠鸟、鸿鹄、犀牛、大象这些动物，它们所处的形势位置，不是不远离死亡的，可是它们之所以死亡，其原因就是被诱饵所迷惑。像苏秦、智伯那样的机智多谋，不也是不能够避开耻辱远离死亡，可是他们之所以死于非命，其原因就是被贪得无厌所迷惑。因此圣人才制定礼法，节制欲望，向百姓征收财物要有限度，使用百姓要按时节，也要有节制，所以心志不过分强求，行动不骄横无理，时时事事严守制礼节欲的原则而不失掉它，因此天下才承继他们的事业而永不断绝。从前，齐桓公曾九次盟会诸侯，制止混战使天下归正，但到葵丘盟会时，他有骄横自大之意，结果许多国家叛离了他。吴王夫差的军队无敌于天下，依仗勇猛强悍而轻视各个诸侯，侵犯齐国、晋国，所以终于自己被杀，国家灭亡。夏育、太史噭勇猛异常一声呼喊可以吓退大军，但是

最后死在平庸之辈的手下。这些都是到了名功极为煊赫时而不能回到常规常理上来，不能自甘谦下、自我节制所造成的祸患啊。商鞅为秦孝公制法令昭示全国，禁绝奸邪的根源，崇尚封爵制度有功必定奖赏，有罪必定惩罚，划一权、衡，统一度、量，调节商品、货币流通等轻重关系，铲除纵横交错的田埂，允许认垦荒田，使百姓生活安宁而一民同俗，鼓励百姓耕作，使土地发挥效益，一家不操二业，努力种田积贮粮食，平时演练军事战阵，因此军队发动就能扩展领土，

军队休整就可使国家富足，所以秦国无敌于天下，在诸侯中扬威，奠定了秦

国的基业。功业告成，结果身遭车裂而死。楚国地域方圆几千里，士兵有百万之多，白起率领几万人的部队与楚军交战，第一次交战就攻克了鄢、郢，烧毁了夷陵祖坟，第二次交战在南面兼并了蜀汉地区。后来又越过韩国和魏国去进攻强大的赵国，在北面坑杀了马服子赵括的军队，把四十多万人，全部屠杀在长平城下，血流成河，血水咆哮如同雷鸣，进而围攻邯郸，使秦国形成帝王的事业。楚国、赵国是天下的强大国家却是秦国的仇敌，从此之后，楚国、赵国都因恐惧而屈服不敢再进攻秦国，这是白起杀出的威风啊。他亲自征服了七十多座城邑，功业告成，却终于在杜邮被赐剑自杀。吴起为楚悼王制定法令降低削弱大臣的权力，罢免庸才，废黜无用之辈，裁减可有可无的官员，杜绝豪门贵族的请托，整饬划一了楚国风俗，禁止游民无业游荡，选练既能耕田又能作战的农民士兵，向南收取了杨越，向北兼并了陈、蔡两小国，拆穿纵横计谋的无用辩说，让那些往来游说的人无法开口，禁止结党营私而鼓励百姓为国耕战，使楚国政治安定，兵力震动天下，威慑诸侯各国。功业告成，可是最后惨遭肢解而死。大夫文种为越国国君深谋远虑，避免了会稽被困亡国在即的危急，采用屈降计策来图谋生存，借着君臣受辱而求得复国的光荣，开垦荒地，招募游民充实城邑，开辟农田，种植谷物，率领全国各地的民众，把上上下下的力量集中起来，辅助勾践这样贤能的君王，报了夫差灭越的仇恨，终于灭掉了强劲吴国，使越国成为霸主。功业彰明而获得信望，可是勾践终于忘恩负义把他杀了。这四位先生，功业告成却不离开官职，遭祸竟至于如此悲惨。这就是所说的能伸而不能屈，能往而不能返啊。范蠡明白这个道理，所以他超脱世俗远避世事，永做个悠然自乐的陶朱公。您难道没见过那些赌博的人吗？有时要下大赌注，有时要分次下小赌注，这些都是您所明明白白知道的。现在您任秦国相国，出计不必离开座位，策划不必走出朝廷，坐而指挥即可控制诸侯，谋取三川之地，展开威势，用来增强宜阳实力，打通羊肠坂道的天险，堵塞太行山的通路，切断范、中行氏这些韩、魏领土上的要道，使六国诸侯不能联合，栈道连绵千里，可

通往蜀汉地区，使天下诸侯都畏惧秦国，秦国的欲望满足了。您的功业也到了顶点了，这也就到了秦国要分次下小赌注的时候了。若在这个时候却不引退，那么您就是商鞅、白起、吴起、大夫文种的结局。我听说过这样的话‘用水来照镜，可以看清自己的面容，用别人作借鉴，可以明知事情的凶吉’。《书》上说‘功成名就之下，是不能久留的’。这四位先生的灾祸，您何必再去经受呢？您为什么不在这个时候送回相印，把它让给贤能的人，自己引退而隐居山林观览流水，一定有伯夷正直廉洁的美名，长享应侯爵位，世世代代称侯，而且有许由、延陵季子谦让的声誉，像王乔、赤松子一样的高寿，这么做比起终遭灾祸来怎么样？那么您看处于哪种情况好呢？忍耐不能自动离去，犹疑不能自我决断，必定会遭到四位先生的灾难。《易经》上说‘龙飞得过高达到顶点既不能上升又不能下降因而后悔’，这句话说的就是能上不能下，能伸不能屈，能往不能自觉返回所造成的状态，让人们警惕。希望仔细考虑这个问题！”应侯说：“好的。我听说‘有欲望而不知道满足，就会失去欲望；要占有而不知节制，就会丧失占有’。承蒙先生教导，我恭听从命。”于是便请蔡泽入座，待为上客。

几天之后，应侯上朝，对秦昭王进言说：“有位新从山东过来的客人叫蔡泽，此人是个很有口才的人，对三王的典事，五霸的业绩以及世俗的变迁他都了如指掌，秦国的大政完全可以托付给他。我见到的人很多，还没有谁赶得上他，我也不如。我冒昧地把这个情况报告给您。”秦昭王便召见了蔡泽，跟他谈话后，很喜欢他，授给他客卿职位。应侯趁机推托有病请求送回相印。昭王还是竭力让他执事，应侯于是称说病重。范雎被免掉了相国官职，昭王初次召见蔡泽就很赏识他的谋划，于是任命蔡泽担任秦国相国。向东灭掉了周朝。

甘茂

战国中期秦国名将。下蔡（今安徽凤台）人。曾就学于史举，学百家之说，经张仪、樗里疾引荐于秦惠文王。周赧王三年（公元前312），助左庶长魏章略定汉中地。又率兵平定蜀乱。六年，秦初置丞相，甘茂为左相。七年秋，受命为将攻韩之宜阳（今河南宜阳西），以打开秦东向门户。行前分析楚、韩盟而不固，楚无意救韩。又亲至魏、赵游说，使其不出兵救韩。鉴于宜阳城坚难攻，恐攻城日久而遭人谗言，遂与秦王订下息壤（今陕西咸阳东郊）之盟。后攻宜阳5月未下，公孙奭、樗里疾果谮之于秦王，秦王终守信而发兵助之，甘茂又出私财犒劳将士，于次年终克宜阳，斩首6万。并渡过黄河，驻于武遂（今山西垣曲东南）。同年，因楚围韩雍氏（今河南禹州东北），力劝秦昭王救韩。后因劝秦王归还韩武遂而被疑，遭向寿、公孙奭谗毁，被迫于攻魏蒲阪时逃至齐，任齐上卿。十年，为齐使楚。秦欲令楚送还甘茂，楚以其贤而拒秦。卒于魏。

纵横家主要著作

今仅存《鬼谷子》十二篇、《战国策》三十三篇（非其门徒著，主要是纵横谋士之言行，也可以视为纵横家实战演习）、《苏子》三十一篇、《张子》十篇。

《鬼谷子》侧重于权谋策略及言谈辩论技巧，《本经阴符七术》则集中于阐述养神蓄锐之道。

《鬼谷子》共有十四篇，其中第十三、十四篇已失传。《鬼谷子》的版本，常见者有道藏本及嘉庆十年江都秦氏刊本。《本经阴符七术》之前三篇说明如何充实意志，涵养精神。后四篇讨论如何将内在的精神运用于外，如何以内在的心神去处理外在的事物。

《鬼谷子》一书，从主要内容来看，是针对谈判游说活动而言的，但是由于其中涉及大量的谋略问题，与军事问题触类旁通，也被称为兵书。书以功利主义思想，认为一切合理手段都可以运用。它讲述了作为弱者的一无所有的纵横家们，运用谋略口才如何进行游说，进而控制作为强者，握有一国政治、经济、军事大权的诸侯国君主。

此书，是一部研究社会政治斗争谋略权术的书，因此可以说，《鬼谷子》

的智慧也就是一部“治人兵法”。

《战国策》是战国时游说之士的策谋和言论的汇编。初有《国策》、《国事》、《事语》、《短长》、《长书》、《修书》等名称和本子，西汉末刘向编定为三十三篇。宋时已有缺佚，由曾巩作了订补。有东汉高诱注，今残缺。宋鲍彪改变原书次序，作新注。吴原师道作《校注》，近人金正炜有《补释》，今人缪文远有《战国策新注》。湖南长沙马王堆出土西汉帛书，记述战国时事，定名《战国纵横家书》，与本书内容相似。

《战国策》是中国古代的一部史学名著。它是一部国别体史书。全书按东周、西周、秦国、齐国、楚国、赵国、魏国、韩国、燕国、宋国、卫国、中山国依次分国编写，共 33 卷，约 12 万字。是先秦历史散文成就最高，影响最大的著作之一。

《战国策》主要记述了战国时期的纵横家的政治主张和策略，展示了战国时代的历史特点和社会风貌，是研究战国历史的重要典籍。

《战国策》是我国古代记载战国时期政治斗争的一部最完整的著作。它实际上是当时纵横家游说之辞的汇编，而当时七国的风云变幻，合纵连横，战争绵延，政权更迭，都与谋士献策、智士论辩有关，因而具有重要的史料价值。该书文辞优美，语言生动，富于雄辩与运筹的机智，描写人物绘声绘色，在我国古典文学史上亦占有重要地位。

鬼谷子为纵横家之鼻祖，苏秦与张仪为其最杰出的两个弟子。另有孙膑与庞涓亦为其弟子之说。

纵横家所崇尚的是权谋策略及言谈辩论之技巧，其指导思想与儒家所推崇之仁义道德大相径庭。因此，历来学者对《鬼谷子》一书推崇者甚少，而讥诋者极多。其实外交战术之得益与否，关系国家之安危兴衰；而生意谈判与竞争之策略是否得当，则关系到经济上之成败得失。即使在日常生活中，言谈技巧也关系到一人之处世为人之得体与否。当年苏秦凭其三寸不烂之舌，合纵六国，配六国相印，统领六国共同抗秦，显赫一时。而张仪又凭其谋略与游说技巧，将六国合纵土崩瓦解，为秦国立下不朽功劳。所谓“智用于众人之所不能知，而能用于众人之所不能”。潜谋于无形，常胜于不争不费，此为《鬼谷子》之精髓所在。《孙子兵法》侧重于总体战略，而《鬼谷子》则专于具体技巧，两者可说是相辅相成。

纵横家理论

主要为纵横，或合众弱以攻一强，此为纵；或事一强以攻诸弱，此为横。前者主要以连为主，故可知如何能用外交手段联合团结，是为阳谋多阴谋少；后者主要以破为主，故可知如何利用矛盾和利益制造裂痕，是为阴谋多而阳谋少。此为战略思想，是行辩术成大事的基础。若此不查则必游说而不成。对纵横谋士的要求：知大局，善揣摩，通辩辞，会机变，全智勇，长谋略，能决断。

首先要对现实有最明确的认识，确定连横的对象，然后知其诸侯为人而定说辞，及游说之法，或抑或扬，或抑扬相合，或先抑后扬，或先扬后抑，诸法只要对症必事事有其妙。其次在游说过程中，当先观其反应，见机行事，察其对己之关系，是同是非，若同则继续，若非则当补遗误，而后以飞箝之术或以利诱，或以害说，探其实情，此为游说最主要方法之一，而后再以揣摩之术深察其内心，看其同异，而后快速正确以权谋之术决断。

纵横家思想在世界上的影响

一战后，德国著名学者斯格宾格勒在《思想的没落》一书中高度赞扬中国的纵横家，认为具有实际的借鉴作用。二十世纪七十年代，美国著名外交家就深受《思想的没落》一书的影响。甚至有人称基辛格是现代的苏秦、张仪。当今世界形势颇似春秋战国，虽不能出现以纵横术主宰世界历史发展，但也可为辅，影响世界格局。用之无害，不用可惜。日本学者、企业家大桥武夫把《鬼谷子》用到经营活动中，写出了一部鬼谷子应用实例，取名《“兵法”与“鬼谷子”》，可见《鬼谷子》不仅在世界范围内受到重视而且已从单纯的外交领域走入更广泛的社会各领域。

《鬼谷子》后记

《鬼谷子》乃古今中外天下第一阴谋家书。何出此言？——通观其书即可知也。

然《鬼谷子》说的是大阴谋，不是小伎俩。

大阴谋可以成大事，小伎俩却只能坏大事，这是读《鬼谷子》的人应该特别注意的。“人心惟危，道心惟微，惟精唯一，允执厥中”。

对于这十六字心传，《鬼谷子》一书的作者，体会是相当深刻的。

确实，人心深不可测，充满危险，但不能因此就不去探索它了。

因为人生在世，除了“人心”（你的“人心”，我的“人心”，他或她的“人心”）之外，还有什么大问题更值得去研究呢。可以这样说，懂得了人心，你就懂得了一切。

通过什么途径来弄懂人心呢，那就唯有道心了。

所谓道者，非常道也。以非常道之心去揣摩探求人心，乃《鬼谷子》一书之宗旨也。

然而非常道，亦即常道。愈是平常之极的道理，你只有愈加深刻体之，才能明白。

《鬼谷子》开篇即曰：“圣人之在天地间也，为众生之先，观阴阳之开阖以命物……”

什么叫“在天地之间”，以天地为家，不以穷巷陋室或花街高楼为家是也。

什么叫“为众生之先”，先知先觉，启蒙后知后觉之众生是也。

什么叫“观阴阳之开阖以命物”，奉阴违所谓一阴一阳之谓道，“阴阳”乃道之开阖，懂得道心之妙用，惟精唯一，允执厥中，亦可明白人心之机。

从开篇我们即可看出，《鬼谷子》的意思是：

唯有圣人之博大胸怀（在天地间），能先知先觉、懂阴阳之变易者，才能通晓大谋大术，而“守司其门户”。

大谋无谋，大术无术，此乃《鬼谷子》权谋术数之最高境界也。

昔者孔丘何以对三皇五帝推崇备至，以其行王道也。

王道者，无道之道也，以无道之道君临天下，而不心服者，未之有也。

言及此，对“阴谋家”一词，有必要正一正名了。

“阴”乃阴柔，乃水德。

老子曰：天下之至柔，驰骋天下之至坚；又曰：上善若水，水善利于物而不争，处众人之所恶，故几于道。

于“阴”，应作如是观。

而“谋”，应理解为谋国谋天下谋民众之大利，勿理解为谋一己之私利也。大利中自有私利存焉，而私利中必无大利容身之地也。

由此看来，最大之阴谋家，乃以水德取天下者也，非汲汲于小名小利，整日与人钩心斗角，身死国灭而不悟者也。

附录:《鬼谷子》篇目考

一、《隋书·经籍志·纵横家》:《鬼谷子》三卷(皇甫谧注:“鬼谷子,周世隐于鬼谷。”),《鬼谷子》三卷(乐一注)。

二、《旧唐书·经籍志》:《鬼谷子》二卷(苏秦撰),又三卷(乐一注),又三卷(尹知章注)。

三、《新唐书·艺文志》:《鬼谷子》二卷(苏秦),乐一注《鬼谷子》三卷,尹知章注《鬼谷子》三卷(尹知章不著录)。

四、柳宗元《鬼谷子辩》曰:“元冀好读古书,然甚贤‘鬼谷子’,为其指要几千言。‘鬼谷子’要为无取,汉时刘向、班固录书,无‘鬼谷子’。鬼谷子后出,而险盭薄(盭音戾),恐其妄言乱世,难信,学者宜其不道。而世之言纵横者,时葆其书。尤者晚乃益出‘七术’(‘鬼谷子’下篇有‘阴符七术’谓盛神法五龙、养志法灵龟、实意法螣蛇、分威法伏熊、散势法鸷鸟、转圆法猛兽、损兑法灵蓍七章是也),怪谬异甚,不可考校。其言益奇,而道益狭,使人狙狂失守,而易于陷坠幸矣。人之葆之者少。今元子又文之以指要。呜呼!其为好术也过矣。”

五、《中兴书目》:《鬼谷子》三卷,同时高士,无乡里、族姓、名字,以其所隐自号“鬼先生”。苏秦、张仪事之,授以“捭阖”下至“符言”等十有二篇,及“转圆”“本经”“持枢”“中经”等篇,亦以告仪、秦眷也。一本始末皆东晋陶宏景注,一本“捭阖”“反应”“内揵”“抵巇”四篇,不详何人训释,中下二卷与宏景所注同。

六、《宋史·艺文志》：《鬼谷子》三卷。

七、晁公武《读书志》：《鬼谷子》三卷，鬼谷先生撰，按《史记》：战国时隐居颍川阳城之鬼谷，因以自号。长于养性治身，苏秦、张仪师之，受纵横之事“叙”（王伯厚《汉书艺文志考证》引晁氏《读书志》云尹积压章叙），谓此书即授秦、仪者，“捭阖”之术十三章（“考证”引注云：“一云十二章”），“本经”“持枢”“中经”三篇（“考证”引注云：“一云受转丸、胠敌三章”），梁陶宏景注（按：马氏《通考》《经籍志》引《读书志》，此下有《隋志》以为苏秦书，《唐志》以为尹知章注，未知孰是？陆龟蒙诗谓：“鬼谷先生，名诩，不详所从出。”柳子厚尝曰：“刘向、班固录书无‘鬼谷子’”，“‘鬼谷子’后出，而险奄峭薄，恐其妄言乱世，难信。尤者，晚乃益出‘七术’，怪谬异甚，言益隘，使人狙狂失守。”来鹄亦曰：“鬼谷子昔教人诡绐、激讦、揣测、奸猾之术，悉备于章学之者，惟仪、秦而已。如‘捭阖’‘飞’，实今之常态，是知渐漓之后，不读‘鬼谷子’书者，其行事是自然符契也。”昔苍颉作文字，鬼为之哭，不知鬼谷作是书，鬼何为耶？世人欲知“鬼谷子”者，观二子言略尽矣，故掇其大要著之篇。

八、郑樵《通志·艺文略》：《鬼谷子》三卷（皇甫谧注：“鬼谷先生，楚人也，生于周世，隐居鬼谷。”），又三卷（乐一注），又三卷（唐尹知章注），又三卷（梁陶宏景注）。

九、马端临《通考·经籍志》：《鬼谷子》三卷。

十、王应麟《玉海》引《史记正义》：鬼谷，谷名，在雒州阳城县北五里。《七录》有苏秦书，乐一注云：“秦欲神秘其道，故假名鬼谷也。”《鬼谷子》三卷，乐一注。乐一，字正，鲁郡人，有“阴符”七术，有“揣”及“摩”二篇。《战国策》云：“得‘太公阴符之谋’伏而诵之，简练以为揣摩，期年揣摩成。”按《鬼谷子》，乃苏秦书明矣。……东莱吕氏曰：“战国游说之风，苏秦、张仪、公孙衍实倡之。秦，周人也；仪与衍，皆魏人也。故言权变辩智之士，必曰‘三晋’‘两周’云。”石林叶业氏曰：“苏秦学出于揣摩，未尝卓然有志天下。反复无常，不守一道，度其隙，苟可人者则为之，此揣摩之术也。故始求说周，周显王不能用；则去而之秦，再求说秦，秦孝公不能用；则去而之燕，足燕文侯适合，而从说行。其所以说周者，吾不能知，若秦孝公而听之，则必先为衡说以噬六国，何有于周？此苏秦所以取死也。”（《太平御览》引苏秦曰：“天子坐九重之内，树塞其门，旒以翳明，衡以隐听，銮以抑驰。”《后汉》《王符传》注引苏子曰：“人生一世，若朝露之宅于桐叶耳，其与几何？”《御览》又引：“兰以芳自烧，膏以肥自焫，翠以羽殃身，蚌以珠致破。”按“苏子”三条，其文与“鬼谷子”不类，则“鬼谷”之非苏秦书明矣。）刘氏径曰：“老之翕张，儒之阖辟，其与鬼谷往来，如环鬼幽而显者也，谷扣而应者也。藏幽露显，一扣一应，信如其名哉。”（此条亦王伯厚“考证”所引，故附录之。）

十一、高似孙《子略》：战国之事危矣，士有挟隽异豪伟之气，求骋乎用。其应对、酬酢、变诈、激昂，以自放于文章；见于顿挫、险怪、离合、揣摩者，其辞又极矣。《鬼谷子》书，其智谋、其数术、其变谲、其辞谈，盖出于战国诸人之打。夫一辟一阖；易之神也；一翕一张；老氏之几也。鬼谷之术，往往有得于阖辟、翕张之外，神而明之，益至于自放溃裂而不可御。予尝观诸“阴符”矣，穷天之用，贼人之私，而阴谋诡秘有“金匮”“韬略”之所不可该者。而鬼谷尽得而泄之，其亦一代之雄乎？按刘向、班固录书无《鬼谷子》，《隋志》始有之，列于纵横家。《唐志》以为苏秦之书，然苏秦所记，以为周时有豪士隐者，居鬼谷，自号“鬼谷先生”，无乡里、族姓、名字，今考其言有曰：“世无常贵，事无常师。”又曰：“人动我静，人言我听；知性则寡累，知命则不忧。”凡此之类，其为辞亦卓然矣。至若“盛神”“养志”诸篇，所谓中稽道德之祖，散入神明之赜者，不亦几乎！郭璞“登楼赋”

有曰："揖首阳之二老，招鬼谷之隐士。"又《游仙诗》曰："青溪千余仞，中有一道士，借问此何谁？云是鬼谷子。"可谓慨想其人矣。徐广曰："颍川阳城有鬼谷，注其书者乐一、皇甫谧、陶宏景、尹知章（知章唐人）。"

十二、陈振孙《书录解题》：《鬼谷子》三卷，战国时苏秦、张仪所师事者，号"鬼谷先生"，其地在颍川阳城，名氏不传于世。此书《汉志》亦无有，《隋唐志》则直以为苏秦撰，不可考也。《隋志》有皇甫谧、乐一二家注，今本称陶宏景注。又云：按《唐书艺文志》作二卷。

十三、钱曾《读书敏求记》：陶宏景注《鬼谷子》三卷，鬼谷子无乡里、族姓、名字，战国时隐居颍川阳城之鬼谷，故以为号。其"转丸""却乱"二篇今亡，贞白曰："或去即'本经''中经'是也。"